TIERRA FIRME

PUERTOS ABIERTOS

PUERTOS ABIERTOS

Antología de cuento centroamericano

Selección y prólogo
Sergio Ramírez

FONDO DE CULTURA ECONÓMICA

Primera edición, 2011

Puertos abiertos. Antología de cuento centroamericano / selec. y pról. de Sergio Ramírez. – México : FCE, 2011
    436 p. ; 23 × 17 cm – (Colec. Tierra Firme)
    ISBN 978-607-16-0807-9

    1. Cuento centroamericano 2. Literatura centroamericana – Siglo XXI I. Ser.

LC PQ7475   Dewey 863p

Este libro forma parte de las actividades en apoyo a la literatura centroamericana durante la XXV Feria Internacional del Libro de Guadalajara. Agradecemos el patrocinio del Conaculta, la Secretaría de Relaciones Exteriores, la FIL de Guadalajara y el Cerlalc.

Distribución mundial

Diseño de portada: Teresa Guzmán Romero

D. R. © 2011, Fondo de Cultura Económica
Carretera Picacho-Ajusco, 227; 14738 México, D. F.
Empresa certificada ISO 9001:2008

Comentarios: editorial@fondodeculturaeconomica.com
www.fondodeculturaeconomica.com

ISBN 978-607-16-0807-9

Impreso en México • *Printed in Mexico*

Sumario

Agradecimientos

La búsqueda y la selección de materiales para componer esta antología no hubiera sido posible sin el apoyo generoso de Ulises Juárez Polanco, quien llevó adelante el trabajo de coordinación con todos los países centroamericanos, comunicación con los autores y elaboración de las fichas biográficas; también sus criterios fueron muy importantes para ayudarme a decidir la selección final.

Asimismo, quiero agradecer el apoyo brindado por Eduardo Halfon y Javier Payeras en Guatemala; Miguel Huezo Mixco, Jacinta Escudos y Elena Salamanca en El Salvador; Julio Escoto y Mayra Oyuela en Honduras; Carlos Cortés en Costa Rica, y Enrique Jaramillo Levi y Carlos Oriel Wynter Melo en Panamá.

Prólogo
INVENTANDO REALIDADES

A finales de la década de los sesenta del siglo pasado, me entregué a la tarea de reunir los textos para una antología del cuento centroamericano, que la Editorial Universitaria Centroamericana (EDUCA), fundada apenas en 1968, publicó en 1973. En aquel tiempo, que un escritor de Honduras fuera leído en Guatemala, o que uno de El Salvador fuera leído en Nicaragua, representaba toda una proeza, además de que los libros, valientes y humildes, se imprimían casi siempre por cuenta propia, y se quedaban, también casi siempre, con el país por cárcel. Eran ediciones domésticas, de las que muy pronto se perdía el rastro, y cuyas tiradas por lo general no iban más allá de los 500 ejemplares, aun cuando hubieran sido publicadas por editoriales de patrocinio oficial o por editoriales universitarias, a las que costaba mucho colocar sus novedades en los estantes de las librerías locales, y así perecían en el encierro de las bodegas.

El trabajo de reunir mi antología se volvió una empresa casi arqueológica que tomó cinco años, porque había que rastrear los libros de cuentos en estantes de bibliotecas donde nadie iba, en librerías de segunda mano, pedirlos a los familiares de los autores difuntos, o buscarlos en viejas revistas provincianas. Pero la literatura estaba allí, y era necesario encontrarla. A veces era indispensable leer dos o tres libros de un autor de principios del siglo para hallarse con la grata sorpresa de que había escrito un cuento de un par de páginas que valía la pena rescatar. Una antología así, sin antecedentes, desempolvaba piezas que se veían libradas del olvido.

Y en todo ese afán juvenil, porque empecé aquella excavación en busca de tesoros escondidos a mis veintitantos años, también había la búsqueda de mi propia identidad como escritor centroamericano en ciernes, hallar a mis pares muertos y a mis pares olvidados, perdidos en el aislamiento de sus propios países. Porque a pesar de todas las adversidades y las señales que me querían advertir que Centroamérica no era sino una quimera de la historia, yo creía en esa identidad, con la que me revestí para siempre, y que la realidad parecía negarme.

Porque esos pequeños países que parecían distantes entre sí, a pesar de su vecindad geográfica, contando por aparte a Panamá, tenían un pasado común que se remontaba a los tiempos precolombinos; siguió siendo común a lo largo de la Colonia, y aún lo fue para el tiempo de la independencia de 1821, antes de la catástrofe de la enconada separación que terminó con el proyecto de la República Federal Centroamericana encabezado por el general Francisco Morazán. Quedaron desde entonces sueltos, pobres, y desvalidos, divididos por prejuicios mezquinos, y aún en la segunda mitad del siglo xx enfrentados en conflictos bélicos inútiles, como la célebre guerra del futbol entre Honduras y El Salvador en 1969, que lejos de la banalidad tuvo raíces más profundas, y que de paso desmoronó el proyecto de integración económica iniciado en 1960.

Aunque se trataba de un espejo roto era un espejo común, y yo podía ver en él los fragmentos de mi propio rostro. Diverso, pero común. Un sistema de vasos comunicantes en el que cada parcela guardaba su propio peso específico, desde la sociedad de rasgos feudales de Guatemala, con una de las mayores poblaciones indígenas del continente, marginal y sometida, hasta la más moderna sociedad caficultora costarricense, que se ponía a sí misma acentos más europeos, pero todas bajo el denominador de una cultura rural de carácter patriarcal en la que señoreaban las oligarquías.

De modo que los narradores centroamericanos iban entrando en mis ficheros, y sus cuentos fotocopiados de la manera rudimentaria que las técnicas de la época permitían, esas fotocopias en papel fotográfico que el ácido tornaba muy pronto amarillas, se iban apilando en las carpetas hasta que resultó el milagro de las 1 200 páginas que tiene la antología, publicada en dos volúmenes. Un retrato literario de cuerpo entero.

Se trataba de una antología fundamentalmente del siglo xx, pues antes apenas hay visos de una narración de rasgos costumbristas, que va a dar a la novela de folletín, y de la que son ejemplo dos guatemaltecos, Antonio José de Irrisari (1786-1868) y José Milla (1822-1882). Los primeros cuentos aparecerán con el modernismo, encabezado por Rubén Darío (1867-1916), que si bien es un fenómeno de amplio rango renovador que despunta en el siglo xix, no sólo en las letras centroamericanas, sino en la lengua española misma a los dos lados del Atlántico, se siguió manifestando con vigor en el siguiente. Una antología de autores vivos y muertos, que incluía 63 nombres, y de los que hoy, 38 años después de su publicación, no sobrevive sino un puñado, pues los más jóvenes habían nacido a comienzos de la década de los cuarenta.

Fue una muestra abundante, pero en los autores escogidos, cualquiera que fuera la tendencia a que pertenecieran, yo buscaba la calidad y la originalidad, y una de mis dichas mayores fue encontrar que esa calidad y esa originalidad se daban con creces en una región del mundo aislada y olvidada, y que era, por tanto, un verdadero territorio literario, aunque la gran mayoría de los autores incluidos no tuvieran renombre internacional, salvo el caso de Rubén Darío, bautizado para la posteridad como el Príncipe de las Letras Castellanas, y el de Miguel Ángel Asturias (1899-1974), que había recibido el Premio Nobel de Literatura en 1965, cuando se echaron al vuelo las campanas de todos los templos de Guatemala.

Otros guatemaltecos reconocidos eran Luis Cardoza y Aragón (1901-1992) y Augusto Monterroso (1921-2003), que vivían en el exilio en México, y se conocía a José María López Baldizón (1929-1974), ganador del premio Casa de las Américas de La Habana en cuento en 1960, con el libro *La vida rota,* publicado ese mismo año, cuando ese premio era la marca más alta en la literatura en lengua española. López Baldizón sería asesinado luego por las fuerzas represivas de su país, como tantos otros escritores e intelectuales guatemaltecos.

También había traspasado las fronteras el salvadoreño Salvador Salazar Arrué (Salarrué) (1899-1975), fundador de toda una escuela del cuento vernáculo en Centroamérica, con una cauda de seguidores e imitadores; lo mismo que los nicaragüenses Ernesto Cardenal (1925), que entonces abría brecha en la poesía en todo el continente, y había escrito un único cuento, "El sueco", infaltable en cualquier antología, y Lisandro Chávez Alfaro (1929-2006), ganador también del Premio Casa de las Américas en cuento en 1963, con su libro *Los monos de san Telmo.*

Una de las cosas que descubrí en esa dilatada exploración, es que la narrativa centroamericana de aquellas primeras seis décadas del siglo XX no podía ordenarse por tendencias o escuelas que se sucedieran a otras de acuerdo con un orden cronológico, y que entre los narradores difícilmente había identidades generacionales, salvo en el caso de los modernistas, o de los vanguardistas nicaragüenses de comienzos de los años treinta, aunque eran sobre todo poetas, o entre los escritores de la generación de la revolución democrática de los años cuarenta en Guatemala, que siguió a la larga dictadura del general Jorge Ubico, y que al ser derrocado el gobierno del coronel Jacobo Árbenz en 1953 fueron todos al exilio, Cardoza y Aragón y Monterroso entre ellos.

El modernismo, ahora en contra de toda modernidad, persistía en muchas formas del lenguaje, con sus símbolos y sus decorados decimonónicos. El realismo costumbrista no terminaba de agotarse aún pasada la primera mitad del siglo xx, bajo el reinado de Salarrué, con toda su carga de lenguaje vernáculo y de paisajismo folclórico. La sociedad seguía siendo en muchos sentidos rural, pero la temática campesina seguía atenida a un enfoque arcaico, que se volvía romántico en muchos aspectos, vista de lejos, un territorio idealizado que separaba de manera tajante a la literatura de la realidad, que se volvía más compleja, y que sólo podía ser abordada desde una perspectiva nueva, en la forma y en el lenguaje.

Mientras tanto, sobrevivía también la narración de denuncia social, heredera del naturalismo, y de la que no podía hallarse mejor ejemplo que la trilogía del banano de Miguel Ángel Asturias, un ciclo formado por las novelas *Viento fuerte* (1950), *El papa verde* (1954) y *Los ojos de los enterrados* (1960), además del libro de relatos *Week-end en Guatemala* (1956), referidos al derrocamiento del gobierno de Árbenz. Y al lado, con la misma persistencia, la ya muy vieja narrativa en la que el hombre letrado se enfrenta a la naturaleza salvaje, al estilo de *La vorágine* (1924) de José Eustasio Rivera (1889-1928), y de *Doña Bárbara* (1929) de Rómulo Gallegos (1884-1969), que seguían siendo modelos perdurables, y a la vez, represas que detenían el cambio de enfoques, lenguajes y estilos.

Se trataba de una especie de convivencia pacífica de formas tradicionales de escribir, y describir, pertenecientes a diferentes épocas, y en esa maraña anacrónica, en la que no faltaban ejemplos singulares de verdadera realización artística, la modernidad pugnaba por abrirse paso con nuevos signos de escritura. Por tanto, una antología así era al mismo tiempo una historia de la narrativa centroamericana contemporánea, que era a la vez extemporánea y anárquica.

Pero la escritura de ruptura, que pretendía abrir paso a la modernidad, y que no hallaría su cauce sino a partir de finales de los años cincuenta con el libro de cuentos de Augusto Monterroso, *Obras completas (y otros cuentos)* (1959), publicado en México, tuvo antecesores notables, sobre todo en la costarricense Yolanda Oreamuno (1916-1956).

Fue ella quien puso sobre el tapete el debate sobre lo nuevo y lo caduco, y así en 1943 escribió:

Literariamente confieso que estoy HARTA, así con mayúsculas, de folklore. Desde este rincón de América puedo decir que conozco bastante bien la vida agraria y costumbrista de casi todos los países vecinos y en cambio sé poco de sus demás problemas. Los trucos colorísticos de esta clase de arte están agotados, el estremecimiento estético que antes producía ya no se produce, la escena se produce con embrutecedora sincronización, y la emoción humana ante el cansamiento inevitable de lo visto y vuelto a ver. Es necesario que terminemos con esa calamidad. La consagración barata del escritor folklorista, el abuso, la torpeza, la parcialidad y la mirada orientadora de un solo sentido, que equivalen a ceguera artística.

Décadas atrás, en la misma Costa Rica había llegado a darse una polémica en los periódicos, entre los defensores de la literatura cosmopolita, de lenguaje culto, y los defensores de la literatura vernácula, de lenguaje criollo, toda una falsa contradicción, porque unos defendían una narración que para ser de verdad cosmopolita tenía que alejarse de los escenarios locales y buscar los europeos, y los otros se apegaban al infaltable paisaje vernáculo, y al habla no menos vernácula; mientras tanto la literatura, como expresión individual, no estaba en ninguna de las dos partes. Pero éste no era entonces un asunto sólo centroamericano, y el debate se repetía en muchos otros lugares de América Latina.

La misma Yolanda fue un excelente ejemplo de esta lucha por acabar con el anacronismo de la literatura vernácula, tanto en su única novela *La ruta de su evasión,* que ganó el Premio Centroamericano en Guatemala en 1948, donde fue editada en 1949, como en sus cuentos dispersos, publicados solamente después de su muerte; y además de que entra de una vez en los escenarios urbanos, puede ver a la sociedad rural y patriarcal con una mirada diferente, desde la introspección que ha aprendido en sus lecturas de Marcel Proust, de Virginia Woolf, de Thomas Mann, autores entonces apenas conocidos en Centroamérica.

Parece que estuviera sola, clamando en el páramo, pero hay otros escritores que desde antes, desde la época fundacional del modernismo, se adelantaron a ser modernos, valga la redundancia; el propio Darío, para empezar, un cuentista innovador y prolífico, de muy variados registros, y el guatemalteco Rafael Arévalo Martínez (1884-1975), el mejor de sus herederos en prosa, autor de la colección de cuentos *El hombre que parecía un caballo* (1920), un libro muy adelantado a su época en cuanto a su temática, sobre todo el cuento que da nombre a la colección, publicado originalmente en 1915, y que viene a ser un retrato cubista del controvertido escritor colombiano Porfirio Barba Jacob (1883-1942), contemporáneo suyo.

Arévalo Martínez, que viene del modernismo, se emparenta ya tempranamente con la vanguardia, que luego tuvo su mejor expresión en Nicaragua, donde el grupo de poetas veinteañeros que encabeza José Coronel Urtecho (1906-1994), y que aparece en 1931 con su primer manifiesto, rompe lanzas en contra de Darío, la inevitable rebelión de los hijos contra el padre, y propone una literatura desnuda de retórica cuyos vínculos van a dar a la poesía contemporánea de Estados Unidos –T. S. Elliot, Ezra Pound, William Carlos Williams, Vachel Lindsay– gracias a la influencia del propio Coronel, que había vivido en California y los traduce.

Entre todos ellos es Coronel, el propio capitán del grupo, quien desde la poesía, su principal oficio, entra con más frecuencia en el campo de la prosa, con relatos largos, que él mismo llama noveletas, y cuentos, junto a Manolo Cuadra (1907-1957) y Joaquín Pasos (1914-1947), quienes ejercen, además, el periodismo. Otro vanguardista notable en prosa es Rogelio Sinán (1902-1994) en Panamá, como lo es el ya citado Cardoza y Aragón, el más cosmopolita de todos, vinculado a las vanguardias europeas, como escritor y como crítico de pintura, amigo de Federico García Lorca y de Pablo Picasso.

Otros narradores de vocación moderna, ya lejos para siempre del territorio vernáculo, son Mario Monteforte Toledo (1911-2003), también guatemalteco, contemporáneo de Yolanda Oreamuno, y seguirá en la década de los cincuenta el propio Monterroso ya citado; más tarde los nicaragüenses Chávez Alfaro, también ya citado, y Mario Cajina-Vega (1929-1995); los salvadoreños Álvaro Menen Desleal (1931-2000) y Manlio Argueta (1935); los hondureños Eduardo Bahr (1940) y Julio Escoto (1944), y el costarricense Alfonso Chase (1944).

Son los escritores que desde siempre entendieron la literatura no como un producto regional, o de color local, ligado a una tradición cerrada en compartimentos, sino como el mejor de los fenómenos creativos del lenguaje, y quienes al fin y al cabo crean el puente con las siguientes generaciones de escritores que surgirán en la segunda mitad del siglo y trascenderán al siguiente. Estas nuevas generaciones son las que están presentes en esta antología, cuyo primer criterio ha sido el de escoger solamente autores vivos, lo que necesariamente la inclina hacia los escritores más jóvenes, como debe ser.

Hay un cambio generacional de consecuencias profundas, y el viejo reclamo de Yolanda Oreamuno ha quedado resuelto, porque la literatura que iba a dar, por un lado, al realismo costumbrista, y por el otro, al realismo socialista, o a la contradicción entre hombre y naturaleza, ya no existe más. No hay anacronismos. Las búsquedas ahora son múltiples, como el lector podrá advertir, y la escritura salta por encima de las casillas tradicionales. Por tanto, los temas son cada vez más diversos, se atienen menos a esquemas prestablecidos y no se ven forzados por los alineamientos.

De quienes aparecieron en la antología de 1973, quedan en ésta sólo unos pocos: Eduardo Bahr y Julio Escoto, de Honduras; Ernesto Cardenal, Fernando Silva (1927) y Sergio Ramírez (1942), de Nicaragua; Samuel Rovinski (1932), de Costa Rica, y Pedro Rivera (1939), de Panamá.

Ésta es, por tanto, una antología del siglo xxi, y nos permite ver al cuento centroamericano lejos ya de sus viejas fronteras. En cada uno de los autores elegidos, una selección necesariamente rigurosa, hemos buscado, antes que nada, la excelencia de la individualidad creadora que se basa en los recursos del lenguaje y la imaginación; es decir, como en toda buena antología, la calidad de la expresión literaria. Y a través de la manifestación de todas estas individualidades, un conjunto en el que necesariamente dominan los escritores nacidos a partir de los años sesenta, podemos advertir los sustratos que nos ayudan a identificar la realidad social contemporánea de Centroamérica en su compleja diversidad.

Los narradores de esta antología nos cuentan historias de seres imaginarios, pero que provienen del mundo real, y pertenecen a una atmósfera donde las vidas privadas son constantemente intervenidas por la vida pública. Es decir, las historias corren siempre en el cauce de la Historia. Porque la literatura no deja de ser nunca una emanación imaginativa de la realidad, que se presenta siempre como un escenario donde las variaciones son dinámicas y ocurren no pocas veces de manera sorpresiva.

¿Pero cuánto ha cambiado la sociedad centroamericana en medio siglo? ¿Y qué es Centroamérica en los inicios del siglo xxi? Yo diría que, como siempre lo fue a lo largo del siglo xx, esta sociedad no es sino una superposición de estratos geológicos, sólo que ahora se agregan nuevos estratos a los anteriores. Nuevas capas de realidad se forman sobre las antiguas, pero todas conviven al mismo tiempo, en una especie de anacronismo simultáneo con ciertos rasgos de modernidad que provienen casi todos del fenómeno de la globalización. Por encima de las arboledas que bordean los caminos rurales por donde transitan las viejas carretas tiradas por bueyes, se alzan las antenas de las redes de los teléfonos celulares.

Los dictadores arquetípicos que reinaron hasta la primera mitad del siglo xx, y en ocasiones más allá, Estrada Cabrera que inspiró *El señor presidente* (1946) de Asturias, Maximiliano Hernández Martínez, que ordenó la atroz masacre de miles de indígenas relatada en *Cenizas de Izalco* (1964), la novela de Claribel Alegría (1924) y D. J. Flakoll, Anastasio Somoza, el fundador de la dinastía que está en mi novela *Margarita, está linda la mar* (1998), son ahora parte de un pasado que sin embargo no ha muerto para la literatura, que es siempre un asunto de recurrencias.

Pero entre las décadas de los sesenta y los ochenta vinieron otras dictaduras y golpes de Estado, uno tras otro, para el tiempo en que los ejércitos, con el respaldo de los Estados Unidos y de las oligarquías locales, toman el poder y cierran los espacios democráticos, mientras surgen las luchas guerrilleras inspiradas en el triunfo de la Revolución cubana y la represión despiadada en contra de la población indígena y campesina provoca nuevos genocidios en Honduras, Nicaragua, El Salvador y Guatemala. Miles de desaparecidos en nombre de la lucha contrainsurgente, cuyas tumbas anónimas empiezan a ser abiertas a finales del siglo, y se publican los informes de recuperación de la memoria histórica a cargo de comisiones de derechos humanos que enlistan a las víctimas y a sus victimarios. El obispo monseñor Juan Gerardi fue asesinado por sicarios a sueldo en 1998, al día siguiente que presentó su informe "Guatemala, nunca más".

Revoluciones populares que derrocaron dictaduras dinásticas, como la que triunfó en Nicaragua en 1979. Enfrentamientos de largos años entre los ejércitos y la guerrilla, que se convirtieron en verdaderas guerras civiles, y que desembocaron en la firma de acuerdos de paz, en 1992 en El Salvador y en 1996 en Guatemala, y que abrieron por primera vez, tras décadas de poder militar, el paso a gobiernos democráticos que aún no terminan de consolidarse.

Panamá recuperó la soberanía sobre el canal interocéanico mediante los tratados Torrijos-Carter, suscritos en 1977, y luego se produjo en 1989 la intervención militar de los Estados Unidos que depuso al dictador Manuel Antonio Noriega. Los golpes de Estado se volvieron asunto del pasado, salvo por brotes alarmantes, como el derrocamiento del presidente constitucional de Honduras Manuel Zelaya en 2009, que sacó al ejército nuevamente de sus cuarteles.

Existen hoy en día sistemas constitucionales más o menos confiables, y los ciudadanos ejercen el derecho a elegir a sus autoridades; hay alternancia de los partidos políticos en el poder, y los antiguos guerrilleros del FMLN han ganado por primera vez la presidencia en El Salvador desde la firma de los acuerdos de paz, con la victoria del periodista Mauricio Funes en las elecciones de 2009.

Pero por debajo de estos sistemas democráticos, el caudillismo tradicional sigue pugnando por imponerse sobre las instituciones, y por derrotarlas, haciendo burla de las constituciones, o adulterándolas, como ocurre en Nicaragua, cuando el comandante Daniel Ortega, líder único del FSLN, quien regresó al poder tras ganar las elecciones en 2006, desprecia la disposición constitucional que prohíbe la reelección. Proyectos mesiánicos a perpetuidad, con caudillos insustituibles, eso lo copia y lo recrea también la literatura.

El caudillismo, el peor de nuestros males políticos, persiste en sobrevivir, como rémora del pasado, porque las sociedades rurales no han dejado de existir y el caudillo no es más que un producto cultural de la sociedad rural. Y sea desde la derecha, o desde la izquierda, el caudillo centroamericano repite la figura paternalista, incubada en el siglo XIX, cuando el patrón de la hacienda ganadera era el líder de las montoneras y de los cuartelazos, se le debía obediencia como dueño de la tierra y como padre de familia de prole numerosa, legítima e ilegítima, porque también gozaba del derecho de pernada, sometía con muerte, cárcel y destierro a los descontentos y rebeldes, y bajo ese modelo, retocado por el paso del tiempo, es que sobrevive. Premia y castiga según su arbitrio, regala dádivas para ganar adeptos, de donde nace el populismo contemporáneo, y en lugar de transformar la sociedad, la mantiene congelada, porque los pobres son su mejor capital político, mientras sigan siendo pobres. El viejo caudillo, que ha traspasado la frontera del siglo XXI, y que, por tanto, no muere tampoco como personaje de la literatura.

En consecuencia, todo es fruto de la anormalidad y el escritor no tiene otra manera de ver la vida pública más que a través de esa lente turbia y deformada, y tampoco puede escapar, como creador, del peso de esa anormalidad, porque ella modifica o altera, sin remedio, la vida de la gente que sigue viviendo como desde hace dos siglos bajo los arbitrios del poder, y al entrar en la narración, como personajes, arrastran el peso de esta anormalidad, a la que se suman otras que los nuevos tiempos traen consigo.

Modernidad a medias y sociedad rural a medias, alternancia civil en el gobierno y caudillismo persistente, conquista del voto democrático y fraudes electorales, crecimiento económico y abismos de miseria, fortunas obscenas y marginación, crecimiento de la población escolar y pobreza del sistema educativo, multiplicación de los espacios urbanos y población campesina atraída hacia esos mismos espacios urbanos, que tantas veces parecen campamentos rurales. Sociedad informática y el maíz sembrado grano a grano en los campos con espeque, como en tiempos de los mayas.

Pero en esta modernidad revuelta, tan llena de fantasmas del pasado, las contradicciones no parecen detenerse. La democracia ha traído como fruto pervertido la corrupción, y los negocios a la sombra del Estado, el tráfico de influencias, el lavado de dinero y el enriquecimiento ilícito se han multiplicado, y los hilos de esta conspiración oscura parten no pocas veces de los propios palacios presidenciales. En tiempos recientes, al menos seis jefes de Estado han sido juzgados en Centroamérica por actos de corrupción después del fin de sus mandatos, unos de ellos en ausencia, porque huyeron después de poner a buen recaudo en cuentas bancarias en el extranjero los millones de dólares que robaron, y otros extraditados, una peste contemporánea de la que no se ha salvado ni la tradicionalmente democrática Costa Rica.

La precaria gobernabilidad crea situaciones extravagantes, como en Guatemala, donde al menos cinco jefes de policía han sido destituidos en los últimos cuatro años por vínculos con las mafias delictivas y con los cárteles del narcotráfico, y donde existe, quizás única en el mundo, una Comisión Nacional contra la Impunidad que depende no del gobierno sino del secretario general de las Naciones Unidas, con un fiscal extranjero, a la cabeza de un equipo de juristas extranjeros, para llevar adelante la preparación de los casos de delitos que involucran a funcionarios públicos, y que deben ser presentados a los jueces. Una justicia con muletas, que de otra manera no funcionaría.

Jueces y policías corruptos, capos del narcotráfico que han sentado sus dominios en Centroamérica, puente natural del paso de la droga desde Sudamérica hacia México y los Estados Unidos, con todo el dinero del mundo para comprar voluntades y corromper. Pandillas juveniles, como las maras, convertidas en verdaderas bandas criminales que asesinan y extorsionan. Las legiones de centroamericanos sin fortuna que buscan la tierra prometida de los Estados Unidos, y que una vez en territorio mexicano caen en manos de los Zetas, ya establecidos también en Guatemala, y que han organizado la industria nunca antes vista del secuestro de los emigrantes pobres para cobrar rescates a sus familias.

No es que la literatura tenga necesariamente que atenerse a las anormalidades de la vida social, determinada por la arbitrariedad del poder —toda clase de poder, el poder político, el de las mafias, el de las bandas juveniles, el de los carteles del narcotráfico—, pero la escritura, que vive de singularidades, no puede desprenderse tan fácilmente de esas anormalidades que trastornan las vidas privadas. La literatura no existe sino en función de los seres humanos, y de sus existencias. Para la literatura lo que cuenta es la vida, y lo que cuenta son vidas. Y las vicisitudes de esas vidas de los pequeños seres, como los llamaba Chéjov, tienen que ver con el destino, que a su vez surge de las sombras del poder.

Esta selección de cuentistas centroamericanos, un cuento por cabeza, dará al lector un panorama de la diversidad creativa de una región formada por seis pequeños países que, a pesar de todo, siguen empeñados en borrar sus fronteras. La literatura es una buena manera de borrar esas fronteras y buscar el cauce de la universalidad. Nuestros escritores, al mostrarnos cómo escribimos, también nos muestran lo que somos, y lo muestran al mundo.

GUATEMALA

CARMEN MATUTE
(Ciudad de Guatemala, 1944)

Estudió lengua y literatura hispanoamericana en la Universidad de San Carlos de Guatemala. Es autora del libro testimonial El Cristo del Secuestro *(2006); de los poemarios* Vida insobornable *(2004),* En el filo del gozo *(2002),* Casa de piedra y sueño *(1997),* Abalorios y espejismos *(1997),* Ecos de casa vacía *(1990), entre otros. Su obra literaria ha sido traducida a varios idiomas y aparece en antologías de diversos géneros publicadas en América del Norte, Centro y del Sur, así como en Europa.*

Las hojas muertas

... when autumn leaves start to fall...

ÉL ERA músico. Yo, la fotógrafa de paso por la ciudad que había ido esa noche al concierto con la intención de tomar algunas buenas fotos. Llegué tarde, como suele pasarme con frecuencia en los últimos tiempos, y encontré el teatro abarrotado por los fanáticos del jazz. Me quedé atrás durante algún tiempo, mientras mis ojos se acostumbraban a la oscuridad. Allí, de pie entre aquella multitud que exhalaba los olores más diversos, escuché la música. Me llegaba como en olas, aferrándose a mí con un lenguaje que hablaba de las hojas del otoño, tristes, marchitas, cayendo con lentitud de los árboles. Inmediatamente reconocí aquella canción: *The Autumn Leaves* —una de mis favoritas en la adolescencia junto a *As Times Goes By*, que me recordaba al Bogart de *Casablanca*—. En ese momento tocaban los dos saxofonistas luciéndose en un dueto que era, a la vez, duelo y diálogo.

De pronto había perdido el interés en fotografiar a los artistas. No quería moverme del lugar donde me encontraba. La música —alguna vez definida como "el amor en busca de expresión"— se apoderaba de mi mente, de mi espíritu. La melodía continuaba y ahora las hojas del otoño, ya en el suelo, eran elevadas por el viento en pequeños remolinos para luego dejarlas caer con suavidad, como en un juego que mezclaba sus ocres y sus amarillos, sus naranjas y sus sienas. A través de la música veía caer pausadamente las hojas muertas, desprendidas para siempre de los árboles, amontonándose al pie de sus gruesos troncos. Las notas de los saxos intercambiaban un lenguaje apasionado, con dejos llenos de tristeza; esa misma tristeza descendía sobre mí poblándome de extraños pensamientos, obsesivos y recurrentes. En este momento era Lenny Harris, el músico más joven, quien tocaba solitario iluminado por la intensa luz del reflector. Impelida por un extraño sentimiento, intentaba adivinar en su cuerpo los estragos que la vejez haría en su torso, ahora pleno, en sus nalgas redondas, altas y perfectas, en la piel de sus brazos que cubría los músculos definiéndolos hasta el último detalle. Un poco alejado de los demás, Lenny me descifraba los códigos secretos de toda la pasión atrapada en su cuerpo. Las venas de su cuello se dilataban hasta casi estallar. El saxo, el músico, eran fascinantes, seductores. El teatro me cobijaba con su tibieza en medio de la oscuridad. Abandonada a la libertad de aquella música que poco a poco me iniciaba en la melancolía, sintiendo mi propia soledad como una herida, sólo era capaz de escuchar en forma visceral aquel jazz irreprimiblemente erótico. "Recuerda, cuerpo", los versos de Kavafis, me asediaban mientras, solitaria, entregada a la música y a mis propios pensamientos teñidos de una intensa nostalgia, recordaba la madrugada de ese día que ahora era noche.

Me obsesionaba la juventud de Lenny, su cuerpo, la belleza de sus líneas, la estructura ósea que marcaba sus hombros de estatua griega. Él era para mí, a la vez, una combinación de fuerza física y emocional. Por momentos el saxofón se llenaba de un largo lamento, hondo y prolongado. La música se deslizaba por el suelo, trepaba por las paredes lamiéndolas hasta llegar al techo y se apoderaba del salón, se adueñaba de aquellas almas pendientes de las notas libres, desgarradas, del jazz que idolatraban. Y aquellas almas se me antojaban puras, sin mancha, por lo menos en ese instante. Todo era un poco irreal. Mis ojos volvían de nuevo a ver al músico para meterme en su propio paraje emocional y pensaba en él como en un cachorro, me atraía la limpidez de sus ojos en los que el iris brillaba con fulgores de animal joven.

No lo deseaba. Sólo envidiaba la representación de todo lo vital que se reunía en él. Admiraba también aquella fuerza tan ajena a mí, a la que yo era en ese momento, a mi propia decrepitud, que avanzaba lentamente dentro de mi cuerpo destruyéndome con la enfermedad. Los médicos me habían condenado a muerte hacía sólo un mes. Un mes únicamente, unas semanas apenas habían transcurrido desde que lo supe. ¿Cuánto tiempo tendría aún? ¿Cuándo y cómo llegaría…? ¿Me desprendería yo también del árbol de la vida, como una más entre millones de hojas muertas, perdida en la inmensa hojarasca? ¿El corazón que ahora latía emocionado se pararía por fin, y eso sería todo?

El saxofonista prolongaba el solo y me daba a pensar si aquella boca acaso sería más sabia, más hábil en el besar. Sus labios se prendían a la boquilla como si tuvieran vida propia, como si no fueran parte del rostro, del cuerpo, definitiva- mente masculino. Sin embargo, era inevitable darme cuenta de que algo feme- nino flotaba a su alrededor. Era indefinible y se encontraba en sus movimientos, en la forma en que se paraba en el escenario, colocando una pierna al frente. Un halo lo rodeaba, algo parecido a la dulzura de una mujer, aunque yo sabía que sólo ocultaba la feroz sexualidad de un macho. Por momentos, prendido al saxo, cerraba los ojos, aquellos ojos casi dorados —como dorada era su piel—, hundidos, velados por las espesas pestañas también doradas.

Durante las últimas semanas me había dedicado a fotografiar el centro his- tórico de la ciudad. Cuando comenzaron a aparecer los afiches anunciando que el cuarteto de jazz pronto llegaría, decidí prolongar mi visita sin imaginar que los músicos se alojarían en el mismo hotel. Cada tarde, al terminar mi trabajo, me asomaba al bar para tomar un martini o un gibson. En una de ésas, coincidí con Lenny. Me llamó la atención la barba, se la había dejado crecer durante varios días y acentuaba la estructura de su cara, en la que podía verse la inocencia de las cosas naturales. Bebíamos y platicábamos de cualquier cosa, y descubrí su mirada dulcísima —como la de un Cristo redentor— que me hablaba también de desamparo.

Ahora me impregnaba la música llena de la melancolía de las hojas de otoño, de esas hojas muertas que presagiaban el invierno. Lenny tocaba en este instante sólo para mí, la fotógrafa que había decidido quedarse en la ciudad atrapada por el deseo de lograr una buena serie de fotos. Tocaba para la mujer que de vez en cuando repetía los versos de Kavafis diciéndose a sí misma en voz baja: "Recuerda, cuerpo". En medio de todo, sin embargo, me preguntaba a mí misma ¿qué era lo que debía recordar? Mi vida llegaba a su fin. Nunca había estado tan sola como ahora. ¿Acaso debía recordar las noches salvajes de amor o los encierros de fin de semana llenos de poesía, de amor y alcohol? ¿O las carreras de autos, junto a mi novio del momento, que durante la adolescencia enviaron chorros de adrenalina a mis venas? ¿O los dos días, con sus noches, que viví bajo un puente protegida por el amor de un muchacho? Los recuerdos eran precisos. Llegaban hasta mí traídos por la extensa, refinada improvisación de *The Autumn Leaves* a la que el músico le ponía su sello personal lleno de pasión. La canción estaba por terminar, pero yo insistía en pensar que Lenny Harris sólo tocaba para mí. La mujer que esa misma madrugada se detuvo ante la puerta de su cuarto de hotel para escuchar los gritos, los gemidos, los lamentos que le sacaba a una mujer como lo hacía ahora mismo con el saxofón en el concierto de esta noche, acariciándolo.

Junto a la belleza del momento, la oscuridad del teatro me daba refugio. Convocada por la música, por un deseo intenso y vital nacido de lo más profundo de mi ser y que yo pretendía ignorar, sentía, más que nunca, avanzar dentro de mí el inexorable poder de mi propia muerte.

[*Muñeca mala*, 2008.]

DANTE LIANO
(Chimaltenango, 1948)

Escritor y crítico literario, Premio Nacional de Literatura 1994 y finalista del Premio Herralde de Novela en 1987 y 2002. Es licenciado en letras por la Universidad de San Carlos y doctor en literatura en la Universidad de Florencia. Enseña literatura latinoamericana en la Universidad de Bolonia. Es autor de los libros El lugar de su quietud *(1989),* El hombre de Montserrat *(1994) y* El misterio de San Andrés *(1996); de las colecciones de cuentos* La vida insensata *(1987) y* Jornadas y otros cuentos *(1978), y de los ensayos* Dos registros narrativos en Hombres de Maíz *(1980),* La palabra y el sueño. Literatura y sociedad en Guatemala *(1984) y* Visión crítica sobre la literatura guatemalteca *(1998).*

La joven Aurora y el niño cautivo

SIEMPRE que regreso a Guatemala voy a visitar la avenida Bolívar, con la misma reverencia del que visita un cementerio. El tránsito avorazado, las casas azules, verdes, coloradas, cuyas puertas se abren y cierran dejando salir gentes activas y sanguíneas, sólo son como sombras, porque dentro de mí surgen otras gentes más vivas, más consistentes. Me vienen ganas de gritar, pero callado, y si alguna vez yo hubiera llorado, sería delante de ferreterías, tiendas, electrodomésticos, cines, dentistas, depósitos de azúcar, abarroterías, farmacias, tortillerías, ventas de ropa, impermeables y autobuses dolientes.

Antes venía contento. Pero cuando has cumplido treinta y cinco años, y los Estados Unidos sólo te han dado el privilegio de un salario alto derrochado inmediatamente en automóviles de lujo, televisor a colores, la humillación de ser latino, la paranoia de la migra y la creencia de que la vida es un trabajo odioso del que urge descansar, entonces regresás a tu país, hacés el inventario de los amigos que ya no tenés, constatás que también allí sos extranjero y se te vacían estómago y cerebro. Hay un volcán, pero ya no es el mismo; es menos verdadero.

La primera vez que regresé de Nueva Orleans fue en el sesenta. Hicieron una gran fiesta en la casa. Mi hermana Nicolasa me dijo: "Vamos a alquilar marimba". Pasamos la tarde vaciando habitaciones y amontonando muebles en el último cuarto. Luego, mientras mi madre, sudorosa, cocinaba los tamales en el viejo poyo, nosotros regábamos pino en el piso y colgábamos papel de china y vejigas de una pared a otra. La fiesta fue igual a todas: sudor, embriaguez y deseo circulaban entre las conversaciones enloquecidas de los que alzaban la voz para ser oídos sobre el ruido de la marimba. Parecía todo de mentiras: parecía un espacio creado sólo para subsistir mientras durasen la marimba, el ron, la Coca-Cola.

Fue en esa fiesta cuando conocí a la joven Aurora. Era pequeña, vestía bien, pero fuera de moda y se peinaba como si los años cuarenta hubieran sido definitivos. Me la presentó Nicolasa: "Es la hija de la dueña de esta casa", me dijo. Yo vi las molduras de oro de los anteojos, los dientes blancos e intachables, la minucia de sus manos, la breve nariz, los ojos miopes. Vi la irresolución, el ansia de estar contenta, la infelicidad mordida a solas. Debo de ser un degenerado, porque esos atributos inocentes me la hicieron deseable. Cuando aceptó que bailáramos y mientras a codazos nos abríamos paso hasta un claro cerca de la marimba, ella sabía, yo sabía también, que un lecho nos esperaba. Nunca lo alcanzaríamos. Mientras bailábamos un 6×8, traté de empujar su cuerpo contra el mío. Los huesitos cedieron. Yo me sentí un dios; pedestre, moreno y espinudo, pero dios.

Al día siguiente, la Nico me interrogó acerca de mis avances con Aurorita. Yo fingí cinismo, la altanería del que siente próximo el sometimiento de una mujer débil: sentía, en cambio, una ternura que era casi compasión por la mujercita antigua. Esas vacaciones, que había pensado pasar junto a mi familia, las invertí, con gran pérdida de dinero, en cortejar a Aurorita. Yo recuerdo que llegamos a besarnos. Pero muchas veces, en mis sueños, he besado a Aurorita y su saliva tiene un amargo sabor a rosas. Así que ahora no puedo distinguir entre el recuerdo de un sueño y el recuerdo de la realidad. Al final de las vacaciones nos despedimos arrebatados, como a tirones, como en las películas habíamos visto que se separan los amantes. Yo regresé a los Estados Unidos dispuesto a acumular un capital para casarme con ella.

Una primera carta de la Nico me dejó sobresaltado. Me hablaba de "extraños rumores" que corrían en el barrio acerca de Aurorita. Como era evidente que mi hermana estaba esperando mi autorización para soltarme el chisme, le escribí una carta urgida y apremiante, en la que le suplicaba que me contara todo, "hasta en los mínimos detalles". La respuesta, cuyo volumen mostraba cuán feliz era Nicolasa en contarme esas cosas, con su mucho decir no revelaba mayores cosas. En ella, la Nico me decía que la señora de la tienda de la esquina le había advertido de que yo debía de tener cuidado "con esa mosquita muerta". El carnicero le desvió la conversación, pero la viejita de la panadería le había dicho que Aurorita ya tenía novio. Ese conocimiento fue, para mí, el más brutal de todos, porque, si bien lo que sabría después era abundantemente peor, ese primer hecho significaba la lejanía de Aurorita, de sus manos anilladas, de su piel pálida, de su aliento tembloroso.

En la segunda carta, Nicolasa me contaba que había averiguado algo más: la señorita Aurora no tenía novio. La historia era más delicada: había tenido un amante y por eso había sido desheredada. Respondí a mi hermana que la estancia en los Estados Unidos había modificado mi mentalidad. Reafirmaba mis intenciones hacia la señorita Aurora y le revelaba mi propósito de casarme con ella, en las próximas vacaciones.

La tercera carta de mi hermana estaba aplanada por un estilo policial. Acuciada por mis deseos, comenzó a soltar, en los negocios llenos de gente o en las salas de apacibles sillones de mimbre, la afirmación del probable matrimonio. En medio de rostros inexpresivos, demasiado ocupados en verificar la exactitud del vuelto, ella sonreía y decía: "tal vez", "es probable". El carnicero cayó en la trampa. Esperó que se vaciara el local y le anunció su formal visita esa noche. Cuando leí lo que el carnicero dijo, sentí profundo, tuve la sensación de que mis pies realmente existían, de que mi cerebro era más pequeño que mis cuerdas vocales, de que mis ojos giraban en blanco. Según el hombre de las sangres, la historia de la señorita Aurora era mucho más compleja. Dijo que revelaba todo eso por mi bien, por el cariño que le tenía a mi familia desde que habíamos emigrado de Chimaltenango. Yo lo odié esa vez por un motivo diferente al que me hace odiarlo ahora. Lo odié porque me puso en vergüenza, porque su historia me hacía aparecer tonto, cornudo e ingenuo. Yo lo era, en verdad, pero dicho por otra persona me hizo infeliz. La joven Aurora, dijo el carnicero, no era señorita: tenía un hijo, fruto de una relación con un pariente. No me pude conformar. Le escribí a mi hermana suplicándole que "averiguara la verdad hasta el fondo".

La cuarta carta de mi hermana fue definitiva. Había corregido y pulido la versión del carnicero a través de francos diálogos entre ella y los tenderos del barrio. Aunque variaban en la apariencia, todos coincidían en la sustancia: la señorita Aurora había tenido un hijo con un desconocido; el niño existía, escondido en el segundo patio, sin más contacto humano que con el manso perro que siempre se oía ladrar en el fondo de la casa. Todos fingían ignorar su existencia; engañaban a la joven Aurora que creía engañarlos.

Con esto, decidí romper con Aurorita. No le respondí sus cartas y me dediqué a beber. La siguiente vez que regresé a Guatemala, no me fue difícil encontrar al que todos señalaban como el amante de la joven Aurora. Quien nos hubiera oído hablar tranquilamente acerca de una mujer que habíamos amado y, luego perdido, pensaría que éramos poco hombres. Tal vez. Pero hay una edad, o debe haberla, en que las pruebas de virilidad parecen torneos de cansancio, fiestas de toros para animales domésticos. Así que, una noche, aceptó ir conmigo a una cantina, a beber y a contar su historia, de menuda infelicidad, como la mía. Esa noche fui otro; a través de las palabras de aquel hombre viví otras vidas, no la mía. En parte, mi solitaria mansedumbre se debe a esa conversación.

El hombre que, delante de mí, se miraba y estrujaba los dedos como si recitara un rosario, era ya maduro, muy moreno y con los labios gruesos, cubiertos de un bigote graso y negro. Alguien ponía, obsesivamente, la misma canción en la rocola. La canción salía, girando, del aparato y se retorcía entre las mesas, entre los ojos del hombre lleno de calvicie y presbicia que me tomaba como pretexto para recordar. Yo debía hacer un gran esfuerzo para ponerle atención, pues el ruido, su lengua pastosa y mi cerebro lleno de alcohol eran una masa de grumo sobre lo que yo quería oír.

Puede ser que la memoria me falle; es más probable que la misma atención haya nublado mi inteligencia allí, en el momento preciso de escuchar. Recuerdo esto: el hombre me dijo cómo se llamaba. Luego me contó su historia.

"Nací en la costa —comenzó—. Cerca de Retalhuleu, hay un pueblo en donde las indias andan desnudas de la cintura para arriba. Allí nací yo. Es un pueblo tan atrasado que todavía ahora el agua la van a traer al río, en cubeta, y la luz eléctrica viene a las seis de la tarde y se va a las nueve de la noche. Yo odiaba ese hoyo en el que había nacido, así que me apliqué en la escuela, hasta ser el primero de la clase. No contento con eso, me fui a Retalhuleu, en donde fui el abanderado del instituto. Usted sabe que los retaltecos dicen que su ciudad es la capital del mundo. Para mí, ese mundo de déspotas vacunos era el sucedáneo de otro que yo había creado en mi imaginación y que todavía busco. Para no hacerla larga, me gané una beca y me vine a estudiar a la capital.

"Y aquí es donde entra la joven Aurora, que es como le decían a mi prima hasta después de muerta. Mi tía había enviudado de un comerciante rico de la capital y mi familia no ignoraba que vivía encerrada con dos hijas y un Cadillac en su casa enorme. Mis padres le escribieron una carta servil, en la que, en resumidas cuentas, le pedían que me diera posada.

"¿Qué iba a saber mi tía que al responder afirmativamente se estaba desgraciando la vida? No podía saberlo y menos viéndome llegar, como me vio, entre las risas de ella y de mis primas, cargando una valija que olía a cuero crudo y un traje que era elegante en Reu, pero triste en la ciudad. Me dieron un cuarto cerca del segundo patio y poca confianza. Yo seguía siendo el pariente pobre, mientras ellas se echaban encima, en perfumes y joyas, las ventas del comerciante muerto.

"Tenía diecisiete años. Mis primas eran apenas menores. Aurora tenía dieciséis; Margot, quince. ¿Cómo iba a pensar en ellas? Yo era estudioso, pero también inquieto. Ya hacía pequeños trabajos para el partido comunista y viajaba los viernes a la diecisiete calle, antes de que sacaran de allí a las putas. Yo enamoraba a otras muchachas, pero con distracción, un poco por feo, otro poco porque me parecían tontas de boca pintada.

"Sería un roce, una mirada, una equivocación. No me acuerdo.

"Para serle sincero: sí me acuerdo. Un día, mientras oíamos las noticias del radio, mi brazo se quedó junto al de Aurora y se me fue el aliento. La vi que estaba colorada y lo último en que pensé es que fuera mi prima. Todo fue jugarle las vueltas a la vieja. Sé que le contarán también cosas de mí con Margot. No las crea.

"Creamos, en esa casa, un aire caliginoso, como las pegajosidades de las cantinas de la costa en las que se soban las gentes. Yo no supe que había embarazado a la Aurora. Sólo me acuerdo que mi tía me gritó, me insultó como se debe insultar a un malagradecido, y me puso en la calle. No me pregunte cómo supe que Aurora esperaba un hijo. No me acuerdo. La tía mandó a mis primas a la Antigua, en vacaciones de nueve meses.

"Recuerdo que un día reuní todas mis fuerzas y me presenté a mi tía. Ella me escuchó la propuesta de matrimonio y lo mismo me echó a la calle, entre insultos y vociferaciones. Ya no volví. Fue un juramento y lo he cumplido. Mi tía ha seguido endurecida. Lo que hizo fue infame. Obligó a la joven Aurora a mentir, a seguir fingiéndose señorita. Y lo peor, lo que yo no les perdono, es haber tenido escondido a ese niño durante tantos años, pudriéndose en mi habitación del segundo patio, hablando sólo con el perro."

Quién sabe qué otras cosas me dijo. Ahora no quiero recordarlas, porque he vuelto a la Avenida Bolívar y me he parado frente a la casona donde funciona un pequeño comercio. El joven que lo atiende tiene todos los tics de la mezquindad del pequeño comerciante. Yo entro y lo veo igual a mí y siento un asco profundo, como si ese muchacho fuera una cucaracha repetida; pienso que su cabeza estará llena de los días vacíos que pasó aislado en su infancia. Lo veo y mi semilla me repugna. Debía de ser diferente. ¿Pero qué decirle, si lo único que me recuerda esta cuadra, esta casona llena de olores marrones, es a la joven Aurora, blanca, con las manos cruzadas sobre el vestido de primera comunión, después de que la encontraron flotando en la tina, donde se bañaba con esencia de rosas, en un agua tibia cuyo vapor empañaba los espejos, los frascos de medicina, los potes de cosméticos, los ojos pequeños y cerreros de la madre que murmuraba: "¿Así debía de ser, perra, así?"

[*El origen y la finalidad,* 2003.]

ARTURO ARIAS
(Ciudad de Guatemala, 1950)

Autor de las novelas Después de las bombas *(1979),* Itzam Na *(Premio Casa de las Américas, 1981),* Jaguar en llamas *(1990),* Los caminos de Paxil *(1991),* Cascabel *(1997),* Sopa de caracol *(2002) y* Arias de don Giovanni *(2010). Como crítico literario ha publicado* Ideologías, literatura y sociedad durante la revolución guatemalteca 1944-1954 *(Premio Casa de las Américas, 1979),* La identidad de la palabra: narrativa guatemalteca a la luz del nuevo siglo *(1997) y* Gestos ceremoniales: narrativa centroamericana, 1960-1990 *(1997). Por el conjunto de su obra ha merecido el Premio Anna Seghers de Alemania en 1990 y el Premio Miguel Ángel Asturias en 2008. Ha sido traducido al inglés, portugués, francés, alemán y japonés.*

Carreras de carros

DE NIÑO aprendí a gobernar el mundo. Sabía de futbol porque mi papá era fanático y fue él quien me enseñó a ir por el Brasil, pues también es Latinoamérica aunque los taxistas brasileños le digan ¿usted es brasileño o latinoamericano? Ahora vamos por el Brasil, me dijo mi papá cuando el mundial de Suecia y yo le pregunté por qué. Porque eliminaron a la Argentina, me dijo, y el Brasil es el único país latinoamericano que queda en el campeonato. Nosotros siempre vamos por Latinoamérica. Brasil ganó y lo celebramos como si hubiera sido la espectral Guatepeor, porque dizque era Latinoamérica la ganadora. Poco después mi primo Manolo, mayor que yo de bastantes años, me dijo que el campeón del mundo de fórmula uno era un argentino llamado Fangio y por lo tanto los latinoamericanos eran los mejores del mundo en carreras de carros. Así descubrí los carros de carreras. Después de haber sableado a mi mamá me iba donde Biener los sábados por la mañana y compraba Dinky Toys, carritos de metal como de diez centímetros de largo. Con mi primo me subía a la terraza de la casa, que era plana, planísima, de cemento fundido. Dibujábamos el trayecto de una pista de carreras con yeso de colores. Allí corríamos los Dinky Toys, gateando y moviéndolos con la mano hasta romper las rodillas de los pantalones. Jaguares, Ferraris, Alfa Romeos y Maseratis. Más tarde serían Lotuses, Coopers o BRM.

Un día mi padre, parado frente a la ventana como hacía siempre para ver mejor el periódico, anunció que ese domingo habría carreras de carros en la ciudad. No sólo eso. Las mentadas carreras tomarían lugar cerca de nuestra casa. A dos cuadras, para ser más precisos. Dos si bajábamos por la 13 o la 14 calle hasta la séptima avenida, dos si agarrábamos por la sexta hasta el reloj de flores. Las locuras de la farsa chapinlándica, país que nunca fue.

Según el periódico venía Manfred Schmid, que en la foto aparecía con ojos de muerto y manos huesudas. Sonaba alemán pero era salvadoreño. Venía también Wenceslao García y no me acuerdo quién más. Manfred Schmid iba a correr en un Jaguar igual al de mis Dinky Toys sólo que el mío era celeste y el de él, rojo. Era igual, decía mi primo, a los Jaguares de las 24 Horas de LeMans donde Pierre Levegh se mató en uno llevándose a muchos otros de corbata. Además, aunque eran hechos en Inglaterra, en realidad eran guatemaltecos ya que los jaguares vivían en el Petén y eran el animal sagrado de los mayas. Entonces íbamos por Manfred Schmid y su Jaguar.

Las carreras iban a ser tres. Tendrían la meta en la Avenida de la Liberación, cerca del preciado reloj de flores. Subirían por la avenida, bajando por otro lado de la misma, ya que tenía un arriate anchísimo. Me imagino, no lo recuerdo bien, que daban la vuelta por donde estaba la estatua de Tecún Umán antes de que hicieran los pasos a desnivel. Volvían del lado de Los Arcos, bajando hasta el redondel de la séptima avenida. Allí agarraban la misma hacia el norte durante varias cuadras, haciendo luego un gancho en U muy apretado y regresando del otro lado hasta la meta. Tres carreras. Habría categorías pero no las recuerdo.

Como nunca había estado en una carrera de carros, quería ir. Mi papá decidió llevarme de manera un tanto melindrosa. Nos fuimos caminando, él y yo solitos, él siempre envuelto en su silencio obtuso, luciendo su boca torcida de enojo permanente. Mi mamá quedó de llegar más tarde con mi hermanita, quien tendría entonces como tres años. Íbamos por la sexta, hacia la Avenida Liberación, cuando en medio del rugido ensordecedor que lo encerraba baboso a uno dentro de una nube hermética de claqueteos metálicos que aislaba el resto del mundo pasaron zumbando todos los carros. Dijo mi papá que habían recorrido toda la sexta avenida desde el Parque Central.

En ese entonces yo le creía todo. Ahora tampoco es como si haya mucho que creerle pues ya no dice nada. Pero eso es ahora. Antes sí hablaba. Más cuando chupaba desde luego. Hablaba sin parar hasta quedarse ronco, afónico, eructando aire y la estocada se le olía como a un kilómetro de distancia. Pero incluso cuando no chupaba, hablaba. Siempre como si estuviera regañando, pero hablaba. Hablaba regañando como si cada palabra fuera un cinchazo, haciendo mala cara mientras las pronunciaba como si le doliera el alma al enunciarlas y estuviera en huelga de sonrisas. Además, con el bigote negro y los anteojos de carey parecía regañón incluso antes de regañar. Severo, achinando los ojos como quien anticipa pelea, torciendo la comisura de la boca para abajo mientras se arrancaba los pelos del pecho a manotazos de orangután de engorde. Eran bigotes de policía español aunque de niño nunca estuve en España y no sabía cómo eran los bigotes de los policías españoles. Me dijo con su hablar regañado que los carros venían desde el Parque Central rugiendo sus poderosos motores como si todos fueran Jaguares, aunque no todos eran Jaguares. De todos colores, eso sí, y de verdad tenían números negros pintados dentro de grandes círculos blancos y los pilotos llevaban cascos y anteojos.

Llegamos a la avenida. Nos paramos. Empezó la primera carrera. Los carros pasaban a escasísimos metros de donde estábamos parados. No había barreras protectoras de ningún tipo en caso de que uno se saliera de la pista como Pierre Levegh en LeMans. Guate es Guate. Zumbaban y yo allí paradito con carota de baboso, viéndolos a escasísimos centímetros de la camisa dominguera a toda velocidad, sintiendo el intenso viento de su fulgurante paso en el aleteo frío de la brisa agitando los pantalones flojos cada vez que pasaban, acompañado de la bofetada que nos pegaba el humo del escape oliendo a huevo podrido. ¡Pum! ¡Pum! ¡Pum! Uno tras otro, tan rápido, ya ni se sabía quién ni cuándo. Después la gente se atravesaba la calle como Pedro por su casa y salían los vendedores de todas partes con papalinas manías a cinco la bolsa, cuquitos o rodajas de naranja con chile igual a las del estadio de fut, sólo que éste no era el estadio de fut sino la calle, donde ahora había carreras sin barrera alguna, carros a centímetros de la piel.

Ni cuenta me di cuando terminó la primera. Ganó un salvadoreño porque los guanacos siempre le ganan a los chapines. Bueno, todos le ganan siempre a los chapines. En todo. Lo único ganado por la Guatehorror en toda su tristona historia es el campeonato mundial de desaparecidos, de asesinatos y de corrupción, pero le dije que de eso no le iba a hablar por irracional que pueda parecerle a estas alturas de mi escabrosa vida.

Ahora que me acuerdo, la selección de Guate, la del Grillo Roldán y Guayito de León, le ganó a Checoslovaquia en los octavos de final de las Olimpiadas de México en 1968. Fue memorable, primera y última. Desfiló la selección por toda la séptima avenida cuando regresaron. Yo fui a verlos. Mis papás describieron el espectáculo como cuando Mateo Flores ganó la maratón de Boston en 1952 y también regresó con desfile del aeropuerto hasta su casa. Desde entonces quise regresar con desfile desde el aeropuerto hasta mi casa pero no me había ido todavía, y no tenía todavía por qué regresar. Fue sólo después cuando aprendí que a la Guatepatria malandrina ya no se podía regresar nunca con desfile o no si se era alguien como yo.

Empezó la segunda carrera. En ella iba el Jaguar de Manfred Schmid. Lo vi pasar en primer lugar mientras subía la Avenida Liberación. No vi el banderazo de salida pues mi papá no quiso caminar hasta allí. Mi papá era así. Terco, abúlico, mandón y de malas pulgas casi siempre, por lo cual no se le podía decir casi nada casi nunca. Yo era chiquito todavía y tenía que aguantarme. Estábamos parados en medio de ese arriatón enorme entre las dos vías de la Avenida Liberación, pues antes de comenzar la carrera nos atravesamos para ver pasar los carros de los dos lados. Veíamos pasar al atigrado Manfred Schmid en su Jaguar rojo en primer lugar hacia Tecún Umán y después regresando por el otro lado, por los arcos, siempre primerísimo. Manfred Schmid, otra vez Manfred Schmid pasando por aquí, pasando por allá, siempre de primero Manfred Schmid, hasta que sucedió lo del platanazo.

No lo vi bien. Venía bajando por los arcos y fue cerca de la Avenida Hincapié. Yo me distraía, era chiquito. De pronto vi al hombre en el aire como si fuera piñata, rechinidos lacerantes. La gente gritó, corrió. Nosotros, en medio del arriate, ya no vimos nada más. Quise correr también, pero mi papá, hinchados los bíceps, me tenía agarrado de la mano y no se movió. "No", me dijo, "es muy feo." "Qué cosa", le pregunté. "El muerto." Dijo estas dos palabras como si le renovaran todo el dolor de su existencia, la vista perdida en un horizonte inatrapable. Me enteré así del muerto. El hombre piñata era hombre muerto. Entonces me explicó. El hombre se atravesó la calle y venía Manfred Schmid. El carro de

Manfred Schmid lo atropelló y voló por los aires. Cayó de cabeza al asfalto. Me impresionó pero sabía ya que si uno se atravesaba lo podían atropellar y había visto las fotos de los periódicos, leídos siempre por mi papá en las mañanas, parado hieráticamente en su cuarto, frente a la ventana. En las fotos sólo se veían bultos cubiertos por una sábana blanca con alguna mancha grisácea, la sangre, pero yo ya sabía que eran atropellados y tenía la curiosidad acerca de la abundancia de sábanas blancas con tanto atropellado saliendo en los periódicos.

La carrera siguió, pero oí comentarios de que Manfred Schmid no pudo seguir y no ganó la segunda carrera. Dicen que dijo que después de matar a alguien ya no podía seguir y se paró. Pero el carro estaba bien e iba ganando. "Fue por conciencia", me dijo mi papá. "A diferencia de otros." Las venas del pescuezo se le hinchaban al decirlo. Un sudor espeso le empapaba la frente.

La fiestonga se alegró cuando apareció mi mamá, la única sonriente, con mi empurrada hermanita que andaría con tres años como ya lo mencioné. Habrán quedado a alguna hora y en algún punto convenidos. Se encontraron como si tal cosa, en medio del arriatón de la Avenida Liberación, entre la segunda y la tercera carreras. Mi papá le contó del accidente. Mi hermanita, que de tan morena le decían "la negrita", llevaba vestidito corto bien parado. En esa época las niñazas se ponían fustanes con alambre dejando las faldas de pliegues casi horizontales. Tenía zapatitos de charol de trabita. Mi mamá con falda larga, beige, floja, y zapatos de tacón alto a pesar de ser domingo, pues en esa época, se lo dije ya y me repito, las mujeres todavía no se ponían zapatos tenis en los Guateques, aunque ya se oían comentarios de cómo se vestían las de Miami por las fotos publicadas en *Life* en español. También usaba anteojos oscuros en forma ovalada con unas alitas de cisne blancas en las puntas. Pero no le gustaba asolearse porque la piel se le curtía empañando su blancura y se empezó a quejar del sol bien rápido aunque nos compraron helados a los dos, pues los heladeros de los Helados Recari andaban empujando sus carritos por todas partes con las campanitas anunciando los diferentes sabores, sin que fuera con ellos la hija del señor Recari, desde luego, la que enamoraba mi primo Manolo. Mi hermanita una cornucopia de chocolate, yo un vasito de frutas.

Iban ya las vueltas y más vueltas de la tercera carrera. Mi mamá dijo que estaba aburrida, la mareaba el run run previsible de tanto carro. Yo no me aburría pero no sabía cómo decírselo. Reinaba gran confusión en mi mente y creí que ella lo decía porque no tenía Dinky Toys y era mujer. En esa época yo diferenciaba mucho las cosas de hombre y de mujer. Así me lo habían enseñado, así lo hacían todos a mi alrededor. Eran los cincuenta y era Guate. Imagínese. De niño yo creía ser el centro del mundo y que los raros eran los demás. Shó trancazo el que me llevé al enterarme de las verdades verdes de Alá, ah la chucha.

En algún momento, luego de que no le compraron algodón de azúcar, mi hermana hizo un gesto con la mano como si intentara borrar alguna invisible realidad. Enseguida se arqueó y comenzó a aullar con fervor, toda su cara la enorme boca sholca abierta. Me enojé e intenté callarla con grito cortante que marcaba de manera clara la jerarquía de los hermanos. Mi mamá, sin embargo, le dio la razón porque también encontraba sofocante la calurosa mañana y le dio a mi padre una de esas intensas miradas inapelables. Al verla, él se irguió y decidió que era la hora de irse. Yo me encerré en un rencoroso silencio.

Estábamos arremolinados en el arriatón de la Avenida Liberación. Para poder irnos era necesario cruzar la calle. Suena fácil decirlo pero el problema era que la tercera carrera no había terminado. Mi mamá llegó entre la segunda y la tercera así que no tuvo problemas en atravesar. En medio de la carrera era más difícil. Como solución inicial mi papá, quien había perdido buena parte de su ímpetu en el transcurso de la mañana y se le hacía un hilito de baba por la comisura de los labios retorcidos, cargó a mi hermanita. Mi mamá me agarró de la mano. Ella abría camino y él nos seguía dócil cargando el pequeño bulto que pese a sus arcadas no aminoraba los sollozos.

Juzgaron el momento adecuado de cruzar y nos lanzamos, bien plantadas las nalgas galopantes. Yo adelante, de la mano de mi mamá, mi papá detrás cargando. No venía nada, íbamos de lo más bien a media calle. Avanzamos apenas unos metros más cuando oí el cuentazo del somatón. Mi mamá y yo nos volteamos al mismo tiempo. Mi papá seguía cargando a mi hermanita pero ahora estaba sentado en medio del asfalto. Llevaba los mismos zapatos de calle de todos los días porque no se cambiaba los fines de semana. Tenían las suelas completamente lisas. No como los de ahora, con suelas gruesas cortadas en formas caprichosas como llantas vulcanizadas. Bajo el musculoso pie eran lisas, una tira de cuero ordinario. Parece, y eso lo supe sólo después, que al frotar las suelas toda la mañana en la hierba húmeda se pusieron resbalosas. Total, mi papá se resbaló en el asfalto y se dio tremendo sentón, cayendo como lo vi de reojo, magnífico, reposando las posaderas a media calle, todavía cargando a mi hermanita, la cara inexpresiva. Mi mamá deslizó un grito histérico, "¡Eulogio!", frenó su marcha y se dio media vuelta para ayudarlo a levantarse. Pero como ya le dije, eran los tiempos cuando las mujeres hasta para salir los domingos se ponían tacones altos. Con la suela lisa y resbalosa a pesar del menor tiempo de contacto con la hierba y tan poca superficie de contacto con el suelo, el gesto brusco la hizo caer también sentada en el asfalto al lado de mi padre. No sé ni de dónde me vino el instinto pero me vino por algún lado. Se me salió retorcido. Como hechizado, solté la mano de mi madre y corrí hasta la otra orilla, la cual se me presentaba como algo vago, previsible pero novedoso. Ellos se quedaron allí sentados en medio del pernicioso griterío ofuscante de la gente que me hacía sombra, los ojos inmensos. Oí el inminente pugido del carro. Nunca supe cómo lo alcancé a ver desde mi enceguecedora posición donde terminaba la banqueta y comenzaba ese gris más oscuro del asfalto aspirando sudores ajenos, mi madre parándose a toda prisa. Se estiraba en sus tacones altos, mi padre detrás. Todavía yacente levantó a mi hermanita. Se pararon. El carro ya venía. Todos regurgitando gritos roncos. Yo no. Lo veía como si no fuera conmigo la cosa. Como película. O como fragmentos tasajeados de una, combinados de manera caprichosa como si fueran múltiples objetos. En uno, mi madre hacia arriba como atleta recién salido del punto de arranque con las piernas dobladas en ambas rodillas, los brazos firmes al lado como gaviota, los puños cerrados. En otro, mi padre apoyándose en su brazo izquierdo para levantarse, mi hermanita con su fustán parado, molesta por el reflejo del sol más que por la caída, taciturna, todavía en su brazo derecho. En otro más, el carro convertible kaki acercándose, su piloto con casco de plata relumbrando de mala manera por el sol. En el siguiente, mi madre se acerca hacia mí hipando, mi padre avanza como trompo, a los tumbos, medio dando vueltas, con mi hermanita todavía en su brazo derecho como el niño dios en el hombro de san Jorge, el viejo frunciendo el ceño como enojado en vez de asustado, o bien padeciendo de hemorroides. El carro kaki va directo hacia su festejado culo y ni parece disminuir la velocidad ni darse cuenta siquiera de que hay moros en la costa. En el penúltimo, mi madre a mi lado gritando "¡Mijito!" como si el imprudente hubiera sido yo, el relamido miedo en sus ojos, hipando semiahogada, las manos crispadas. Mi padre como con estertores todavía detrás, el carro kaki parecería remodelarle el culo, mi hermanita siempre empurrada, como si viviera en algún ensimismado estado infantil que le impidiera la alegría. Distingo los lentes oscuros de mi madre en el asfalto a escasos centímetros de las groseras llantas del carro kaki que pasan casi rozándolos, coronando así su baile. Los anteojos, arrogantes, indiferentes ante el peligro. En el último, mi madre diciéndole a mi padre: "Vaya que se atravesó y no se le ocurrió venirse a ayudarme a levantarme…"

DAVID UNGER
(Ciudad de Guatemala, 1950)

Es autor de la novela Vivir en el maldito trópico *(2004) y de la colección de cuentos* Ni chicha ni limonada *(2009). Está incluido en diversas antologías, revistas literarias y sitios de internet alrededor del mundo. Sus padres emigraron a Estados Unidos cuando tenía cuatro años. Es profesor en el City College of New York. Ha traducido más de una docena de libros al inglés, incluyendo autores como Rigoberta Menchú, Elena Garro, Bárbara Jacobs, Nicanor Parra y Enrique Lihn.*

El padrino

SAL CONOCÍA a casi todos los del lado sur del Jardín de San Miguel. Esa era la zona donde vivían los pretenciosos —los americanos y los mexicanos ricos aspirantes a ser gringos— en enormes casas coloniales y donde los turistas paseaban sin apuro por las angostas calles empedradas de la ciudad. Para muchos visitantes, esta parte de San Miguel era adorable —un *corniche* mexicano con galerías de arte, iglesias, restaurantes y tiendas de antigüedades—.

En el lado norte del Jardín, cerca del mercado y las derruidas casas de piedra, vivían los mexicanos pobres que habían vendido sus casas. Para la mayoría de los americanos, esta área podía transitarse durante el día —digamos, si querías ir a la carnicería o ver cómo solía ser San Miguel sin gringos—. Sin embargo, al atardecer se transformaba en tierra de nadie. Los perros aullantes corrían salvajes, los niños descalzos jugaban pelota en las alcantarillas abiertas y las aceras tenían huellas de estiércol. Había cantinas por todas partes, las calles no estaban iluminadas: aquí era donde Sal vagaba de noche sin ser visto. Poco a poco había aprendido a distinguir los bancos alrededor de la iglesia de San

Francisco que eran seguros para encontrar a jóvenes mexicanos deseosos de ganar unos pocos pesos.

Un día que caminaba por Hidalgo, mientras iba a visitar a un neoyorquino que pasaba todo el mes de enero y febrero en la habitación seis del Hotel Quinta Loreto, Sal notó que una nueva tienda, La Casa Tarascaña, había abierto en la mitad de la cuadra.

Con curiosidad, Sal miró hacia el interior. A lo largo de la entrada y en una galería iluminada tenuemente había estatuillas de madera sobre estantes o colgadas a través de ganchos, de la pared. No se interesó por las numerosas esculturas diminutas —cabezas de ciervo o aves de pico largo—, pero había unas figuras de no más de un pie de altura, de apenas una pulgada de circunferencia y con brazos alargados o acortados, que parecían burlarse de él. Sal había visto miles de máscaras mexicanas —cabezas de diablo, serpientes, lobos semihumanos— que había descartado risueñamente como basura para turistas. Sin embargo, estas estatuas le parecían sorprendentes. No tenían cuellos, pero sus labios apretados y sus rostros se deleitaban en hacerlo sentir incómodo, vano o ridículo.

—¿Le gustan? —preguntó una voz en español. Sal alzó su mirada. Un hombre de cara dulce y ovalada, cabellos ondulados y color carbón estaba frente a él. Era bajo, aun para ser mexicano.

—Sí, son muy lindas —exageró Sal. Entrecerró un ojo, como si eso le permitiera ver mejor; caminó hacia el muro y observó cuidadosamente cada estatua.

—Las hacen los indios tarascanos. Pátzcuaro —dijo Sal.

—Ah, entonces usted ha estudiado arte mexicano.

Sal llevó sus manos a la cintura.

—He hecho muchos viajes a Morelia, si realmente le interesa saber.

—*Very picturesque* —dijo el vendedor en inglés, usando un término que claramente había tomado de un folleto turístico—. En realidad, es más bella que San Miguel. Yo nací allí.

—¿Entonces por qué se fue de allí?

—Una herencia —masculló el hombre.

—Perdone, no lo entiendo.

—La familia de mi esposa es de aquí. Cuando murió su madre, heredamos esta casa. Es pequeña para todos nosotros, pero es más de lo que teníamos en Morelia.

—Ah, ¿entonces usted está casado?

—Sí —contestó el vendedor—, con Matilde.

Sal pasaba por La Casa Tarascaña, mañana de por medio, camino al mercado. Se sentía atraído por Raúl, pero estaba resuelto, al menos inicialmente, a mantener una relación padre-hijo con un hombre casado quince años menor. A Matilde no parecía importarle; estaba ocupada con sus hermanas y la crianza de tres niñas. A los veintiocho años era baja, regordeta y malhumorada. Sal estaba en lo cierto al sospechar que quedaba poco amor entre esta mujer y su marido; le parecía que la religión, que no era un tema menor, era lo que los mantenía juntos.

—No es el catolicismo —le aclaraba Raúl en sus conversaciones cada vez más francas—. La tradición. Ella es mi esposa. Soy su esposo. Me ha dado tres hijas, y quizás algún día me dé un hijo. Nos hemos cansado uno del otro, pero ¿qué podemos hacer?

—Existe el divorcio.

—Ah, ustedes los americanos, los verdaderos polígamos. Se casan, se divorcian, se casan, se divorcian, seis o siete veces. Como si se cambiaran la camisa.

—¡Eso no es poligamia!

—Llámalo como quieras.

—Estás sufriendo.

Raúl se encogió de hombros. Cuando sentía que no había salida, encontraba refugio en la bebida. Antes de conocer a Sal, bebía tequila o, si no podía pagarlo, compraba pulque que se vendía a 2 500 pesos el litro. De noche, mientras su mujer y sus hijas dormían, Raúl era un alcohólico amenazante que se escabullía entre su casa y la tienda, como un becerro ciego.

Sal resultó ser un buen amigo que cubría de obsequios a la familia de Raúl y que se aseguraba de que las niñas de Raúl asistieran a Las Casas, la mejor escuela de San Miguel. Raúl lo aceptaba todo con gratitud, aunque sollozaba por dentro.

Una noche Sal apareció, desesperado luego de una seguidilla de seducciones fracasadas. Raúl lo hizo pasar, sorprendido de ver a su amigo vagando a esas horas.

—¿Qué sucede? —le preguntó Raúl mientras lo acompañaba a la galería que funcionaba también como sala.

Sal se aferró a su mano y susurró:

—Me siento solo.

Raúl comprendió.

—Siéntate. Traeré hielo para nuestro vodka.

Se tomaron una botella entera: sollozaron, maldijeron, se confesaron. Un gato vecino maulló. La luna se elevó, roció luz desde el patio hacia la galería. Las figuras tarascanas parecían inusualmente rígidas. Sal y Raúl se besaron.

Matilde supo lo que había acontecido entre su esposo y Sal. No era el tipo de persona que se tragaba noticias y fruncía el ceño —si Sal hubiese sido una mujer, le hubiera arrancado los ojos—, pero Sal era amable con ella, generoso con su dinero. Además, de alguna manera había logrado que Raúl se convirtiera en un ser más comunicativo, menos encerrado en sus silencios negros. Y por primera vez, desde el bautizo de su tercera hija, Raúl comenzó a acompañarla a la iglesia los domingos, aunque se resistía tercamente a confesarse. ¿Qué hubiera confesado Raúl? "Padre, he pecado. Toqué los genitales de un hombre."

Tres semanas más tarde, Sal insistió en que Raúl y su familia se mudaran a vivir con él; tenía espacio y las figuras tarascanas se venderían mejor en la ruta turística de Recreo. Matilde podría alquilar su casa y ganar dinero suficiente para enviar a sus hijas a la Universidad de Guanajuato cuando crecieran.

—¿Qué piensas, Matilde? —le preguntó Raúl cuando estuvieron solos.

—Es un buen gesto de don Sal. Estaba zurciendo los calcetines usando un gran huevo de madera para resaltar los huecos.

Raúl se acercó, puso su mano en el hombro de su mujer. Ella no se movió.

—Realmente no quieres mudarte —interpretó Raúl.

Ella puso el huevo y la aguja de zurcir sobre su regazo, estiró un calcetín verde para ver si el hueco había sido arreglado.

—¿Y desde cuándo te importa lo que pienso?

Raúl nunca había hablado de su relación con Sal, con la esperanza de que el silencio desmintiera las miradas secretas.

—No quiero perturbarte…

Arrojó el calcetín sobre su regazo.

—¿Por qué? ¿Por qué lo besaste? —preguntó, examinando sus ojos sin brillo.

Los suyos de repente se inundaron.

—Estás molesta —dijo su esposo, tratando de tocarla.

Ella lo rechazó.

—¿Qué debería hacer? ¿Cantar?

La boca de Raúl anhelaba un trago.

Matilde se secó los ojos con el delantal.

—¿Aún me amas, Raúl?

—Eres mi esposa. La madre de mis hijas. ¿Cómo podría no amarte? —contestó evasivamente.

—¿Me dejarás darte un hijo?

La miró nervioso. Su cuerpo despertaba fuera de control.

—Si eso te hiciera feliz.

Matilde lo tomó de los hombros y besó su frente humedecida.

Pocos días antes de que se mudaran, Sal recibió una carta de Harry —un hombre que Sal había conocido mientras estaba apostado en Fort Bliss durante la Guerra de Corea— diciendo que posiblemente vendría a México pronto. Rara vez se habían carteado en los últimos años, y la última noticia que Sal había recibido era que Harry había regresado a Boston para cuidar a sus padres enfermos. Harry llegó más tarde ese mismo día.

—Pero Harry, hoy recibí tu nota diciendo...

—Lo sé, lo sé, Sal, pero es que simplemente no podía esperar.

—Te ves mal, Harry —era duro para Sal decirlo, pero su amigo parecía disecado: tenía manchas amarillentas en su roja cara irlandesa, una barba crecida en su mayor parte blanca, con partes de su cabello que no existían en su cabeza. Sus músculos, que alguna vez fueron fornidos, ahora languidecían, deseosos de separarse de sus huesos. —¿Quieres un trago?

—Consígueme una botella de ron —resopló Harry, desplomándose en una silla de lona en el patio soleado.

Después de Fort Bliss, Sal y Harry habían vivido juntos en Denver. Mientras que Sal ingresó a la escuela de negocios y luego trabajó como tenedor de libros de una empresa ganadera, Harry adhirió a los programas de hágase-rico-rápidamente: invirtió en la exploración de petróleo en la región El Pedernal en Oklahoma, luego en minas de oro en British Columbia, siempre sin éxito. Luego Harry convenció a Sal, durante una noche de juerga, para que se mudara a Taxco. Harry abriría una joyería mayorista en Boston, con el dinero de sus padres, y Sal le enviaría plata y piedras semipreciosas desde México. El proyecto duró dos años hasta que Harry quebró.

Sal permaneció otro año en Taxco enseñando matemáticas y contabilidad en una escuelita dirigida por una viuda suizo-mexicana. Luego alguien le dijo que el paraíso existía en una pequeña ciudad mexicana llamada San Miguel. Sal se estableció en una casa en Recreo: se transformó en el asesor comercial de jubilados americanos que compraban mansiones abandonadas a precios irrisorios, abrió tiendas de especialidades para turistas y todos los años patrocinaba una rifa para los niños pobres mexicanos. Lo acogieron con entusiasmo, lo admitieron en los juegos de bridge de la comunidad gringa cada vez más numerosa. Era un hombre dulce, es verdad, pero estaban deseosos de hacer la vista gorda a sus excentricidades. Ciertamente, ellos tampoco eran perfectos, ellos que vivían exclusivamente para la hora del coctel y para urdir planes que aseguraran que San Miguel siempre tuviera una nueva provisión de empleados domésticos.

—Mis padres murieron el mes pasado, resopló Harry.

—No —gimió Sal, al tiempo que le acercaba un ron con coca—. ¿Un accidente automovilístico?

—Casi que lo desearía.

—¿Entonces, qué pasó?

—Doble suicidio. El médico sigue diciendo eutanasia. *Euthanasia.* ¿Te das cuenta, Sal? *¡Youth-in-Asia!* ¡Deberíamos estar ahí, hermano! ¡Esmeraldas gigantes, lapislázuli, millones de jovencitos! —dijo, alocadamente, tragando todo el trago de una vez.

Sal puso su vaso en una mesa de hierro forjado y abrazó a su amigo.

—¡Ay, pobre de ti, pobre de ti!

—Ya no voy a tener que esconder mis viajes a la zona de combate —dijo Harry, apartándose—. Además, ¡ahora soy un hombre rico!

—Bueno, eso es una compensación…

Los ojos de Harry eran como dos cerezas en jarabe.

—Lo que sucede, Sal, es que tengo cáncer de páncreas. No llego a la próxima Navidad.

De repente Sal se sintió débil; sus piernas se meneaban como las de una marioneta y Harry tuvo que sentarlo. Con San Miguel en medio de su calma de agosto —con su cielo de barniz azul desde el amanecer al anochecer— se le hacía difícil imaginar la muerte. Una especie de vivificante belleza eterna pendía del aire. Los únicos sonidos eran los trinos infrecuentes de las garzas que anidaban en los árboles del Parque Juárez.

Harry, ahora el anfitrión, acercó a Sal su trago y se sentó. Los dos amigos saborearon silenciosamente el ron, un tanto áspero para la garganta anudada de Sal. Su vida había estado mejorando en los últimos tiempos, Raúl y su familia se mudaban con él y allí estaba Harry. Sus padres muertos, viviendo solo y ahora...

—Debe valer doscientos mil.

—Disfrútalo, dijo Sal.

—Como el diablo. ¡No puedo mear ni cagar sin que me duela!

Sal vació su vaso, dejó que los cubos de hielo jugaran en su boca. Su cabeza navegaba; sentía la lengua espesa.

—Puedes quedarte conmigo, Harry, lo sabes. Te cuidaré. Será como en los viejos tiempos. Te gustará estar aquí en San Miguel. Buen clima, gente agradable. Las calles te recordarán las de Beacon Hill.

Harry contempló a su amigo.

—No puedo. El tratamiento. Estoy aquí por unos pocos días. Éste es el adiós, compañero.

—No hablemos de eso. Estás aquí para olvidar.

—Sí, para olvidar.

Tomaron durante toda la tarde, recordando los viejos tiempos, todos los contratiempos. Aquella noche, mientras comían un guisado que había sobrado del mediodía, comenzó a agitarse un viento del sur. Un rato más tarde, empezaron a resonar los truenos, había relámpagos y la lluvia caía torrencialmente. Se apagaron las luces y Sal trajo una vela al comedor.

—Es irónico —dijo Harry—. Esperé como un buitre a que se murieran, fueron tan amables que se apresuraron, y ahora estoy solo un paso detrás de ellos.

Sal puso la vela en el piso.

—¡Coraje, Harry! ¡Todavía puedes derrotar a esta cosa!

Harry meneó la cabeza.

—No entiendes. Siento que algo me carcome por dentro. No se parece a nada. Hasta los doctores están confundidos. No debería sentirme tan débil. Mierda, me dijeron que este viaje me mataría. No debería estar aquí.

—Ah. Los médicos. Son todos unos cínicos.

Harry asintió, y luego se quitó el anillo con una turquesa incrustada.

—Quiero que lo guardes. He adelgazado tanto que tengo que usarlo en el índice. ¿Te acuerdas cómo lo conseguí?

—Claro. ¡Convenciste a uno de esos broncos de Texas para que te lo cambiara por uno de tus pozos secos de petróleo! —Sal se probó el anillo en cada dedo—. ¡Mierda, Harry, es tan grande que tendré que usarlo en el pulgar!

Harry cerró la mano de Sal con el anillo.

—Es tuyo y ni una palabra más.

Los dos hombres se abrazaron a la luz de la vela, mientras la lluvia caía formando pequeñas cascadas que se vaciaban en la calle. Desde la ventana que daba a la calle, un par de ojos vieron a los dos hombres acariciándose. Los ojos que miraban tenían su propia humedad, a pesar de la lluvia.

Dos días después, mientras la lluvia seguía cayendo, Sal puso a Harry en un taxi hacia la Ciudad de México. Entonces Raúl, Matilde y sus tres niñas se mudaron. Por su parte, Sal estaba emocionado: era la primera vez desde su infancia que era parte de una familia. Más que una parte, Sal era la cabeza de la familia, algo que pensaba que, por su pasión, estaría negado para él para siempre. Con gran fanfarria les dio a las niñas la recámara con la litera triple que había hecho fabricar especialmente. Dio su recámara a Raúl y su esposa y reservó para sí la alcoba alejada del *living*. Una cama simple, un tocador, un escritorio y una silla tambaleante: una verdadera existencia espartana. Y donde había estado su oficina, había ahora un minimuseo de las figuras tarascanas que se completaba con colgantes en las paredes y una biblioteca de libros de arte folclórico.

A las tres semanas, Sal recibió la noticia de que Harry había muerto. Se sintió muy mal, parcialmente mutilado, pero con la cabeza rizada, aunque malhumorada, de Raúl sobre su pecho, la muerte de Harry era tolerable. Además, Matilde se había vuelto alegre cuando estaba con él y ahora las niñas se sentaban en su regazo.

Sal sentía que había renacido a sus cuarenta y tantos. Besaba el anillo de Harry, repitiéndose una y otra vez:

—¡Estoy vivo, estoy vivo!

Una noche que Sal jugaba bridge con sus amigos americanos, Matilde se acercó a su esposo.

—¿Aún me amas?

Raúl había estado bebiendo, más que de costumbre, desde la noche en que había visto a Sal y a Harry abrazados:

—Sabes que sí —dijo, casi sin sentimiento.

—Estoy embarazada, anunció.

La miró enigmáticamente.

—De dos meses. Y Ángela está segura de que será un varón.

—¿En serio?

—Lo que siempre quisiste, Raúl. ¡Un varón que herede tu nombre!

Raúl nunca encontraba la forma de darle la noticia a Sal del embarazo de su mujer. Cuando Matilde se lo dijo, aproximadamente en su tercer mes, Sal explotó, abofeteó a Raúl en un ataque producto de la borrachera. Gritó a lo loco, despertó a las niñas; Matilde amenazó con llamar a la policía. A la mañana, cuando Sal ya estaba sobrio, felicitó a Matilde y rogó a Raúl, cuyo ojo derecho estaba tan hinchado que casi se cerraba, que lo perdonase.

Raúl perdonó, pero sólo en palabras. Aquel domingo fue a la iglesia con Matilde y las chicas, se quedó después de la misa, rondó por las proximidades de la Parroquia y el Jardín. A las catorce horas siguió a un cura y a dos mujeres vestidas de negro hacia el interior de la iglesia. Rezó y encendió velas mientras que las mujeres se turnaban en el confesionario.

Cuando terminaron, Raúl entró al confesionario y esperó. El cura abrió el compartimiento y dijo: "¿Sí?", a través del enrejado. Dudó un momento antes de decir:

—Perdóneme, padre, porque he pecado —y sabía que diría la verdad, toda.

Ya fuera de la iglesia, Raúl se sentó en un banco bajo un árbol de laurel y miró el fluir de paseantes de domingo que desfilaban. El sol brillaba con aspereza, y la fachada de la iglesia parecía ante sus ojos una cruz gigante. Tenía esperanza de encontrar el alivio al recitar sus avemarías, pero cada uno era un azote en su espalda, y se sentía más confuso por dentro. El chirrido de los cuervos en los árboles parecía venir desde su interior, desde su corazón pecaminoso.

Cuando Raúl llegó a la casa, su esposa y las chicas habían salido a visitar a la hermana de Matilde. Sal estaba sentado solo en el sofá de funda verde entre las estatuas, bebiendo vodka con hielo y leyendo *Atención*, el periódico local en inglés.

—Pensé que llegarías más temprano —dijo Sal, mirándolo por encima de sus lentes de lectura.

—Me reuní con unos amigos —contestó Raúl.

—Y, ¿eran agradables?

—Sí. Nos sentamos y charlamos.

—¿Eso es todo? —la mano de Sal temblaba mientras servía un trago para Raúl.

—Sí.

Sal retiró unos pocos mechones de pelo de la frente mojada de Raúl.

—Pensé que como tu familia estaba de paseo, podíamos estar solos, sin tener que escondernos.

—Lo siento —Raúl tragó el vodka de una sola vez.

—¿Eso es todo lo que puedes decir?

Raúl levantó la mirada.

—Me confesé con el cura.

Sal levantó las cejas y silbó; luego se recostó.

—¿De verdad?

—Sí.

—¿Todo? ¿También sobre nosotros?

—Todo.

—¿Y qué dijo el cura?

—Estaba horrorizado.

—¿Cómo lo sabes? —preguntó Sal con enfado.

—Me dijo que había cometido un pecado mortal.

—Ya veo…

—Me ordenó rezar treinta avemarías.

—¿Son muchos?

—Sí.

—¿Muy muchos?

—Estaría condenado al infierno si no me hubiese confesado.

Sal se dejó caer bruscamente en su silla. Comenzó a sorber un pedazo de hielo.

—El cura no podía creer que yo estuviera contigo y Matilde —continuó Raúl.

—¿Le contaste del embarazo?

—Sí. Y empezó a gemir y a hacerse la señal de la cruz.

Sal se levantó atontadamente, asió la botella de vodka por el cuello, llenó su vaso hasta el borde.

—Y ahora, ¿qué vas a hacer?

Raúl permanecía sentado inerte, con su vaso en la mano, mirando hacia el piso, sin decir palabra.

Raúl agarró una borrachera que parecía no tener fin. Sal le negó su licor, pero Raúl se las ingenió para conseguir dinero suficiente para comprar pulque en botellas de plástico transparente. Lo bebía como agua y comía sólo bolillos y queso. Matilde perdió la paciencia la mañana en que encontró a su esposo durmiendo sobre una cuneta mugrosa al lado de su vieja casa de la calle Hidalgo: trató de hacerlo entrar en razón remarcándole sus obligaciones con sus hijos, especialmente con el que estaba en camino, pero Raúl parecía inalcanzable, como si algo más poderoso lo guiara desde adentro. Ella comenzó a odiar a Sal por lo que había pasado unos pocos meses antes.

—¿Qué haré si mi marido se muere, marica?

—Por favor, Matilde, no me llames así. Y tu marido no va a morir.

—Mira sus dientes —gruñía—, se están poniendo negros. Y su piel ya está amarilla.

—El doctor Tovar dice que va estar bien una vez que deje de tomar.

—¿Y cuándo será ese día? ¿El de Todos los Santos?

—Debemos evitar que tenga dinero. Voy a cerrar la tienda.

Cuando dijo esto, Matilde se echó a reír.

—No es de allí de donde lo saca. Tú le enseñaste cómo hacerlo. Se prostituye, marica. ¡Mis hermanas lo han visto tratando de ligar con hombres!

—No te creo —respondió Sal—. Lo dices sólo por lastimarme.

—Idiota —maldijo Matilde—. ¿No entiendes nada? —luego se levantó la falda, y sujetó los cinco meses de carne creciente—. Dime, ¿quién va cuidar de esto?

Cuando Raúl murió, Sal estaba aletargado. Era como si Raúl y Harry hubiesen muerto la misma noche, y como si él, Sal, estuviera siendo aporreado por un sufrimiento doble. Matilde —en plena angustia del duelo— amenazó con mudarse a otro lugar, pero nunca lo hizo. Su ira se enfrió en indiferencia cuando Sal reveló, casi como una indiscreción, que había prometido a su amante, antes de morir, que velaría por su mujer e hijos. El día del entierro de Raúl, los hijos comenzaron a llamar a Sal *padrino* —como si lo enaltecieran con un título muy superior al de simplemente "padre"—.

En la comunidad americana se empezó a crear una historia que relataba cómo Sal había fraternizado con un alma en problemas, y cuando el hombre murió repentinamente, Sal había sacado a flote a toda su familia. Era una especie de héroe folk, *Atención* escribía sobre él y hasta se le mencionaba en un artículo de viajes del *Mexico City News*. Se transformó de inmediato en el invitado de honor de los cocteles; hasta fue presentado a Lady Bird Johnson cuando visitó San Miguel y se alojó en el Hotel Sierra Nevada por una semana.

Y cuando se llevó a cabo la rifa anual a beneficio del niño mexicano, Sal recibió un premio especial por haber "adoptado" a una desafortunada familia mexicana. Se referían a él como el proveedor desinteresado, a punto tal que la mujer del hombre fallecido bautizó a su cuarto hijo con su nombre. Sal estaba agradecido por tanta atención, ya que le daba ese cierto estatus que lo había evadido durante todos esos años en San Miguel.

Se transformó en el alcalde no oficial de la ciudad.

Sin embargo, todas estas distinciones no podían borrar el vacío que sentía, especialmente de noche, cuando cesaban las lluvias del atardecer. Con el tiempo, Sal empezó a frecuentar las calles del lado norte del Jardín de San Miguel como solía hacerlo muchos años atrás. Hubo cambios: los mexicanos jóvenes eran más numerosos, parecían más descarados, se drogaban, el resultado de cinco devaluaciones del peso. Existía el miedo al sida. Y la iglesia de San Francisco había instalado luces en los alrededores del parque, pero las luces colgaban por encima del follaje de los árboles y aún mantenían al suelo en la oscuridad.

Aquí, al lado de la iglesia, en los bancos de hierro forjado, Sal se sentía más seguro.

[Traducción del inglés de *Playboy*, México. *Ni chicha, ni limonada,* 2009.]

MÉNDEZ VIDES
(Antigua, 1951)

Realizó estudios de letras y filosofía y trabajó en docencia e investigación universitaria hasta 1981. Escribió, dirigió y actuó en obras de teatro. En 1978 publicó su primer libro de cuentos, Escritores famosos y otros desgraciados. *En 1986 su novela* Las catacumbas *recibió el Premio Latinoamericano de Novela Nueva Nicaragua, y en 1996, el Premio Mario Monteforte Toledo con su novela* Las murallas *(1997). También es autor del libro de cuentos* El tercer patio *(2007), y de las novelas* El leproso *(2007) y* La lluvia *(2007).*

Gambito de rey

José León decidió marcharse lo antes posible de La Antigua y de la casa donde se sentía un extraño. La abuela estuvo de acuerdo y le prometió el armario, un inmenso mueble con luna, gavetas y apartado para colgar ternos. Encima estaba la resma de diarios viejos y los frascos vacíos de suero Bonin que la anciana se inyectaba en las venas cuando le venía el mareo. Con dificultad se dirigió al mueble y se agachó para alcanzar la gaveta inferior. El aroma a naftalina se mezcló con el clima enrarecido. Medias, bolas de lana de varios colores, fajas, agujas capoteras, pliegos doblados de patrones cubanos para la confección de vestidos de fiesta. Bajo el fondo falso estaba el poco de billetes.

—El día que me muera no corras a avisarle a nadie, calladito la boca te las arreglas para ocultar este dinero en el tapanco, con mucho cuidado porque si te descubre tu padre pensará que me robaste y te sacará los ojos.

Si dejaba escrita su voluntad se arriesgaba a que Elías, su propio hijo, la abandonara a medianoche en el velorio, y no quería quedarse sola, pasando frío dentro de la caja, en su primera noche fuera de casa.

José León abrió bien los ojos. Mudo no era. Atento a las arrugas de la ancia-
na, esa enfermedad que se traga a la gente.

—Vendes el armario y te compras un boleto de ida a Nueva Orleans...

Él pensó en el mar Caribe, en la serpiente del río en el mapa, las casas de
madera entre pantanos, el aroma a pescado fresco, los adultos por aquí y por
allá, el ancho vidrio gris del agua, el vaivén de las naves cargadas de madera o
carbón. Se imaginó bajando del vapor por una escalerilla endeble de metal he-
rrumbroso; la gente hablando en inglés; una mujer negra lo esperaba en el
muelle, vestida con ropa colorida de domingo. Todo muy bien pero el ropero
no cabía en el tapanco. José León se puso como la cera cuando empezó el es-
truendo de la lluvia.

Envidiaba la suerte de Rehwoldt, su hermanastro, de quien dijo el alcalde
Reynoso, luego de que el tierno ganara un encuentro delicado de ajedrez bajo la
arcada de piedra del Palacio del Ayuntamiento, que ya estaba listo para emigrar:

—Porque todo niño con talento debe marcharse de esta ciudad lo antes po-
sible, para no averiarse. Debe de ser adoptado por un lugar donde no crezca
tan rápido la hierba, para que no se pudra como nosotros.

Cada tarde, a las cinco y media, el empleado municipal colocaba las mesas
con los tableros pintados a mano, las sillas de petate, las piezas revueltas de
madera durmiendo en sus cajas, y los relojes. Los de siempre jugaban contra
los de siempre. Viejos todos. El único pequeño era Rehwoldt, quien a los doce
años le botó el rey a todos los maestros del club. Brillante, empírico, intuitivo,
sin estudiar jugadas en los libros ni ser un matemático excepcional les ganaba
la partida a los más arrogantes.

El Concejo Municipal informó a la Federación Nacional de Ajedrez de la
existencia del niño prodigio, quien en buena hora llegaba como un obsequio al
nuevo gobierno. No olvidaban la manera como el antecesor comunista, recien-
temente desterrado en paños menores, había sacado provecho publicitario de
la gloria de Doroteo Guamuche Flores, la vez que ganó la maratón de Boston.
A su regreso al país fue declarado héroe nacional. El mismísimo presidente,
don Jacobo Árbenz, le estrechó la mano al bienaventurado. El deportista subió
a la tarima vestido de traje completo azul marino y medias blancas. "No parece
indio sino negro, por la estatura y las manotas", le contó esa noche el mandatario
a su mujer. El maratonista fue aclamado públicamente, rebautizado por la pren-
sa como Mateo Flores. ¡Qué feo, Mateo! Un campeón comunista. Al gobierno
de la Liberación le caería de perlas la venganza de un joven genio, de apellido

real. Prudentes, los directivos propusieron que el novato fuera invitado al próximo campeonato en la capital, para que midiera su destreza en combate urbano con los semiprofesionales, porque siempre es mejor asegurarse, para no pasar después por el azareo privado y la vergüenza pública.

José León acompañaba todas las tardes al pequeño Rehwoldt. Nunca lo felicitaba. Esperaba paciente que fuera derrotado, pero el inocente alicrejo le ganaba la partida una y otra vez al barbero de La Central, al poeta laureado en Quetzaltenango, a don Chemita (propietario de un colegio privado), a dos gringos omnipotentes que vivían retirados en la ciudad colonial y que así se entretenían. Estuvo en primera fila la tarde que su hermanastro enfrentó simultáneamente a diez ajedrecistas, y aguantó de pie hasta las nueve pasadas, cuando dieron por terminada la contienda. Los competidores más necios se retiraron desalentados cuando ya faltaba poco para la hora límite, proponiendo empates falsos al no poder encontrar salida más honrosa. Sonaron las campanas del reloj del Arco. Los jugadores maduros se ufanaban al reconocer su estilo en el modo de ataque del niño, quien los vencía utilizando sus propias tretas. Eran ellos contra ellos mismos. Rehwoldt había aprendido mirando. Una manera de comprobar que siempre es posible ganarle a los viejos, así como tarde o temprano dejarán de respirar.

La Federación Nacional encaró el duelo. José León se enteró una noche de domingo en el convento de la Escuela de Cristo. Al escuchar la noticia experimentó una sensación incierta, como reflujo que le recorrió para arriba y abajo el sistema digestivo. La gente aplaudió. El padre Martín compartió la nueva con la concurrencia, lleno de entusiasmo, durante el saludo previo a la función de cine.

—Ave María purísima.

—Sin pecado concebida.

El padre comentó que Rehwoldt era un caso extraordinario.

—Nos sacará a todos de la ignominia —dijo pensando en los demás, pronunciando el idioma con el dejo importado de Burgos.

Expresó maravillas del joven esmirriado y sencillo, deseándole todo tipo de ventura y parabienes. Los espectadores aplaudieron nuevamente.

—Todos ustedes llevan a un ajedrecista por dentro.

José León estaba sentado al lado del proyector, tomando entera la película de la gente apretada en las bancas de madera, en aquel húmedo salón de convento; preparado para cumplir con el oficio de apagar la luz y operar el aparato, atareado en las rutinas de los cambios de rollo. Adelante, en la segunda banca, una muchacha de falda muy corta y cabello de cerdas gruesas e ingobernables, abrazaba al pequeño ajedrecista, quien todavía tenía los ojos irritados por culpa del maquillaje y regado el crayón de labios que le limpiaron a la fuerza para borrar el disfraz de obispo. El pelo le brillaba. Esa tarde se situó en un altar improvisado en el corredor de la casa, para practicar el rezo de jaculatorias y oficiar misa en latín. Otras veces se disfrazaba de gitana, con falda roja y los collares con cuentas de fantasía de la abuela.

José León comprendió la sabia intención de la abuela heredándolo a él, sangre de su sangre, para que volara. Eran medio hermanos, pero no tenían nada en común. La abuela se había dormido y roncaba ripiosamente, tan viva como los sapos. Él había fumado a la salida del cine, por necesidad.

Encontró el salón bíblico lleno. Las bancas dispuestas frente a una sábana incólume, tensada en el marco de un cuadro colonial averiado. El primer rollo ya estaba a punto de correr. El padre Martín se notaba entusiasmado e inquieto dentro de la sotana negra. Hizo una seña a José León. Un dos tres y arrancó la película en blanco y negro, de desiertos y penurias, en medio del silencio total, a pesar de la noticia recién transmitida sobre la buena suerte de Rehwoldt. El cura se ausentó discreto, amparado en la sombra, para dedicarse al oficio liberal de las confesiones. Una mujer lo siguió por el pasillo oscuro, de piso de barro maltratado. La luna alumbraba levemente el patio. José León se sintió muy triste, y cuidó distraído que no se fuera a quemar el rollo plástico por culpa de un mal roce. Él tendría que esperar la muerte de la abuela para poder volar.

El genio del ajedrez se subió al auto del alcalde Reynoso el día señalado; se acomodó sosegado en el asiento frontal. Detrás iban don Elías, el padre adoptivo, y José León, como pollos comprados. El niño y el político conversaban sobre torres, alfiles, reinas, gambitos y enroques, sobre los pros y los contras de la estrategia de la Salida Vienesa, y analizaron, ya en lo más empinado de la Cuesta de las Cañas, la conveniencia de recurrir en caso extremo a la Defensa Siciliana. Un idioma que no comprendían los viajeros mudos en el asiento posterior. En la sastrería un ayudante le advirtió al padrastro del prodigio que tuviera mucho cuidado, que todo podía tratarse de oscuros planes de los masones para poseer al muchacho.

—No se los vaya a regalar —le suplicaron.

El auto alcanzó la cumbre luego del gran esfuerzo del motor que se recalentó y fue preciso dejarlo reposar un rato antes de echarle agua fría al radiador.

De regreso no haría falta, los frenos eran de primera calidad, de fabricación alemana. Mientras esperaban, los jugadores desplegaron el tablero sobre el capó del auto. Rehwoldt practicó sus salidas con el alcalde, hombre de bigote espeso y pistola en cartuchera que tanto admiraba el deporte ciencia. Sus enemigos decían que ese juego no era de hombres, o que era una costumbre de los rusos, y él les callaba la boca porque el ajedrez es un ejercicio militar, útil en la instrucción de la estrategia de guerra, igual para romanos, troyanos y comunistas.

—Un buen jugador de ajedrez reconoce al instante cómo actuar en casos difíciles, porque la práctica enseña a no perder la compostura durante la batalla.

El alcalde Reynoso le ofreció al padrastro sastre que si el muchacho lo lograba, haría todo lo posible para que lo aceptaran de caballero cadete en la Escuela Politécnica, apenas volviera a abrir sus puertas, lo que sucedería una vez que la institución se recuperara del trasiego por la rebelión fallida del 2 de agosto. El padre decía que sí a todo. José León le escupió incómodo, en voz baja para que nadie más pudiera enterarse, que no se hiciera ilusiones con la rata, porque de seguro su medio hermano iba a perder la magia tras el primer encuentro.

—Él sólo sabe jugar contra los mismos oponentes; si le mueven las piezas de otra manera lo van a confundir.

Llegaron al mediodía a la Federación. La ciudad de Guatemala estaba con señas de lluvia en la atmósfera. Los ilusionó el paso bullicioso por la Avenida Bolívar, llena de ventas de colchones de lana, mesas de pino y trinchantes sin barniz. Los autobuses iban repletos, parejos en los dos sentidos. Pasaron frente a la sede del primer cuerpo de la policía. El olor a madera aserrada y el ruido de los Testigos de Jehová. Tendrían que quedarse a pernoctar ganara o perdiera el muchacho, por la distancia y los peligros que acechan en la carretera.

En la sala de juego encontraron entrenando a varios ajedrecistas. Rehwoldt descubrió que había sido invitado para competir en su propia categoría contra otro jovencito de la misma estatura. El alcalde pensó que se trataba de una burla y de una injusticia. No habían llegado de tan lejos para enfrentarse a un mocoso cualquiera.

—Lo que nosotros queremos es competir contra los mejores jugadores de la capital, no importando la edad ni el número de propiedades heredadas —dijo presuntuoso.

—No se jacte todavía, porque le puede salir el tiro por la culata —lo amenazó el oficial a cargo de las instalaciones deportivas—; veamos primero cómo le va a su muchacho contra uno de su mismo aspecto.

Rehwoldt se acomodó en la silla de junco, frente a un enemigo concentrado que observaba el desgaste de los filos de las piezas negras, planificando asesinar al desconocido de provincia en los primeros movimientos, sin mirarlo siquiera a los ojos. El inmenso Palacio de los Deportes estaba abierto al público pero con la puerta cerrada, aislado del ruido de motores de la Veinticuatro Calle. Alta la estructura de hierro, impresionante. No habría terremoto en el mundo ni Dios que lo derrumbara. La promesa antigüeña miró para todos lados, nervioso por la presión familiar aunque seguro de sí mismo. El sorprendido jovencito capitalino tumbó los anteojos y a su rey media hora más tarde. Quienes presenciaron el combate, aplaudieron con decoro.

José León odió a muerte al renacuajo. Don Elías no entendía el origen de la emoción, pero igual felicitó al muchacho de ojos profundos. Tenía los mismos ojos de la mujer que lo enloqueció y obligó a vender los terrenos de Parramos, sembrados con el mejor café del mundo, para comprarle el viaje a La Florida. Ella era muy bella y el espejo la tenía convencida de que no debería de morir sin al menos haber conocido el límite del resto del mundo. Le dejó encargado al chiquillo, que ya era como otro hijo propio, y le dio un beso inolvidable. Por insistencia del alcalde le pusieron en fila a otros tres contrincantes. Uno a uno todos cayeron vencidos; cada quien tuvo que doblegar avergonzado la corona. Los más viejos no se atrevieron a retar.

—¿Cómo lo haces? —quisieron saber los directivos de la Federación.

—Sólo juego —contestó Rehwoldt, con la voz débil.

Estaba muy claro, su don era natural. A la mañana siguiente llevaron al prodigio de visita a la Casa Presidencial. José León le hizo caras y modos amenazantes durante el trayecto. La camisa blanca de manga corta le quedaba estrecha. Los pantalones azules de dacrón, muy ajustados. Los zapatos raspados en las puntas. El alcalde le fue a comprar una corbata gris de broche, con el nudo ya hecho, para que entrara elegante en el palacio de piedra verde, con balcones y torres militares. Los brazos morenos y huesudos del muchacho no tenían relación con el apellido. El coronel Carlos Castillo Armas abrió personalmente la puerta de su despacho para que entrara la comitiva de deportes. El genio Rehwoldt era el punto de atracción. El dirigente lo abrazó y lo condujo a un lado del inmenso salón. La mesa con el tablero de ajedrez estaba dispuesta junto a los cortinajes de terciopelo y los bultos de adorno.

—Ésta es la oportunidad de tu vida, me tendrás que ganar a mí en el juego.

El alcalde Reynoso se demudó. Lo que hubiera dado el caído Jacobo Árbenz por estar dentro de los zapatos raspados del muchacho antigüeño. Una segunda oportunidad. Un niño no debería de ganarle al mandatario en el juego ciencia ni en nada. La dirigencia de la Federación de los Deportes los rodeó. Don Elías y José León se reconocieron invisibles hasta para los guardias. Todos quisieron advertirle al niño con señas y modos, tosidos y carrasperas, en lo que estaba metido, enviándole avisos velados para que cediera en el juego. Rehwoldt no se percató, atento a la respiración agitada y al temblor de manos del caudillo.

El tablero era de lujo. Piezas de mármol negro y blanco. Un rey enorme al lado de la mujer conspiradora; las torres nítidas que eran baluartes para detener el paso de los piratas ingleses; el alfil espigado y ágil. Los peones formados enfrente, sin tanques ni armas rusas de combate.

—Usted parece alfil —le dijo el niño, atravesando al guerrero con ojos matemáticos capaces de remontar distancias imposibles.

Castillo Armas sonrió. Los demás no tenían tan agudo el sentido del humor ni el olfato. Eran funcionarios de los que sólo cuentan chistes a costa del político ausente, que hacen astillas de los caídos, que se cambian de bando sin dificultad, que se arrastran en público y que, luego, cuando ya no se aguantan a sí mismos, van a la casa de sus progenitores, agarran al padre por el cabello, lo lanzan al suelo, lo patean y le rompen la clavícula. El padre herido llora de dolor. Al día siguiente va a quejarse al Ministerio Público. Pone la queja pero no lleva a cabo la denuncia legal, porque se trata de su hijo. Cualquier día, el agresor lanzará al padre fuera de la casa valiéndose de firmas falsas, porque ya es dueño de la herencia y la vida es una carrera de relevos. La mendicidad puede ser un arte y cualquier afán es válido cuando se trata de salvar el patrimonio. Lindura de burócratas, puestos en posiciones clave para ser felices. El niño decía la verdad. Castillo Armas alzó el alfil frente a sus ojos y aclaró su pensamiento.

—Soy el alfil blanco.

El alcalde pensó que el mandatario iba a corresponder al niño identificándolo con los peones negros, pero nada de eso.

—Este muchacho tiene espíritu de rey —dijo.

—Es de apellido Rehwoldt —aclaró el alcalde antigüeño, pronunciando el acertijo con acento foráneo.

Al niño le correspondieron las piezas negras. El *Alfil* lucía el pañuelo de seda, con sus iniciales bordadas, doblado en el bolsillo del saco del traje oscuro, y en la solapa llevaba ajustado el botón presidencial de oro con el ave indiana de perfil entre hojas de laurel. Pensó darle una lección de política arrancando su avanzada con el clásico Gambito de Rey. Sacrificar de entrada un peón, para luego acosar de manera impetuosa al rey hasta impedirle todo movimiento, con el ágil manejo del alfil y las torres. Jugaron unos quince minutos. El niño no quiso comer ni beber lo que le ponían en bandeja de plata. El mandatario analizó las jugadas desconcertado. Nadie estaba en aprietos. Accionaron las piezas sin orden, sólo para conocerse. Chiz chaz, las espadas.

—No está nada mal el cadete —dijo incorporándose y atrayéndolo hacia su escritorio, que estaba escoltado por el pabellón nacional.

Lo alejó del tablero para borrar la incertidumbre de los suyos. Se fijó en la corbata nuevecita de Rehwoldt, en el zurcido invisible en la camisa a la altura del corazón, en el mal trato del pelo reseco e hirsuto. Le mostró al niño sus propias condecoraciones y sus medallas militares, y le platicó sobre la gloria, esa quimera con olor a bolero.

—Esparta sí tuvo soldados, verdaderos cadetes, incapaces de traicionar y dispuestos al máximo sacrificio por la patria.

Uno de los funcionarios de la Federación le extendió al mandatario el documento que reclamaba su firma. El niño Rehwoldt fue añadido a destiempo en la lista de la comitiva que representaría al país en la inminente contienda centroamericana en El Salvador.

—Te sentarás frente al tablero como un espartano invencible en el Paso de las Termópilas, y defenderás a tu rey con la vida.

El alcalde aceptó el honor en nombre del menor.

—Si regresas triunfador te estaremos esperando en el Puente del Matasano, con la banda municipal tocando fanfarrias —le prometió ya en el auto—. La madrina de deportes más bella del mundo te pondrá la corona de laurel y se tomará contigo una foto que te acompañará toda la vida.

En el asiento de atrás iba don Elías acongojado, arbencista mudo, con un fajo de billetes que le había obsequiado el enemigo para estimular la dedicación de su muchacho al deporte. José León no se percató de tal vergüenza, porque iba absorto en la propia. Miraba por la ventanilla la vista del Volcán de Agua a lo lejos, bajando por las sinuosidades de la carretera hacia el Valle de Panchoy.

En La Antigua lo apodaron de inmediato Capablanca Rehwoldt. La Legión de Santiago le brindó un homenaje, con banda y venta de comida frente a la catedral. El padre Martín dijo a los asistentes a la función de cine, en la Escuela de Cristo, que el ejemplo de Rehwoldt debía animarlos a todos por igual. La Providencia estaba intermediando. David vencería a Goliat. El reino de Dios se aproximaba. Era preciso tener la vela encendida, estar preparados como las Once Mil Vírgenes.

—Para que no anden diciendo que siempre perdemos en todo —dijo.

Recogieron en un canasto el óbolo para el niño. Lo pondrían en un sobre, sin comprobantes ni recibos.

—Lo manda Dios —escribieron en la nota, con el escudo de la parroquia de la Escuela de Cristo.

No todos colaboraron, unos porque no tenían sobrante y otros porque desconfiaban del interés del cura en los asuntos humanos.

En la casa le prepararon al niño ajedrecista la valija de cuero: dos camisas blancas sin planchar y un pantalón beige de reserva, por si ensuciaba el azul de corduroy que llevaba puesto; un suéter gris para el frío del camino y dos mudadas de ropa interior. Llegó a la capital el lunes, porque la partida al extranjero estaba prevista para las seis de la mañana del martes. Esa noche estaba tan nervioso que no quiso cenar. Durmió mal en el sofá de la casa del encargado de la delegación. Lo despertaron a las cuatro en punto de la mañana, todavía a oscuras, con una taza de café ralo humeante y un banano para que hiciera base y aguantara el camino.

—Ya nos vamos.

Medio se tomó el menjurje extrañando la gracia antigüeña del pan dulce. La idea era estar puntuales en la sede, pero el vehículo que los iba a conducir se apareció hasta el mediodía, alegando un problema en el motor de arranque. Llegaron a San Salvador a oscuras. No tuvieron tiempo ni para almorzar en el restaurante del río Los Esclavos, como lo tenían prometido. Apenas pudieron ver la presa de piedra a lo lejos, cuando pasaron por el puente, pero el chofer les contó la historia del albañil que le vendió el alma a Satanás con tal de que lo ayudara a terminar su edificación en una sola noche.

—En San Salvador nos están aguardando con una gran fiesta y una comilona que no hay que perderse, mejor aguantemos el hambre ahora y luego nos forramos de pupusas y mojarras —les recomendó el delegado.

Llegaron tarde a la actividad de inauguración. Los competidores ya se habían ido a descansar y la comida se había esfumado de las mesas. Los recluyeron con hambre en las cabañas dispuestas para su alojamiento. La bandera nacional azul y blanco ondeaba frente a la puerta de entrada. En cada habitación tres camas, y al lado de cada una, una garrafa con agua tibia. El calor infame que no perdona, hostigante. Capablanca miró a través de la ventana el cielo despejado, lleno de astros titilando.

—Qué hermoso es el cielo de El Salvador —dijo.

Los otros dos niños, con quienes le tocó compartir la habitación, ya estaban profundamente dormidos. A él le costó conciliar el sueño, porque el estómago vacío le dolía horriblemente. Al día siguiente despertó aquejado por un fastidioso dolor de cabeza, pero se aguantó como espartano sin confesión.

Se bañaron y corrieron desnudos por la cabaña, listos desde temprano para desayunar y abordar el vehículo de paseo. Les sirvieron pan y café instantáneo amargo.

—De aquí vamos al mar —les explicó una mujer que se presentó como la anfitriona—. La competencia empieza hasta las cinco de la tarde; de día los vamos a divertir, para que conozcan el país.

No era lo mismo andar con la familia, todos asustados, y con el alcalde dando instrucciones y órdenes a diestra y siniestra. Rehwoldt se había convertido en cadete profesional, estaba compitiendo por su cuenta, tendría que enfrentar esa tarde a dos desconocidos. Sólo quienes ganaran los dos encuentros iniciales pasarían a la siguiente ronda. La delegación nacional permanecería en la contienda mientras quedara, por lo menos, un jugador invicto.

A media mañana llegaron al puerto de La Libertad. Rehwoldt estaba impresionado, no sabía que existiera algo tan hermoso como el mar. Los siete guatemaltecos corrieron por la arena y pronto fueron a ponerse los trajes de baño. A Capablanca le prestaron una calzoneta que le quedaba grande y floja. Él sólo había nadado en el Tanque del Cubo, a la entrada de Ciudad Vieja, algunos sábados después de la Semana Santa, y en una ocasión en el lago de Amatitlán, donde no pudo avanzar mucho porque los pies se le enredaron en las algas y porque el agua apestaba. Los compañeros se introdujeron más y más en lo profundo del océano. Rehwoldt los siguió sin miedo. Eran jóvenes, con fuerza para derrochar, y atrevidos. Cuando se dieron cuenta estaban lejos de la reventazón, y una corriente los arrastró por donde ya no se divisaba la orilla, salvo las colinas verdes y los acantilados en momentáneas ráfagas de bamboleo. Rehwoldt luchó junto a los demás para volver. Miró cómo le ganaban torres, alfiles y caballos, hasta que los perdió de vista en el horizonte oleoso. Se concentró en la memoria de las palabras del alcalde Reynoso.

—El buen ajedrecista jamás se pone nervioso, actúa como Napoleón en medio de la batalla, un sueño de diez minutos y a seguir, pero jamás se rinde.

Decidió nadar pausado para no desgastarse muy rápido; tenía todo el día por delante. Nadó y nadó y a mediodía estaba exhausto, empezó a flotar y permitió que el mar lo zarandeara a su antojo. Cerró los ojos y supuso que a eso de las dos lo rescatarían en una lancha de motor. Lo subirían entre varios. Lo abrazarían y lo besarían.

—Gracias a Dios, resucitó —dirían.

En la mesa estaría servido el almuerzo, esperando por ellos, pero Rehwoldt sólo aceptaría un vaso de jugo de piña porque tenía mucha sed. Bebería otro vaso y uno más. Los demás comerían placenteramente, con la conciencia tranquila, como ángeles de altar.

Apenas les pasara el susto se subirían al auto para retornar a la competencia. Rehwoldt quejándose por las quemaduras. En el camino le untarían crema en cara, hombros y espalda, para ayudarlo a resistir la pena.

Llegaron directo al salón de competencia, pero el muchacho antigüeño necesitaba ir al baño, con la molestia de la basca y el mareo desagradable que lo atormentaba por el hambre y el cansancio. Apenas entró, vomitó el menjurje de piña. Esa sensación agria y devastadora saliéndole del estómago. Se limpió la boca y las manchas en la camisa, frotando la tela con fruición. Unos salvadoreños entraron en ese momento e hicieron gestos de asco.

—¡Guatemalteco cochino! —exclamaron mientras se bajaban la cremallera de las braguetas frente al urinario de ladrillo de cemento.

Rehwoldt salió atento a las risas de los que se quedaron dentro, mirándose reflejados en el espejo, uniformados igual, burlones.

En el salón principal ocupó su sitio frente a un muchacho bastante mayor que él, serio y algo tímido. Se estrecharon las manos y empezó el combate. Rehwoldt tardaba menos del minuto en cada movimiento, pero el contrincante esperaba todo lo que le permitía el reloj, tornando en cansado y monótono el juego. No había diversión. Lo atacó con las torres, le comió los dos alfiles; en dos horas Rehwoldt lo había vencido.

La comitiva aplaudió el primer triunfo de un guatemalteco, cuando ya todos los demás habían sido derrotados a la primera. No le dieron tiempo para comer, porque ya estaba preparado el nuevo guerrero, un joven más alto, algo jorobado y con esa mirada huidiza propia de los pervertidos. Se acomodó en el asiento pensando que si allí estuviera el alcalde Reynoso, andaría furioso, insultado, sentido, paseándose por el recinto con el arma a la vista, como alma en pena.

A medio juego Rehwoldt se desmayó. Hubo un montón de ruido. Lo cargaron, lo sacudieron, descongestionaron el área a su alrededor, le aplicaron alcohol con un paño en la sien, para reanimarlo. Cuando recuperó la conciencia, los seis compañeros ya habían sido eliminados y lo miraban con rabia.

—Debilucho —le decían—, en ti confiamos para seguir aquí, no te vayas a ahogar, seguí nadando.

Se le revolvió el estómago. No se quería rendir pero tampoco podía poner atención a las voces de sus compañeros nadando por delante; el sol quemaba y no divisaba la playa en ningún sentido. Luego de una docena de jugadas tuvo que aceptar la derrota.

La comitiva retornó a Guatemala al día siguiente, coleados por el auto funerario, con la caja llena de adornos pagada por el gobierno de la Liberación. Sus compañeros no dijeron nada durante el trayecto. "Valiente campeón, viene detrás nuestro derrotado", pensaban.

No hubo banda ni reina de belleza aguardando a la entrada de La Antigua. Antes de ahogarse, Rehwoldt todavía imaginó que regresaba a su ciudad en el autobús de línea, acompañado por don Elías y José León. Quiso explicarles lo que había sucedido, justificar la derrota, denunciar el ruin motivo por el que había perdido, pero ellos no quisieron escucharlo.

—Olvidado y punto —dijo José León abrazándolo.

Capablanca Rehwoldt se sintió mejor. Había sacrificado un peón en la salida, siguiendo las instrucciones del coronel Carlos Castillo Armas. Se miraba dichoso aunque más enclenque que nunca, con la cabeza flotando sobre la carretera de agua.

Lo sacaron del mar ya muerto.

En La Antigua le rindieron un modesto homenaje y bautizaron con su nombre al nuevo salón de ajedrez en las ruinas reparadas del Palacio Arzobispal, al lado de los baños públicos. Los mirones presenciaron el homenaje de pie. Un montón de flores plásticas cubría la caja. Los familiares vestían de negro riguroso, asolados por la desdicha de haber visto el rostro del niño quemado y mordido por los peces. La bandera municipal se mantuvo tres días a media asta. El alcalde Reynoso olía a whisky y no podía ocultar su profunda decepción.

—Es una lástima —dijo el padre Martín oficiando la ceremonia—, a nuestra promesa y fe le hizo falta un poco de suerte.

José León siguió operando el equipo cinematográfico, con los ojos llenos de lágrimas por los dramas de las películas en blanco y negro, y aguantándose las ganas del tabaco. Iluminaron la sala y los parroquianos fueron saliendo con los ojos entumecidos al corredor y al patio, conversando, comentando la tragedia de Rehwoldt. Él guardó el último rollo en la lata oxidada y apagó el equipo. Una mujer estaba esperando al cura para confesarse, resguardada en la sombra y cubierto el rostro con un chal amarillo.

—Hasta el próximo domingo.

El cura le pagó el trabajo de operador con una cajetilla de cigarrillos, porque ya era todo un hombre. José León quería para él las promesas ofrecidas al ajedrecista vencido por el mar. Por vez primera se imaginó vestido de cadete, el pelo rapado, armado con un espadín y elegante.

A la abuela le disgustó el tufo a cigarrillo.

—¿De qué se trató la película? —le preguntó entre dormida y despierta, como saliendo de una pesadilla.

La abuela estaba más viva que nunca, con los lentes puestos, las sábanas dobladas y recogidas en la cintura, acalorada. José León juró por Dios, a pesar de la oscuridad diabólica, que apenas pudiera se marcharía a donde fuera, lejos de esa pequeña ciudad que lo estaba asfixiando. No quería el destino chato de su hermanastro.

—Se trató de la historia de Moisés huyendo de Egipto y de los hebreos, perseguidos de cerca por el Faraón.

La abuela no entendió. Egipto le sonaba a palmeras y encantadores de serpientes. Alguien apagó las luces de la sala de cine. En la pantalla quedó congelado por un instante el rostro fosforescente del barbado anciano Moisés: grave, adusto, enojado, sin rasgos indios.

La abuela guardó las medicinas entre los zapatos. Todo lo reconocía al puro tacto, como se mueven los ciegos interpretadores de sueños. Lo regañó por haber fumado, por el desperdicio de dinero.

—Usted no sabe —se defendió José León quisquilloso ante la reticencia de la anciana a dejarse morir, sabiendo que el tabaco, a su edad, es un artículo de primera necesidad.

El joven escuchó llover una buena parte de la noche con los ojos cerrados, soñando despierto con la vida que lo esperaba en otra parte, con las mujeres espigadas en traje de baño de dos piezas lanzándose al agua desde un trampolín sólido, los hombres fumando y jugando ajedrez, con los edificios detrás pinchando las nubes. En una playa divisó a la madre de Rehwoldt, llevándose a los labios un trago de ron acaramelado. Se le notaba feliz y realizada, con el pelo pintado de rubio, contemplando el mar Caribe: azul profundo, pacífico, leve el oleaje, de esa clase de mar que no se traga a nadie.

[*El tercer patio,* 2007.]

RODRIGO REY ROSA
(Ciudad de Guatemala, 1958)

Después de terminar sus estudios en su país, residió en Nueva York y posteriormente se trasladó a Marruecos, cuya experiencia marcaría su vida personal y su profesión de escritor. Es autor, entre otros, de Lo que soñó Sebastián *(1994),* El cojo bueno *(1996),* Ningún lugar sagrado *(1998),* La orilla africana *(1999),* El tren a Travancore *(2002),* Caballeriza *(2006),* Siempre juntos y otros cuentos *(2008) y* El material humano *(2009). En 2004 se le otorgó el Premio Nacional de Literatura Miguel Ángel Asturias. Sus obras han sido traducidas al francés, alemán, holandés, italiano y japonés.*

Ningún lugar sagrado

ALÓ. ¿Clínica de la doctora Rivers? Gracias. Sí. Sí, doctora, quisiera ser su paciente. Si lo permite, desde luego. No. Fue la doctora Rosenthal quien me recomendó. Sí, a ella y a su esposo, los conozco desde hace tiempo. Se van a vivir a Florencia un año. Dentro de unos días, creo. Por eso no ha querido aceptarme. Además, entre amigos no conviene, me dijo. He trabajado con él. No, no soy poeta, soy cineasta. Escribo guiones. Bueno, eso es parte del problema. Ya no quiero escribir, pero no sé qué hacer en vez. ¿Poder? Supongo que sí. No, nada de lo que he escrito ha llegado a producirse, pero casi. Alguien me compró una opción. Claro, es mejor que nada. Con un poco más de suerte tal vez. Era una película de acción. Una especie de *film noir,* pero situado en la selva, en Guatemala. Yo soy de allá. El Petén. Es un lugar maravilloso. ¿Ha estado en la selva? Es algo único. No sabe de lo que le hablo si no ha estado. La vegetación, la vida, la energía por todas partes. Sí, me entusiasmo al hablar de eso. En blanco y negro. Se suponía que yo iba a dirigirla, pero a última hora los inversionistas se echaron atrás. Sí, la inseguridad. Por mala suerte, la productora estaba allí cuando lincharon a una norteamericana. Una fotógrafa. Estaba en un pueblecito, tomando fotos a unos niños. Alguien hizo correr el rumor de que era una ladrona de niños. Usted sabe, ha habido casos. Para casas de adopciones ilegales, o para prostíbulos especializados, y hasta dicen que han sido utilizados para suplir el mercado de órganos. Inconcebible, usted lo ha dicho. Pero eso fue lo que pasó y el proyecto fue a dar al traste. ¿Dinero? Bueno, sí, quiero decir no, no, el dinero no es en realidad ningún problema. Rico, lo que se dice rico, no. ¿Mi padre? Él sí era rico. No, murió hace tiempo. Lo mataron. Es una historia un poco complicada. Hace, vamos a ver, unos veinticinco años. ¿Yo? Treinta. Sí, mi madre volvió a casarse. ¿Mi padrastro? No, se divorciaron. Hace mucho que no le veo. No, yo vivo solo. Ella sigue en Guatemala. ¿Un contrato verbal? Diga. ¿Sinceridad? Por supuesto, doctora. La semana próxima, está bien. El jueves a las seis. Sí, mucho gusto. Y gracias por aceptarme, doctora.

Un broto. Pero claro, en español sugiere algo. Algo que brota. Yo broto. ¿Qué? No, es que no sé qué decir. No suelo ser muy hablador, ¿sabe? Mis novias se han quejado siempre de que les hago, las dejo hablar y luego me quedo callado. Que me oculto, dicen, que me da miedo entregarme, que no me gusta la intimidad. Yo no lo veo así, pero en fin. Ahora supongo que se dará vuelta la tortilla. Me pregunto si el idioma no será una barrera. Según la doctora Rosenthal no es un problema. Aparte de mi acento. Yo me harto de oírme a mí mismo hablando en inglés. Si a usted le parece, magnífico. Gracias, muy amable, doctora. Lindo amueblado. Esa alfombra parece marroquí. ¿Verdad? Del Gran Atlas. Es que pasé una temporada en Fez, hace años. Sí, un país encantador, aunque a veces es difícil, usted sabe, el Islam. Sí, por supuesto. No. Marruecos está lleno de judíos. Antes los había más. Muchos se fueron a Israel, pero últimamente han regresado, parece que los discriminan. Porque tienen rasgos, costumbres africanas. Comen con las manos y se sientan en el suelo. Absurdo, sí. Racismo. Pero no quiero irme por las ramas, no soy judío ni musulmán. Y hago todo lo posible por no ser muy cristiano. Es difícil, claro. De adolescente era bastante religioso. Me interesaba la mística. Mucho. Hasta soñaba con ser santo. ¿Puede creerlo? Ahora aspiro a ateo. Es irónico. A veces me parece que la santidad, por absurdo que suene, es la única salida. El desprendimiento, la ascética. Huir del mundo. Pero tal vez es imposible huir, y por eso estoy aquí. ¿En el diván? Bueno, por qué no. No, no tengo nada en contra. Qué luz tan agradable hay en este

cuarto, doctora. A mí me gusta la iluminación tenue también. ¿Usted misma lo
iluminó, o fue un profesional? Usted misma, excelente trabajo. De verdad. Oh,
ése es un Twombly. Uno de mis artistas preferidos. Tafraout. Es precioso. Pero
sabe, lo divertido es que Twombly nunca estuvo allí. Él mismo me lo dijo. Lo
conozco, poco, pero sí, he hablado con él. En una inauguración. Es muy amable.
Sí, todo el mundo lo sabe. Estuvo en Marruecos, en el norte, no visitó el sur, es
lo que me dijo. No. No. Disculpe. ¿Asociación libre? Desde luego, sé lo que
quiere decir, más o menos. Lo intentaré. No, es sólo que no quiero que piense
que soy un snob, que me quiero lucir porque conozco a uno que otro artista.
No, bueno, sí, a veces me siento un poco snob, pero no me gusta, creo que los
verdaderos snobs son verdaderamente estúpidos. Conozco a varios, y me irrita
la idea de que podría cojear del mismo pie. Bueno, voy a intentarlo. Disculpe,
pero no es tan fácil. Marruecos. A ver. Hachís. Alcazaba. Mohammed. Medite-
rráneo. Maricón. Pero yo no soy homosexual, doctora. Todo el mundo lo cree,
porque he vivido allá, porque tengo varios amigos que lo son. A lo más, con un
travesti. Pero no sé, era realmente femenino. Ah, sí, de adolescente, otro chico
un año o dos menor que yo me la chupó. Doce. ¿Yo a él? No. Habíamos hecho
una apuesta y él perdió. Sí, pero yo estaba seguro de que iba a ganar. Claro, si
usted quiere lo engañé, pero así es la vida, ¿no le parece? Luego me arrepentí,
desde luego, y no volvió a ocurrir. Ese niño es ahora padre de familia. Tres hi-
jos. Un hombrón. Hace karate. Lleva pistola. Un auténtico macho. En Guate-
mala. Su mujer es guapísima, además. No creo que ella sepa nada. Yo no fui el
único. Creo que le gustaba, pero en fin. Sí. Yo diría que tuve una niñez feliz.
Mis padres tenían caballos. Me la pasaba montando todo el día. Al volver del
colegio, me iba inmediatamente a las cuadras. Ensillaba yo mismo un caballo,
cualquier caballo, y no paraba hasta el anochecer. Si me portaba mal, el castigo
era casi siempre prohibirme montar. Me pegaron poco, pero las veces que lo
hicieron, fue con el chicote. Una vez mi padre, más de una mi padrastro. Por
capearme del colegio. Un colegio de jesuitas. Nos escapamos dos amigos y yo
una tarde para ir a un burdel. Es algo que hacíamos casi todos los adolescentes.
Trece o catorce años. Pero no fue así como me inicié. Fue un poco más tarde.
Con una vecina, una mujer muy hermosa, varios años mayor que yo. Divor-
ciada. Nada insólito. Hasta tenemos un dicho. El vecino con la vecina se hacina.
¿Machista? ¿Y la prima al primo se arrima? Disculpe, doctora, pero para mí fue
una bendición. No, jamás me he arrepentido. Al contrario. Todavía lo considero
un enorme favor. Tal vez nunca se lo agradecí bastante. Pero creo que ella sabe

me molestó mucho que me llamara así, de pronto, para decirme que viene al otro día. ¿Que si yo tenía planes? No le importa, sólo piensa en sí misma, ése es su mayor defecto, según yo. De todas formas, me alegra que venga, pero me enfadé. Quizá demasiado, aunque pronto se me pasó. No, no tengo planes para mañana. Es viernes, no hace falta hacer planes. Uno sale, ¿no? Ir de copas, al cine, a cenar. No me gusta hacer planes. Bueno, sí, un plan tácito. Ah, doctora, acabo de acordarme. Yo tendría quince años o dieciséis. Con un amigo varios años mayor. Más bien, con mi cuñado, el esposo de mi hermana, planeamos un secuestro. Ahora me parece increíble, sobre todo cuando en ese tiempo, como le he dicho, yo soñaba con la santidad y leía mucha mística. Pero así fue. Había una muchacha que vivía cerca de mi casa. Una familia riquísima. De origen judío. ¿Cómo? Por supuesto que no soy antisemita. Los admiro enormemente. Inventaron nuestra religión, ¿no? Como decía Borges, el cristianismo es la superstición judía más exitosa. Y luego ellos mismos la aniquilaron. ¡Un gran logro! Freud, Wittgenstein, para qué más. De todas formas, esta familia tenía fincas de café, bancos, quién sabe qué más. La chica no era una belleza precisamente, pero a mí me parecía atractiva. Lo planeamos todo, hasta el último detalle. Yo fantaseaba con el asunto. Síndrome de Estocolmo incluido. Al final, el cuñado se asustó y se echó para atrás. Ya habíamos comprado equipo, máscaras. Guantes, teníamos pistolas, pastillas somníferas. Teníamos vista una casa para alquilar en un camino desierto, y hasta compramos una furgoneta, con la que daríamos el golpe. Yo creo que lo habría hecho, si el socio no se raja. Afortunadamente se rajó. Lo divertido, bueno, no divertido, interesante, es que a mi madre la secuestraron unos años más tarde. Sí, y yo no podía evitar sentirme un poco culpable. Karma, me decía a mí mismo. Gracias a Dios todo salió bien. Mi padrastro pagó, y la soltaron y final feliz. De todas formas no fue ningún chiste. Pero no deja de ser interesante, la simetría, ¿no le parece? Fue aquella vecina, la que me inició en el sexo, la que me introdujo en el pensamiento oriental. El budismo, Lao Tse, el I Ching y todo eso. A las drogas también. No, tampoco de eso me arrepiento. Yo estaba enamorado de ella, desde luego, locamente. ¿Sabe, doctora?, su voz recuerda la de ella. No, no se parece. Solamente la voz, igual de baja, ronca. Usted me dijo que lo dijera todo. ¿Mi hermana? Tres años mayor, o cuatro. Siempre se me olvida. Sí, desde pequeño, le tengo bastante admiración. Es activista. El feminismo y la ecología. Sí, hace política, pero no de partido. Tal vez. Claro, es una actividad arriesgada, sobre todo en un país como Guatemala. Sí, se ha firmado la paz, pero no existen garantías. No sé si usted ha seguido las noticias, pero hace poco la revista *Newsweek* y CNN hablaban de un asesinato ocurrido allá. Mataron a un obispo, un monseñor, que había dirigido un trabajo importantísimo acerca de los últimos años de la guerra. Se llama *Recreación de la memoria colectiva,* o algo así. Son los testimonios de miles de víctimas, y también de muchos militares y paramilitares, asesinos y verdugos. Un documento muy valioso, extraordinario. La conclusión era que el ejército es responsable por el ochenta por ciento de los asesinatos cometidos en las zonas conflictivas en los últimos veinte años. El documento fue publicado y presentado al público en la propia catedral de la ciudad de Guatemala. Un verdadero acontecimiento. Pero a los dos días, un domingo por la noche, el monseñor fue brutalmente asesinado. Volvía de casa de su hermana, parece, y cuando entraba en su vivienda, en la parroquia de San Sebastián, a pocas calles de la catedral, alguien lo atacó, lo mató a golpes con una piedra o un ladrillo. Le destrozaron el cráneo y la cara, totalmente. No se sabe quién, por supuesto que no. El gobierno dijo que seguramente se trataba de un crimen común, pero nadie lo tomó en serio. La policía guatemalteca comenzó a investigar, característicamente, con suma torpeza. No sólo lavaron la sangre a las pocas horas del crimen y no aislaron el área para recoger huellas, sino que dejaron ir a los únicos testigos, un grupo de indigentes que solían dormir a las puertas de la parroquia, y ahora nadie los encuentra. Dos o tres días después llegaron a Guatemala unos agentes del FBI para colaborar en la investigación. Hasta la fecha no han averiguado nada. Las malas lenguas dicen que llegaron sólo para borrar las huellas que los agentes guatemaltecos pudieron dejar intactas, con el riesgo de que algún investigador privado contratado por Minugua o por el arzobispado o alguna organización no gubernamental las encontrara. Claro que todo el mundo sospecha que detrás de esto debe de haber algún personaje importante, a quien quizá los norteamericanos necesitan proteger. Lo que no está nada claro es el móvil del crimen en sí, cuando ese documento ya existía. Mucha gente piensa que fue una especie de advertencia, para que nadie vaya a creerse eso de que las cosas han cambiado en Guatemala, como para decir todavía estamos aquí y todavía mandamos. Es posible. Yo sin embargo creo que debe de haber un motivo digamos más puntual. Me preocupa, desde luego. Claro. Ella y un grupo de mujeres publicaron varios artículos de protesta contra el asesinato. Al principio, se limitaron a escribir que no se podía tolerar algo así a estas alturas, que exigían justicia y todo lo demás. Luego comenzaron a decir que era necesario, urgente, abolir el ejército, que estaba comprobado que era una institución criminal, que sin duda los militares tenían algo que ver con este asesinato, directa o indirectamente. Y después, y esto tal vez fue un poco tonto, empezaron a mencionar nombres. Con la premisa de que un crimen de esa categoría sólo pudo ser planeado por alguien muy poderoso, se pusieron a señalar a los personajes que tenían reputación de corruptos y violentos. La lista es larga, pero no tanto. Publicaron una veintena de nombres. Dos o tres ex presidentes, varios coroneles, algunos grandes finqueros, uno que otro industrial, banqueros, y narcos. Una temible colección, las fuerzas vivas y más o menos ocultas del país, que todos saben que son capaces de cualquier cosa pero que nadie había señalado como posibles sospechosos de este asesinato, y, la verdad, la probabilidad de que uno de estos señores estuviera mezclado en el asunto era grande. Por eso me preocupo, doctora. Claro que la podrían matar por algo así. Por menos. A ella o a alguien cercano. Sabe, doctora, hay algo en usted que me recuerda a mi hermana. Las amenazas no han faltado. Sí. No. Llamadas telefónicas. Es por eso que viene, sin duda. Por eso es que, más allá de una reacción, por la sorpresa, en realidad no me puedo enojar.

Una película. Un docu-drama. Fue tomada en la plaza de un pueblo del altiplano, tal vez era Chajul. En primer plano un hombre armado, con cara de caballo. Atrás hay un grupo de gente, un árbol solitario. La escena recuerda las pinturas negras de Goya. En el suelo, a los pies del hombre, aparece una mujer, gorda, muy fea. Está embarazada. El hombre le da un golpe en la cabeza con la culata de su fusil, y luego le dice a alguien que está fuera de la toma: ahora pegale vos. Esta persona, que permanece invisible, obedece, le da un golpe en la espalda a la mujer con un azadón. Y luego todos comienzan a apalearla. Lúgubre, sí. En ese informe del arzobispado hay relatos de cosas peores. La práctica de obligar a la gente a participar en los linchamientos era cosa común. Echó raíces. Todavía hay linchamientos, en los sitios remotos, casi todos los días. Hay mucho odio, y pobreza, doctora. Claro que es horrible. No, supongo que no. ¿Que por qué? Es que me siento un poco culpable, ya se lo he dicho. Tal vez la llegada de mi hermana me ha hecho recordarlo. Porque ella sí ha hecho, o ha intentado hacer algo, mientras que yo sólo me vine para acá. Le di la espalda a todo eso. ¿Es una razón, no le parece? ¿Pesadillas? Hace tiempo, sí. Cuando acababa de venir. Hace diez años. Un tío, no le había hablado de él, murió quemado. Unos campesinos del Quiché habían tomado la embajada española como protesta contra el ejército por una serie de matanzas. Mi tío estaba ese día, por mala suerte, en la embajada. El ejército no pactó. Entraron por la fuerza y mataron a todos los que estaban allí. Sólo el embajador pudo escaparse. A los pocos días de llegar aquí tuve esta pesadilla. Tenía poco dinero. Vivía a solas en un *loft,* una nave, y pasaba un poco de hambre. Pues soñé que lo único que tenía para comer era... me da pena decirlo. Bueno, era el pene de mi tío, asado, quemado, como un chorizo. Lo probé, y me desperté inmediatamente, con una náusea horrible. Sí. Asco y miedo, pero un miedo como abstracto ante ese sueño inexplicable, incomprensible, doctora. Creo que nunca había hablado de esto con nadie. No sé si me siento mejor. Eso fue hace tiempo. Creo que a la doctora Rosenthal no se lo habría contado. Está bien, no hablemos de ella. Disculpe de nuevo. ¿De qué otra cosa le puedo hablar? No, no pasa nada. Es sólo que tengo la mente en blanco. ¿Rechazado? Tal vez. No, ya pasó. Pero no sé qué más decirle.

Sí, he sentido algo parecido en otras ocasiones, desde luego. La otra noche tuve un sueño. Lo había olvidado. Soñé que tenía relaciones sexuales con una lagartija. Sí, bueno. Era femenina, seguro. No sé por qué, yo estaba prisionero. Lo curioso es que la prisión era un avión de dos motores. La lagartija, yo lo sabía, era sumamente ponzoñosa, y al principio le tenía muchísimo miedo. Me mordió un dedo, pero sin llegar a herirme, sólo para inmovilizarme. Yo estaba echado en una litera, listo para dormir. Ella enroscó su cola, que de pronto se había hecho muy larga, alrededor de mis genitales. Me causaba mucho placer. Se estableció una como telepatía entre nosotros. Una sensación de bienestar. Ahora estaba en un llano, todo era verde. Verde hierba. ¿Mi hermana? No. Ella durmió en la sala, en un sofá-cama. Como le dije el otro día, la han amenazado. No. Se separó de él hace tiempo. No volvió a casarse, pero vivió con otro hombre varios años. Ahora vive sola. Tiene dos hijas, de quince y dieciséis. Las dejó con el padre, que es biólogo. En Belice. Allí no corren peligro. ¿Aquí? Sí, conoce a alguna gente. Exiliados. Ella cree que fue el ejército. Por venganza. ¿Yo? No sé. Es posible. Pero no creo que haya sido un gesto de la institución. El de unos cuantos, o de uno solo, ¿por qué no? Hay, por ejemplo, un general que fue presidente por golpe de Estado durante los años más difíciles. Quisiera ser presidente una vez más. Aunque parezca increíble, todavía es bastante popular, en la capital por lo menos. Las matanzas ocurrieron en el interior, en los sitios más apartados. Las elecciones se deciden en la capital. Los campesinos no votan, o muy poco. De todas formas, el famoso informe pinta bastante mal a este señor.

Me parece un buen candidato para sospechoso. Como hipótesis, eso es. Hay otro, ya retirado, que tuvo fama de muy sanguinario. Lo apodaban *el Lobo*. Dicen que estando en el poder se aficionó al arte maya. Al jade en particular. Y se dice que posee una de las colecciones privadas más importantes del mundo. Se apropió de mucha tierra, además, y parece que su nombre aparece en el informe varias veces. Nadie lo ha relacionado con el asesinato del monseñor, pero yo no veo por qué no. Claro, un supuesto. Es curioso, hace unos años se convirtió al hinduismo. Es discípulo de Sri Baba, nada menos. Un periodista ocurrente escribió que eso era un anacronismo, que su gurú debió de ser Ali Baba. No, se lo juro, doctora. Va a la India todos los años, pasa allá varios meses. Ha fundado el primer ashram de Sri Baba en Guatemala, y es su representante espiritual. ¿No me cree? Puedo jurárselo. Ah, me alegra que me crea. Da qué pensar, ¿no? Acerca de Sri Baba. Supongo que como padre espiritual está obligado a aceptar a todo el mundo. De todas formas, me pregunto si conocerá la historia de este general, *el Lobo*. Así le dicen todavía los que se acuerdan de él. ¿La ex guerrilla? Sería absurdo. En fin, la política, usted lo sabe, no es mi fuerte, doctora. Pero las cosas parecen bastantes claras. Bueno, claras no es la palabra, tiene razón. ¿Yo? Pero qué podría hacer. Esos guiones en los que he trabajado intentaban presentar al público estas cosas, la situación de mi país. Pero a nadie le interesa producir películas así. No tienen un final feliz. Según yo, tienen, en cambio, algo de *suspense,* y creía que por eso podrían enganchar a alguien. Pero no. Demasiado deprimentes, me dicen, demasiado sombrías.

¿Doctora? Sí, ya sé que es sábado, perdone que la llame. Ah, me alegro. Mal, doctora, muy mal. Es mi hermana, ha desaparecido. No sé qué pensar. No vino a dormir anoche. ¿Cómo? Sí. No, no estoy en casa, la llamo desde mi móvil, mi celular. ¿De veras? Estoy bastante cerca, sí. Voy para allá. Gracias, doctora.

Sí, apenas he dormido. Gracias, sí, hoy prefiero el diván. Ah, como siempre, me siento mejor estando aquí. No es sólo la luz, doctora. Usted no sabe por lo que he pasado. No sé qué hacer. Acabo de llamar de nuevo a casa, no ha llegado. Me estoy volviendo loco, doctora. Toda clase de cosas, por supuesto. ¿La policía? No, todavía no. Es que puede ser que simplemente se haya ido de juerga, no sería la primera vez. Si es así, voy a estrangularla. Pudo avisarme, ¿no? Quedamos en vernos en casa para ir a cenar. Me dejó una nota, que llegaría un poco tarde. Estuve esperándola hasta las diez, y entonces pensé, al diablo, y salí a cenar solo. Estaba enfadadísimo, desde luego. Tenía la intención de echarla del apartamento cuando apareciera, por desconsiderada. No sólo se deja venir prácticamente sin avisar, sino que ahora me trata como calcetín. Pues no. La cosa es que, pensando tal vez en vengarme, después de comer decidí irme de copas. Llevaba toda la intención de levantarme a alguien, por desahogo. Sí, he tenido mis épocas promiscuas. Pero hacía tiempo que no tenía un encuentro casual. Me fui a un bar de mala muerte que conozco. Pocas veces falla. Una peluquera. Guapísima. Del bar nos fuimos a CBGB's, al sótano, sabe, donde tocan salsa. No sabía bailar muy bien, pero tenía ritmo. Lo pasamos bomba, aunque a cada rato yo me acordaba de mi hermana. De todas formas, uno diría que con eso del sida y la hepatitis B la gente iba a controlarse. Qué va. Como una moto, la muchacha. Joven, sí, veintitrés. Me llevó a su casa, y a pesar de la preocupación por mi hermana y todo nos fue bien. Quedamos en volver a vernos, aunque no sé. Por muy guapa que fuera, no era lo que se dice lista. Un poco aburrida. Muy tierna, eso sí. Ya veremos si la llamo. No tiene mi número, de todas maneras. Como dicen, si no eres casto, sé cauto. Un jesuita. Gracián. Gracioso, ¿verdad? ¿Gore Vidal? Tal vez, pero el cura lo dijo antes. Siglo XVII. Regresé a casa al amanecer, y ni señas de mi hermana. Me entró el pánico, doctora. Me acosté en la cama, tratando de calmarme, y me entró la sudadera. Me imaginaba lo peor. Que habían mandado unos matones detrás de ella. Delirante. Hasta de usted dudé. Que podía ser una confidente. Desde luego que no. Sí, por favor. Sin leche, una cucharadita, gracias. ¿Los hospitales? No, tampoco he llamado. Buena idea. Antonia. El mismo apellido que yo. Gracias. ¿Nada? Es buena señal. Claro. No, a ver, voy a llamar de nuevo a casa. ¡Antonia! ¿Dónde rejodidos estabas? Qué. ¿En Queens? ¿Por qué no me llamaste? Ya, qué lista. Por supuesto que no estoy en la lista de teléfonos. Ya, ya. Me estaba volviendo loco, ¿no te das cuenta? Ahora voy para allá. Claro que tengo ganas de darte una pateada. No te muevas de allí, ¿ok? ¿Qué le parece, doctora? La podría matar.

¿Bueno? Ah, doctora. Sí, todo bien. No, no. Un momento, por favor, que voy a cambiar de teléfono. Aló. Sí, ahora le oigo mejor. No, está durmiendo la mona. La goma. La resaca. El guayabo. Sí, de juerga, con sus amigos. Compatriotas, y otros de El Salvador. Terminaron en Queens y cuando se le ocurrió llamarme había perdido el papelito donde tenía apuntado mi teléfono. Tiene pésima memoria, para los números por lo menos. Y yo no estoy en la guía telefónica.

aún mejor. Prefiero verla cuando le hablo. Sí. Ya me siento un poco mejor. ¿Mi madre? Qué. No, no se parece a mi hermana. Totalmente opuestas. Sólo en una cosa, ahora que lo pienso. Por ejemplo, mi madre es una persona sumamente ordenada, en su persona, en sus hábitos, sus cosas. Su casa siempre estuvo nítida, impecable. Mi hermana es caótica. Mi madre es bastante religiosa, católica. Mi hermana es irreverente, no atea, pero pagana. Cree o finge que cree en la Diosa Madre y cosas así. Ahora bien, las dos son mujeres fuertes. Y valerosas. En esto sí que se parecen, nunca he visto que se dejaran amedrentar. Ah, ya. Usted quiere decir mi vecina. No, nada que ver. Desde luego, ella también tiene una personalidad fuerte. Rebelde. Pero es otra cosa. Tiene un grave defecto que no tienen ni mi madre ni mi hermana. Es increíblemente vanidosa. Se hizo cirugía plástica, a los cincuenta. La nariz. La tenía aguileña, pero le iba muy bien. Se la puso respingada. Ella dice que le gusta cómo quedó. Desde entonces casi no la veo. Para mí que se arruinó la cara. ¿Qué? ¿Cruel? Tal vez soy cruel. ¿Es también eso, ser cruel, una enfermedad? ¿Y se puede curar? ¿Mi padre? Yo tenía cinco años. Sí, algo. Usted no me lo había preguntado. La verdad, no estoy seguro si es en realidad un recuerdo de lo que ocurrió, o de lo que he oído contar a mi madre y a mi hermana. Dos hombres se metieron en la casa una madrugada. Era una casa de dos pisos, moderna, con muchas plantas y grandes ventanales. Yo dormía solo, en el segundo piso, en un cuarto al lado del de mi hermana, y el cuarto de mis padres quedaba en el otro extremo de un corredor. Abajo estaba la sala. Supongo que me desperté con los disparos, y salí a ver. Vi a mi madre que corría escaleras abajo, medio desnuda, poniéndose la bata. Iba gritando, como loca. Entonces vi a mi padre, tendido en el suelo de la sala, con el pecho del pijama ensangrentado. Es posible que lo viera en realidad. Mi madre se le tiró encima, lo abrazó. Creo que ya estaba muerto. Mi madre miró para arriba, me vio. Le gritó a mi hermana, que estaba a mi lado, mirando la escena por encima de la barandilla: ¡Llévate al niño, que no lo vea! Mi hermana me llevó a rastras hasta mi cuarto y me encerró. No, no recuerdo nada más. ¿Culpa? ¿Por qué me iba a sentir culpable? Ya, desde luego. Pero yo nunca lo vi de esa manera. Por favor, explíquemelo. Ya. Ajá. Maravilloso. Usted cree de verdad que en el fondo yo me alegré con su muerte. ¿Por la manera como se lo conté? Edipo, ya veo. O sea que según usted si no hubieran asesinado a mi padre cuando yo era tan pequeño, probablemente habría sido homosexual, ¿no? ¿No? Ah, es un alivio. Comprendo. De todas formas, prefiero que no sea así. ¡Ah! Por eso siento culpa. Ok. Claro, del mal, el menos. ¿A mi hermana? ¿Por

mi hermano, me dijo. Me controlé, nos dimos un apretón de manos, nos senta-
mos. Noté con extrañeza que nos parecíamos un poco. Raro, sí. Mientras tanto,
yo no podía dejar de pensar en usted, en sus palabras, doctora. Yo estaba ena-
morado de mi hermana. Ella estaba pálida, asustada. Le pregunté qué pasaba, y
el Guanaco dijo que tenían un problema, que si no él no estaría allí. Que no le
gustaba entrometerse, que se había permitido entrar en mi casa en mi ausencia
con mi hermana sólo porque tenía que cuidarla. Por qué, le pregunté. Nos tie-
nen amenazados, dijo, a todo el grupo. ¿Grupo?, dije yo. Sí. Habían formado un
grupo. Resistencia Pacífica. Exigían la investigación de varios crímenes cometi-
dos muy recientemente, relacionados con el asesinato del monseñor que le
conté. Otros asesinatos. ¿Quién los amenazaba? No estaban seguros. Habían
señalado a tanta gente que era difícil saber quién se daba por entendido. Lla-
madas telefónicas. Y por lo visto alguien estaba siguiendo a mi hermana. Era
un guatemalteco, me explicó el Guanaco. Un tipo oriental. Del oriente de Gua-
temala. Tienen fama de violentos. Casi todos los guardaespaldas de la gente
rica son de allí. Jutiapa o Zacapa. El Guanaco me aseguró que lo había visto
rondando por ahí. Inconfundible, me dijo, ni que llevaran uniforme. El típico
traje azul oscuro, la corbatita, los zapatos negros y los calcetines claros. Pelo
corto y bigotito mexicano. Los reconoces en medio de cualquier multitud, dijo.
Uno diría que al venir aquí perderían el color, pero no hay tales. Yo también
corría peligro, por un tiempo, dijo. Que anduviera con cuidado. A mi hermana
iban a protegerla, que no tuviera pena. Estaban bien organizados. Mañana nos
la llevamos a Chicago, me aseguró. Allá tenían apoyo. Chicago está lleno de
centroamericanos. Allá no era tan fácil perseguirlos. Pero aquí en Nueva York
no tenían suficiente gente, todavía. De todas formas, dijo, no había que alar-
marse. Él se marchaba, dijo el Guanaco. Que miráramos bien antes de abrir la
puerta a nadie. Que filtráramos las llamadas con el contestador. Se despidió,
con un beso en la boca para mi hermana. Pero para entonces la historia de mi
enamoramiento me parecía remotísima y no me molestó. Llegaría a recogerla
de madrugada. Mi hermana y yo nos quedamos conversando. Pero no hicimos
más que repetir que parecía increíble que aun aquí pudiera pasar algo como
esto, que todo parecía irreal. Mi hermana estaba asustada, pero estaba decidida
a irse a Chicago y pelear. Esa palabra usó, pelear. Contra estos trogloditas que
nos amenazan. Le pregunté si no era un poco infantil pensar así a estas alturas,
que ella no estaba preparada para nada así, pero su respuesta fue quedarse
callada. Ya estaba decidida y no había discusión. Le dije que tal vez tenía razón.

Ya me fui de Guatemala. Sí, una especie de huida. No voy a huir de Nueva York. En fin, al llegar a este punto, yo sintiéndome hasta un poco heroico por haber conseguido preocupar a mi hermana, con esa tranquilidad que viene con la resignación, nos acostamos a dormir. Lo curioso es que tuve un sueño. Con usted. Estábamos aquí, en su despacho, sólo que era un lugar mucho más amplio. Había mucha gente. La doctora Rosenthal y Ron estaban también. Era una fiesta. Yo estaba en el diván, que a ratos era una cama tamaño real y a ratos se convertía en un banco. Placer y dinero, ¡no lo había pensado! Usted, aunque no era usted, me felicitaba. Yo no sabía por qué. Me explicó entonces que la fiesta era para celebrar que una famosa productora estaba realizando nuestro guión. Había un periodista que insistía en ver el manuscrito. ¿No se lo podía enseñar? ¡El manuscrito!, exclamé yo. Me entró una angustia de estudiante, sabe, como en esos sueños de exámenes finales. Y de pronto digo: Sí, aquí lo tengo, doctora. Y me abro la gabardina, una Macintosh negra. Estoy desnudo, debajo de la gabardina, pero mi piel está toda cubierta de palabras escritas como con tinta roja. ¿Autografismo? Y sabe, doctora, he sufrido de dermografismo. De todas formas, el periodista me dispara una foto con el flash, y entonces me despierto. Y es que mi hermana había entrado en mi cuarto y encendido la luz. Con el dedo en los labios, se acercó a mi cama. Se inclinó sobre mí para decirme al oído. ¡Ahí está! ¡El hombre ese, se metió por una ventana! Se había introducido por la ventanilla de una especie de armario que estaba entre el baño y la cocina. Ella había oído ruidos, se levantó y fue al cuarto de baño. Sin encender la luz, se asomó a la ventana. Así vio al hombre, que se estaba metiendo por la ventanilla del armario. La cosa es que ese armario está siempre con llave, o sea que el tipo estaba atrapado. Era cuestión de cerrar por fuera esa ventanilla, que tiene rejas de hierro, y ya. Yo estaba asustadísimo, claro. Y medio dormido además. Confusión total. Pero en un momento así uno hace de tripas corazón. Me vestí, porque ahora que comienza el calor duermo desnudo, y armado con un martillo sigo a mi hermana hasta el baño. En efecto, había ruido en el armario. El infeliz estaría cayendo en la cuenta de que estaba atrapado. ¡Rápido!, me dice mi hermana. Yo me apresuré a abrir la ventana del baño para sacar la cabeza, y cabal, ahí está el otro, a punto de salir. Me mira, lo miro. Él sigue saliendo, pero con dificultad. Yo, paralizado. ¿Qué pasa?, me pregunta mi hermana, que está detrás de mí y no puede ver nada. Allí está, se está saliendo. ¡Pues no lo deje!, me grita ella. ¡No sea imbécil —sí, doctora, así me dijo—, dele con el martillo! Y yo, automáticamente, le obedecí. Le pegué con el martillo en la cabeza. No había otro lugar. En la frente. Sonó muy feo. Le quedó como un hoyo. Pero no se desmayó. Siguió tratando de salirse. Gemía. Le di otro, esta vez creo que en la sien, y ahí sí se quedó quieto. Saqué un brazo y le di un empujón para que cayera dentro y después cerré la reja y la aseguré con un par de martillazos. Bueno, le dije a mi hermana, lo hemos logrado. De allí no se puede salir. Claro que pensamos en llamar a la policía, pero mi hermana decidió que no convenía. Sería complicar las cosas. El tipo estaba vivo, le oíamos dar de gemidos. La idea era consultar con el Guanaco. Tal vez podían sacarle información. Quién lo había contratado y todo eso. Yo no podía pensar con claridad. Eran las tres de la mañana y el Guanaco había quedado en pasar por mi hermana a las cuatro, para tomar el avión de las seis. De modo que decidimos esperar. No volvimos a dormirnos, desde luego. Por absurdo que parezca, yo no podía pensar en otra cosa que en venir a contarle todo esto, como si todo me pareciera tan irreal que sólo con su ayuda podría darle algún sentido. En fin, esa hora pasó muy despacio. El tipo dejó de gemir, y pensé que había muerto. Pero no. Llegó el Guanaco. Le contamos la historia, y él de lo más tranquilo, como si fuera la cosa más natural. Lo mejor, dijo, sería avisar a la policía. Que sólo esperara a que ellos se fueran y llamara. Que les dijera que se trataba de un simple ladrón. A un tipo como ése era imposible sacarle información, dijo el Guanaco, en primer lugar porque probablemente no sabía nada de nada. Había sido contratado por un sub-subagente, y de todas formas, si sabía algo, probablemente lo callaría. Ellos saben que si hablan condenan a muerte a toda su familia. La de éste debía de estar todavía en Guatemala. Esas matanzas misteriosas donde dos o tres hombres armados asesinan a una familia entera, con todo y ancianos y niños, bebés y perros, como las que salen a menudo en los periódicos latinoamericanos hoy en día, son casi siempre debidas a venganzas de este tipo, nos explicó el Guanaco. Le dijo a mi hermana que recogiera sus cosas, que tenían que apurarse, y a mí me aconsejó que me mudara de apartamento cuanto antes, porque posiblemente al oreja lo iban a soltar bastante pronto y lo más seguro era que la cosa no terminara ahí. Cómo no, llamé a la policía, y llegaron inmediatamente. El tipo estaba vivo, pero inconsciente. Los policías llamaron una ambulancia y se fueron. Bien hecho, hombre, me dijo uno de ellos al salir. Sí. No salí del apartamento hasta venirme para acá. Claro, doctora. Con su permiso. Mire, sigue allí. El tipo ese. Venga a ver. Claro que es el mismo. Pero doctora, ¿por qué no me cree? Mírelo, tiene un móvil. Sí, ése. Está llamando a alguien. ¡Mire! Miró para acá. No pudo vernos, ¿verdad? No, por el polarizado. Es curioso, tiene, me pareció, la cara del Guanaco. Claro. No puede ser. Pura imaginación. Sí, ya. ¿El pulso? Doctora, es la primera vez que me lo toma. ¿Cómo está? No es para menos. No me cree todavía, verdad. Sí, me están sudando las manos. ¡Pero no me engaño! ¿Cómo podría probárselo? Que ese hombre me siguió hasta aquí. Ya lleva allí casi una hora. ¿Otro paciente? Comprendo. ¿Hoy mismo? Como usted diga, doctora. No, no tengo nada que hacer. No tengo que ir a ningún sitio. De hecho, no quiero ir a ningún sitio. Sí, supongo que mi casa podría estar vigilada. Ah, ya tocan. Debe de ser su paciente. ¿Puedo quedarme un rato en la sala de espera, doctora? No quiero salir mientras ese tipo siga allí. Muchas gracias. ¿Qué? Para qué son esas llaves. ¿Su casa? Ah, comprendo. Pero no quiero importunarla. Ya, no, sí, se lo agradezco. Infinitamente, de verdad, doctora. No sabía que vivía aquí mismo. El piso diecisiete. Ok. Pues gracias a Dios por su amistad con la doctora Rosenthal. Supongo que sin eso no haría algo así, no podría, quiero decir, si se tratara de cualquier paciente. ¿No? ¿De veras? Me halaga mucho, doctora. Es usted un ángel, realmente. Pierda cuidado. Nos vemos dentro de unas horas. La llave pequeña para el ascensor, la grande para su apartamento. Gracias de nuevo. ¿Hambre? Ahora mismo no. De acuerdo. Muy amable. Hasta lueguito, doctora.

Hola. Trabajó hasta tarde hoy, ¿eh? ¿Yo? Muy bien. Aquí, como ve. Escribiendo un poco. Me tomé la libertad con este bloque de papel. Sí, es verdad, he escrito bastante, para un par de horas. ¿Cuántas? Cinco. Veinte folios, no es poco, no. Me temo que no, doctora, está en español. Siempre escribo en español. Es un monólogo. No, es la primera vez que experimento con esta forma. Todo el mundo lo ha hecho, desde luego. En mi caso, es por influjo de un amigo. Un escritor salvadoreño, tal vez lo conoce. Castellanos Moya. No lo conoce. Bueno, seguramente algún día. Ocurre en Nueva York. Si algún día alguien lo traduce, desde luego. Pero espere sentada, doctora. ¿Cenar? Sí, muchas gracias. ¿Aquí? No, por supuesto que no tengo inconveniente. ¿El que me sigue? No, desde aquí no se puede ver, esta ventana da a otra calle. Sí, por favor. Como usted diga. No, no, ya estaba terminando, sólo pongo el punto final. Ya está. ¿Qué? ¿De veras lo cree? Sí, después de todo ésa era mi queja, que no quería escribir. Y mire esto. Graforragia, sí. Usted manda, doctora. Bueno, ¿qué trato? Y cómo quiere que le diga. De acuerdo, ya no la llamaré doctora. ¿Cocinar? De vez en cuando. Claro que puedo picar ajo. Sólo dígame dónde está. Mientras usted se ducha, claro. Qué cabezota de ajo. Hermoso. Dos dientes, no, no creo que sea demasiado. Lo más finito, muy bien. Qué carne es ésa. ¿Venado? ¿Dónde lo consiguió? Ah, de Vermont. ¿Su novio es cazador, doctora? Lo siento, es la costumbre. Ya veo, por deporte. ¿Vendrá a cenar? ¿No? ¿Cómo que se disculpó? Entonces se disculpa a menudo. No comprendo. Ya, claro. Así es Wall Street. Sobre todo ahora con lo del eurodólar, lo puedo imaginar. ¿Y entonces usted vive en este gran apartamento sola? Sí, dúchese que yo me encargo de esto. No, adelante, doctora. Ah… perdón.

¿Al horno o a la parrilla? De acuerdo. Vino tinto, ¿no? Un rioja, me encanta. Sí, mejor lo abro ahora mismo, así respira un poco. El venado abunda en esas partes, es cierto. Superpoblación. Casi una plaga. Tiene razón, tampoco es una hazaña. Pero debe de ser emocionante, matar uno. ¿Una cobardía? Tal vez. Yo desde luego que no tengo vocación de cazador. Por supuesto que estoy preocupado. Pero no es a mí a quien buscan realmente. Ya se cansarán. Supongo que vigilarán mi apartamento un par de días. No creo que sean tan pacientes. Ya lo veremos. Pero desde luego, tengo que cuidarme. No sabe cuánto, aunque ya se lo dije, cuánto le agradezco el gesto. Delicioso este venado. Tierno. Sí. ¿No le gusta esa parte? ¿La quijada? Comprendo. Yo creo que paso también. Sí, nos acabamos la botella. Frambuesas, qué rico. Sí, claro. Con unas gotas de vino y una pizca de azúcar. Por qué no. A ver, yo la abro. ¿Una postal? ¿Y cómo están? Qué envidia, verdad. Es preciosa Florencia. Un poco artificial, para mi gusto. Tantos estudiantes. Pero en fin, para un año no está mal. Ah, sí. Yo preferiría ir a Venecia. Pero sobre todo a Nápoles. Sueño con pasar allá una temporada. Un día de estos me voy, doc… mujer, quiero, cough, cough. Perdón, me atraganté. ¿Que si la llevo? ¡Por supuesto! ¿Cuándo? Ah, me está tomando el pelo. ¿Por qué Nápoles? Dicen que es muy alegre. Mucha música. Claro que me gusta la música. Prácticamente toda. ¿Bailar? De vez en cuando. ¿Ahora? Si usted quiere. ¿Tango? Eso es un poco complicado. Usted dirá. Voy a intentarlo. No sabía que hablara español. ¿Por qué no me lo dijo antes? ¿Cómo que mejor así? Oh. ¿De tú? Muy bien. Le, te, creo. Le, te. Lete, sí. El río. El olvido. Todos vamos a beber de él. No será fácil acostumbrarse a dejar de ser tu paciente. Comencemos por un bolero. Hace años que no bailo tango. Así entramos en calor. ¿Dónde aprendiste? Qué bien. No, perfectamente. A ver. Sí, son Los Panchos. Romantiquísimo. No, no tengas pena, ni lo sentí. ¿El otro lado? Como quieras. De acuerdo, descansemos un rato. ¿Un cognac? Por qué no. ¿Esa canción? Te quiero dijiste, de Xiomara Alfaro. Te las sabes todas. Sí, hace calor. Un poco. ¿Puedo darte un beso?

Ummm. Qué dijiste. Me derrito. La expresión es justa, si las hay. Sentimiento oceánico. ¿Otra mejor? ¡Hemorragia libidinal! Inmejorable. Ésa es la doctora en ti. ¿Dije algo malo? ¿No? ¿Ya no quieres bailar? Qué pasa. Claro que no. No. Espero que así sea. Que sea la primera vez. No, no tenemos que seguir bailando. Sí, deja la música, es mejor. No, ya no, gracias. Tal vez un poco de agua.

¿Dónde estás? Dónde está tu cuarto. No veo nada. Auch. Me choqué con una puerta. Enciende una luz, por favor, no veo nada. ¿En la cama? Ah, me habías asustado. Creí que estabas enojada. Pero si estás desnuda. No completamente. Qué piel tan suave. ¿Te lo quito? Ok. Sí, desvísteme tú. Ummm. Qué lengua más rica. Sí. Por donde quieras. No, ningún lugar sagrado. ¿Te gusta? Es toda tuya. ¿Cómo un ídolo? ¿Te parece? Qué forma más hermosa de adorar. No, fue un gemido de placer. A ver, quiero ver algo. Son perfectos. Eres una diosa. Haz lo que quieras. Dime qué quieres que te haga. Sí. A ver esos pies. Hasta eso te sabe bien. A ver, ahora por aquí. Ummm. Todavía mejor. Hemorragia libidinal *indeed*. ¿Llorando? Ah, eso. Será que está contenta. ¿Miel? Un poco salado para miel. Pero es como tú digas. ¿Ya quieres? Sí, más que listo. ¿Así? Hazte un poco para acá, que nos vamos a caer. ¿Tú crees? ¿Más? ¿Qué fue eso? ¿Agua? Un chorro de agua. Qué has hecho. ¿Yo? Increíble. ¿Puedo seguir? Ahh. Qué delicia. Ya. Uf. Muerto, sí. Da miedo, no te parece, tanta felicidad.

[*Ningún lugar sagrado,* 1991.]

JAVIER MOSQUERA SARAVIA
(Ciudad de Guatemala, 1961)

Licenciado en letras por la Universidad del Valle de Guatemala, vivió exiliado en México, Distrito Federal, entre 1981 y 1991. Ha publicado los libros de cuentos Dragones y escaleras y otros... cuentos *(2002),* Angélica en la ventana *(2004),* Laberintos y rompecabezas *(2005), así como la novela* Espirales *(2009) y el poemario* Negros los blancos *(2008). La Feria Internacional del Libro de Guadalajara lo consideró en 2011 como uno de "Los 25 secretos mejor guardados de América Latina". Es catedrático del Departamento de Letras de la Universidad del Valle de Guatemala.*

RR

¿POR QUÉ el olor es la lombriz que se desliza entre la tierra y el silencio y apesta la conciencia? ¿Por qué termina en el miedo y llega la pesadilla? ¿Por qué la sangre, la tierra y los cadáveres? ¿Por qué los días corroen la carne y quedan sólo huesos, calaveras enmudecidas, silencio? ¿Por qué el olvido?

Un poco antes de las nueve el camión empieza a llenarse de soldados. Van de civil y camisa verde olivo y armas que no acostumbran. Se acomodan en la carrocería. Bromas y bostezos. Fuman despacio. No les preocupa mucho la vida, ni miran al cielo. Allí, presienten, no hay dioses misericordiosos, sólo demonios. A las nueve el camión empieza a moverse. Las luces espantan un pedazo de oscuridad. Con cada ruido las doscientas manos aprietan los fusiles y se los ponen en los hombros. No pasa nada. Los bajan. Otro ruido, otro apretón, otro relajamiento. Es una extraña relación amorosa. Los hoyos del camino los sacuden obligándolos a la danza negra. Dos horas dura el baile. El camión se detiene en la entrada de esa comunidad con nombre de letra repetida.

Bajan del camión y, aunque separados, se mantienen unidos y miran a todos lados. Movimientos igualados. Se acercan a las casas, a las puertas indefensas. Las estrellas tiemblan asustadas. La oscuridad es escondite inamovible. Se acercan. Patadas. Las puertas rotas dejan entrar a la noche y la noche entra llena de golpes. Y entonces los brazos partidos, las caras ensangrentadas y la noche se lleva a rastras a los niños. Pero no, no es la noche la secuestradora.

Bajo el techo de la iglesia se acumulan oraciones. Son tantas que se vuelven neblina espesa, humor desesperado en busca de esperanza. Aliento de miedo que se apodera de las hornacinas, de los nichos. Sube por las paredes del templo y empapa el altar de lágrimas. Las mujeres y los niños se abrazan y se sueltan y se vuelven a abrazar. Los santos de palo pierden las palabras y se quedan callados. Ni siquiera Dios sabe qué hacer.

En la escuela los hombres aprenden que no saber mata. El lenguaje implacable de las patadas. La aritmética de los culatazos, la geografía del miedo.

Unos gritos de niña se rompen en los muros. Quien arrastra la inocencia y rasga los vestidos y aprieta los senos infantiles, quien abre las piernas indefensas, no es la selva. Los soldados descargan su semilla funesta en el sexo pequeño, vuelto ceniza. Al oír los gritos de la niña la noche rasga sus vestidos de estrellas, la luna se da vuelta negándose a ser testigo, los árboles callan amedrentados. Y ningún Dios mueve ningún dedo. Los gritos vuelven de cristal el aire y los corazones, y ambos se rompen en mil pedazos. El día se asoma tímidamente, sin alivio ni esperanza.

"Hay que vacunar", se escucha en la radio. A las dos de la tarde un golpe seco y débil rompe apenas el silencio. Cabeza de trapo en fondo de tierra. Los sesos y la sangre humedecen el suelo. Pero muy poco. Después un aguacero de cabecitas inaugura el temporal de la muerte. Afuera los soldados bautizan a martillazos a los niños y luego los lanzan al pozo. Uno a uno van quedando con los pies hacia arriba, en el fondo, como en formación, listos para entrar al aula del paraíso y recibir la lección del silencio.

De la iglesia y la escuela salen dos ríos de lágrimas. Se juntan a medio patio y entre todo ese llanto nadie puede creerlo y menos hacer algo. Entonces empiezan a sacar a los ancianos y a las mujeres. Los llevan a la orilla del pozo, los arrodillan y les dan el mismo sacramento que a los niños. A las embarazadas les brincan encima del estómago. Siguen con algunos hombres, hasta la hora de cenar. El pozo, que nunca tuvo agua, ahora sacia su sed con sangre y lágrimas.

Después de comer, los soldados bromean un rato y más tarde violan a las mujeres y a las niñas que aún viven. Se acomodan bajo la noche y duermen tranquilos.

¿Por qué el revoltijo de sesos convertido en pensamiento inútil, esperanzas frustradas, ilusiones inservibles, amores truncados? ¿Por qué cabezas rotas sobre el suelo y más cabezas rotas sobre pies inertes y más cabezas rotas sobre más pies inertes, hasta formar una escalera desesperada que intenta, inútil, escapar?

¿Por qué todavía hay brazos que se mueven en un necio intento de atrapar la luz que se les escapa de los ojos? ¿Por qué a la noche le sigue la noche eterna? ¿Por qué no hay descanso, ni paz? ¿Por qué el silencio?

Los soldados se alejan caminando por la selva. Todavía dejan algunos cadáveres tirados en su retirada. Tres días después, ahorcan a las dos últimas niñas que guardaban para entretenerse. Suponen que no dejan ningún testigo.

Un niño sale corriendo y se viste de selva. Dedos palitos, manos ramitas. Se vuelve árbol y le salen raíces. Calla ahora, no vaya a ser que… Calla dentro de un ratito, no vaya a ser que… Calla algunos días, calla algunos años. Árbol con ojos providenciales. Árbol con memoria necia.

Días después llegan tractores y camiones. Y entre llamas y ruinas intentan purificar los olores del genocidio e invocar el olvido y la impunidad. En dos horas entierran hasta el último recoveco de memoria. Echan más tierra sobre el pozo, por si a algún muerto le da por resucitar.

Cuando empieza a crecer el olvido llegan vecinos de al lado. Ven el pozo y se niegan a creerlo. Siembran una semilla de amate para que sirva de seña. Se persignan y se van. Todo queda entonces a merced del tiempo.

Las raíces empiezan a crecer. Se alimentan de carne y sangre. Con los días a la selva se le alargan los brazos. Con los meses… Agua, huesos húmedos. Polvo, calaveras solitarias. Con los años…

Después de mucha lluvia y sol, al fin los pájaros cantan. El pozo abre la boca y hace como que grita. La selva se llena de rabia.

¿Por qué en un día de sol con lluvia ponen los huesos en fila, con etiquetas? ¿Por qué los arman como un rompecabezas y les toman fotos y los meten en cajones? ¿Por qué vuelven a la oscuridad? ¿Por qué se niegan a callar el ratito que están fuera? ¿Por qué todo esto?

¿Nunca más?

[*Angélica en la ventana,* 2004.]

EDUARDO HALFON
(Ciudad de Guatemala, 1971)

*Estudió ingeniería industrial en la Universidad Estatal de Carolina del Norte. Duran-
te ocho años fue catedrático de literatura en la Universidad Francisco Marroquín de
Guatemala. En 2007 fue elegido entre los treinta y nueve mejores escritores latino-
americanos menores de treinta y nueve años, siendo incluido en la selección* Bogotá
39. *En 2008, su libro* Clases de dibujo *ganó el Premio Literario Café Bretón & Bode-
gas Olarra. Recibió el Premio de Novela Corta José María de Pereda por* La pirueta.
Entre sus obras se encuentran Esto no es una pipa, Saturno *(2003),* El ángel literario
(2004, semifinalista del Premio Herralde de Novela), El boxeador polaco *(2008),*
Morirse un poco *(2009) y* La pirueta *(2010). Ha sido traducido al inglés, portugués,
holandés, francés y serbio.*

Mañana nunca lo hablamos

CUANDO salimos, al final de la tarde, la tanqueta militar seguía estacionada
enfrente del colegio. El autobús maniobró a través del portón principal mucho
más despacio que de costumbre, como con cautela, como para que todos los
alumnos pudiéramos observar bien aquella vieja tanqueta: imponente y fas-
tuosa entre el caos de militares, periodistas, policías, paramédicos, bomberos,
tantos familiares. Me giré hacia atrás y noté que cada uno de los trece autobuses
amarillos del colegio tenía colgada, en su parte frontal, una bandera de la Cruz
Roja. De pronto nuestro autobús se detuvo, se quedó quieto unos minutos, medio
temblando entre el bullicio de los vehículos y la gente. Dentro nadie hablaba.
Nadie se atrevía a moverse. Yo tardé en descubrir, en la luz mate de la tarde, a las
dos patrullas de policía ubicándose delante y detrás de nosotros, como escolta.

—Fue allá, ve, arriba —me susurró Óscar y, mientras el autobús avanzaba despacio atrás de la patrulla, volví la mirada hacia arriba, hacia donde él me estaba señalando: lejos, del lado opuesto del barranco de la colonia Vista Hermosa, humeaban negro los escombros de una casa.

Los primeros disparos habían sonado a las diez de la mañana. Yo no los oí. Pero supe, por la gravedad en los rostros de mis compañeros, en el rostro de Óscar, que algo importante había ocurrido. Casi de inmediato oímos otra ráfaga, y luego otra más aguda, como respondiéndole a la anterior. Era un jueves. Era el verano del 81. Eran días de disparos. Pero aquellos disparos habían sonado demasiado cerca, allí nomás. Nuestra profesora, Miss Jenkins, una norteamericana gordita y simpática, sonrió grande y nos puso a cantar canciones en inglés. Todos juntos cantamos varias canciones en inglés, mientras Miss Jenkins llevaba el ritmo con aplausos, mientras seguían sonando las ametralladoras, y los escopetazos, y los balazos esporádicos, y de pronto, tras segundos de silencio, un inmenso estallido que sacudió todo el colegio y nos dejó quietos y mudos del miedo. Miss Jenkins ya no sonreía tan grande. Salió del aula, al pasillo exterior, donde se congregaron los profesores y directores del colegio y decidieron llevarnos a todos al gimnasio.

—Mirá ésas —me musitó Óscar en el autobús, viendo las largas ametralladoras calibre cincuenta, montadas sobre dos *jeeps* militares y aún apuntando directo hacia los escombros de la casa.

No era un gimnasio, realmente, sino un enorme hangar o cobertizo de láminas y duela de madera que también hacía de cancha de basquetbol. Y allí, con el constante eco de disparos y bombas y sirenas, siempre en el fondo, con el murmullo de helicópteros volando encima, los más de mil alumnos del colegio pasamos el día entero: aislados durante casi siete horas, recluidos de aquel combate que parecía no terminar nunca justo enfrente del colegio. Algunos alumnos, acaso los mayores, pasaron el día con rostros afligidos, o sollozando, o hasta rezando en pequeños grupos, sentados en círculos sobre la duela de madera y agarrados de las manos. Mis primas ya adolescentes me buscaban a cada rato, interrumpían mis juegos, me abrazaban y besaban, me decían que no me preocupara, que todo iba a estar bien. Y yo me zafaba de ellas lo más rápido posible, alcanzaba de nuevo a mis amigos y seguía jugando. Pero por supuesto que todo iba a estar bien. Todo siempre estaba bien. ¿Qué podría estar mal?

—Y mirá —me susurró Oscar, su frente apoyada contra la ventanilla del autobús que avanzaba muy lento, su índice señalando un bulto sucio, rodeado de gente, entre los matorrales y el fango de la ladera del barranco—. Una muerta.

Mi mamá lloró durante toda la cena. No decía nada. Mi papá tampoco decía mucho. Hubo más llamadas telefónicas que de costumbre, y Pía o Márgara salían rápido de la cocina y contestaban y les decían a todos que estábamos cenando, que por favor llamaran luego. Mi hermanita no había querido comer y sólo se quedó tumbada en la silla, sujetando fuerte su frazada de lana amarillenta y chupándose el pulgar. De vez en cuando mi hermano le ofrecía a mi mamá otro *kleenex,* y ella lloraba un poquito más. Yo estaba hambriento y me comí cuatro tortillas con queso derretido, frijoles negros y trozos de aguacate.

Más tarde, ya en nuestro cuarto mi hermano y yo, recién bañados y poniéndonos pijamas preparándonos para dormir, de pronto llegó mi papá. Se sentó en la cama de mi hermano, y guardó silencio. Mi mamá también llegó unos segundos después y permaneció de pie en el umbral, recostada contra el marco de la puerta, sus brazos cruzados como si tuviera mucho frío.

—¿Se lavaron los dientes, niños?

Antes de poder mentir a mi papá que sí, que ya, que por supuesto, él empezó a decirnos cosas raras. Mi hermano había caminado hacia la puerta y abrazaba la pierna de mi mamá. Yo estaba sentado en el borde de mi cama, medio desnudo, con el pantalón del pijama aún en las manos, y escuchaba a mi papá hablar. Su tono era diferente. Quizás más nervioso o más acelerado. Habló en desorden y en balbuceos del combate de esa tarde, de los trabajadores de su fábrica de textiles, de los nervios de mi mamá, de los norteamericanos, de los indios, de los guerrilleros, de los comunistas, del secuestro de mi abuelo hacía quince años, de las rejas que había tenido que instalar en las ventanas de la casa, de su nuevo guardaespaldas (Mario) que lo acompañaba a todas partes con un revólver enfundado en el cinturón, del nuevo policía de seguridad (Landelino) que llegaba a la casa y se quedaba sentado la noche entera en un banquito del vestíbulo, al lado de la puerta principal, muy abrigado, con una escopeta sobre el regazo y aferrado a un tibio termo de café. Yo sabía, por fisgón, que mi papá había sacado su pistola del clóset y ahora dormía con ella bajo la almohada. Pero no le dije nada. Sólo lo escuché hablar, los pantalones del pijama aún en mis manos.

—Hemos decidido salir del país.

Pasaron unos segundos de silencio, de extrañeza, antes de que mi mamá, con voz frágil y temblorosa, añadiera:

—Un tiempito.

—Amor, por favor, eso depende —la amonestó mi papá.

Ella bajó la cabeza, suspiró suave.

—Nos vamos todos a Miami —continuó mi papá—. Como a ustedes les encanta Miami...

Decíamos Miami pero no era Miami, sino un suburbio bastante más al norte llamado Plantation, donde mis papás tenían un apartamento muy pequeño, ubicado a la orilla de una cancha de golf, y que usábamos durante las vacaciones.

—¿De vacaciones? —preguntó mi hermano.

—Algo así, pero más largas —le dijo mi mamá, acariciándole el pelo.

—¿Y el colegio? —pregunté, entre confundido y emocionado.

—Ustedes tres irán a un colegio allá —dijo mi papá.

—¿Un colegio en inglés? —pregunté.

—Claro.

—¿Y nuestros juguetes?

—Les compraremos nuevos allá.

—¿Y mi bicicleta?

—También.

—¿Qué les digo a mis amigos, a Óscar?

—Pues eso, que nos vamos un tiempo a Miami.

—¿Y si preguntan cuánto tiempo?

Ninguno de los dos me contestó.

—¿Y qué va a pasar con la casa? —indagué.

Mi mamá soltó a mi hermano y se marchó deprisa y yo finalmente empecé a comprender por qué llevaba ella toda la noche llorando.

—La casa —dijo mi papá, poniéndose de pie— ya está vendida.

Al día siguiente me decepcionó descubrir que todo seguía igual. No sé por qué esperaba despertarme a maletas empacadas, o al placentero motín de un próximo viaje, o a los gritos de los niños que ocuparían ahora nuestra casa, echándome ya de mi cuarto, exigiéndome ya mis cosas. La única diferencia fue el feliz anuncio de mi mamá cuando entró a abrir las pesadas cortinas de tela blanca, para despertarnos: que no había colegio, que habían cancelado las clases.

Mis hermanos y yo nos quedamos en pijama y pantuflas y desayunamos *wafles,* despacio, hasta tarde. Luego, durante el resto de la mañana, vimos otra vez todos los videos Betamax que un amigo golfista de mi papá nos había mandado desde Estados Unidos (la programación de los tres canales guatemaltecos no empezaba hasta mediodía). Eran caricaturas en inglés y programas infantiles en inglés que, cada sábado, él nos grababa de la televisión matutina norteamericana. Yo ya me sabía esos videos de memoria, de principio a fin, incluidas las cancioncitas de los comerciales *(My Bologna Has a First Name)* y las tonadillas de los mensajes educativos *(Conjunction Junction, What's Your Function)*. Pero eso no me importaba. O tal vez eso era precisamente lo que más me importaba, lo que más me gustaba al ver los videos una y otra vez. Sentía una especie de serenidad en la liturgia de volver a ver y a escuchar aquellas mismas caricaturas y tonaditas.

Llamó Óscar. Me invitó a pasar la tarde en su casa. Mi mamá estaba ocupada tomando café y fumando con algunas de mis tías, contándoles de nuestra próxima salida del país, supuse, y no quería darme permiso —seguía algo nerviosa, algo llorosa—. Finalmente accedió, con la condición de que no me fuera caminando solo, de que me acompañara alguien.

Aunque la casa de Óscar, en carro, quedaba a dos o tres kilómetros, a pie no eran más de diez minutos: había un atajo a través del parquecito frente a mi casa y un terreno baldío y un pasadizo estrecho y oscuro que al cruzarlo siempre nos daba un poco de miedo (años después lo cerrarían, debido a asaltos y violaciones). Me acompañó Rolando, Rol, a quien había encontrado en el jardín de atrás regando la grama, y quien botó la manguera y aceptó acompañarme y no quiso soltarme la mano hasta que una de las sirvientas de Óscar abrió la puerta y me dejó entrar. Sentí raro. Dentro de unas semanas yo cumpliría diez años, y nunca antes me había tenido que acompañar alguien a la casa de Óscar, mucho menos agarrado de la mano.

—Pase —me dijo la sirvienta—, el joven anda afuera, en su árbol.

A medio jardín, muy alto entre las ramas de un anciano roble, había una casita de madera donde Óscar solía pasar todo su tiempo libre: jugando, leyendo cómics, confabulando travesuras, almacenando cosas prohibidas. Para subir había unos palos largos clavados al tronco del árbol, tipo escalera.

—Lo saqué de la basura.

Óscar estaba sentado sobre sus rodillas, inclinado encima de un periódico abierto, arrugado, lleno de manchitas de grasa.

—Mis papás me prohibieron leerlo —dijo—. Pero yo lo saqué de la basura.

Eran dos páginas enteras de fotos grises y opacas y de varios tamaños que narraban el combate del día anterior. Decía el titular, hasta arriba, en grandes letras negras: "Cuartel guerrillero destruido en Vista Hermosa". En una foto salía el rostro en perfil de un bombero, mientras escarbaba entre los residuos de concreto y hierro torcido: "La casa destruida fue calificada por las autoridades como cuartel general subversivo de los guerrilleros, en el combate más nutrido y de más duración registrado hasta ahora en la capital de la República". En otra foto había varias camillas con lo que parecían cadáveres: "Tras la artillería de una tanqueta, murieron aplastados catorce guerrilleros, once hombres y tres mujeres". Al centro de otra foto, entre ripio y escombros, había un bulto largo tapado con una manta: "En lo que quedaba de la sala se halló el cuerpo sin vida de uno de los guerrilleros, una guitarra chamuscada que aún conservaba sus cuerdas y la pantalla de un televisor en una esquina que se confundía con los restos de un esmeril". Pegado a ésta había otra foto, como de pasaporte o cédula, de un hombre muy moreno y de facciones indígenas: "Según informaron las autoridades, este guerrillero fue identificado como Roberto Batz Chocoj, albañil de Patzún, Chimaltenango". Hasta abajo de la página había una foto de un grupo de militares, todos serios, todos con ametralladoras o escopetas: "Al entrar los elementos del orden público a la casa, encontraron gran cantidad de armas diversas, minas Claymore, granadas rusas de fragmentación, fusiles M-16, subametralladoras y material explosivo dedicado a la fabricación de bombas caseras".

Me quedé mirando los rostros de los militares, tan morenos y tan indígenas como el rostro del guerrillero de la guitarra y el televisor. No entendí. ¿Los militares también eran indígenas? ¿No era todo indígena un guerrillero? ¿Quién era, entonces, un guerrillero?

—Viste, te lo dije —susurró Óscar, su índice sobre otra foto.

Era la imagen del barranco frente al colegio, lleno de policías y bomberos entre los matorrales: "En la cuesta que da al estacionamiento del colegio quedó el cadáver de una guerrillera, baleada al tratar de romper el cerco del ejército".

—Un zanate —dijo Óscar mientras escuchábamos los brinquitos en el techo de madera.

—Nos vamos a Miami —le dije, aún intentando descifrar las facciones borrosas de la guerrillera muerta.

—¿Cuándo?

—Creo que ya.

—Pero si ahorita no hay vacaciones.

—No, a vivir.

Óscar alzó la mirada.

—¿A vivir? —me preguntó.

—Por un tiempo.

—¿Cuánto tiempo?

—No sé.

—¿Mucho?

—No sé.

—¿Para siempre? —su voz floja.

—Como seis meses.

Ni idea de dónde saqué esa cifra. Me la inventé, probablemente. Sospeché o presentí que ya no volvería a ver a Óscar y que lo mejor sería dosificarle la noticia, mentirle un poco, ocultarle algunos detalles, como por ejemplo que ya no tendríamos una casa a donde volver. Y pareció funcionar. Porque de inmediato se le suavizó el rostro, volvió a bajar la mirada hacia la foto de la guerrillera muerta, y preguntó:

—¿Me regalás tu bici, entonces?

Mis abuelos maternos estaban sentados en dos taburetes frente al bar. Mi abuelo tomaba whisky. Mi papá también tomaba whisky sentado en su propio taburete del otro lado del bar, tipo cantinero, y discutía algo con mi abuelo, cada vez más agresivo y recio. Mi mamá no tomaba whisky. Ella sólo fumaba y me decía que mis abuelos habían llegado para verme (mis hermanos no estaban), para poder despedirse de mí, y que entonces me quedara acompañándolos. Yo estaba echado sobre la alfombra, aburrido. Ya tenía suficientes años para saber que mi mamá no siempre decía la verdad. Pero igual le obedecí, y me quedé oyéndolos hablar cosas de adultos. De vez en cuando mi papá se volteaba para alcanzar una botella o una servilleta, o acaso un cenicero limpio, y entonces mi abuelo polaco bajaba un poco su vaso, me susurraba algo en yiddish, me dejaba meter el índice en el hielo y chupar así gotitas de whisky.

—¿Quién aquí quiere salir a dar una vuelta?

Mi abuela se había puesto de pie. Me estaba sonriendo.

—¿Quién aquí quiere un helado? —preguntó.

Yo levanté la mano.

—Vamos, pues —dijo, agarrando su bolsón y las llaves del carro.

—¿En serio? —viendo a mi mamá—. ¿Puedo?

—Pero sólo uno, ¿me oyó? —dijo mi mamá, sabiendo mi afición por el helado de mandarina.

Entendí que querían sacarme de allí un rato, que mi papá y mi abuelo se estaban peleando por algo, que querían hablar cosas de adultos entre ellos. Me levanté de un brinco y seguí a mi abuela hacia la puerta principal, hacia fuera, hacia su viejo Mercedes color cielo.

—¿Ya listo para Miami, mi vida?

—Ajá.

Mi abuela manejaba como abuela.

—¿Y sintió miedo con las balas, en el colegio? —me preguntó.

—No.

—¿Nada de miedo?

—Algo, no mucho.

—Pero qué valiente mi nieto.

Sonreí con timidez.

—Está bien que se vayan, mi vida —dijo melancólica—. Demasiadas balas en este país.

No dijo más y yo me quedé pensando en el agujero que aún permanecía en la ventana del comedor de mis abuelos: un agujero circular y pequeño hecho por un balazo que disparó el vecino, decían, un señor ya mayor y algo borracho, decían, que odiaba a los judíos.

Los Helados Gloria quedaban cerca, en la esquina de la avenida Reforma y un callejón sin salida (la misma esquina donde, quince años atrás, un grupo de guerrilleros disfrazados de policías, en un Impala pintado de carro de policía, había secuestrado a mi otro abuelo, a mi abuelo paterno, a mi abuelo libanés), y llegamos en pocos minutos. Me bajé rápido, casi corriendo, mientras mi abuela estacionaba con dificultad, y la esperé dentro, frente a la larga nevera. Me gustaba sentir el frío del vidrio en las manos. Me gustaba ver los colores pastel de las nieves en todas las cubetas. Era fin de semana, pero no había casi nadie. El burrito gris comía pasto, su carruaje a un lado, vacío. Una niña rubia brincaba miedosa sobre una de las camas elásticas. Entre carcajadas, dos niños chocaban sus carritos locos. Atrás de mí, cerca del carrusel, un niño descalzo y sin camisa, de más o menos mi edad, barría el piso con una escoba de petate. Por fin entró mi abuela y se nos acercó una señorita indígena, chaparra, algo morena, uniformada de blanco y rosado, y me preguntó con amabilidad qué deseaba. Le pedí una bola de mandarina, en cono. La señorita sacó un cucharón que mantenía en un bote de agua turbia, y formó una bola perfecta y anaranjada que luego colocó sobre un cono de galleta. Cuando me lo pasó, por encima de la nevera, noté que sus dedos gorditos y morenos estaban metidos en mi helado. Sentí tristeza. Pensé en no recibírselo, en no comérmelo, en pedirle que me sirviera otro, uno nuevo, uno limpio. Pero era helado de mandarina y entonces hice un esfuerzo por olvidar la imagen de sus dedos untados. Mi abuela pagó, le regaló unas cuantas monedas al niño de la escoba de petate, y nos marchamos.

—¿Está rico? —encendiendo el ruidoso motor del Mercedes.

Le balbuceé que sí, que gracias, mientras daba lamidas.

—Dígame algo, corazón —viendo ella hacia delante, muy concentrada—, ¿quién es su favorito?

—¿Ah?

—¿Su papá o su mamá?

Me puse nervioso.

—Dígame, así entre nosotros, en secreto.

—No sé —y seguí dándole breves lengüetazos a mi bola de mandarina.

—¿Quién de los dos es su favorito? —volvió a preguntarme, detenidos en el semáforo del Obelisco.

—Igual —dije por decir algo.

—No puede ser igual, mi vida.

—Sí puede.

El semáforo cambió a verde y mi abuela aceleró demasiado rápido y yo casi metí la nariz en el helado.

—Todo niño tiene un favorito —aseguró con un frenazo—, o su papá o su mamá.

Mordí la orilla del cono.

—Y yo creo que su favorito es su mamá, fíjese.

De pronto la mandarina ya no sabía a mandarina. Sabía raro.

—¿Verdad que sí?

Bajé un poco el cono hasta apoyarlo en mi muslo. Cerré los ojos y los mantuve cerrados mientras mi abuela conducía las últimas cuadras sobre la avenida Las Américas y me seguía hablando de mi mamá. Nunca supe qué fue. Si el helado de mandarina, o los dedos untados de la señorita uniformada, o las preguntas ingenuas de mi abuela, o las repentinas aceleradas y los duros frenazos en aquel viejo y hermoso Mercedes, o quizás todas las gotitas de whisky que me tomé del vaso de mi abuelo. Pero al nomás detenernos frente a mi casa, empujé la pesada puerta del Mercedes y me arrodillé sobre la grama y vomité mandarina.

Como por arte de magia mi casa empezó a desaparecer.

El lunes, al volver del colegio (Miss Jenkins había organizado en mi honor una especie de fiesta improvisada, vergonzosa, con pastel de chocolate y horchata y canciones de despedida en inglés), descubrí una decena de cajas de cartón en vez de adornos y fotos; descubrí unos enormes rectángulos pálidos en las paredes de la sala, en vez de los óleos azules y verdes y muy extraños del pintor Efraín Recinos; descubrí, en vez de la mesa y las sillas del comedor, una alfombra totalmente libre que jamás había visto y que resultó perfecta para jugar canicas; descubrí repisas y gavetas forradas de papel tapiz, en vez de toda mi ropa; descubrí una fila de maletas abiertas, ya casi llenas, en vez del largo pasillo hacia el dormitorio de mis papás; descubrí el eco de Beethoven en el estudio ya sin ninguna cosa; sin el escritorio ni la silla de cuero de mi papá, sin la librera ni las enciclopedias de mi mamá, sin nada, en efecto, salvo mi piano: un Steinway vertical que se llevarían luego, me explicó mi mamá, así podría yo recibir mi última clase, esa misma tarde, con Otto.

—Más despacito, niño, que las sonatas de Beethoven no son rancheras.

Cada lunes, Otto llegaba caminando, puntual, acalorado en su camisa de cuello de tortuga y saco de corduroy negro, cargando un morral de lana gris repleto de papeles y folletos y partituras. Al nomás sentarnos —yo en la banca, él en una silla de madera, a mi lado—, se asomaba Pía con una pequeña bandeja y, en silencio, sin molestarnos, la dejaba sobre la parte superior del piano. Siempre le llevaba lo mismo: una limonada, que Otto se bebía enseguida —como muerto de sed tras su caminata—, un tazón grande y caliente de café con leche, y un platito con dos champurradas, que Otto iba mojando en el café y comiéndose enteritas mientras me regañaba y corregía. Yo notaba raro que el tono de su voz era más melódico, que los manerismos de sus manos eran más finos, más exagerados, que preguntaba todo el tiempo y con algo de escándalo por el nuevo guardaespaldas de mi papá. Aunque yo aún no lo entendía, por supuesto, Otto era homosexual.

—Eso, mucho mejor —dijo y aplaudió suave y cambió la página de la partitura.

Yo llevaba dos años estudiando piano con Otto y apenas sabía leer solfa. Todas las piezas las tocaba más o menos de memoria, de oído, mientras fingía estar leyendo las notas en la partitura. Con cada nueva pieza, me fijaba bien en los movimientos de las manos brunas de Otto, en sus dedos largos y en sus uñas largas tintineándose contra las teclas, y luego, poco a poco, siempre haciendo como que seguía la partitura con mi mirada, podía repetir lo que él había tocado. Nunca supe por qué lo hacía. Ni cómo. Tampoco supe si Otto no se daba cuenta —demasiado ocupado con su café y champurrada y el eventual paso por la puerta del nuevo guardaespaldas de mi papá—. Aunque me gustaría creer que él lo sabía perfectamente y que optaba entonces por ser mi cómplice en aquella mentira o pantomima, y hasta quizás, a lo mejor, la motivaba: como si comprendiera que para mí era mucho más importante tocar o sentir la música que leerla.

—¿Una vez más? —me preguntó, el tazón en sus manos, puntitos opacos de sudor en su escaso bigote.

—Es que hay mucho eco.

—Cierto, niño, lo hay.

Otto se quedó mirando el piso de granito ya desnudo, las paredes ya sin nada.

—Me contó tu mami que se van del país.

—Ajá, a Miami.

—¿Y estás contento de irte?

—No sé.

—Puedes seguir estudiando piano allá.

—No sé.

Hubo un silencio y yo, con disimulo, mientras Otto se sacudía del regazo unas migas de champurrada, observé su semblante tostado y lampiño, sus pequeños ojos negros, su pelo azabache, grasoso, erizado. Se me ocurrió que su rostro se parecía al rostro del guerrillero de la guitarra y el televisor y que también se parecía a los rostros de los soldados, y después se me ocurrió que su rostro de alguna manera se parecía a cualquier rostro, a todos los rostros, a mi rostro. Sentí cosquillas en el vientre, como si en ese pensamiento hubiese algo básico o algo esencial. Luego otra vez me sentí confundido. Otto me sonrió.

—Nos vamos para siempre —le balbuceé.

—No me digas.

—Es que ya no tenemos casa.

—¿Cómo que ya no tienen casa?

Le dije que no con la cabeza, mientras presionaba los pedales con los pies.

—Pues entonces, niño —dijo—, ésta es nuestra despedida.

Otto se tomó el último sorbo de su café con leche. Se limpió los labios con una servilleta de papel. Se inclinó hacia delante y colocó la servilleta y el tazón vacío sobre la pequeña bandeja, encima del piano. Se puso de pie. Se puso muy serio. Mirándome, estiró su mano terrosa y larga y la dejó en el aire y yo tardé un poco en comprender que quería que yo también me pusiera de pie y estirara la mía, que quería despedirse de mí, no como profesor y alumno, no como adulto y niño, no como indígena y blanco, sino como lo harían dos hombres.

—¿Terminamos, Otto?

—Terminamos, niño —dijo, guardando las viejas partituras en su morral.

Me desperté gritando. Estaba un poco sudado y aún sentía el pánico en el pecho, la bola de llanto a media garganta. Recordaba bien el sueño, incluso hoy lo recuerdo con claridad. Soñé que llegaba a nuestra casa el guerrillero de la guitarra chamuscada y el televisor. Saludaba al policía de seguridad en el vestíbulo, quien sólo seguía tomando sorbitos de café de su termo. El guerrillero subía las gradas y entraba en el cuarto de mis papás y salía cargando a mi mamá. Tenía a mi mamá cargada sobre un hombro de la misma forma en que se cargaría un costal de papas. Decía que quería llevársela con él a las montañas de Patzún, en Chimaltenango. Mi mamá estaba tranquila, parecía no protestar, parecía no importarle. Mi papá no estaba. De pronto el guerrillero se asomaba de espaldas a la puerta de mi cuarto, para que mi mamá se despidiera, y ella, mucho más pequeñita sobre el hombro del colosal guerrillero, sólo me decía adiós con la mano. Yo le gritaba que por favor no se fuera con el guerrillero de la guitarra y el televisor, que por favor no me abandonara, y mientras yo le gritaba mi mamá sólo seguía diciéndome adiós con la mano. Aunque no podría asegurarlo, es probable que yo haya estado gritando bastante recio, porque a los pocos segundos se encendió la luz blanca del pasillo, se asomó mi papá y se sentó a mi lado.

—¿Qué pasa, mi amor? —en susurros, en la semioscuridad.

Colocó su mano sobre mi frente.

—Pero si está empapado.

Seguía él susurrando, aunque era casi imposible despertar a mi hermano.

—¿Una pesadilla?

Pensé en preguntarle por qué no había hecho algo en mi sueño, por qué había permitido que el guerrillero de la guitarra y el televisor se llevara a mi mamá a la montaña. Pero sólo cerré los ojos y me quedé sintiendo sus caricias en la frente y el pelo.

—A ver, tome un trago de agua.

Sirvió un poco del pichel que Pía nos subía todas las noches y el cual ahora —ya sin ningún velador, sin camastros, sin armario, sin las pequeñas sillas y mesa de madera donde, cada tarde, mi hermano y yo nos sentábamos a hacer los deberes— había tenido que dejar sobre el suelo, en medio de los dos colchones.

—¿Mejor?

—Ajá —susurré, devolviéndole el vaso.

—Qué bueno.

Me recosté de nuevo.

—Papi...

—¿Sí, mi amor?

—¿Cuándo nos vamos a Miami?

—Dentro de unos días —suspiró.

—¿Y mi cumpleaños?

Como pensando sus palabras, mi papá guardó silencio un momento, antes de contestar.

—¿Qué, no prefiere pasar su cumpleaños en Miami?

Alcé los hombros en la semioscuridad.

—Más alegre allá, ¿no?

Afuera, en la calle, chirriaron los frenos de un carro al estacionarse. El motor permaneció encendido, ronroneando en la quietud de la noche. Mi papá, con algún esfuerzo, se puso de pie. Caminó hacia la ventana. Oí el breve frufrú de la cortina de tela abriéndose un poco.

—Papi...

—¿Sí?

—¿Dónde vamos a vivir cuando regresemos?

Quizás no me oyó. O quizás no sabía la respuesta. O quizás nunca regresaríamos.

—Papi...

—¿Mmm?

—¿Qué es un guerrillero?

De nuevo oí la tela de la cortina. Mi papá volvió a sentarse a mi lado.

—¿Un guerrillero?

—Ajá.

—Pues los guerrilleros son los culpables de todo este lío.

—¿Qué lío?

—Todo este lío —susurró firme—, el lío frente a su colegio, en la fábrica, en las calles, en todo el maldito país.

—¿Los guerrilleros son indios?

Silencio. Se había apagado el motor. De repente se somató una puerta de carro, luego otra. En sordina unas voces se hablaban.

—Claro —me dijo, su mirada hacia la ventana.

—Pero ¿también los soldados son indios?

Mi papá suspiró, pareció enojarse en la semioscuridad.

—Ay, amor, éstas no son horas para hablar de eso —susurró demasiado recio y mi hermano gimió algo y se movió un poco entre las sábanas de su cama—. Ya vio, vamos a despertar a su hermano. Mejor duérmase y lo hablamos mañana.

Mi papá me dio dos palmadas suaves en la rodilla. Se levantó. Salió del cuarto y apagó la luz blanca del pasillo. Todo se volvió a quedar negro, inmóvil. Pronto llegó mañana y mañana nunca lo hablamos.

[*Mañana nunca lo hablamos,* 2011.]

MAURICE ECHEVERRÍA
(Ciudad de Guatemala, 1976)

Escritor, poeta y periodista. Ganador del Premio Mario Monteforte Toledo 2005 con la novela Diccionario esotérico. *Ha publicado el libro de cuentos* Sala de espera *(2001), la* nouvelle Labios *(2003) y el libro de aforismos, en formato blog,* Es sólo sangre *(2008). Entre otras antologías, participa en* Los centroamericanos *(2002),* Pequeñas resistencias 2 *(2003),* El futuro no es nuestro *(2008) y* 22 Escarabajos. Antología hispánica del cuento Beatle *(2009).*

La celestial orilla

> Ellos mismos iban precipitándose
> al llegar al borde de la celestial orilla,
> y la maldición eterna los empujaba
> para más apresurar su ruina.
>
> MILTON

AL CABO de un momento, Guillén está como imbécil delante de esa música tan hermosa. El pianista aleccionando, humillando, aplastando. ¿Cómo se sentirá ser así de ilustre, de puro?, se pregunta Guillén. La melodía alcanza proporciones cósmicas. Es casi doloroso. Guillén incluso transpira: es tanta la emoción. Durante unos instantes, olvida al bebé, olvida a la esposa. Decide subirle el volumen a la música.

Termina el track 6 del CD, y Guillén vuelve a la realidad, se recuerda del niño.

El niño. Con prisa llega hasta el cuarto: allí está, en efecto, aún duerme. Menudo. Por poco inexistente. Al borde de la nada. El sueño se ha estancado con pesadez infinita en su frágil constitución.

Guillén sonríe orgulloso: es tan nuevo, pero ya tiene en su rostro una expresión de listo, de sabérselas todas. Es su hijo. Y la mejor perspectiva que le ha traído la vida en treinta y dos años de vida...

El track 7 ha empezado desde hace ya unos minutos. La música ingresa, aunque disminuida por las paredes, por la puerta cerrada del cuarto: una versión alejada, borrosa, bella a su modo. Guillén es padre, lo sabe, se complace sabiéndolo. Ser padre es algo que nunca pensó que le ocurriría. Aún le resulta extraño, de hecho, pensarlo. La alegría, la responsabilidad... Su propia existencia reabsorbida por la existencia de alguien más... Succionada por una poderosa dirección, un alfaque atronador, un bebé. Que Guillén observa. Un pequeño ente —castor desnudo— luchando por abrirse paso, y abrir un túnel en el marasmo de la inconsciencia, cavando en lo denso y lo anterior a la luz. Algún día llegará a la superficie, y le dirá: "Papá". Habrá descubierto el mayor de los utensilios: el lenguaje.

En el mismo cuarto donde duerme el nene duerme asimismo la mujer; el cuarto está a oscuras; aunque no podemos verla del todo a ella, suponemos que es físicamente hermosa, y por dentro extraordinaria. A pesar de la música, ella duerme. Por lo general, a ella no le gusta cuando Guillén escucha música, porque le resulta imposible cerrar los ojos. Guillén lo sabe y a su vez lo niega. Pero ahora ella duerme, apaciblemente, muy cerca del bebé. Ella también es un bebé. Su bebé. Piensa apaciblemente Guillén. Hermosa, y por dentro extraordinaria. Su rostro está más allá de las tensiones, argumentos del día a día, de las pasiones y los sadismos, del ciempiés brutal de la cotidianidad.

Guillén se retira con cautela del cuarto, vuelve a la sala, donde el track 8 bendice, excomulga, se arrodilla buscando redención, arde en el fuego purificador que el talento epónimo del pianista aviva... para luego caer abruptamente en una parte muy triste, muy tenue. Guillén está en lágrimas. En verdad emocionado. Una especie de serpiente nostálgica se ha enrollado alrededor de su cuello, apretando: un antiguo remordimiento.

Lamentablemente, el momento se rompe violentamente, como un espejo.

La razón: en la calle alguien ha disparado cinco tiros uno tras otro. Guillén escucha, preocupado. Y luego otra vez: cinco tiros. Alguien allá afuera se divierte vaciando la tolva al cielo. "Todas las noches", piensa Guillén. Adán Guillén recuerda a un viejo amigo, ahora muerto. A causa de una bala perdida. Lo extraña, a veces. Si en verdad Dios fuera justo, no existirían las balas perdidas, infiere Guillén, apóstata. Su mente se ha oscurecido en este paréntesis ateo.

Pero ya la melodía ha optado por volver al estruendo, a un rítmico desenlace, y Guillén se sumerge allí dentro.

Terminado el track 8, Guillén decide ir a dar una vuelta a la cocina. Posee ese cuaderno de apuntes con las más estrafalarias recetas. Lo aguarda una galaxia de posibilidades culinarias. Se decide por una receta muy sencilla, pero totalmente ingeniosa. Cuando el plato está listo, lo acompaña con una copa de vino. El track 9 promete aires estivales, una fiesta absolutoria, un círculo en llamas. El pianista escribe, edita, traduce. El placer se posesiona de Guillén, que no se molesta en lavar los platos. "Éste será un año maravilloso", se dice a sí mismo. En su vientre ha surgido un nuevo apéndice: un gozo o una placidez.

Guillén considera que ha tenido una buena vida. Si tal ocurrencia es producto del vino que ha bebido o un argumento totalmente lúcido, no lo sabemos. Lo importante es que en este momento Guillén percibe su propia biografía como una obra hasta cierto punto poética, una síntesis conmovedora, valiosa, amarilla y luminosa. Ha ido apartando los alacranes del camino, y así trazando una ruta de esperanza. Y luego él mismo aprendió a apedrear las sombras que se acercaban volando, como fantasmas de pies cortados.

Sus días hoy transcurren perfectos y burilados, son las palabras de un poema clásico. Nuevos aires de felicidad acompañan cada jornada suya. La característica principal de Guillén es su capacidad de maravillarse. Su mujer lo admira por ello. No es para nada como esos señores ya reventados de trabajo. En la mente de Guillén, lo simple y ordinario es misterioso, cubierto de un polvo mágico.

Track 10.

Guillén sale a la terraza a contemplar la noche que regresa cada noche como una gran meditación. Guillén cumple con la ceremonia de buscar en el cielo estrellado figuras y patrones, de aceptar lo que su imaginación inventa, de clarificar su mortalidad viendo al infinito. Y de sentir miedo. Guillén mira desde la terraza. El borde de la terraza es la celestial orilla. Más allá, la muerte. Calles, personajes oscuros disparando sin tregua.

Decide ir a ver al bebé, y a su mujer, que produce extrañas onomatopeyas cuando duerme. Una larga seda lo guía de vuelta al cuarto. El cuarto está oscuro, un poco más oscuro que de costumbre. Sus ojos buscan. Hasta que poco a poco se van acostumbrando a las tinieblas. Nacen paulatinamente las formas, los esquemas, los rigores del mundo creado. Allí está el bebé. Guillén se acerca un tanto más. El bebé no se mueve. Una bala perdida ha surcado los espacios,

se ha introducido en los entresijos de la casualidad, perforado el tejido adiposo
de lo cotidiano, succionado un vórtice hipocondriaco de malestar, metido por
la ventana dejando un agujero localizable y perfecto, brillado como un cristal
divino, rebotado contra una de las notas del pianista, y rebotado otra vez en el
techo, ricochet silencioso y milagroso. Y ahora el nene no duerme, está muerto.
Guillén gesticula como loco. Su mujer se ha levantado de un sueño profundo.
El track 10 ha terminado. Casi es de mal gusto decir que era el último track del
disco.

[*Exageraciones*, 2010.]

EL SALVADOR

CLARIBEL ALEGRÍA
(Estelí, Nicaragua, 1924)

Poeta y narradora, de patria salvadoreña y matria nicaragüense. Se licenció en filoso-
fía y letras en la Universidad George Washington y fue discípula del Nobel Juan
Ramón Jiménez. Premio Casa de las Américas (1978) e Internacional Neustadt de Li-
teratura (2006). En su extensa bibliografía, que abarca más de treinta títulos entre
poesía, cuento, novela y ensayo, destacan las novelas Cenizas de Izalco *(1966),* Pue-
blo de Dios y de Mandinga *(1985), el libro de cuentos y poemas* Luisa en el país de la
realidad *(1987), y la antología* New Voices of Hispanic America *(1962).*

La primera comunión

TODO quedó preparado esa noche para la fiesta de primera comunión. Chabela,
la nana de Luisa, acababa de planchar el vestido de organdí lleno de alforzas
que le llegaba a la niña a los pies, y el amplio velo vaporoso. Su madre le dio los
últimos toques a la mesa. Estaba cubierta con varios manteles de damasco y
ocupaba el largo del corredor. En el centro iba a estar el pastel, con una mu-
ñequita vestida igual que Luisa.

—Vaya a acostarse —le dijo la Chabe—, y acuérdese de tomar agua porque
mañana ya no puede, ni siquiera un traguito.

Luisa sabía que a pesar de que tomara toneles de agua esa noche, amane-
cería con una sed espantosa, pero no había más remedio. Su madre, la Chabe,
sus tías, todas le aseguraban que era el día más importante de su vida y algún
sacrificio había que hacer.

—Venga —le dijo la Chabe—, vámonos a la cama.

Luisa la siguió obediente. Cuando la Chabe apagó la luz ella la llamó a su lado.

—¿Es verdad que mañana puedo pedir cualquier cosa y que todo lo que pi-da se me va a conceder? —preguntó.

—Depende de lo que pida. Tiene que escoger sólo una cosa, algo que sea bien importante para usted.

—¿Qué pido, Chabe?

—Yo qué sé. Que Dios le conserve muchos años a sus papás, que usted se conserve pura, que sea sanita y buena. Usted es la que tiene que escoger.

Luisa se quedó un buen rato con los ojos abiertos en la oscuridad. Al día siguiente, entre la Chabe y su madre le ayudaron a vestirse. Estaba que se mo-ría de sed, los zapatos nuevos le apretaban y la gorra en que se sostenía el velo le daba un calor horrible, pero no se quejó ni una sola vez. Lo que iba a pedir era muy importante y tenía que hacer algún sacrificio para que se le concediera.

Su padre tocó impaciente la bocina del carro y Luisa salió corriendo. Se sentó en el asiento de adelante para que el vestido no se le ajara. Dos monjas de La Asunción, vestidas con pesados hábitos morados y velos color crema, salieron a recibirla a la puerta y la acompañaron hasta la capilla que ya estaba llena de colegiales. Cuando Luisa entró, el coro, arriba de la capilla, empezó a cantar y ella sintió que se le llenaban de lágrimas los ojos. Las monjas la escoltaron hasta su reclinatorio forrado de raso. El padre Agapito, acompañado de un sacristán y ataviado con una casulla blanca con hilos dorados, dio la bendición y empezó a decir la misa.

Luisa abrió su librito de concha nácar y la siguió con mucha atención. Des-pués de un rato las monjas se acercaron y la acompañaron hasta el altar. Luisa se arrodilló, abrió ligeramente la boca y recibió la hostia. Con la cabeza baja y las manos juntas sobre el pecho volvió a su reclinatorio. Se sentía levemente mareada. "Es ahora, ahorita que hay que pedir tu deseo", le dijo una voz interior.

"Niñito Jesús", dijo Luisa en voz baja, "yo no me quiero casar, no me gusta cómo son los hombres con las mujeres, pero quiero tener un hijo, niñito Jesús. La Chabe dice que sólo las mujeres pueden tener hijos, por eso yo te pido con toda mi alma que me case, y que cuando tenga el niño mi marido se muera".

La hostia se le acabó de deshacer en la boca y Luisa levantó la mirada. Una sonrisa beatífica le iluminaba el rostro.

[*Luisa en el país de la realidad*, 1987.]

DAVID ESCOBAR GALINDO
(Santa Ana, 1943)

Poeta, narrador y articulista. Se ha dedicado a labores académicas y agrícolas. Es director de la Academia Salvadoreña de la Lengua y rector de la Universidad Dr. José Matías Delgado. Ha publicado más de setenta libros y obtenido más de una docena de premios internacionales. Entre sus obras destacan los poemarios Campo minado *(1968),* Libro de Lillian *(1975),* El venado y el colibrí *(1996),* Respiración cruzada *(2007) y* Dios entre nos *(2010), así como los libros de relatos* Matusalén el Abandónico *(1980) y* El navegante solitario *(1998).*

El sombrero vacío

EN EL VECINDARIO, parecido a los paisajes urbanos que caracterizan ciertas estampas nocturnas de Magritte, era conocido como "el Filósofo". ¿Qué le calzó semejante apelativo, ininteligible para prácticamente todos los vecinos? Fue la ocurrencia de aquel otro personaje extraño, más extraño si cabe, que sólo vivió por ahí unos cuantos meses, antes de desaparecer en alas de la aventura peligrosa de volver a su tierra sacudida por el oscuro sismo de la revolución, uno de esos misteriosos juegos del tiempo que aparecen de tanto en tanto por todas las latitudes, como para que nadie olvide que la imaginación está visceralmente expuesta a los devaneos más siniestros de la razón.

Un extraño parece andar siempre en busca de otro. Y el habitante fugaz reconoció de inmediato al habitante permanente. Y, para sus adentros, al verlo pasar a diario junto a su balcón, con su paraguas inútil, su sombrero inconfundible y su chaqueta gastada por el uso, se dijo: "Éste tiene toda la pinta de aquel viejito sigiloso que se llamó Emmanuel Kant". De ahí nació eso de "el Filósofo".

Y, como casi siempre ocurre en este mundo de incoherencias institucionalizadas hasta el infinito, todos le llamaban así, desde el profesor que vivía en la esquina más próxima hasta el joven que repartía el pan mañanero en bicicleta.

Algunos de sus convecinos lo vieron alguna vez sin el paraguas, en días de atmósfera clarísima; otros, con una especie de suéter liviano en vez de la chaqueta formal; pero nadie lo vio nunca sin su sombrero.

Una vez, doña Filomena, que era un cascabel de actividad, lo cual venía a ser el contraste perfecto de su labor de bordadora profesional, le dijo en el parque, donde los mayores se encontraban indefectiblemente, para "irse de pájaros", mientras los jóvenes se iban de copas o de aspiraciones prohibidas:

–¿Se ha dado cuenta de que somos medio tocayos?

Él puso cara de sorprendido, pero con la tenuidad anímica que era su característica.

–¡Pues, sí, hombre de Dios, si usted es don Filo, por lo de Filósofo, y yo soy doña Filo, por la de Filomena! Como que el destino quisiera atarnos por algún lado –sonrió ella insinuante.

Desde aquel día, *el Filósofo* no volvió al parque. Sus salidas se hicieron mucho más utilitarias, pues se redujeron a la visita puntual a la biblioteca pública, donde releía sus clásicos favoritos, y a las tiendas del entorno, donde adquiría sus escasos víveres y sus sencillos enseres. ¿Para qué más?

Y así fue pasando el tiempo. El señor con su chaqueta, su paraguas y su sombrero, como una estampa cada vez más borrosa de sí mismo, entraba al fin en la fase de la despedida. Y, cuando los quebrantos del tiempo y las melancolías del alma le fueron poniendo sitio definitivo a los contadísimos entusiasmos que pudieran quedarle –un verso de Rubén Darío, un párrafo de Montaigne, un aforismo de Nietzsche– se encontró un día ante la necesidad, quizás inminente, de disponer de lo suyo para después de sus días. Estuvo cavilándolo durante varias jornadas. Volvió en uno de aquellos días al parque. Se cruzó por ahí con doña Filomena, que le hizo un guiño pícaro, a su estilo. Él ya no tenía razón para asustarse, y le correspondió con una sonrisa. Era la señal.

Aquella noche tomó su decisión. En verdad sólo tenía tres pertenencias heredables. La chaqueta, el paraguas y el sombrero. Escribió en un papel su última voluntad. Y le puso una nota al sobre: "Para ser abierto luego de mi defunción pero antes de mi entierro". Y lo dejó sobre aquel mueble inútil que estaba junto a su catre desvencijado.

Una semana después, se desplomó en la escalera que daba a su cuarto. Un vecino lo encontró, llamó a otros, y entre cuatro lo cargaron hacia adentro. Llegó sin ningún signo de vida. Había que avisarle a un hijo que vivía en el otro extremo de la ciudad. Llegó éste, para el arreglo del sepelio. Y halló la nota. El texto era escueto:

"Esta es la declaración de mi última voluntad sobre los bienes valiosos que poseo, que sólo son tres: mi chaqueta, mi paraguas y mi sombrero. La chaqueta dispongo que sea entregada al indigente que se ubica todas las tardes en el costado oriental de la iglesia vecina, la de San Francisco de Asís; nunca pude darle nada, y él siempre lo entendió con una sonrisa. El paraguas quiero que quede en manos de la señora Filomena, que me hizo el honor de considerarme pretendiente posible cuando ya para todos los demás era simplemente una sombra. Y mi sombrero... ah, mi sombrero... ése no puedo dejárselo a nadie, porque necesito llevármelo puesto... No puedo dejarlo en la orfandad... Un sombrero huérfano es como un sombrero vacío... Y no hay nada más patético que un sombrero vacío... Así quiero que se haga. Y lo firmo, en mi sano juicio, el día más corto de este año de gracia, en el que mereceré la gracia de pasar al plano superior".

[*Casi todos los ángeles tienen alas,* 2007.]

RICARDO LINDO FUENTES
(San Salvador, 1947)

Hijo de diplomático de carrera, desde muy pequeño viajó por todo el mundo. Estudió filosofía y publicidad en Madrid, terminando su formación superior en París, con estudios de psicología en la Sorbona. De regreso en El Salvador, empieza la parte más fecunda de su labor, vinculado a los ámbitos creativos literarios y pictóricos. Es direc- tor de la revista ARS, *de la Dirección Nacional de Artes del Ministerio de Educación. Ha publicado diversos poemarios y libros de ensayo, así como los libros de narrativa* Equis, equis, equis (XXX) *(1966),* Cuentos del mar *(1987),* Lo que dice el río Lempa *(1990),* Tierra *(1999),* Oro, pan y ceniza *(2001), entre otros.*

Noche de títeres

LLEGARON los músicos. Era necesario apresurarse, pues ya iban llegando, tam- bién, los primeros invitados. Fueron encendidos todos los candelabros, los ja- rrones se poblaron de rosas. Las maceteras de bronce con figuras mitológicas habían sido pulidas, y brillaban a la luz de las velas los duendes de los cuerne- cillos y las patas de cabra, las ninfas y las náyades. Cuando todos los invitados estuvieron presentes, la tormenta cayó. Danzaba la lluvia sobre los techos de la ciudad, un viejo rigodón. Alguien gritó en la noche, pero su grito se perdió en la inmensidad de la lluvia, mientras los notables elevaban sus copas en esa ca- sa profusamente iluminada, como un navío fantasma en medio del temporal.

—Hay fiesta en casa del intendente —repetían hasta en los más remotos caseríos las madres a los niños, aunque ellos no participaran de ella.

Era el aniversario de la coronación de Fernando VII.

Rebosaban las fuentes de viandas y de frutas, la señora del médico hablaba con un pundonoroso militar, mientras bebían un añejo villa español, y el cura hablaba de cultivos con un gordo añilero.

Al pato sazonado con naranjas siguieron los postres. Sólo un hombre taciturno permanecía ajeno a la fiesta, en un rincón de la sala. Era maese Alejo, el titiritero. Su intervención tendría lugar al final de la noche.

La tormenta se hizo más intensa. El reloj de péndulo hizo saber que eran las doce. El poeta laureado leyó un poema sobremanera pomposo, que comenzaba así:

¡Oh tú Fernando Séptimo el magnánimo
desde San Salvador la primorosa,
mi indigna lira se alza a tu grandeza...

Cuando llegó al último verso (¡Oh sol que alumbras esta humilde tierra!) un fingido entusiasmo rodeo al autor, quien se inclinaba afirmando que los elogios eran demasiado generosos, que sus versos, en realidad, no valían la pena, aunque él creyera exactamente lo contrario. De hecho, más tarde los envió a un periódico de Madrid, donde fueron rechazados. Habían recibido cientos de versos similares procedentes de las colonias, y además, las circunstancias políticas habían cambiado.

Pero en la fiesta del intendente se abre el telón del teatrito. Los muñecos se expresan en la lengua del pueblo, lo cual puede todavía pasar a título de pintoresquismo. Pero sucede algo más grave: hablan de las ideas liberales y de la Revolución francesa, sugieren, finalmente, que el rey de España se encuentra prisionero.

El intendente enrojeció. Los inquisidores comenzaron a murmurar, y las damas, agitadas, se abanicaban. Algunos militares y el cura, sin embargo, no vacilaron en aplaudir a los impertinentes muñecos.

Cuando el titiritero se retiró, comenzaron airadas discusiones. El intendente abandonó la gala sin despedirse de sus invitados.

Al día siguiente circuló orden de captura contra el titiritero, quien fue encarcelado.

Muchos años antes, maese Alejo aprendía su oficio en Bruselas, en un alaboso caserón. Como el taller estaba en el sótano de una taberna, los aprendices tenían acceso a los toneles de cerveza cruda, de los cuales escanciaban, de tanto en tanto, grandes vasadas.

Él se llamaba por entonces Alexis van Gryckuk. Los belgas lo tomaban por holandés, los holandeses sospechaban que era polaco. Pero entre los aprendices era uno más, sometido a las órdenes de un maestro divertido y severo que les exigía un infinito registro de voces: el acento del judío, haciendo el cómputo de sus bienes terrenales, el de la doncella escribiendo subrepticiamente una carta de amor, el del viejo Rey Lear mesándose los cabellos en la tormenta.

Cuando alguien fracasaba en una inflexión de voz, el maestro lo castigaba golpeándole con el pomo de su espada.

Los hachones encendidos, sostenidos a los muros de piedra por grandes argollas de hierro, daban a la escena el aire de una conspiración, alargando con sombras extraordinarias la gesticulación de hombres y muñecos.

Aún subsistía el odio antiespañol. En la Gran Plaza le habían enseñado el lugar donde rodaron las cabezas de los condes de Flandes, víctimas del despotismo del Duque de Alba, de siniestra memoria. El panorama que contemplaba Alexis era, sin embargo, muy distinto. Era el día del mercado de las flores, y los puestos de los mercaderes, sobre el empedrado de la plaza, creaban un vasto jardín, alrededor del cual se elevaba la casa del rey con sus agujas góticas y sus estatuillas que simulaban pajes guardando las torrecillas.

Los estandartes de los gremios flotaban al viento, ilustrando con colores vistosos la bota de los zapateros, la llave de los cerrajeros, la cabeza de toro de los carniceros. El sol lavaba todas las cosas, aunque no hubiera logrado disipar el frío de la madrugada.

Al cabo de siete años, se detuvo a pensar en esa misma plaza, sentándose en un bordillo de piedra. Comprendió que ya había aprendido del oficio cuanto de labios humanos podría aprenderse, y volvió sobre sus pasos. Nunca más lo verían sus compañeros y el maestro. Lo demás, tendría que enseñárselo la vida.

Dejó su buhardilla, se hizo de un lanchón, recorrió Europa dando presentaciones en pueblos grandes o en simples aldeas. Oía crecer como una marea el rumor de la Revolución: libertad, igualdad, fraternidad. Se indignó al ver los excesivos privilegios de los nobles, los impuestos que extorsionaban al pueblo hasta dejarlo en la miseria; tomó partido. Cuando la fruición de cortar cabezas comenzó, se incomodó, es cierto, pero siguió firme en sus convicciones. Cuando oyó a un verdugo del pueblo lamentarse de no disponer del moderno invento de la guillotina, se lo reprochó duramente. La Revolución era otra cosa, las grandes ideas tenían otra función sobre la faz de la tierra.

Pero la crueldad creció en demasía, y el titiritero se fue de Francia con un dejo de amargura.

Atravesó los Pirineos, llegó a Madrid. Una noche, durante una borrachera en una taberna de la calle de Puno-en-rostro, un alegre bebedor llamado Francisco Goya boceto su retrato y se lo obsequió. Él guardó distraídamente el papel manchado de vino y lo extravió poco después, camino a Cádiz, pues unos marinos en el mismo antro le habían hablado con entusiasmo de América y lo habían invitado a partir con ellos. Iban en pos de la gloria y de fortuna. Al tocar tierra al otro lado del Atlántico, Alexis se separó de sus compañeros de viaje. Más que los vacuos honores o el ruido de las monedas le interesaban las ruinas mayas perdidas entre la selva.

En la Península de Yucatán vio grandes cabezas de piedra coronadas por cascos, contempló esas pirámides que habían imitado montañas y que el abandono volvió montañas a su vez. Las iguanas salían de las grietas de las antiguas rocas, las raíces de formidables árboles levantaban las piedras de las gradas de las pirámides. En un templete semiderruido, vio un amate protegiendo con su follaje, a manera de techo, las pinturas de los muros. Un día sumergió su rostro en las aguas del mar Caribe, y vio peces de todos los colores imaginables nadando entre arrecifes de coral. Los rayos del sol se dividían en haces al interior de las aguas, que conmovidas por la luz iban del verde hacia el violeta.

Se enamoró en un pueblito de una indígena joven, porque sus ojos eran grandes, oscuros y profundos, como un alma de agua, aunque hablara muy poco. Morena y pequeña, le dio un hijo pequeño, moreno, de grandes ojos negros, y él deseó para el niño la ingenua sabiduría de sus títeres, que habían sido sus primeros hijos.

Andando los días, fueron a Guatemala. Como era Semana Santa, representó la Pasión de Cristo. Sus soldados romanos adquirían rasgos bestiales, como los de las pinturas del Bosco, y esgrimían palabras soeces a manera de látigos, pero su Cristo tenía una voz plebeyamente dulce. Un añilero salvadoreño lo conoció entonces, y lo invitó a venir. Maese Alejo se encaminó a San Salvador, en un carromato halado por dos caballos, con sus niños de palo y su hijo de verdad, y su mujer de barro que los cuidaba a todos con sus ojos de agua, respondiendo a los ojos de su hijo, su marido, los caballos, y a los muñecos de palo que tanto había llegado a querer también. Ya había aceptado su destino errante, aunque a veces recordaba a su familia y a su pueblo junto al mar de Yucatán, donde los peces voladores llegaban a comer a la palma de su mano.

Arribaron un jueves al atardecer, y se admiraron del Valle de las Hamacas. Ya caían las primeras lluvias y las infinitas hojas verdes que pisoteaban los caballos le recordaron a maese Alejo los prados que pintaba Jan van Eyck, antiguamente en Flandes.

Pronto hizo el titiritero amistad con gentes de esta tierra y la amó como se aman las grandes cosas simples.

Una noche se tendió con su mujer sobre la hierba, a ver las altas estrellas. Cerca jugaba su hijo, buscando plantitas de anís para mordisquear las hojas. La brisa que mecía la hierba los rozaba al pasar. Él se sintió como en la casa de su infancia, cuando el mundo no era todavía cruel. Las madres tejían a las puertas de las casas de piedra. El niño Alexis intentaba vanamente guardar bolas de nieve en los bolsillos de su abrigo. Las leyendas crecían en los labios de las cocineras, junto a una enorme chimenea de leña chisporroteante, que llegado el verano se convertía en la imaginación de los pequeños en casa de jugar o en rincón de escondites. Por un segundo creyó ver en el firmamento el rostro de su madre. Una vez debió subir al techo para destruir, con su padre, un nido de cigüeñas que tapaba la salida de humo de la chimenea, pues comenzaba el frío y pronto tendrían que utilizarla.

En la noche de San Salvador, caían las paladas de nieve de una tierra lejana, a cientos de horizontes de distancia. Su mujer le oía hablar de su pasado, y recogía todo en su mirada, como oscuros y profundos espejos que reflejaran la memoria. Ella pensó que su niño que recogía anís hablaría un día de esas pequeñas hojas aromadas como su marido hablaba de la nieve y tuvo algo como una sombra de vanidad al pensar que también ella sería recordada con tanta dulzura.

Un crujido de ramitas quebrándose los devolvió a la realidad.

Era una hembra de tacuazín. El pequeño marsupial llevaba dos recién nacidos en el bolsillo de su estómago, y se detuvo, midiéndolos con los ojos. Los humanos se quedaron también contemplándolos y se sintieron profunda, grata, gravemente animales. Cuando el animalito se alejó, se levantaron para regresar a casa, y supieron que eran arrastrados por una ola universal, y que estaban unidos a todo lo que vive y lo que muere.

El niño crecía entre los títeres como si fueran sus hermanos, y cuando sufrían algún rasguño ayudaba a su padre a repararlos.

Ella cocinaba para su familia y los amigos que llegaban a casa, que eran varios con frecuencia, y se quedaban platicando hasta tarde, con los ojos encendidos por la idea de la emancipación.

Él asumió la causa de las nuevas tierras. Goya, el pintor, su amigo ocasional, le había hablado de Fernando VII, ese monarca despótico, y a maese Alejo le pareció absurdo que decidiera de un plumazo sobre lo que debía ser ese continente donde ni siquiera había puesto el pie.

En su estrecho y maloliente calabozo, maese Alejo rememoraba los hechos de su vida. Llamaron a la puerta. Pensó en la creencia según la cual los condenados a muerte repasan su vida antes de la ejecución.

Al ver el hacha del verdugo, lamentó que no dispusiera del moderno invento de la guillotina.

El verdugo lo miró duramente tras su capucha negra, dejó caer el hacha. Rodó la cabeza del titiritero y rodó un mundo, y era también los condes de Flandes, y la cabeza del muñeco que, en Guatemala, había sido Cristo entre sus manos.

En sus ojos quedaron prendidas la imagen de su esposa, la idea de su hijo.

Dos hombres se llevaron el cuerpo, otro retiró la cabeza y se apresuró a lavar el suelo con cubos de agua.

Y una voz de mujer grita desesperadamente en la noche, pero la lluvia acalla su voz, danza sobre los techos y grita a su vez:

—¡Hay fiesta en casa del intendente!

[*Pequeñas resistencias 2,* 2003.]

HORACIO CASTELLANOS MOYA
(Tegucigalpa, Honduras, 1957)

Escritor y periodista. Desde 1979 ha vivido en México, Alemania, Estados Unidos, Guatemala. Ha publicado, entre otros, las novelas La diáspora *(1988),* Baile con serpientes *(1996),* El asco *(1997),* La diabla en el espejo *(2000),* Donde no estén ustedes *(2003),* Insensatez *(2004),* Desmoronamiento *(2006) y* Tirana memoria *(2008), y los libros de cuentos* ¿Qué signo es usted, niña Berta? *(1988),* Perfil de prófugo *(1989),* El gran masturbador *(1993),* Con la congoja de la pasada tormenta *(1995),* El pozo en el pecho *(1997),* Indolencia *(2004) y* Con la congoja de la pasada tormenta. Casi todos los cuentos *(2009).*

El pozo en el pecho

LA CONOCÍ en el bar del hotel. Yo iba todos los días, de martes a viernes: a las siete y media, luego de salir del bufete, me instalaba en la mesa del rincón, a leer alguna novela, a escribir versos que nunca publicaría o simplemente a pasar el rato. Las meseras me saludaban con respeto, me llamaban "doctor" y me servían el brandy sin siquiera preguntar.

Su primer día de trabajo fue esquiva, huraña; pero luego las otras meseras le deben haber contado que yo era un viejo cliente, de costumbres fijas y humor solitario. Se llamaba Ema; era espigada, de piel trigueña y ojos verdes.

El bar del hotel me gustaba por esto: no había música, ni videos, ni clientes enfadosos que se creen con derecho de intentar plática con uno. Me aflojaba el nudo de la corbata, sorbía mi brandy y pasaba ese par de horas sin pensar en los líos del día.

Yo flirteaba con las meseras por el viejo rito, sin intención, aunque más de alguna me despertara ilusiones; pero con Ema desde un principio fue distinto: tenía algo que imponía distancia, quizás un porte ajeno a su atuendo.

Un día pregunté por sus anteriores trabajos. Otra vez me contó que estaba casada; tenía dos hijos. Quién sabe cuántos días pasaron para que me confesara que cuando era adolescente estudió para ser bailarina, luego le dio por el teatro, pero pronto salió embarazada. Al hablar era suave, delicada, casi tímida.

Le regalé versos desde la primera noche, versos sencillos, escritos al calor del brandy desde mi rincón solitario. Al principio mencionaba su forma de deslizarse entre las mesas, casi flotando; en seguida me referí a la dulzura intuida tras la coraza de su indiferencia. Y acabé escribiendo sobre pulsiones extrañas en las cavidades de un corazón curtido.

Semanas después descubrí que ya no iba al bar con el mismo sosiego, que desde media tarde empezaba a pensar en Ema, en lo que le preguntaría, en sus profundos ojos verdes. Para entonces ya le había confesado que yo era un abogado triste, que en mi juventud también quise ser escritor, pero vinieron el matrimonio, los hijos, los compromisos.

La primera vez que la invité a comer ella me miró con algo como desconsuelo. Imposible: durante el día se dedicaba a atender a los niños y su marido llegaba a mediodía a la casa. Riposté, decepcionado, que me gustaría conversar largo y tranquilo con ella; en el bar hablábamos a retazos, sobre todo los jueves y los viernes, cuando desde temprano se llenaba de clientes.

A esa altura ya no permanecía en el bar sólo un par de horas, sino que seguía bebiendo brandy hasta casi la medianoche, contemplándola, aunque ella me había advertido que no había manera de que yo la llevara a su casa al final de la jornada, porque viajaba junto a sus compañeras en el busito del hotel. Lo bueno era que, pese a su permanente negativa a reunirse conmigo fuera del bar, Ema aprovechaba cualquier intersticio en su bregar para acercarse a mi mesa: ya sabía que yo vivía solo, divorciado desde hacía un par de años, que mis tres hijos —a punto de entrar a la adolescencia— pasaban con su madre de lunes a viernes, y el fin de semana se quedaban conmigo.

Yo era quince años mayor que ella, un hombre que se había prometido a sí mismo no volver a involucrarse con pecho y entrañas, demasiadas lastimaduras, desgarres; un hombre que prefería la soledad de un acostón eventual al amor que se volvía rutina. Pero ahora Ema —quizás sin proponérselo— había roto mis propósitos, se me había metido quedito, cada vez más, hasta que en un desayuno me descubrí pensando en ella, y en seguida el deseo de posesión empezó a inundarme, a tiranizarme, de manera tal que su presencia se me hizo casi permanente.

Se lo dije, una noche, cuando apenas comenzaba el primer brandy, para que no interpretara mi confesión como locuacidad de beodo. Se lo dije, así de plano, que estaba confundido porque ese sentimiento era nuevo en mí después de tanto tiempo, pero que no podía dejar de pensar en ella, que la deseaba a las horas más insólitas, era algo más allá de mi voluntad, se me había metido en el cuerpo. Su sonrisa espléndida sólo sirvió para atizar mi desasosiego, porque entonces comprendí que a Ema también se le estaba moviendo el piso, más allá de su reticencia, de sus pocas palabras. Y lo reconoció, esa misma noche, ante mi interrogar insistente, al decir que ella también pensaba en mí de vez en cuando. Quise que dijera más, que reconociera sentir lo mismo que yo, pero se escabulló entre los clientes. Salí del bar completamente encendido. Llegué a mi casa y la deseé como nunca, tiempo de pasión solitaria entre las sábanas, de invocación lúbrica y espasmos de feliz sucedáneo.

Mi vida cambió: la ansiedad se había instalado a sus anchas. Y era cuando profesionalmente me iba mejor; entre escrituras y asesorías, el dinero entraba con generosidad a mi cuenta. Pero ahora yo sólo pensaba en ella, consciente de que no podía comprarla, desesperado porque no encontraba el resquicio que me permitiera entrar de lleno a su vida, porque fuera del bar del hotel para ella yo no existía.

Insistí tanto que finalmente terminó dándome su número telefónico, bajo la promesa, eso sí, de que no empezaría a fastidiarla diariamente, que si la llamaba lo hiciera entre once de la mañana y una de la tarde, y que si respondía su madre —lo sabría por la voz— yo debía colgar, pues por nada del mundo quería levantar ninguna sospecha, ella amaba a su marido y su matrimonio estaba por encima de todo.

La siguiente mañana esperé con especial desasosiego a que dieran las once. Marqué con el alma en vilo, como si fuera mozalbete y ésta mi primera experiencia, como si la vida no me hubiera dado ya suficientemente de patadas y mis cuarenta y cinco años sirvieran para un carajo.

—Hola —dijo ella.

No le pude explicar que la felicidad era ese instante, oír su voz fuera de las penumbras, la posibilidad de revelarme sin que ella me interrumpiera porque a un cliente le urgía un trago; apenas alcancé a preguntarle lo que estaba haciendo. Dijo que se acababa de levantar, ni siquiera se había bañado: siempre dormía más o menos hasta las once; su mamá —que vivía con ellos— se encargaba de llevar a los niños al colegio y ella, Ema, iba a recogerlos a la una. En ese momento sólo vestía una camiseta larga, que usaba como camisón y estaba tirada en el sofá de la sala. No esperaba que yo fuera a llamarla, había pensado que mi necedad era la de aquel bebedor que al despertarse olvida sus propósitos nocturnos. Le repetí mi ardor, la urgencia de tenerla a solas, la quebradura en el pecho.

Entonces mi vida empezó a girar alrededor de Ema. Me costaba contenerme para no telefonearle todos los días. Cuando contestaba su madre y yo tenía que colgar abruptamente, me revolvía en el desasosiego, no podía concentrarme más en el trabajo, me paseaba por el bufete como un desesperado, ansioso por intentar nuevamente la llamada. Y si no lograba hablar con ella, la tarde se me hacía insoportablemente larga, las horas lentas, y todas mis energías se ponían en función de que dieran las siete para irme al bar del hotel, el primer cliente, el abogado respetable que tenía que disimular rigurosamente su pasión por esa mesera de perfil delicado.

Le insistí una y otra vez que no era suficiente poder hablarle por teléfono o mirarla en el bar del hotel, necesitaba estar a solas con ella; si no era posible para comer, podíamos encontrarnos para tomar un café antes de su hora de entrada al trabajo. Cuando por fin aceptó, me advirtió que debía ser en una cafetería ubicada lejos del hotel: no quería la mínima posibilidad de una coincidencia con alguna amiga o conocida que iniciara murmuraciones. Y no fue fácil, pues a todas mis propuestas les encontraba reparo. Le dije que lo más seguro, entonces, era que ella viniera a mi casa, yo podía pasar a recogerla en mi auto en el sitio que ella me indicara. Rechazó la idea de entrada, pero intuí en su tono, en su manera de decir "cómo se le ocurre", un dejo de picardía, una aceptación oculta, porque yo ya había incursionado en casi todos sus flancos, le había prometido el derretimiento, la miel, el terciopelo de la ternura.

Por eso no hubo cafetería: ella aceptó llegar a mi casa, pero solamente a tomar un café, sin más compromiso. Para entonces yo sabía de los gatos tiernos arañando su estómago, de la correntada que estaba a punto de desmoronar sus mejores defensas; aunque ella dijera que no podía explicar lo que sentía, que no era amor ni pasión, quizás curiosidad.

Fue un jueves en la tarde. Yo debía recogerla en el estacionamiento de un centro comercial cercano a mi casa. Mi excitación fue creciente a medida que se acercaba la hora convenida. Sólo tendríamos una hora, de cinco a seis, antes de que ella tuviera que salir hacia el bar del hotel. No pude contenerme: llegué veinte minutos antes. Caminé por los pasillos, viendo vitrinas, atento a mi reloj de pulsera. Luego volví al auto, estacionado en el lugar convenido. Pero dieron las cinco y ella no llegó. Segundo a segundo, pasaron quince minutos sin que ella apareciera. Ya no aguanté: salí del auto, porque de seguro andaba perdida, buscando en otro sector del estacionamiento. Caminé casi a la carrera. Pero las señas habían sido demasiado claras; no existía posibilidad de que se hubiera confundido. Ema no había llegado. Yo estaba plantado, como un idiota, aunque no me resignaba a partir; quizás había tenido un contratiempo, un atraso. A las cinco y media, una alarmante gastritis se hizo presente. Estuve hasta las seis, exasperado.

Fui a casa. Telefoneé a Ema. Contestó un niño: dijo que su mamá no estaba, ya había salido hacia el trabajo. Entonces conduje hacia el hotel. Me senté en el rincón, a esperarla. Pero vino Marta, otra mesera, con mi brandy. Pregunté por Ema; en un rato saldría, dijo Marta, estaba poniéndose el uniforme, su turno comenzaba hasta las siete. Pronto apareció, con la bandeja en que traía mi segundo brandy. Dijo que lo sentía, no había llegado, al final se había arrepentido, no quería meterse en problemas, mejor nos olvidábamos de todo. Le dije que me había hecho pedazos, la había esperado con el corazón en la mano, no debió engañarme de esa manera. Repitió que prefería que olvidáramos lo que había pasado, que por favor ya no la volviera a llamar por teléfono. Y se retiró hacia la barra.

Quedé colgado de un hilo. Apuré el brandy compulsivamente. No era posible que ahora se echara para atrás. Pero antes que nada yo guardaría la compostura. Le diría que ella tenía que superar sus temores, asumir sus sentimientos hacia mí. Debíamos arreglar otra cita, para mañana, a la misma hora y en el mismo lugar. Yo necesitaba estar con ella a solas, contemplar sus ojos verdes en otro ambiente, hablar sin presiones, sin la impersonalidad del teléfono. Se lo dije cuando me trajo el tercer brandy. Me pidió que no la presionara: desde su casamiento, ella sólo había estado con su marido y no le parecía correcto irse a meter a la casa de un hombre divorciado a tomar un café.

Al día siguiente la llamé a las once en punto. Me contestó su madre. Entonces fui más allá: no colgué, sino que le dije que hablaba del hotel donde Ema trabajaba, que me urgía comunicarme con ella. Y ahí estuvo, al otro lado de la línea, con molestia en la voz. Me dejó hablar un rato y luego dijo:

—No, señor, es imposible que asuma un turno de la tarde. Lo siento; yo ya le había explicado. Pídaselo a Marta.

Y colgó.

Fue un fin de semana horrible. La desolación me arrolló. Fui al lago con los muchachos, pero no pude dejar de pensar en Ema. Intenté responderme con la mayor sinceridad: ¿de veras la quería o era la pura necedad de acostarme con una mujer que me encantaba?, ¿no se trataba más bien de otra treta de mi víscera, si se consideraba el hecho de que ella aseguraba amar a su marido y que cualquier relación conmigo resultaba inviable?

La semana siguiente no la llamé; tampoco fui al bar. Me costó un mundo; apelé al roñoso orgullo, porque creí que era la única manera de volver a ganarla. Y cuando aparecí, antes de que inquiriera por mi ausencia, le pregunté si le estaba gustando el libro de García Márquez que le había prestado. Ése había sido un viejo recurso para la seducción: prestarle mis novelas favoritas, luego comentarlas como ejercicio de placer. Pero lo más importante fue la satisfacción en su rostro, la alegría apenas disimulada de quien reencuentra a alguien querido. Por eso al día siguiente retorné a su teléfono, para explicarle que ni verla ni oírla durante tanto tiempo sólo había hecho crecer su presencia dentro de mí, que semejante silencio había servido para reafirmar mis sentimientos, la amaba, así, con todo, hasta donde ella me dejara.

Y volví a mi anterior petición, despacito, como quien reinicia la construcción del castillo en la arena, consciente de la traición del oleaje, de la fragilidad del material. Ahora estaba seguro de que ella quería, pero las convenciones, los prejuicios, y sobre todo el miedo, le impedían el encuentro. Tenía que decidirse, insistía yo, porque la vida no podía transmitirse a través de esa bocina. Y al fin, bregando contra su reticencia, terminó accediendo, con más énfasis que la vez anterior en que se trataba única y exclusivamente de tomar un café, que lo haría porque me tenía aprecio; no debía yo imaginar que se abriría algo más.

Me estacioné en el mismo sitio, con la ansiedad rebalsando. Pero este viernes ella llegaría, como nunca yo la había visto, sin el uniforme del bar del hotel, sino que con alpargatas, un corto vestido primaveral, el porte gallardo a sus anchas, el color tostado en su punto y aquel verde profundo en sus ojos, como para matarme.

Entró al auto y dijo "vámonos". Inútil intento describir mi emoción. Olía a baño reciente, a piel exquisita, belleza en su jugo. Llegamos a casa; me sentía a saltar, como niño con el juguete siempre deseado. Le dije que se pusiera cómoda; pregunté qué quería beber, si café, té, refresco o algún trago fuerte. La llevé al estudio, al patio, a la terraza, para que se hiciera una idea. Preparé dos cafés.

Fuimos a la sala, donde no pude contenerme, porque a los pocos minutos ya estaba a su lado, besando unos labios que no me rechazaban, pero tampoco me respondían, como si estuviera con un maniquí. Ema pedía que me quedara quieto; yo imploraba, ofrecía. Besé su nuca, sus párpados. Ella permanecía impasible, sin ceder, deseo congelado en el sillón; repitió que no había ninguna posibilidad para una relación entre nosotros. No me importó: estuve besándola, susurrando a su oído, saboreando, poniendo mi corazón como la galletita que acompañaba a su café. Y la hora se fue sin que ella se abriera, hasta que nos pusimos de pie, para que la condujera de regreso al centro comercial, cuando finalmente soltó un poco de su aliento, liberó sus labios. Fueron apenas unos segundos, suficientes para atizar mi ansiedad, mis ilusiones.

En el auto le pregunté cuándo nos veríamos de nuevo. Ema sonrió; dijo que hasta la otra semana. No quería separarme de ella: en una hora la encontraría en el bar del hotel. Antes de que bajara del auto, volví a besarla y ahora ella sí respondió, breve pero intensamente. Quedé anonadado, feliz, rebosante. Había pasado el umbral. Y, efectivamente, en la noche, en el bar, ella fue de otra manera, como si ya hubiera aceptado que yo era su pareja reservada, su amante prohibido.

Un entusiasmo desmedido se metió en mi vida. El fin de semana me pareció larguísimo. El lunes la llamé a las once en punto: le dije que mi corazón era suyo, quería pasar todo el tiempo con ella, la necesitaba a mi lado, para siempre, como mi mujer. Ella dijo que también me quería, pero estaban su matrimonio y sus hijos. Yo estaba dispuesto a vivir para ella en las condiciones que dispusiera, ya fuera como amante o como esposo la recibiría con sus hijos y todo. Me dijo que era una locura. Acordamos vernos esa misma tarde. Y cuando colgué supe que en esta ocasión sería mía.

Y así fue. Entró al auto y en sus ojos había otra decisión. No la toqué hasta que estuvimos en casa. Fuimos a la cocina a preparar algo para beber. Pero de pronto hubo un largo beso. Luego caí de rodillas, bajé su minifalda, su calzoncito estampado y me comí con gula su dulzura, sus aromas. Rodamos entre los cojines de la sala, la cabalgué sobre una mesa, nos contemplamos jadeando frente al espejo del comedor; después la cargué hacia la habitación. La felicidad era aquello: momentos por los que cambiaría lo que me queda de vida. Cuando llegó el sosiego, la placidez, con los cuerpos sudorosos tendidos sobre la cama y la plenitud en la piel, Ema lanzó una risita enigmática –de alegría, dijo ella–, parecida a la que una vez le había visto en el bar.

Cuando la llevaba de regreso, le expliqué que esa noche debía asistir al matrimonio de una sobrina —cómo me hubiera gustado que Ema me acompañara, espléndida, de mi brazo, con las mejores galas que yo le compraría— por lo que no iría al bar del hotel. El fin de semana viajé al lago con los muchachos; me la pasé escribiéndole versos, en el ensueño, imaginando el doloroso proceso de ruptura que ella estaría iniciando, porque Ema ya era mía, con toda certeza.

El lunes por la mañana llamé a su casa. Contestó su madre. Osado pedí hablar con ella. No estaba, dijo la señora sin preguntar siquiera quién era yo. La ansiedad regresó rotunda, porque esa tarde quería hacerla mía nuevamente. A las siete en punto estuve en el bar del hotel, pero los minutos pasaban y ella no aparecía. Marta me trajo otro brandy; le pregunté si Ema ya había llegado. Respondió que ésta había renunciado. Quedé estupefacto. No era posible, algo raro estaba pasando. Diversas y confusas explicaciones pasaron por mi mente: ansié que su renuncia obedeciera a la voluntad de romper con el pasado y prepararse para la nueva vida que comenzaría conmigo.

Tuve que hacer un esfuerzo grande para no llamarla, para no encontrarme con la voz del marido y violentar el ritmo que ella imprimía a sus decisiones. Pero dormí a sobresaltos.

A la mañana siguiente volví a llamarla. Pasó lo mismo: la señora me dijo que Ema no estaba. Pregunté a qué horas podía encontrarla. No sabía; me pidió que dejara mis datos. No pude comer por la agitación: el estómago estaba a punto de reventarme. A las tres marqué de nuevo su teléfono. La historia fue la misma; pero ahora yo insistí, desesperado, rogué una manera de encontrarla, de comunicarme con ella. La señora aseguró que no sabía nada, con tono de fastidio. En la noche volví al bar del hotel, a que Marta me diera alguna referencia, una dirección, algo; pero dijo que se habían conocido en el bar, únicamente podía proporcionarme su teléfono. Pensé en hablar con el administrador del hotel, para que me dijera dónde vivía Ema exactamente; a aquella hora, me explicaron, la oficina de personal estaba cerrada. Desde el *lobby* telefoneé de nuevo. Contestó su marido. Guardé silencio un momento y luego colgué.

Esa noche me emborraché como nunca en los últimos años. Traté de convencerme de que ella estaba rearreglando su vida, que en el momento menos esperado aparecería otra vez para entregarse enterita. A la mañana siguiente me despertó un timbrazo. Era Ema. Primera vez que me llamaba, aunque desde hacía varias semanas le había dado mi número. Sólo quería decirme que por favor dejara de buscarla, lo que había pasado entre nosotros había sido lindo,

CARMEN GONZÁLEZ HUGUET
(San Salvador, 1958)

Licenciada y profesora de literatura por la Universidad Centroamericana José Simeón Cañas. Trabaja como docente en las especialidades de literatura, historia de El Salvador e historia del arte en la Universidad Dr. José Matías Delgado desde 1997. Ha sido productora y conductora de programas de radio, creativa publicitaria, investigadora, periodista cultural, correctora de estilo y editora. De 1994 a 1996 fue directora de Publicaciones e Impresos de El Salvador. Ha ganado en dos ocasiones el Certamen Hispanoamericano de Poesía de Quetzaltenango, Guatemala (1999 y 2010) y en una ocasión el Premio Rogelio Sinán de Panamá (2005). Ha publicado doce libros de poesía, una novela corta, un monólogo teatral y uno de cuento.

Jimmy Hendrix toca mientras cae la lluvia

Puso su mano en mi rodilla y yo no la aparté. De hecho, había estado esperando eso desde que entramos. Se podría decir que por eso me había puesto falda, en lugar de pantalones, y medias, en vez de pantis. Y los zapatos altos, no las sandalias pachitas con que andaba todos los días, para arriba y para abajo, y que me gustaban tanto... Las sombras y las luces de la pantalla caían sobre nosotros, con un resplandor irreal. Él tenía los ojos fijos adelante, pero su mano siguió explorando por mis piernas...

Qué va. No nos estaba viendo nadie. En ese momento había una gran samotana. Un montón de silbidos y gritos que no dejaban oír nada, en medio del aire espeso. Olía a cigarro, a palomitas y a chicles. Y a otra cosa que yo no podía identificar en ese momento. Yo era tan pendeja... Sin sacar su mano, volvió a besarme. No sé quién cantaba en ese momento, si Janis Joplin o Joan Baez, y francamente no me importaba. Su lengua se metió entre mis labios. Sabía a humo y a chicles de menta. De pronto me dio una risa inexplicable. Pero no sé cómo, la aguanté. De algún modo supe que era importante que no me pusiera a reír entonces. En lugar de eso, lo besé. Después de un rato de estar jugando con nuestras lenguas, se separó y me miró. A mí me costó enfocar y distinguir su cara. El pelo, que ya andaba entonces largo hasta la cintura, se me había venido a la cara. Inevitablemente me reí como una tonta, pero en lugar de enojarse me apartó un mechón que me caía entre los ojos y lo puso en su lugar. Volvió a besarme y lo dejé que entrara entre mis labios con su lengua.

Puso su mano encima de mi pecho y apretó la superficie curva. La sobó con cariño, y tuve que reprimir las cosquillas. Me estaba portando como una imbécil y no podía soportarlo. En lugar de ponerme seria me estaba dando otro estúpido ataque de risa. Sin embargo, me aguanté de nuevo las ganas y mi mano buscó su nuca. Tenía el pelo liso, un poco largo, negro, con unas mechas rebeldes… No, Joan Baez cantó "We shall overcome" en Woodstock, pero eso no apareció en la película. Esa fue la canción con la que terminó el viernes, el primer día de Woodstock, me dirías vos muchos años después… Pero entonces eso no lo sabía, ni sabía qué significaba la letra de esa canción, y francamente tampoco me importaba. No tenía ni idea. Siguió besándome, y yo para entonces había reprimido definitivamente mis ganas de pasarme la mano por los labios húmedos. Sí, tan dunda era…

Antes de él nunca me había besado nadie. Pero de algún modo él sintió más confianza como para seguir explorando debajo de mi falda, hasta que se cansó de mi falta total de experiencia y tomó mis dedos y los llevó hasta el zíper. Cuando lo toqué, sentí el mismo miedo que me daba poner las yemas de los dedos, húmedas, sobre la plancha. Pero él me detuvo la mano encima y sentí de inmediato al monstruo que se ocultaba debajo.

Siguió besándome sin permitir que quitara la mano de aquel lugar palpitante, mientras Santana tocaba "Persuasión" y él seguía más fuerte que antes, con ganas de meterme adentro no sólo la lengua sino el cuerpo entero…

¿Querés que te siga contando o no, babosa?

Bueno, el asunto es que no me dejó quitar la mano de ahí… donde me la había puesto. Y yo no agarré valor para bajarle el zíper. Tuvo que ser él. Mientras tanto, su mano había dejado el camino que exploraba y se había demorado tocándome el pelo, bajando por mi espalda hasta mi cintura y más abajo, delineando con las yemas la superficie curva cubierta por la lona de la falda. En medio del relajo, y de la voz y la guitarra de Santana, ninguno oyó el rumor de los dientes de metal bajando. Él metió mi mano y yo de inmediato me quise morir cuando sentí bajo las yemas de mis dedos aquel calor húmedo, de animal en carne viva, que tenía un pellejo móvil y delgadito, muy blando, como el de la cabeza de una tortuga de tierra, que en aquel momento palpitaba debajo de mis dedos.

Jimmy Hendrix... no, miento: Jimmy Hendrix tocó por último... Santana acababa de terminar de tocar, y después no me acuerdo quién putas tocó... sí, Grateful Dead estuvo ahí también... ya casi no me acuerdo... imaginate, eso pasó hace veinte, o veinticinco años... tal vez más... yo nunca estuve muy pendiente de los cantantes, y en esa época no sabía inglés... pero esos tocaron después de otra mara... no, no me acuerdo de los nombres. Para fijarme en eso estaba yo... toda mi atención estaba puesta ahí, bajo las puntas de mis dedos, que sopesaban y tocaban aquel animal baboso. Me empujó la cabeza para abajo, y yo no entendí qué quería... no sabía nada de nada, entendé... ¿qué iba a saber yo? Si tu abuela no me dijo nada, ni por fregar... Y menos sabía ella, que de lo único que sí supo siempre fue de hacer tamales y rezar el rosario. No sé cómo putas nacimos tu tía Mari y yo... no, eso sí me lo dijo: que me cuidara. Era lo que le decían a uno si era mujer. A todas las mujeres: "Cuídese. No se deje tocar las chiches... el día que se deje tocar las chiches, ese día se acuesta..." Pero nadie nos dijo nada nunca, en realidad, ni nos hablaron claro, ni sabíamos en verdad a qué atenernos, qué iba a pasar, qué íbamos a sentir, qué se suponía que hiciéramos en ese caso... nunca nos dijeron nada, ni de eso, ni de ninguna otra cosa. No hablábamos... con que cuando me vino la regla, la que me contó cómo era todo fue la Oti... la Otilia, la muchacha de la casa... ella me fue a comprar un paquete de toallas sanitarias a la tienda de la esquina... ya me había venido la regla como tres veces cuando mi mamá se dio cuenta. Se puso como si se nos hubiera muerto alguien... y tanta historia sólo por algo que le pasa a todas las mujeres... en fin...

Con tu abuela todo era hacer el oficio de la casa, estudiar para los exámenes, salir a pasear alguna vez, al mar o a las ruedas de agosto... pues, sí, tampoco alcanzaba la cobija para más... estaba jodida la cosa. Vos no tenés idea, porque has crecido en otra situación... ¿Tu abuelo? Se fue cuando tu abuela estaba embarazada de la Mari. La dejó por una cipota. A mi mamá lo que le tocó de ahí en adelante fue trabajar en lo que cayera para sacarnos adelante y darnos estudio... hasta donde alcanzó, ya ves... mis zapatos de tacón de los quince años me los compré de lo que gané en mi primer trabajo. Tu abuela comenzó haciendo tamales... vendía a domicilio, con el gran cumbo de lata en la cabeza. Poco a poco juntó para un chalet, que después fue pupusería... al principio la Mari y yo servíamos las mesas, lavábamos el maíz, íbamos a que nos molieran la masa para las pupusas... bien verguiada la vida... Después tu abuela compró un molino de nixtamal y molía en la casa. Echábamos tortillas los tres tiempos, y pupusas en la tarde... Ya que mejoró, consiguió varias muchachas que le ayudaran... ¿Otro marido? No, no se quiso endamar con nadie. Tenía dos hijas... había que dar el ejemplo. Además, decía que ningún hijueputa iba a desgraciar a sus hijas... Ma... peores cosas se han visto, ¿qué no leés los diarios?...

¿Tu tía Mari? Se hizo evangélica. Se casó con un viejo que tiene un negocio de encomiendas... le fue bien. No, tengo mucho de no verla, bien sabés... ella se fue para Washington...

Bueno, yo jamás había hecho eso... ahora ha de ser de lo más normal. Hoy las cipotas se van a acostar con los novios como antes era irse a amontonar al cine... y son ellas las que se les meten... sí, seguro, usted no... vaya, pues, ya sabe lo que pienso... pero entonces era diferente... mi nana me tenía sentenciada: "Si salís panzona, te muelo a leñazos, incachable..."

Dejame terminar de contarte, es que no dejás hablar... vení, ¿no te da pena? Mirá como andás las uñas, con el esmalte todo descascarado. Andás con las manos que dan lástima... Hay que cuidarse, no te dejés caer...

Pues, sí... No, nunca había hecho eso. ¿Para qué te voy a mentir? Sos mi hija... ahora las cosas son diferentes, se puede hablar... yo esto no se lo podía contar a mi nana... le habría dado un ataque... Esperate, que te haga efecto el ablandador de la cutícula... así... Qué jodida que no hay chance de hacerte un manicure como se debe... pues, sí, así es esta vida... qué horrible, sólo corriendo... siquiera saqué cosmetología y de eso me mantuve al principio, en lo que conseguía hacer algo... ah, qué hubiera dado por haber podido estudiar... pero no se podía, claro... primero la situación... y luego, la vida... había que trabajar... después viniste vos... no, no fue culpa tuya... y no, no me arrepiento de nada, hija... no te lo echo en cara... pero entendé: no fue lo mismo...

Por supuesto que pensábamos en el futuro: él estaba estudiando. En la Universidad. Primero de derecho. Se iba en la once, y se bajaba por la Escuela España... de ahí caminaba sólo un pedacito, y ya estaba en la U... había que enseñar el carné en la entrada... te lo pedían los guardias... los guardias nacionales... no, vos no te acordás de nada... nunca viste un guardia. Era bien peligrosa esa época. En San Salvador había unos desvergues bien feos. Ibas por la calle y de pronto oías un gran relajo de balazos y bulla, y salía toda la majada corriendo, o todos nos tirábamos al suelo... Yo me quitaba los zapatos y a salir corriendo en medio del desmadre... no, con tacones no podía correr, me hubiera quebrado una pata... y ya después, a veces hasta andaba con vos, cuando tu abuela se ponía imposible y decía que no te podía cuidar. Allá iba la babosa de tu nana, con vos, chineándote. Hasta te llevaba a la Universidad. Eras el chinchín de la clase... no te acordás, estabas chiquita. Otras veces tu abuela estaba de buenas y te dejaba en la casa. Yo salía tarde de clases y ya te hallaba dormida... yo al llegar sólo comía y me ponía a lavarte los pañales, las pachas, a hervir todo, a dejar ya lista la leche para el día siguiente... tu abuela me perdonó, al fin... bueno, más o menos. Me dejó que regresara a vivir a la casa. Yo era su hija mayor, y de todos modos, vos eras su nieta... Su única nieta, hasta la fecha... pero al principio no me podía ver, yo embarazada, con la gran barriga... me tuve que ir sola, a alquilar un cuartito... ahí pasé el embarazo... le daba vergüenza con sus amigas, que vieran que tenía una hija panzona...

Hasta que naciste, y ahí se le acabó la cólera a tu abuela... alguien le avisó y llegó al hospital a verte... fue una época amarga... me recibió contigo, me atendió y te cuidó, pero la amargura se le salía por todos lados. A cada rato estallaba por cualquier pendejada... no era culpa suya, así la criaron... y además, la gente es metida. Sus amigas la hicieron mierda hasta que ella les paró el carro y las mandó al carajo... y mirá cómo es la mala suerte, o quizá Dios castiga: después a las hijas de ellas les pasó lo mismo... para que anden hablando... no, ya sé que no es así la cosa... pero ya ves...

Prestá... hoy sí ya te hizo efecto el removedor de cutícula... así, mirá, con el palito de naranja, vas empujando... no, no te la cortés... es que la cutícula protege la uña... ¿viste? ¿Quién te va a cuidar como tu nana? No jodás... ¿Qué por qué mi cartera es tan grande? ¿Alguna vez has visto una nana con cartera chiquita? Pues porque aquí ando de todo... sí, tengo esmalte... mirá, ¿qué color querés?... está bonito, pero no te da con el vestido... ¿éste? Muy rojo... muy "voltiame a ver"... "rojo peperecha" se ha de llamar... ¿no querés mejor que te haga la manicure francesa? Bonito te va a quedar... mirá... tengo blanco y brillo... ¿mejor no? Vaya, pues...

Ese día yo andaba un esmalte rosadito tierno, como éste... me acuerdo porque me puse una blusa ralita, junto con la falda de lona, bien corta... la blusa era rosada, del mismo tono del esmalte… En las pendejadas que se fija uno, ¿no creés? Me acuerdo cómo iba vestida ese día y no me puedo acordar de qué color eran sus ojos… Negros, supongo… como el pelo. Siempre lo anduvo largo. No era raro. Entonces todo el mundo lo usaba así… y los pantalones acampanados… con unas camisas pegaditas… Él era pechito, alto… bueno, más alto que yo… ya sé que no es mucho, pero… y usaba siempre unos zapatos tenis que salieron en esa época y que eran bien baratos… tampoco tenía mucho pisto… era más fácil para uno de mujer conseguir trabajo… de secretaria, de vendedora de mostrador, de pasadora de cafetería… babosadas mal pagadas, pero se hallaba trabajo…

Para los hombres era más difícil, aunque fueran bachilleres… sobre todo si no tenían oficio. Si sabían mecánica, o carpintería, o cosas así, hallaban algún puesto… también mal pagado, claro… pero nadie salía adelante con esos sueldos, por eso la cuestión era estudiar… sacrificarse por sacar una carrera, cualquier cosa… pero hasta estudiar era difícil en ese entonces. Las universidades privadas que empezaron a aparecer eran caras, y muchas veces no se podía estudiar y trabajar, por los horarios… y la U la cerraron varias veces… la última vez, estando yo todavía allá, en el ochenta. Estuvo cerrada varios años…

Cuando fuiste creciendo, también crecieron los gastos… de repente necesitabas zapatos, ibas dejando la ropa, la Mari tampoco era de gran ayuda. Me quería y me apoyaba, pero también con ella mi mamá cambió. Se hizo obsesiva, la controlaba hasta lo último… un día, encachimbada, la Mari le gritó lo que todas sabíamos y no nos atrevíamos a decirle. Ese día se le salió del alma: que mi mamá temía que a ella le fuera a pasar lo mismo que a mí… pero que ella había jurado que no iba a repetir mi historia… y no la repitió. Se casó con el primero que le ofreció matrimonio. Un viejo con plata… claro que la Mari le ha aguantado mierda y media… De una penquiada que le dio, bolo, la Mari perdió a su hijo. Nunca pudo tener más…

A ver si se te secó el esmalte… no, todavía falta… tiene que estar bien seco para darte la otra capa… si no seca bien se te va a hacer una sola melcocha… horrible te va a quedar… Esperate, hija… Hay que tener paciencia… sí, hay que tener paciencia, como en la vida…

Para verlo tenía que inventarme mil historias… era misión imposible que mi mamá me dejara salir a la calle. Ni pensar en que llegara de visita, o mucho menos pedir permiso de ser mi novio… tal vez por eso yo andaba siempre tan desesperada por verlo… por estar con él… un beso, una mirada, significaban tanto... la vida era difícil entonces. No tenés idea... a veces me conformaba con verlo cinco minutos en la parada del bus... eso era todo... pero regresaba a la casa como iluminada por dentro... Tenía que hacer un gran esfuerzo para que mi nana no notara nada raro...

Lo bueno fue cuando empecé a trabajar... me rebuscaba para zafarme lo más temprano posible y que ella no sospechara al verme llegar una o dos horas tarde, después del horario de salida... Era hostigue tu abuela... supongo que lo hacía por mi bien... o eso decía ella... no sé. Ella no conocía otra vida... ni conoció o imaginó que se pudiera vivir de otro modo... nunca quiso irse a los Estados, por más que la rogué... siguió igual hasta el fin, firme en sus principios... ella tenía razón y el resto del mundo pecador estaba equivocado... pero qué jodida que las cosas no fueran tan simples...

¿Que qué sentí? ¿Qué querías que sintiera, niña? Un asco terrible. Jamás había hecho nada semejante... ¿vos qué creés?, ¿que ando por la vida chupándole la v... a todo el mundo? Nada qué ver... hasta vergüenza me da contarte... pues, sí... vos me preguntaste... vos quisiste saber... se sentía rara...

Si te volvés a reír, ya no te cuento ni mierda... vaya, pues... no, no está seco el esmalte. Esperate... pues, sí... no, para entonces estaba tocando The Who... eso sí me acuerdo... aquella de "Tommy Can You Hear Me..." Sí, cabal... Pero es terrible, porque cada vez me acuerdo menos de cómo era su cara...

No sé, no sé cómo era... por más que trato...

Babosa... ya me hiciste llorar... no, dejame... ya me pasó... ya, ya pasó... pues, sí... estaba tocando The Who, cuando él me detuvo. Si seguíamos por ese camino se iba a venir... me apartó y lo dejé un rato. Yo también estaba super húmeda... imaginate... ¿qué podía hacer...? No sabía qué hacer... No sabía nada. Sentía una culpa terrible. Tanto que me había aconsejado, y dicho y hecho, yo estaba haciendo precisamente lo contrario. Todo lo que no debía... Te vas a condenar, pensaba, repitiéndome mentalmente lo que ella me decía siempre... Pero también lo quería a él... Era bueno. Nunca me engañó, ni me hizo daño... era joven, como yo... y los dos andábamos con las hormonas alborotadas. Era una época terrible para ser joven. Ya de por sí no es fácil, y en ese entonces, ser joven era una cuestión sospechosa... peor si estudiabas en la U...

Pues, sí, me acuerdo bien... seguía cantando el chele Roger Daltrey, cuando él dijo que ya no aguantaba más... yo me le quedé viendo asustada... ¿qué quería? Más no podíamos hacer...

Pero él ya se estaba levantando y comenzaba a abrirse paso por encima de los demás bichos, para salir al pasillo, también lleno de monos, que protestaron cuando prácticamente se los llevó de encuentro. Nos llovieron un montón de putiadas, pero a él no le importó. Estaba harto de tantas frustraciones. Y a mí tampoco me importó, porque en ese momento me sentía demasiado asustada. Salimos del cine a la calle. Afuera caía un aguacero desde la madrugada y no tenía talle de quererse detener. Era un vergazal de agua, y caía como si quisiera hundirle las tejas a las casas... Él abrió el paraguas, y empezó a caminar... yo lo seguí...

Me pegué a él, sosteniendo el paraguas, pero de todos modos nos mojábamos, porque era muy chiquito... Avanzamos por las calles solas. Al ratito ya estábamos completamente empapados. En realidad de nada servía el paraguas, ni tratar de cubrirnos, porque la lluvia caía sesgada, empujada por el viento y en las esquinas los tragantes no se daban abasto para llevarse la gran barbaridad de agua... Había calles inundadas de extremo a extremo. Te atravesabas con el agua en las rodillas... lo mejor habría sido quedarnos en el cine, pero seguimos mojándonos de todos modos. Ya ves, uno de cipote es tonto... Al fin, buscando por el rumbo del Zurita, que no era entonces tan de mala muerte como es ahora, aunque yo no recuerdo ninguna época en que haya sido "de caché", encontró un hospedaje abierto y quiso entrar. Cuando me di cuenta, yo reculé. Definitivamente, no estaba dispuesta a meterme en un lugar así, pero él me dijo: "Mirá cómo está lloviendo. ¿Aquí cerca adónde más podemos quedarnos?"

No sé por qué, aquello me convenció. A lo mejor la cuestión era que yo me quería dejar convencer. Quién sabe. Él agarró valor y empezó a besarme. Nos dejamos llevar. Me quitó la blusa ralita, empapada, que se me pegaba al cuerpo como si estuviera desnuda, y la colgó del respaldo de la silla. Sentí frío. Todo el pelo mojado me caía en la espalda.

No sé cómo hizo, pero me zafó el brassier sólo con un par de dedos. Yo me llevé las manos al pecho y traté de taparme, pero él me besó la garganta y siguió bajando hasta mis pezones. Sentí rico cuando su lengua tocó uno... me abrazó y yo sentí aquel animal otra vez, contra mi falda... me dio miedo, pero al mismo tiempo tenía unas ganas enormes...

Me soltó y se bajó el zíper. Después se sentó en la silla y se quitó los zapatos y los calcetines. Todo rezumaba agua, y los dejó en el suelo, en medio de un charco. Después me puso las manos en las caderas y me acercó a él. Bajó el zíper de mi falda y la dejó caer. Yo andaba un calzoncito bikini, con encaje blanco...

¿que cómo me acuerdo? Porque lo guardé... por años... soy una tonta, ¿verdad? Fue el calzoncito de mi primera vez...

Fue bajando y de pronto su lengua llegó a mi ombligo. Sentí que me había tocado con un cable eléctrico... nunca había sentido nada parecido... él siguió bajando con su lengua... sentí morirme... era algo tan rico... sentía raro: a la vez vergüenza y ganas... me puse a temblar. Tenía todo el cuerpo erizo, pero no era del frío... y él me acarició con suavidad las nalgas. Yo quería que el mundo se detuviera, que el tiempo se detuviera, que el resto del universo se borrara y sólo existiéramos nosotros en ese momento eterno...

Después de un rato de acariciarme así, me abrazó fuerte. Entonces se levantó, agarrando valor de las ganas, y se quitó la ropa que le quedaba. Ya estaba muy excitado. Yo me quité los zapatos y las medias y me metí en la cama. Quizá más por vergüenza que por ganas... aunque lo deseaba... Nos abrazamos, acostados, y volvimos a acariciarnos y a besarnos. Él metió su mano entre mis piernas y así supo que estaba bien húmeda. "¿Querés ya?", me preguntó, con el alma en un hilo... "No sé...", le dije, "nunca lo he hecho... tengo miedo..."

Fue intenso... nunca en mi vida había sentido nada parecido... pero después fue terrible... cuando el tiempo se acabó y tuvimos que irnos... llegaron a tocarnos la puerta... el rato se había acabado... así era la cosa... fue feo... yo me quería quedar a vivir allí, con él... el resto del mundo no me importaba... sólo tenía sentido lo que sentía en ese momento...

Tuvimos que vestirnos. ¿Te imaginás? Volver a ponernos toda la ropa mojada... aquello helado, helado... ya no llovía cuando salimos a la calle... yo qué sé cuánto tiempo había pasado. Pero lo que de inmediato me llamó la atención fue el silencio... había un silencio raro en la ciudad... no era fin de semana... era día de trabajo, normal, y sin embargo, el tráfico estaba ralo, ralo... y aquella sensación de que algo terrible había pasado... no, no era lo que había pasado entre nosotros. Yo estaba feliz, a pesar de todo... él me quería... aprovechábamos cada portal para besarnos... me quería, me acariciaba la cara, me abrazaba, me decía cosas bonitas... a pesar de todo, él estaba feliz, y yo estaba feliz también por él...

Cuando salimos a las calles y empezamos a caminar, nos dimos cuenta de que todos los muros estaban llenos de papeles pegados... alguien había pintado unas enormes letras en las paredes... letras negras y rojas... a mí no me interesaba la política, hija... yo no entendía nada de política, y tu abuela tampoco... él sí, algo... algo sabía... al fin y al cabo estaba en la U.

Porque después vino la parte más yuca de todo, cuando comenzaron a aparecer quince, veinte, veinticinco cadáveres diarios... muchos estaban irreconocibles... y las madres andaban buscando a sus hijos entre los muertos... y los zopilotes engordaron porque comían cadáveres todos los días... no tenés idea... era horrible. El miedo andaba por todos lados... caía la noche y todo el mundo se iba a encerrar a su casa. Daba miedo hasta respirar. No sabías de dónde te podía caer la desgracia, a vos y a toda tu familia... No la debías, pero la temías de todos modos...

Pero al menos en las ciudades de algún modo se conseguía sobrevivir. En el campo, en cambio, la cosa se hizo imposible... Comenzó a venirse la gente de los cantones a los pueblos, y de los pueblos a las ciudades, y de las ciudades a la capital... gente sin nada, con una mano adelante y otra detrás... porque allá de donde eran, no se podía vivir... si te contara... pero no me vas a creer... nadie nos va a creer... a los que vivimos todo eso, nadie nos cree... o la gente prefiere olvidar, no acordarse del horror... es más fácil voltiar la cabeza y no ver... o enterrarla, como los avestruces. Tu abuela hizo eso... se sumergió en su negocio y en sus cosas de la iglesia... es que lo demás era insoportable... hasta las noticias dejó de ver... la ponían mal de los nervios... ¿y quién podía culparla por eso?

Sobre todo después que a la Reina le pasó aquello... yo ya me había ido para los Estados. Vos todavía estabas con tu abuela... por eso me vine... la Reina era la hija de la Oti... era como de mi edad... fue un día que había ley marcial... "No vayás a la tienda", le dijo mi nana. "Ya es tarde y ya va a ser el toque de queda..." Pero la bicha no le hizo caso. Yo creo que el novio la estaba vigilando y por ir a verlo, la mona se salió... y también los soldados, que no tenían necesidad de hacer aquella machada... ya venía de regreso de la tienda cuando le dejaron ir la ráfaga... ahí mismo la Otilia se volvió loca. Mi mamá tuvo que detenerla a rastras, con las otras muchachas, para que no saliera a la calle, llorando a gritos... al fin le dieron un calmante de caballo, pero ni así la noquearon... quedó como zombi... el cadáver de su hija al sereno, a menos de treinta metros, tirado en la calle, y ella velándola sin poder salir, hasta que amaneció... los perros aullaron toda la santa noche... y los otros rondando por el vecindario, viendo a ver quién se asomaba, para dispararle... no tenés idea, hija... no tenés idea...

Después de aquello, la Oti ya no fue la misma... se quedaba como ida... a veces se sentaba en la cuneta, enfrente de la casa, a esperar que volviera la Reina, que decía ella que se había ido a hacer un mandado, ahí nomás a la tienda... "Ya va a venir, niña", me dijo el día que regresé a traerte... "Ya va a venir la Reina... sólo un momentito salió, pero ya viene..."

No tenés idea, hija... no me creerías si te contara... por eso me vine de los Estados a traerte... entonces tenías siete... ocho años... no quería que vivieras en medio de tanta inseguridad... las noticias que nos llegaban eran espantosas... a tu abuela la rogué hasta de rodillas para que nos fuéramos juntas, pero no quiso...

Mirá, ya se te secó el esmalte... ahora te doy la siguiente capa... poné la mano, así... a ver... sí, es un color bonito... rosa viejo, no... más bien es un rosadito tierno... como los zapatitos que te tejí... pues, sí, en medio de todo, yo te esperé ilusionada... eras mi hija... mía y de él... y si él no supo que venías, no fue culpa suya... no, tu padre no me abandonó... bien lo sabés... las cosas no fueron así... yo hubiera querido que fueran de otro modo... ¿pero qué se podía hacer en ese tiempo?

¿Sabés qué? Siempre supe que ibas a ser niña... el corazón me lo dijo... de lo poco que ganaba, iba apartando pisto para comprar tus cositas... te compré un pato amarillo... y un chuchito de peluche... dormiste con él hasta que se deshizo de viejo... te chupabas el dedo... y tu abuela te echaba chile para quitarte la maña, pero vos eras más viva que ella, y te lavabas la manita cuando no te estaba viendo... y te seguías chupando el dedo a escondidas...

Te quiso tu abuela, hija... con vos tuvo la ternura que no tuvo conmigo, ni con la Mari... para ella, esa era la manera "normal" de tratar a las personas... no conocía otra manera de querer... y así la educaron a ella, a leñazos... ¿sabés cómo hizo que me aprendiera las tablas de multiplicar? Con el cincho... esa fue su escuela... No, ya estaba muy vieja para cambiar... pero contigo fue más suave, más dulce... y a vos te consintió como a nadie... yo sé que cuando te llevé lejos, la maté... No fue fácil para ella... y para vos, tampoco... ya no te acordás, pero las primeras noches volviste a orinarte en la cama... despertabas a medianoche, llorando y llamándola... hasta que te pasé a dormir a mi cama... pasó más de un año antes de que pudieras volver a dormir sola... ¿no te acordás de nada?... ¿Viste? Es cierto: la memoria es loca... recuerda unas cosas... y otras, no hay forma...

Esperate... todavía está húmedo. Estate quieta o te vas a joder el esmalte... y bonito te ha quedado...

¿Que cómo era? No sé... ya no me acuerdo... no me quedó ni una foto de él... lo tengo asociado a la lluvia... cuando llueve, sobre todo cuando llueve como esa tarde, tan recio y macizo, me acuerdo de él... tenía una mirada triste, como cuando llueve mansito... o a lo mejor es mi tristeza lo que yo veía en él... ¿Por qué triste? No sé... por la vida, quizás... la vida se nos llenó de cosas imposibles... casi todo estaba prohibido, por una razón o por otra...

En los Yunai, al fin puse mi propio negocio. El salón de belleza va bien... a vos te consta... Los Ángeles es un buen lugar para eso, y donde está, tengo buena clientela... no sé si es porque hablo español, y también inglés, y porque no soy tan carera... bueno, es un decir... allá todo es más caro... cuando llegué sólo sabía lo que aprendí en la Academia... me defendía... sabía cortar pelo, peinar, hacer manicures... después aprendí otras cosas, me mandaron a cursos... de todo: tintes, alisado, permanentes, tratamientos... estuve trabajando en buenos salones, y fui juntando plata... le mandaba pisto a tu abuela. Para ella y para vos... le pagué la fiesta de graduación a la Mari... y hasta le di pisto para cuando se casó... porque mi cuñado se puso a verga en la fiesta, o se hizo el de los panes, y no quería pagar... yo se lo dije, pero ella estaba obsesionada... no atendía razones. ¿Para qué discutir?

Sí, trabajé duro, hasta que ahorré y pude poner mi propio changarro... no, bien sabés que tampoco eso fue fácil... pero era mejor que lavar trastos, cuidar niños o limpiar casas... y pagaban más... no, no es que desprecie esos trabajos... y cuando no había de otra, yo también lo hice... uno hace lo que puede. Hay que nadar, nadar y seguir nadando, para no hundirte...

Mirá, ya se te secó el esmalte... ahora te doy una capa de brillo... para que se vea más bonito, niña, y te dure más... ya vas a ver... dame la mano... así... mirá cómo te está quedando... está mejor, ¿verdad?... pues, sí...

No sé... no sé cuánto tiempo me tomó llegar hasta allá... fijate cómo es la memoria, y las bayuncadas que le hace a uno... no, del viaje casi no me acuerdo... sólo sé que tuve una enorme sed... cuando al fin llegué a Los Ángeles, me acuerdo que va de tomar agua y agua, y jamás se me quitaba la sed... pasé meses despertándome en la noche con aquella sensación terrible, de que me estaba asfixiando... estaba en medio de la oscuridad, y lo único que sentía era aquella sed interminable... tenía los labios, la garganta, el paladar reseco...

No, despúes logré arreglar los papeles, y ya estuve legal... Legal... qué terrible. Como si viajar a buscar trabajo fuera un delito. Siempre me cayó mal la palabra "ilegal". Me sentía como una bandida cuando me decían eso... me daba rabia...

Lo único que yo quiero es que vos estés bien... pensá antes de meter las patas... pues por eso mismo te lo digo, dunda... para que no te pase como a mí... pero es de más... uno nunca escarmienta en pellejo ajeno... quiero que estudiés, que te superés, que alcancés lo que ni tu Tata ni yo pudimos. Vas a ser la primera de la familia en graduarte de la Universidad... no sabés lo que eso significa para mí, cipota... qué lástima que tu abuela no vivió para ver eso... le habría gustado... a pesar de todo...

Ya se te secó el brillo, mirá... pues, nada... ya estuvo... ¿no querés que te corte el pelo, que te lo lave, que te lo pistolee...? Esperate, ponete la toalla así... voy por las tijeras... ah, aquí están... las tenía en la bolsa del delantal... es que ni con los anteojos miro ya... tu nana ya está vieja, cipota...

¿Cómo lo querés? ¿Hasta aquí está bien de largo, o te lo dejo otro poquito más corto? Va a hacer calor, aunque llueva... te vas a asar. Mejor te lo dejo más corto... no tanto... así está bueno... ¿con las puntas rectas o disparejas...? Disparejas te le da más volumen, niña... te le pongo musse en las puntas y te queda más chivo... pero dentro de un mes te lo tenés que emparejar otra vez... ¿Querés que te crezca? Ahora es buena fecha... por la luna... lo sé por la luna... está en creciente... cuando está la luna en creciente es bueno cortarse el pelo, y podar las plantas... crecen más... eso decía tu abuela...

¿Cómo murió tu abuela? No sé, hija... dice la Oti que la encontró en su cama, quieta... ella fue a ver, porque eran las diez de la mañana y no se levantaba... ella era madrugadora. Toda la vida.

Es terrible, pero casi no me acuerdo de tu papá... sí, ya sé... vamos a tratar de buscar a su mamá... tu abuela... ojalá la hallemos... pero no te hagás ilusiones, hija... han pasado más de veinte años... precisamente los que vos tenés... ella me quiso, pero no me podía ayudar... él no era su único hijo... tenía que pensar en los otros... protegerlos...

Ya se vino el agua otra vez... Qué llovedera, hija... ya se me había olvidado... sí, así llovió aquella tarde. Pero cuando salimos del hospedaje, ya no llovía... nos fuimos caminando... teníamos sólo lo del bus de regreso, nada más... todo el pisto nos lo habíamos gastado en el cine y el hospedaje... y nos pagaban hasta el lunes... las calles todavía estaban mojadas... pero poco a poco el gran aguaje había pasado... se veían ramas y piedras a media calle. Todo lo que arrastró la gran tormenta... y aquellos papeles...

Entonces oímos el desmadre... A lo lejos oímos los vergazos... y de inmediato el mar de gente que comenzó a correr hacia donde nosotros estábamos.

Nos quedamos congelados varios minutos. No sabíamos bien qué estaba pasando. Sólo veíamos correr a la multitud... eran cipotes como nosotros... algunos llevaban pañoletas negras en la cara... y empezó entonces la humazón de los gases lacrimógenos, las pedradas, las bombas molotov que tiraban los muchachos, y los balazos desde el otro lado... "Corré", me dijo. Me agarró de la mano y corrimos... no sé cuánto... a mí me pareció una eternidad. De pronto el tiempo se convirtió en una melcocha extraña... no tenía la misma consistencia de siempre... las cosas pasaban más lento o más rápido que en la vida real... porque todo, en ese momento, se me antojó irreal...

Lo vi caer, como en cámara lenta... mientras caía, yo abrí la boca en un grito mudo... aún ahora no puedo creer: vi que tenía un hoyito al lado derecho de la cabeza... pequeñito, como una chibola, o una semilla de esas que sirven para jugar cinquito... y del otro lado el gran hoyo... cayó y yo me arrodillé a la par de él... le di vuelta y vi el hoyo... no sintió nada... fue de un solo. Y la sangre sobre el asfalto mojado, brillante como el lomo de la noche... tenía los ojos abiertos, abiertos, mirando al cielo... tal vez por eso hasta el día de hoy no me puedo acordar de qué color tenía los ojos... fue la última vez que lo vi...

Le toqué el pecho, le busqué el corazón... no latía... no podía creerlo... no podía haber pasado eso... me acuerdo que en ese momento no pude llorar, ni gritar... estaba como zombi... era imposible que hubiera pasado eso... alguien me alcanzó a ver, arrodillada en la calle, se agachó y me levantó... sentí las manos de dos muchachos con pañoletas en la cara... me levantaron por los sobacos y me dijeron: "Corré, cipota, que ai vienen los cuilios..."

Pero yo no corrí. No podía. Me tuvieron que llevar chineada... yo no sentía el cuerpo... no sentía nada... sólo aquel galope inmenso, ensordecedor, sonando como un redoblante dentro de mis oídos, que se me quería salir del pecho... mucho después, al día siguiente, me vi las rodillas y me di cuenta de que las tenía todas raspadas, de cuando caí arrodillada a la par de él... pero en ese momento no sentía dolor, ni miedo, ni cólera, ni nada... sólo un inmenso estupor, una incredulidad interminable... cómo era posible... no podía creer que estuviera viva... no quería estar viva... no sé cuánto corrimos. Yo me dejé llevar, como un corcho en la marea. Corrí cuadras y cuadras, perseguida más por el redoble de mi propio corazón que por los cuilios. Al fin, los muchachos se tiraron por un barranco, y yo caí con ellos. No sé cómo no nos matamos. Después caminamos durante no sé cuánto tiempo, hasta que fuimos a salir bien lejos, debajo de un puente. Ahí me dejaron...

Había comenzado a llover de nuevo. Estaba anocheciendo y cada vez me costaba más distinguir las cosas... entre mis lágrimas y la lluvia, todo se veía borroso... al fin pasó un bus... no le hice parada, pero de todos modos se detuvo, porque una cipota que pasó a la par mía sí se la hizo... me subí como una autómata. Casi no llevaba gente... el hombre tenía prisa por ir a guardar... no sé cómo distinguí las calles por donde pasábamos... Se había ido la luz... llegué a la casa a oscuras... mi mamá no me pegó porque al verme llegar viva sintió un alivio enorme... sólo me abrazó y me putió a gritos... a lo lejos, todavía se oían los balazos. En el radio había una cadena nacional... nadie estaba seguro de lo que estaba pasando... yo no podía hablar... andaba todavía en shock... me fui a la cama y ya ahí, sola, hundí la cara en la almohada para que ahogara mis gritos, y lloré... lloré hasta quedarme vacía de lágrimas... todo mi mundo se había derrumbado en un instante... quería estar muerta... quería estar muerta en lugar de él... quería que él estuviera vivo... y me sentía culpable por haber sobrevivido en lugar suyo...

No sé cómo pude hallar fuerzas para seguir viviendo. Supongo que fuiste vos la que me salvó de matarme... le avisé a su mamá, que lo andaba buscando desesperada... al fin lo encontró, entre los cadáveres... lo enterró sin velorio ni novenario... no estaba la situación para nada más, y ella tenía otros hijos... después vino lo bueno... cuando supe que estaba embarazada, hablé con tu abuela. Le dije la verdad, le conté lo que había pasado... lo único que conservo de él es este recorte del periódico... ahí está su foto... lo sacaron cuando salió la noticia de los muertos... es uno más entre la multitud... nadie lo conocía... era sólo alguien que iba pasando... y al que le toca, le toca... este es tu papá, hija...

Ojalá encontremos a tu abuela... a su mamá... a lo mejor se alegra de conocerte... quizá todavía tenga el mismo teléfono y la misma dirección... las cosas han cambiado tanto... ya no reconozco las calles... la ciudad ha crecido... ¿Querés que te lleve a donde cayó?... Ay, hija, no sé si voy a poder aguantar... han pasado más de veinte años... pero para mí pasó ayer... estas cosas no se olvidan...

Apagá eso... ¿querés esperar a que salga Jimmy Hendrix? No sé, en realidad no sé... nunca vi esa parte... nos salimos antes de que terminara la película.

¿Ver a mis compañeras de colegio? ¿Para qué? Todas están como yo. Todas más o menos desencantadas... éramos una generación que iba a cambiar al mundo, y mirá lo que pasó... no sé...

JACINTA ESCUDOS
(San Salvador, 1961)

Ha cultivado novela, cuento, poesía, crónica y ensayo. Ha publicado los libros de cuentos Contracorriente *(1993),* Cuentos sucios *(1997),* Felicidad doméstica y otras cosas aterradoras *(2002),* El Diablo sabe mi nombre *(2008) y* Crónicas para sentimentales *(2010), así como las novelas* El desencanto *(2001) y* A-B-Sudario *(2003), con la que ganó en 2002 el Premio Centroamericano Mario Monteforte Toledo. La Feria Internacional del Libro de Guadalajara la consideró en 2011 como uno de "Los 25 secretos mejor guardados de América Latina".*

Materia negra

ESAS CONFERENCIAS de la Universidad en las que nunca acontece nada fuera de lo esperado, donde todo está medido y sincronizado: una mesa con seis hombres vestidos de saco y corbata, un abundante público de hombres y mujeres de todas las edades, con cualquier expresión en el rostro, algunos bostezantes, otros mascando chicle, murmurando, levántandose a media ponencia.

"¿Están realmente interesados en esto o vienen porque no tienen nada mejor qué hacer?", se pregunta con fastidio el profesor Regis Coronado, quien es uno de los que presiden aquella conferencia sobre los últimos descubrimientos de los astrónomos japoneses en referencia a la materia negra del universo.

Y al dejarse conducir por sus pensamientos, al reflexionar sobre la inconciencia de las generaciones actuales sobre la importancia del funcionamiento exacto del universo y la relación armoniosa que ello supondría entre los humanos y el medio ambiente, se deja seducir por la imagen de una muchacha que entra, visiblemente apurada y atrasada a la conferencia.

Por qué se fijó en ella y no en otra, no lo sabrá nunca. No hay nada de extraordinario en la visión de la muchacha, alta, delgada, de pelo corto, casi con apariencia de varón, para que llame tanto la atención del profesor al punto que la sigue con la mirada por todo el salón. La mira buscar asiento, acomodarse la blusa, poner los libros sobre su regazo, escoger un cuaderno, abrirlo, buscar un bolígrafo, levantar la vista y examinar a los hombres que presiden la mesa para coincidir con los ojos del profesor Regis.

Ella le sostiene la mirada hasta que el profesor, abochornado, baja la vista so pretexto de limpiar los anteojos. Y durante el resto de la conferencia, busca la presencia de la muchacha como un punto focal para recrearse en medio de aquel espeluznante tedio.

No vuelve a verla en ninguna conferencia más ni en los pasillos de la Universidad ni en ninguna otra parte, hasta aquella primera mañana de clases, un semestre después, cuando él entra al Aula Magna a inaugurar su ciclo de lecciones magistrales sobre la materia negra, tema en el que se ha convertido en un experto.

Él no volvió a pensar en ella ni a recordarla, ni a inquietarse por su ausencia. Pero cuando la ve sentada en primera fila, con su cuaderno de apuntes abierto y tomando nota de sus palabras, la recuerda de inmediato como la muchacha que llegó tarde a la conferencia de los japoneses.

Siente alegría al reconocerla. Es casi como ver a alguien con quien lo une algún sentimiento, aunque nunca han cruzado una palabra, aunque ni siquiera sepa su nombre. Pretexto suficiente para consultar la lista de alumnos, y dar con ella:

—Victoria Valderrama.

—Aquí.

Quiere decirles, pero nunca lo hace, que para la astronomía se necesita tener una verdadera y profunda vocación, como de hecho se necesita para todas las actividades y oficios de la vida. Que por los avatares de la ciencia debe navegarse con pasión, con curiosidad, con cuidado, exactamente como se haría con una relación amorosa. Las cosas se hacen con amor y con pasión o mejor no se hacen, quiere decirle al cada vez más ralo grupo de estudiantes, que comenzó con veintinueve personas y que a lo largo de dos meses se redujo a once, en su mayoría varones.

Pero siempre, en primera fila, y eso le causa mucha tranquilidad, Victoria Valderrama escucha sus palabras, anota lo importante, participa en la solución de las ecuaciones y los teoremas, entrega los mejores reportes, gana las más altas calificaciones.

Ya se saludan, ya se sonríen en los pasillos, ya ella se atreve a hacerle preguntas después de clase y él piensa en su cara de muchacho, la imagina sentada delante de una computadora, escribiendo el informe sobre las mediciones de los rayos X de los gases emitidos por el conjunto de galaxias Formax o la composición y la evolución de la Supernova 19-87A, reposando la goma del lápiz sobre sus labios (¿cómo son sus labios, finos o gruesos? Mañana recordará fijarse en ellos), en su habitación de los dormitorios estudiantiles donde duerme sola, con aquella sudadera gris que le queda tan bien, y las piernas desnudas y perfectas, apenas tapados los pies por un par de blancos y límpidos calcetines con los que se pasea descalza en el alfombrado cuarto, para pensar mejor y poner todas sus ideas en perfecto orden como en perfecto orden se encuentran todos los elementos del universo.

La materia negra, que según los científicos forma parte de casi todo el universo, pero que nunca se ha logrado ver, podría tener diversas formas y tamaños, dijeron hoy astrónomos japoneses. Los físicos señalan que la única forma en que las galaxias pueden alejarse entre sí tan rápidamente sin disolverse surge del hecho de que contienen mucha más materia de la que se puede percibir con instrumentos convencionales. La gravedad que mantiene la cohesión de todos los objetos, desde un planeta a una galaxia, está directamente relacionada con la masa de esos objetos. De allí surgió la idea de la "materia negra", que sería diferente a la materia normal integrada por átomos familiares cuya existencia se puede percibir. Pero debido a que la materia negra es invisible, los astrónomos tienen que hacer enormes esfuerzos por encontrarla.

Y el profesor Regis la escucha leer aquel párrafo y la mira sonreír y le pregunta el porqué de su sonrisa, y ella le explica que a veces todo ese asunto de la materia negra invisible le parece un cuento de Julio Cortázar, sobre todo ese párrafo que acaba de leerle, y el profesor ríe de buena gana y piensa que si ese comentario se lo hubiera hecho su esposa Federica la hubiera reprendido. Pero tratándose de Victoria, le parece tan encantadora su oscilación entre lo racional y lo fantástico, entre la vulgaridad y el genio, que más bien celebra su ocurrencia.

Es hasta entonces que recuerda a Federica. La imagina mordiéndose los puños del coraje, porque ahora el profesor Regis está sentado en un avión, sin su esposa, junto a Victoria Valderrama, como representantes de la Facultad de Física, camino a Tokio, a entrevistarse con el profesor Yasushi Ikebe, con el objetivo final de conocer los estudios hechos por él y otros colegas japoneses con el Satélite Avanzado para la Cosmología y la Astrofísica, y beben champaña con el desayuno que les ofrece la aeromoza y ríen descubriendo las figuras y las formas raras de las nubes y se sienten tan dueños del conocimiento científico que saben que el avión no va a caerse porque el propio profesor ha hecho toda una serie de cálculos matemáticos con los cuales puede demostrar que ese día ningún avión va a estrellarse en ninguna parte del mundo, y ambos ríen de buena gana porque vencen a la muerte desde la seguridad de las matemáticas.

Él va sentado junto a la ventanilla y ella que se asoma para ver hacia afuera tiene que rozarse un poco con el hombro del profesor y le pregunta:

—Profesor, ¿usted cree que algún día podremos viajar al espacio, digo, usted y yo como seres humanos normales, sin tener que convertirnos en astronautas, como quien toma un autobús o un avión cualquiera, tomar una nave espacial al infinito y traernos de recuerdo un cubo de materia negra que usted pondría de pisapapeles sobre su escritorio y otro que yo vendería a algún museo para seguir financiando mis estudios universitarios? ¿Usted lo cree, profesor?

Y ella lo mira como si todo eso fuera tan cierto, tan posible, tan cercano, tan probable, que él contesta:

—Sí, lo creo.

El destino los coloca entonces en el restaurante de un hotel de Tokio, solos, concluidas las labores con el profesor Ikebe, dialogando amenamente frente a una cena muy occidental porque no pueden descifrar aquellos garabatos preciosos en el menú que Victoria Valderrama mete en su bolso para llevárselo como fetiche de aquel viaje, un buen *steak* a la parrilla, papas al horno, ensalada César, vino tinto, *cheese cake* y un café irlandés, la Universidad de Tokio paga, mientras ríen, tintinean los vasos, chocan los cubiertos contra la porcelana. Los camareros corren con bandejas de acá para allá, entran y salen comensales del restaurante, pero ellos no notan nada porque están demasiado enfrascados en una conversación que nada tiene que ver con la astrofísica (las películas norteamericanas de los años cuarenta y cincuenta de las cuales ambos son fanáticos, las novelas de Marguerite Duras, la música de Thelonious Monk, los países a los cuales les gustaría viajar, ambos coinciden en que les fascinaría ir a Egipto y a Grecia, el profesor confiesa que ha viajado a muchas partes, siempre en busca de observatorios y descubrimientos científicos, de bibliotecas o documentos investigativos, sin tiempo para conocer playas ni monumentos, y ella le cuenta de la vez que hizo el examen para ser astronauta en Langley pero que aplazó por unos pocos puntos), y mientras hablan, la mesa parece haberse estrechado tanto al punto que ambos están tan cerca y él nota el brillo en los ojos de Victoria Valderrama (*nombre de oscura actriz de cine mudo tiene usted*, le dice él) y ella piensa por primera vez que bien puede enamorarse de un hombre mayor que ella tantos años (*y usted, nombre de boxeador mexicano en una película de Joaquín Cordero*, le dice ella).

Y cuando vienen a darse cuenta son los únicos habitantes de un restaurante que nunca cierra, porque el hotel tiene por política mantenerlo abierto veinticuatro horas continuas, y aunque la verdad es que no quieren moverse de allí en lo que les sobre de vida de lo bien que se la están pasando, deciden que es tarde, que deben descansar, que deben subir a sus respectivas habitaciones, que al día siguiente el profesor Ikebe tiene que llevarlos al Centro de Estudios Astrofísicos a recibir toda una actualización de datos sobre, "pero no hablemos de esas cosas Regis (siempre lo llamaba 'profesor', hasta esa noche), nos hemos pasado hablando obsesivamente sobre usted-ya-sabe-qué desde el momento en que nos conocimos y creo que ya es hora de que cambiemos de tema, que lo obviemos por lo menos durante una noche", y Regis Coronado sonríe y se siente un muchacho conociendo por primera vez a una mujer, esa historia que siempre se repite cada vez que surge una pareja de enamorados, el primer hombre y la primera mujer, los únicos en todo el universo, inventando el amor de nuevo, y el profesor se reprocha a sí mismo camino de los elevadores, se reprocha la sonrisa que no le cabe en el rostro y pensar en esa palabra, el *amor* como si no tuviera una esposa esperándolo a cientos de millas de distancia, una fiel y maravillosa mujer a la que él honestamente ama y con la que ha sido feliz, indudablemente feliz, en sus veintisiete años de casado.

Todo eso está tan lejos ahora, todo eso no existe, ni la imagen de Federica, ni el pasado, ni los hijos, ni los amigos, ni siquiera el espacio sideral, el infinito, las constelaciones o la Vía Láctea, ahora sólo existe Victoria que tiene la virtud de hacerle olvidar hasta lo invisible, es una tontería pensar en la materia negra, tratar de comprobar si existe o no, cuando lo único palpable y real es esa mano, la delgada mano de Victoria Valderrama que sujeta tembloroso dentro del ascensor, el rostro de la muchacha que no puede ver, por puro miedo, los números iluminados de color rojo en la parte superior de la puerta y el zumbido del motor y las poleas que transportan aquel minúsculo recinto que los contiene a ambos, la puerta deslizante que se abre en el pasillo desierto y alfombrado que amortigua el sonido de sus pasos y el silencio que ambos acuerdan de manera tácita para no importunar a los demás huéspedes que de seguro están dormidos, qué vergüenza, ríe ella, y susurra como si alguien fuera a oírlos, regresar a estas horas de la madrugada, ella ríe, ella es feliz ahora, piensa él, y yo también y qué importaría, qué daño haría, qué pasaría si yo me atreviera a… pero no se atreve y ella saca la llave de su habitación, la 958, y se despide con un beso en la mejilla y posando su flaca mano sobre el hombro de Regis, mientras él aprovecha para tomarla por el talle, estrecharla junto a él, siente su cuerpo delgado, liviano, joven (tan inquietantemente joven), y la separa de él, la mira muy serio y comienza a irse, voltea una última vez su cabeza para mirarla al fondo del pasillo entrar a su cuarto, cerrar la puerta color aqua marina y el pasillo despoblado y el deseo revoloteándole en el pecho, como un murciélago.

Regis Coronado se pasa lo que queda de la noche tumbado boca arriba, fumando Viceroys, con la luz apagada, la ventana abierta y el rumor de Tokio a sus pies, una ciudad que nunca duerme, una ciudad con luces encendidas, brillantes, de colores, un rumor indefinido como trote de hormigas, murmullos, retazos del día enhebrados en desorden, acudiendo a su recuerdo, pedazos de voz de Victoria Valderrama, "la gran pasión de mi vida es la astronomía", la pasión, eso es, alguien que comprende que se puede sentir pasión por algo tan científico y matemático como el espacio y sus misterios, "pero desde el momento en que existe el misterio, existe la magia y, por lo tanto, la posibilidad de la irrealidad y la especulación y la fantasía, no todo puede ser fórmulas matemáticas, profesor Regis", y Federica, espina impertinente, una imagen borrosa de esposa sonriente y comprensiva a pesar de las discusiones y los desencantos que suponen los años y la convivencia, es mejor quedarse así, en lo cómodo, en lo conocido, es mejor contar lo que se tiene y no lo que hace falta, es mejor no arriesgar, no saltar al vacío cuando lo que puedes perder es la vida y todo lo demás, quedarte sin nada entre las manos, perder tu reputación de profesor respetado, de hombre de principios, de ciudadano íntegro y honrado, para qué pensar siquiera en ello, cámbiate la ropa, ponte el pijama, fúmate el último cigarrillo que ya dentro de pocas horas tendrás que levantarte y verla de nuevo, siempre ocurren cosas así cuando uno pasa de los cincuenta, una pequeña sirena extraviada, una tentación con sonrisa de inocencia que te dice *ven, ven,* mientras ondula sus brazos de serpiente y te atrae como imán al hierro, faltan todavía seis días para que regresemos, ¿y cómo voy a sobrevivir a su sonrisa, a sus ganas de vivir y saberlo todo?, estoy viejo, estoy cansado, ¿viejo?, ¡viejo no!, a los cincuenta y dos años, por Dios, pero es cierto, algo ocurre con el paso del tiempo, algo que te obliga, aunque no lo quieras, a serenarte, a pausar la intensidad de tus actos y tus sentimientos, a medir cada paso, a mirar el todo del pasado y compararlo con el escaso futuro que te queda, y ni siquiera es un acto racional, una decisión consciente y voluntaria, nada más ocurre y te causa escalofríos, sientes que has dejado mucho de ti tirado por la autopista de la vida, cosas de ti que jamás recuperarás y que no sabes, no notaste cuándo perdiste de una vez y para siempre, porque cada día que pasa avanzas hacia una única meta posible, injusticia, justamente cuando vas aprendiendo cómo moverte mejor en el mundo, cómo convivir con todos los desequilibrios y carencias, cuando aprendes a conformarte y a vivir con satisfacción con lo poco que tienes, entonces tienes que morirte, y ni siquiera tienes alternativas, ni siquiera hay opción, no hay manera de vencerla o evadirla, debes pasar por ahí, por la puerta de la muerte, esa puerta que él abre para regresar al pasillo alfombrado y silencioso, para llegar hasta la habitación 958, alzar el puño, dispuesto a golpear y mantenerlo en el aire un momento, sin decidirse, sin atreverse, sin saber qué hacer, pero precisamente porque existe la muerte es que debe hacerlo, tocar cuatro veces, toc, toc, toc, toc, nada más fácil, recordar *El extranjero* de Albert Camus *("y era como cuatro breves golpes que daba en la puerta de la desgracia")* y esperar a que se abra la puerta y ver el ojo derecho de Victoria Valderrama asomar por una pequeña rendija, que luego se hace más grande, y que entonces es la puerta abierta y los brazos que lo reciben y un camisón que cae al suelo y la cama y los besos y el silencio, rodar los cuerpos, susurrar, respirar, sudar, mientras Tokio muere de envidia más allá de la madrugada y la luna llena y un suspiro que rasga el aire, cuchillo cortando seda.

Algo pasa cuando los cuerpos se encuentran, algo cambia después que se conocen humores, lenguas, vellos, oquedades, es un correr los velos, un derrotar muros, ya no se puede hablar como antes, ver como antes, sonreír como antes, algo hay de complicidad después de eso, algo que nace del íntimo conocimiento de lo que no se muestra, algo que nos une y que, al mismo tiempo, comienza a separarnos, obra como el péndulo de Poe, un lento, lentísimo vaivén que corre con el filo sobre nuestro pecho, listo a matarnos, apenas una cuestión de tiempo o de encontrar un método para la salvación.

El profesor Regis vive cinco felices días más en Tokio pero el día anterior al regreso se le nota hosco, callado, sombrío, con la mirada extraviada, desatento, desanimado. Victoria le pregunta si se siente bien y él le dice que no es nada, que es el cansancio y ella le sonríe, pícara, claro, entre los astrónomos japoneses, la diferencia de horarios y ella, cómo no va a cansarse.

Y es entonces cuando comienza a rechazarla, a no querer que ella lo toque, a no querer que ella le sonría, que le diga nada, porque Victoria es tan asquerosamente cariñosa, tan perfecta, tan ideal, que ya no puede soportarla, que debe deshacerse de ella lo más pronto posible, que tiene que explicarle que aquello no puede ser más que… porque Federica espera en casa y yo no puedo… porque cuando los directivos de la Universidad se enteren… porque la diferencia de edades entre… porque tú nunca aceptarías… porque mis hijos y mis nietos… porque motivos hay muchos pero en el fondo se trata de la imposibilidad de confrontar el miedo y el deseo… el miedo, antiguo vencedor de guerras de amor.

Regresar a la ciudad y despedirse fríamente, con un apretón de manos en el aeropuerto donde Federica los espera y le ofrecen llevarla en el vehículo, y Victoria, prudente, con una sonrisa tan forzada que ella teme se le note la mentira en la cara, rechaza la oferta para tomar un taxi cualquiera, hundirse en el asiento de atrás, ver las luces del aeropuerto, recordar Tokio, el hotel y el observatorio y llorar, llorar, llorar, mientras el taxista insiste, pregunta:

—¿Se siente bien, señorita? ¿Le pasa algo? ¿Quiere que me detenga en una farmacia y le compre un calmante?

Nueve años después entra al salón de conferencias donde seis personas presiden un coloquio sobre la interpretación de los sueños que causa mucha polémica por lo subversivo de sus conceptos, por el empeño que la doctora Victoria Valderrama pone en demostrar que los sueños son maneras de viajar a otros estados de conciencia y que lo que ocurre en ellos es tan real como lo que ocurre en esta dimensión que llamamos vida. El profesor Regis Coronado se mantiene discreto, en la última fila, descubriendo a Victoria, su presencia suavizada por el pelo largo hasta los hombros, unos kilos de más, siempre imán para el ojo de los hombres, siempre su voz mezcla de erudición y juego, y las preguntas interminables, retadoras, que la doctora Valderrama contesta con toda habilidad.

Al terminar el coloquio, al retirarse todos del salón, el profesor Regis la espera. Tiene miedo, no sabe qué decirle. No ha vuelto a verla desde aquel apretón de manos en el aeropuerto que coincidió además con el cambio de Universidad y de carrera por parte de Victoria, sin explicación ni despedida alguna.

Varias veces la soñó (sueños húmedos que la discreción y la vergüenza me impiden reproducir); "he soñado tanto contigo que es como si siempre hubiéramos estado juntos" piensa decirle, y se lo diría si no es que la frase le parece tan cursi y estúpida, él necesitado de preguntarle si ella también soñó con él alguna vez desde entonces, él interceptándola en el pasillo, ella reconociéndolo, modificando su expresión de inmediato, recuperando algo del rostro que tuvo cuando las noches en Tokio, recuperando algo de lo que enterraron precipitadamente, saltos cuánticos entre el pasado y el presente, siluetas en una habitación oscura, el murmullo, el diente sobre el labio, la saliva dulce, la cortina ondulante, la sirena de un carro de policía calle abajo, la ciudad extendida a sus pies con luces brillantes como un roto collar de diamantes, mientras Victoria camina junto a él sin mirarlo, sin decirle nada, sin saludarlo siquiera, y él la observa pasar, mudo, incapaz de abrir la boca, de moverse, de seguirla, mientras ella sale del salón de conferencias y cierra la puerta tras de sí, la puerta color aqua marina del hotel donde no verá el ojo derecho de Victoria Valderrama ni el camisón que cae al suelo ni los besos ni el silencio, porque no se atreve a tocar cuatro veces en la puerta de la desgracia y regresa a su habitación, masticando su cobardía para saludarla al día siguiente, en el restaurante del hotel a la hora del desayuno, sin que esa muchacha que entra visiblemente apurada y atrasada al salón sepa nunca las cosas que él piensa cuando cierra los ojos mientras se muere de aburrimiento en las conferencias de la Universidad.

[*Crónicas para sentimentales,* 2010.]

JORGE ÁVALOS
(San Salvador, 1964)

Poeta, narrador, dramaturgo y periodista. Ha publicado los poemarios Cuerpo vulnerado *(1984),* El coleccionista de almas *(1996) y* El espejo hechizado *(2001), y el libro de cuentos* La ciudad del deseo, *ganador del Premio Centroamericano de Literatura Rogelio Sinán en 2004. En teatro ha publicado* Ángel de la guarda *(2005),* La canción de nuestros días *(2008),* Lo que no se dice *(2009) y* La balada de Jimmy Rosa *(2009).*

La ciudad del deseo

1921

LULÚ se acercó al largo espejo del pasillo.

Se vio a sí misma con asombro. Reconoció los hitos de su propia belleza: el ánfora sensual de su cuerpo, el cabello azabache, los ojos negros, la intensa mirada ofreciéndose como el oscuro sexo de su alma.

Examinó su vestido blanco, un elegante traje de largo talle, cubierto de lentejuelas que resplandecían bajo la suave luz de las candelas. El rojo cadmio de sus labios encarnaba su avidez, urgente y desmedida.

Abrió el ancho bolso que llevaba consigo y extrajo de su interior una hermosa daga de plata que heredó de sus ancestros. La sostuvo con sus dos manos, las palmas hacia el cielo, los dedos tensados.

—Tú sellarás mi destino —susurró.

Sus labios se entreabrieron, rojos, de intenso rojo, de rojo febril, y dejaron florecer una sonrisa.

La luz de las candelas parpadeó sobre la hoja de la daga. Lulú levantó la mirada y la euforia se desdibujó de sus labios. Del espejo emergió, como a través del umbral de una puerta, la otra Lulú. Empuñaba en la mano izquierda una copia idéntica de la daga, y con un rápido golpe descarnó el párpado derecho y cortó el puente de la nariz de Lulú, quien se derrumbó con el rostro ensangrentado.

No pudo gritar. No pensó siquiera en recuperar la daga real que cayó al suelo. Esa mujer que ahora la atacaba no era sólo su imagen: era ella misma, era lo único que conocía de sí misma con certeza. No la acometió en defensa propia porque reconoció su amor por ella, porque adivinó en su propia imagen a su único amor.

La otra Lulú levantó la daga y la dejó caer sobre el corazón asombrado de su verdad.

El Hotel Bohemian Rose tenía el estilo grandioso, *nouveau,* de los mejores hoteles de la época. La gala de fin de año era un acontecimiento crucial para la clase alta de San Salvador, una tradición anual imprescindible. Aquí desplegaban su buen gusto y afirmaban el poder de sus nombres al participar de un evento de caridad tan exclusivo al que sólo los ciudadanos más ricos podían asistir. Vestidos ambos de negro —él con una levita de rayas cenicientas, ella con un vestido de túnica con dos discretos pliegues cruzando cada hombro—, el ingeniero Manuel Hidalgo e Isabel Castellanos de Hidalgo, su esposa, entraron al Salón Imperial, donde la gala comenzaba con habitual puntualidad. Era ya una convención social inalterable que todos los invitados arribaran a tiempo. La gala daba inicio a las siete y media de la noche y finalizaba a la una de la mañana, después de los fuegos artificiales de la medianoche, después del brindis de champagne, después de los besos y los abrazos, y de las risas y los comentarios inusualmente honestos, pues las emociones comúnmente reprimidas eran liberadas, por una noche, bajo el hechizo del alcohol.

Después de ser ubicados en la mesa reservada para ellos y otras tres parejas, Isabel se levantó y pidió permiso para retirarse por un momento. Isabel besó a Manuel sobre el hombro y le susurró una expresión de cariño.

—Ya regreso —le dijo al oído con delicia—, quiero enterarme de las últimas comidillas.

Manuel no pudo evitar sonreír. A través de los chismes compartidos por Isabel en la intimidad de la alcoba, se enteraba de los tejes y destejes de la sociedad capitalina. Sonreía por complicidad. Los presentes sonrieron también, pero por otro tipo de complicidad: reconocían la naturaleza de su calaña, la intriga a pequeña escala que las confidencias íntimas representaban.

Cuando Isabel dejó la mesa, un tal Valladares levantó su copa y dijo:

—Brindo por los secretos entre esposos, un lazo más fuerte que el amor.

La respuesta fue un concierto de risas. Alrededor de la mesa, los presentes levantaron las copas y brindaron por el poder de los secretos para vincular dos destinos.

Isabel caminó entre las mesas, donde aún eran ubicados los asistentes a la gala, y llegó hasta la "Sala de Damas". El cuarto de baño para mujeres tenía, en efecto, dos duchas —por precaución a cualquier imprevisto—, once cubículos con retretes de blanca cerámica importados de Francia, siete lavabos de mármol italiano y una antesala que acogía trece sillas cabriolé talladas en ébano africano, con asientos tapizados con terciopelo rojo, y decoradas con finos follajes de oro sobre la palmeta del respaldo y la cortina del asiento. Isabel se detuvo frente a un lavabo y se contempló en el espejo con una mirada inexpresiva. No quería perturbar la placidez de su rostro ni despertar las arrugas que acentuaban la tristeza de sus ojos verdes. Sólo necesitaba comprobar que la imagen que tenía de sí misma permanecía inalterada, intocada por la fuerza de las emociones que a menudo la sobrecogían. De su cartera extrajo su lápiz labial, un rojo carmín que acentuaba su blanca lividez. Cuando retocaba su delgado labio superior se percató de que una joven mujer la observaba sobre su hombro con una familiaridad escalofriante.

—Veo que a Manuel le gusta concertar armonías…

Era una voz sensual, de leve gravedad, la que hablaba. Isabel no volteó la cara. No dijo nada. Vio a la mujer en el espejo, fascinada por una belleza que fácilmente superaba la suya.

—Ese broche de esmeralda —susurró Lulú al oído de Isabel— es para enfatizar el verde de sus ojos, ¿no es verdad?

Isabel estaba paralizada, detenida en el momento, porque vivía, en ese preciso instante, un terror que había anticipado cada día durante veinte años de matrimonio. No conocía a Lulú, pero descubría en ella la impasible actitud de su marido ante sus enemigos. Lulú levantó la mano derecha y la deslizó con un lento vaivén sobre el hombro de Isabel. Un anillo de oro con un rubí inmenso destacaba en esa mano perfecta.

—Creo —dijo Lulú, sonriendo— que Manuel quería enfatizar mis labios encarnados, la feroz juventud de mis diecinueve años. ¿Qué cree usted?

Una lágrima corrió sobre la mejilla izquierda de Isabel. Lulú sólo vio el doble de esa lágrima resbalar sobre la mejilla derecha de la imagen de Isabel en el espejo.

—Vine a matarla —dijo Lulú—. Ahora veo que no será necesario. Usted se irá por su cuenta. Usted sabe que su turno ha llegado a su término; sabe que ciertas traiciones no pueden aceptarse sin perder la dignidad, esa dignidad que las mujeres necesitamos para resistir las innumerables mentiras cotidianas. Ahora las dos tenemos un secreto compartido.

Lulú se dio vuelta y se retiró con discreción. Isabel observó la espalda desnuda de Lulú, su lozana curva enmarcada por el vestido blanco cubierto de lentejuelas. Se percató entonces del rumor álgido, brutal, de las mujeres conversando en la antesala. En el espejo vio un rostro demacrado por la angustia: era la imagen de su verdad.

1940

Amiel Hidalgo estaba ebrio cuando apareció en el vestíbulo del Hotel Bohemian Rose, entre los brazos de dos amigos. Era la noche de año nuevo y Amiel cumplía sus diecisiete años. Los tres jóvenes estaban vestidos para la gala del Palacio Nacional, con elegantes trajes negros de factura inglesa. Entre risas desmedidas y bromas obscenas, dos de ellos condujeron al embriagado Amiel hasta el mostrador del hotel. Uno de los jóvenes, de complexión muy blanca y luciendo espejuelos circulares, pidió una habitación y una joven "auxiliar".

—Es una noche difícil para obtener edecanes —dijo el hombre detrás del mostrador—, pero tendremos una para los caballeros... antes de la medianoche.

Amiel estaba demasiado ebrio para comprender, pero sus dos amigos estallaron en risas ante la cultivada solemnidad del viejo intendente del hotel, Phillipe Lautremont, cuyo rostro permaneció impasible como una máscara. Los amigos relajaron su actitud y pagaron el monto requerido con anticipación, tomaron la llave de la habitación 409, y condujeron al incauto Amiel por los pasillos sombríos del famoso palacio de los años veinte, venido a menos después de la Depresión. Los jóvenes no podían ni podrían nunca comprender las dimensiones de la riqueza perdida durante la última década. El despliegue de posesiones había sido la vestimenta del progreso, la imagen dorada de una idea que había llegado a su fin. De las grandes pinturas importadas de Austria hasta los primeros candelabros de iluminación eléctrica de la ciudad no quedaban sino cicatrices en las paredes y los cielos del hotel.

Phillipe escuchó las risas y los ecos de las risas de los jóvenes mientras se desplazaban con dificultad por el vestíbulo. Los vio tropezar una vez antes de ingresar al ascensor. Phillipe no mostró ninguna emoción. Una vez que desaparecieron de su vista, contrajo los párpados y levantó el auricular del teléfono. Marcó tres números y después de una breve pausa preguntó por Mimí.

—Tres mozuelos —carraspeó Phillipe— en el 409. Tú los puedes manejar. Pasa por el mostrador y recoge tu asignación. Todos los gastos están cubiertos.

Los jóvenes entraron a la habitación. Amiel ya no caminaba: arrastraba los pies, estaba dormido. Sus amigos lo colocaron sobre la cama. El joven de complexión blanca y con espejuelos de oro se acercó a la ventana y abrió las cortinas. El otro, fornido, de piel oscura y rugosos rasgos provocados por el acné, se sentó al lado de Amiel y lo atendió con servil ternura. Le quitó las botas y lo jaló de las axilas para ubicarlo al centro de la cama. Le desanudó el pañolón de seda que usaba como corbata y le removió la chaqueta.

—La ciudad está despierta —dijo el joven parado frente a la ventana— y nos espera.

Sus brazos estaban abiertos y giró el rostro para mirar a su amigo de reojo. Ambos rieron. El joven de piel oscura se puso de pie y se paró, con el otro joven, frente al largo espejo del pasillo de la habitación. Inspeccionaron sus apariencias: se ajustaron las corbatas, examinaron la limpieza de las blancas sonrisas, practicaron expresiones de asombro y tristeza, de alegría y horror, como dos actores a punto de salir a escena.

—¿Qué esperamos? —preguntó uno.

—¡Vamos! Celebremos el fin de la inocencia de Amiel —replicó el otro.

Salieron de la habitación y dejaron a Amiel en la cama, solo, en lo profundo de un sueño que no recordaría al despertar.

Desde el mostrador, Phillipe vio a los dos jóvenes salir, abrazados, del hotel. El intendente se llevó la pluma a los labios y contrajo los párpados. La duda se tornó rápidamente en certidumbre cuando comprendió el ardid de los jóvenes. El rictus imprevisto de una sonrisa deformó la máscara de su rostro.

Mimí se detuvo ante el espejo ubicado en el cuarto piso, frente al ascensor. Tenía seis meses trabajando para el hotel, pero el encuentro con los clientes, cada noche, aún la llenaba de ansiedad. Nunca aprendió a verse en los espejos, a sostener la mirada para compenetrarse con su propia imagen. Creció sin ellos —sin espejos— en Haití, en una quebrada miserable al centro de Port au Prince. No tenía conciencia real de su belleza. Sus facciones parecían cinceladas con exquisita precisión en su tez de castaña negrura. Un sarong malayo descansaba sobre sus anchas caderas. Sus manos recorrieron la línea de sus muslos para ajustar aún más la tela a su figura. Sacudió con un rápido zarandeo los pliegues que se reunían en el nudo ceñido bajo su vientre. Y se llevó una mano, la mano derecha, al erguido pecho que subía y bajaba al ritmo de su respiración. Se miró en el espejo. Reparó con intensidad en sus ojos ambarinos. No vio a Mimí: vio a la niña pobre de Port au Prince que aún llevaba bajo la piel. Se chupó los labios para darles brillo y se encaminó a la habitación 409.

Tocó la puerta, tres veces. Esperó. Nadie contestó y su mano delgada tomó la forma de un puño para darle potencia a sus nudillos. Tocó la puerta, con más fuerza esta vez, tres veces. Esperó. Su actitud cambió. Su ansiedad se transformó en convicción. Tocó la puerta, tres veces más, con resonantes golpes. Esperó. Nadie contestó. Acercó el oído a la puerta y no escuchó nada: ni una palabra ni una risa ni un movimiento. Nada que indicara que había alguien en la habitación. Levantó el puño para tocar otra vez pero se contuvo. Tres mozuelos debían estar esperándola. Adolescentes, quizás. Timoratos, acaso. Ricos consentidos, sin lugar a dudas. Entrevió la explicación más plausible: habían huido. Habían dejado a medias su primera aventura. No era la primera vez. Se echó a reír como una niña, echando la cabeza hacia atrás, exponiendo sus dientes de impecable hechura. Abrió su cartera, para cerciorarse de que el dinero de su asignación aún estaba allí. Extrajo una medalla de oro que amparaba entre sus cálidos senos y la besó.

—*Merci* —musitó a la pequeña imagen de un santo negro, que regresó de inmediato a la sensual tibieza de su pecho, junto a su inquieto corazón.

Y se marchó, feliz, porque por una noche podría dormir y soñar para sí misma.

Una boca pintada de rojo cadmio se unió a los labios entreabiertos de Amiel. El beso cruzó la frontera de la realidad para integrarse al sueño. En ese sueño, Amiel estaba acostado sobre una cama, no muy distinta a la cama del hotel. Sabía que lo rodeaba una claridad cegadora, pero no podía abrir los ojos. Sintió una presión sobre los labios. Su boca se abrió y su lengua comenzó a crecer, amarga y negra como una serpiente al principio, pero luego se dividió en varias partes hasta tomar la forma de una orquídea, fuliginosa al centro, nacarada en sus extremos. Lo que nacía de Amiel era un rostro. Los pétalos de la flor se juntaron para finalizar las facciones de una máscara vacía. Dos glóbulos blancos se generaron en el cuenco de los párpados y la máscara abrió sus ojos. Amiel se ahogaba. El rostro que nacía de su boca, como la flor negra de un beso, se extendía sobre él, configurando otro cuerpo a partir del suyo. Amiel comenzó a sentir un peso sobre su pecho pero no podía reaccionar, no podía moverse. Sintió con horror cómo de su aliento nacía un íncubo que robaba su espíritu. Quería levantarse, apartar con violencia a ese demonio. Se ahogaba, paralizado. Abrió los ojos.

Amiel despertó aturdido ante el asombro de dos ojos negros.

—Lo siento —dijo con un susurro la joven que lo miraba—, no quise despertarlo.

Ella estaba sentada a su lado derecho, a la orilla de la cama. El blanco rostro se inclinaba sobre el suyo. La mano derecha acariciaba su frente sudorosa y los flecos de su cabello. El codo de su brazo izquierdo se hundía en la cama, rodeando con el costado su torso, oprimiendo sus costillas ligeramente. Creyó reconocerla. Hurgó en sus ojos negros. Reconoció en ella el estilo de una actriz: Louise Brooks. Ella sonreía con franqueza. Él reaccionó con una sonrisa tentativa. Tornó su rostro a los lados, mirando inquisitivamente el lugar.

—Estás en un cuarto de hotel —dijo ella—, a salvo de tus amigos.

—¿Mis amigos?

—Te arrastraron hasta mi cuarto, te pusieron sobre mi cama, me hicieron algunas muecas y se marcharon.

Amiel se incorporó sobre la cama, con la ayuda de la joven. Sentía un dolor palpitante rebosando su cabeza. Miró por la ventana y, aunque se trataba de una perspectiva extraña, reconoció la vista de la ciudad.

—¿Dónde estoy?

—En el Bohemian Rose. Soy Lulú.

"¿Lulú? Por supuesto…", pensó. Conocía la reputación del hotel. Recordó, de golpe, la discusión sobre su "enfermiza virtud", las rondas continuas de bourbon, las bromas obscenas de uno, el cómplice regocijo del otro. Comprendió lo que sus amigos tramaron desde el inicio de la noche. Se sentó a la orilla de la cama.

—¿Qué hora es? —preguntó.

—No lo sé —respondió Lulú—. Para mí es siempre la misma hora.

Amiel vio su chaqueta colgada en el respaldo de una silla y la señaló. Lulú la alcanzó y se la dio. Amiel extrajo un reloj de cadena.

—Es casi medianoche.

Lulú se sentó en la silla. Amiel notó que ella lo miraba con genuina fascinación, pero no se sintió incómodo sino halagado.

—Te he estado esperando —dijo Lulú—, por mucho tiempo.

Amiel no entendió el significado de esas palabras, pero no dudó de su sinceridad ni de la familiaridad que concedían. Se sintió conmovido por la belleza de esa joven que parecía provenir de otro mundo. Su apariencia, con el corte de paje de su pelo negro, su delicada feminidad, el tono afanado de su voz, incluso su manera de sentarse con las rodillas y los tobillos juntos, todo en ella lo cautivaba.

Lulú se puso de pie. Caminó hacia Amiel y se detuvo a unos centímetros de su cara. Amiel levantó las manos y las puso sobre el vestido blanco, a la altura de las caderas. Admiró, por un instante, el trémulo fulgor de la luz sobre las lentejuelas plateadas. No sabía cómo proceder. Lulú posó su mano derecha sobre su cabeza y él se dejó guiar por ella. Reposó su sien izquierda sobre el abdomen de Lulú y cerró los ojos. Ella miró la ciudad a través de la ventana. Acarició el cuello de Amiel. Fuegos artificiales iluminaron el cielo de repente.

1941

Una ciudad es una bestia con tantas cabezas como habitantes: mil, diez mil, cien mil… o diez veces cien mil. Menos monstruosa que París o Nueva York, que Roma o México, sólo en el Mercado Central de San Salvador se acumulaban en ese entonces diecisiete mil cabezas cada mediodía, todas arrastrando un cuerpo hambriento, una mente voraz, un alma deseosa. La ciudad degollaba cada día, en el mercado, siete mil reses y cerdos, torcía el cuello de once mil gallinas, y escamaba tres mil pescados de docenas de variedades. Toda esa carnicería sangrienta era llevada en cajas sobre mulas y en el vagón de camiones y en carretas tiradas por bueyes y en canastas sobre hombros hasta los puestos de venta. Allí eran dispuestas de garfios, en bandejas de aluminio, en jarras de vidrio, en platos de barro, entre bloques de hielo, para los ojos ávidos, para las bocas ansiosas y los paladares acres de la ciudad.

A veces, muy pocas veces, una cabeza se desprendía, confundida, del cuerpo multicefálico de la ciudad. Y a menudo, muy a menudo, el amor era la causa de esa violenta escisión. El amor, como una infección, roba el apetito, convierte al hombre en su alimento y lo devora desde su interior. Amiel estaba enfermo de amor.

Más allá de las carnes crudas, al fondo del mercado, estaban reunidos, en una hilera de puestos divididos por mantas negras, los vendedores de antiguallas y baratijas: el "Bazar de los Turcos". Amiel saltó la canaleta por la que escurría la sangre de los animales, espantó con su brazo una nube de moscas y se apartó, asqueado, del dulce olor de la muerte. Separado de la masa de consumidores, en el claro de los comerciantes palestinos, Amiel caminó más despacio y buscó la tienda de Milo Ahmed.

—¡Golpe avisa! —gritó un niño.

—¡Saca sangre y no hay justicia! —gritó otro.

Amiel escuchó, primero, un golpe seco y luego un extraño ronroneo persiguiéndolo. Por alguna razón imaginó que uno de los animales de la carnicería escapaba, despellejado, tras él. Viró sobre su cuerpo hacia el ruido y vio al depredador que lo acosaba: era un trompo de madera girando en dirección suya por el duro piso de tierra. Un niño —moreno, descalzo, con ropas raídas— corría hacia el trompo, lo alcanzó y con un rápido gesto lo levantó del suelo. En la palma de la mano del niño el trompo seguía girando.

—¡Amiel! —gritó la voz de Milo—. ¡Sabía que volverías! ¿Qué tenés para mí esta vez?

Amiel caminó hacia la tienda de Milo y puso sobre la mesa un objeto envuelto en papel periódico.

—Esperaba otro reloj de oro —dijo Milo, con leve sorna.

—Esto es mejor.

—Veamos.

Milo desempacó el objeto y su rostro se endureció cuando lo vio. Tuvo que hacer un esfuerzo para no mostrar su emoción. Era una daga. La sostuvo con sus dos gruesas manos, las callosas palmas hacia el cielo, los dedos rollizos tensados para sostener con delicadeza un objeto de extraordinaria rareza. Examinó la platería de la empuñadura, dominada por una estrella de ocho puntas y una filigrana circular de oro puro —el sello lunar de la casa marroquí Umbría—. Tres gemas, rubíes con facetas estrelladas, se alineaban a cada lado de la empuñadura. Con su poderosa mano, Milo extrajo la daga de la funda de cuero y sufrió una súbita decepción.

—No es auténtica —dijo, consternado.

—¡No puede ser!

—Yo mismo no lo creo. Parece auténtica en todos sus detalles, pero es sólo una copia perfecta. El grabado sobre la hoja… es la palabra "Umbría", pero en reverso. Es una falla inaudita.

—Las gemas —interpeló Amiel—, ¿son auténticas?

—Parecen serlo.

—Y la plata y el oro, ¿también lo son?

—Creo que sí.

—Entonces, ¿la daga lo es?

—No. Es la imitación perfecta de una daga de la casa Umbría. Pero no lo es. No tiene el mismo valor.

Amiel arrebató de las manos de Milo la daga desenvainada y asestó con ella un golpe sobre la mesa del mostrador. La daga penetró la madera como si fuera de mantequilla.

—¡Ese es el sello auténtico de esta daga!

La arrancó de la madera y la guardó en su funda. La envolvió en el periódico y, con ella bajo el brazo, Amiel regresó a formar parte del cuerpo hambriento de la ciudad.

La persistente familiaridad de los seres amados los desdibuja del recuerdo. Se arraigan en la memoria como seres llenos de plenitud: activos, vívidos, tangibles, libres de moverse y responder aún a los pensamientos más secretos de cada persona. Por eso los esposos infieles y los hijos pródigos continúan temiendo a las mujeres en sus vidas: porque ellas habitan sus memorias, porque no dejan de actuar en sus conciencias aunque no estén presentes todo el tiempo. Una esposa y una madre toman posesión, con obstinado amor, de la intimidad de las mentes y los corazones de los hombres. Viven una vida paralela en la concavidad de las almas erráticas de los hombres. Y sin embargo, ellos no las conocen con precisión, no las recuerdan con detalle, olvidan la particularidad que los adhiere a ellas. Ellas dejan de ser imágenes en sus mentes para ser una extensión secreta de sí mismos. Los hombres también ignoran esto: aman a las mujeres que los habitan más que a las mujeres que sus ojos perciben.

—¿Amiel?

Amiel escuchó, lejana, la voz de Lulú. Hacía eco en su pecho, rompía la madeja de su sueño.

—¿Amiel?

Amiel despertó y vio la silueta de su madre en el umbral de la puerta. Se había quedado dormido en el estudio de su padre. Llevado por el hábito, hurgó el bolsillo de su chaleco en busca de su reloj. Recordó que se lo había vendido a Milo dos semanas antes.

—¿Dónde está tu reloj?

—Lo dejé en mi cuarto.

La silueta permaneció inmóvil. Amiel se levantó, se estiró el chaleco y se alisó los flecos rebeldes de su cabello. Amiel tomó la daga, todavía envuelta en hojas de periódico y caminó hacia el umbral de la puerta. Su madre no se movió.

—Voy a mi cuarto, estoy cansado.

—¿Cansado de qué?

Amiel se detuvo. No respondió.

—¿Cansado de no hacer nada por tu vida o cansado de despilfarrar el dinero de tu padre?

—Mamá…

—Cuando no estés tan cansado, necesito que hablemos.

La madre de Amiel se apartó del umbral de la puerta. Un malestar lo invadió. Sintió un sabor acre en su boca. Algo de este momento reverberó en su interior, algo inaprensible: la voz de su madre, o la manera en que callaba anticipando una respuesta o un comportamiento, acaso, que ya conocía. Pero Amiel rehusaba aceptar que su conducta era tan predecible. Fue a su habitación y escondió la daga sobre el armario, detrás de las cajas de habanos donde guardaba postales y tarjetas que coleccionó cuando era niño. Se sentó a la orilla de la cama y cerró los ojos. Imágenes de Lulú asaltaron su mente. No podía apartarla de sus pensamientos. Llegaba a él fraccionada, como el reflejo de una persona ante un espejo roto. Sabía que su propio deseo por ella la fragmentaba. Veía, en su mente, destellos de su rostro agachándose hacia él; o veía sus pies tan blancos, de finos tobillos, levantándose del suelo; o veía sus muslos desnudos abriéndose para él sobre la cama del hotel. Se puso de pie, se quitó el chaleco y la camisa, y se lavó la cara en el lavabo de su cuarto. Se friccionó la cara con agua fría. Se miró en el espejo buscando significado: no lo encontró. Su imagen era un vacío. Llevado por un impulso rompió el espejo. Después miró su puño, maravillado. Abrió la mano: creyó que sangraría, pero sus nudillos estaban ilesos. La tensión disipada, Amiel levantó la vista y descubrió su reflejo en el espejo cuarteado. La huella de su agresión era un centro que irradiaba pedazos de su persona.

Lulú despertó sobresaltada. Escuchó un estrépito al otro lado del espejo. Vivía una pesadilla interminable, una pesadilla que a veces cobraba giros de alucinante angustia. Hace frío en los espejos donde todo es inmóvil, y el mundo en su interior no es nada más que lo reflejado, nada más que aquello que cabe con la mirada en un rectángulo de setenta y cinco centímetros de ancho por ciento cincuenta centímetros de largo. Y para colmo, llegaban a menudo estos hombres que no la dejaban dormir en paz. La asediaban con sus gemidos, con sus hipos y gimoteos, con sus palabras obscenas, con sus sollozos, con sus llamados a "mami, mama, mamita y mamacita…" Los abominaba. Se levantó, desnuda, de la cama y con la mano diestra tomó la daga que mantenía siempre a un brazo de distancia. Se acercó al espejo y vio, al otro lado, a un joven de alcurnia —delgado, blanco, vestido de gris— forcejeando a una joven negra. Ella estaba desnuda. Lloraba y gritaba: "¡No!" Suplicante, repetía su negativa sin cesar. Él la apretaba del cuello, la montó sobre la mesa de noche y le zarandeó la cabeza contra la pared. Asiéndola de las pantorrillas, levantó el cuerpo de la joven y embistió su pelvis contra ella. Lulú surgió del espejo. Caminó, decidida, hasta el joven y le asestó un golpe, con la daga, en la blanda espalda. La daga rasgó el trapecio izquierdo y destrozó tres costillas. Lulú retiró la daga de la espalda, removiendo con ella jirones de carne y astillas óseas. El joven giró hacia Lulú, sumiso y pávido, ofreciendo una mirada suplicante tras los espejuelos de oro. Lulú levantó la daga sobre su hombro izquierdo y la blandió contra el cuello del joven. El tajo cercenó la arteria carótida y cortó tan profundamente que desgajó también la faringe. El joven cayó al suelo, con las manos en la garganta, vertiendo sangre como una dócil bestia en el matadero. Lulú estaba de pie, salpicada de sangre, cuando notó una medalla de oro en el piso. La recogió con la punta de la daga. La miró con atención. Era el icono de un santo.

—¿Es tuyo? —le preguntó a la joven, que se encontraba, encogida y paralizada, sobre la mesa de noche.

La joven asintió y extendió sus manos como una mendiga. Lulú dejó caer la medalla de oro sobre las palmas estremecidas de la joven y se dio vuelta.

—¿Qué pasa con los hombres —dijo—, que nunca entienden que "no" significa "no"?

Y regresó a su mundo inmóvil y frío, al otro lado del espejo.

Amiel entró al dormitorio de sus padres. Una lámpara sobre la mesa de noche iluminaba el cuarto vacío con una débil luz. Vio el vestido de su madre sobre la cama, vio también su ropa interior, y al pie de la cama vio sus zapatos rojos. Escuchó un chapoteo de agua en el baño. La puerta estaba entreabierta. Su madre emergía de la tina, su cuerpo desnudo brillando por el agua, un brazo cruzando su pecho. Amiel reconoció en ella el mismo recato que Lulú mostraba al salir del baño. Los gestos eran casi idénticos. Su madre alcanzó una toalla y se detuvo al lado de la tina para secarse. También como Lulú, su madre se secaba comenzando por los miembros —primero los brazos, después las piernas—, y luego seguía con el torso, de arriba abajo, en movimientos de perfecta simetría. Nunca antes la había observado con tanto cuidado. Era la primera vez que advertía ese parecido entre su madre y Lulú. Se sintió desnudo mirando así a su madre; quizás la desnudez es un estado de conciencia. Su madre estaba vestida con su propio cuerpo, no se exhibía: estaba consigo misma, desnuda sólo para otros. Él, en cambio, no era sino dos ojos, su mirada sustraída de su ser por una desnudez prohibida. Ella levantó la cabeza y sorprendió a su hijo mirándola. Amiel sintió miedo. Inalterada, ella dio tres pasos y cerró de un golpe la puerta del baño.

Quince minutos después, Amiel y su madre se sentaron a platicar. Vestida con una bata blanca, ella se sentó frente al escritorio del cuarto donde guardaba y revisaba su correspondencia. Encendió un cigarrillo y cruzó las piernas. Amiel se sentó contra la pared, a un lado del escritorio.

—La compañía de tu padre está en quiebra.

Su madre hablaba sin mirarlo. Los ojos fijos al frente parecían contemplar la pared, pero vislumbraban el futuro.

—Mañana, tu padre cerrará la planta de oriente y despedirá a dos mil trabajadores.

Amiel la miró con intensidad. Reparó en los pies blancos, los tobillos angostos, los muslos rollizos bajo la bata que se abría exponiendo las rodillas de suaves contornos…

—Debemos afrontar la tormenta…

Los labios apretaban el cigarrillo con energía, comprimiendo las comisuras…

—Dirán tantas cosas de tu padre… en los periódicos y en las calles…

El cabello de su madre era trigueño y rizado, pero a fuerza de tintes y tratamientos. Visualizó su cabeza con el pelo negro y un peinado corto, de paje, con la punta de un mechón girado sobre cada mejilla…

—Debemos ser frugales en nuestros gastos...

La piel blanca, los ojos negros, la nariz recta, los suaves pómulos que daban la grata forma de un corazón a su rostro...

—Debes ayudarnos...

Lulú era más joven, veinte años más joven, pero estaba aquí, frente a sus ojos, veinte años más vieja, en el rostro y los gestos, y la voz y la complexión de su madre...

—¿Cómo es posible? —preguntó Amiel.

Su madre apartó la mirada de la pared y fijó sus ojos negros en él.

—Tu padre cometió algunos errores de cálculo... —dijo ella.

—¿Cómo no lo había notado antes?

—Malas inversiones...

—¿Qué hacías hace veinte años?

—¿Qué?

—Hace veinte años, ¿dónde estabas?

—¿Qué dices?

—Lulú...

Un escalofrío sobrecogió a la madre de Amiel. Ambos se vieron con horror, sin saber por qué, sin comprender cada cual la razón del otro. Amiel se levantó temblando.

—¿Han comenzado a hablar? —preguntó ella con ira.

Amiel abrió los labios, pero no dijo nada.

—Sabes perfectamente que mi nombre es Irene... Irene Hidalgo.

Ella bajó la mirada, apretó el puño en que sostenía el cigarrillo.

—Dirán todo tipo de cosas... calumnias sobre mí, sobre tu padre...

Estrujó el cigarrillo contra el cenicero.

—¿Crees que no he oído cosas sobre ti, Amiel, sobre tu afición al juego y al licor?

Ella lo vio con lágrimas de desesperación y Amiel reconoció en esas lágrimas a la misma joven que amaba en un cuarto de hotel cada semana.

—¿Quién es Lulú? —gritó ella—. ¿Dime quién, quién es para ti esa mujer que nombras sin saber nada de mí? ¿Cómo te atreves? ¿Cómo te atreves?

Ella rompió en llanto, estremecida. Ella, Irene Hidalgo, su madre.

Amiel se volcó a las calles. Corrió por un rato y luego caminó rápidamente en la densa oscuridad de la noche sin luna. Cruzó la zona residencial hacia el centro de la ciudad, hacia las calles iluminadas donde se concentraban los restaurantes y hoteles, el Bohemian Rose entre ellos.

—¿Quién eres, Lulú? —murmuraba Amiel—. Dime, ¿quién eres?

Irene cruzó los pasillos de la casa y entró al dormitorio de Amiel. Cuando vio el espejo roto, buscó otros signos de trastorno al orden. Vio sus libros apilados, su colección de juguetes de hojalata, su pulcro escritorio. Retuvo su mirada en las cajas de habanos sobre el armario, donde Amiel, cuando era un niño, guardaba su colección de imágenes: las postales y los cromos en que se refugiaba durante horas. Arrastró una silla y la colocó frente al armario. Se paró en ella y con su mano tanteó la superficie del armario. Encontró el paquete envuelto en periódicos y lo sacó. Se bajó de la silla y rompió la envoltura de papel. Descubrió la daga, su daga. Aferró con la mano derecha la funda de duro cuero y con la mano izquierda rodeó la empuñadura. Desenvainó la daga. Una furia incontenible se alzó desde sus entrañas y gritó como nunca en su vida había gritado.

La puerta de un ascensor se abrió y Phillipe vio a Mimí salir despavorida de su interior. Estaba desnuda. Apretaba sus ropas, en un bulto, contra su pecho. Corría por el vestíbulo hacia la puerta cuando Phillipe la apresó con un fuerte abrazo.

—¿Qué ha pasado Mimí? —preguntó Phillipe con la voz entrecortada, con un tono paternal.

Mimí sacudía las piernas salpicadas de sangre. Comenzó a llorar, como una niña desamparada.

—¿Quién ha osado hacerte esto, pequeña mía? ¿Quién?

Amiel cruzó una calle angosta y oscura, a dos cuadras del círculo de hoteles, cuando escuchó la voz de un niño gritar: "¡Golpe avisa!" Escuchó luego el frenético ronroneo de un trompo que corrió junto a sus pies. Quiso darse vuelta, para imprecar al niño, cuando sintió una violenta incisión en su espalda. Su cuerpo se encogió en reacción al dolor y se fue de bruces contra el piso de tierra. Sintió otro punzada en la pierna, otra en el cuello. Levantó la cabeza y vio a varios niños descalzos, andrajosos, levantar los brazos y lanzar trompos contra él. Un trompo de afilada punta penetró el dorso de su mano, otro lo golpeó en la frente. Los niños se arrojaron sobre Amiel y sostuvieron sus miembros, un pie descalzo apretó su cara contra el piso y otras manos hurgaron sus bolsillos. En segundos lo despojaron de su cartera, de sus anillos y cadenas, de su cincho y sus zapatos. Los niños se apartaron de su víctima, recogieron sus trompos y regresaron a las sombras de la noche. Inconsciente, Amiel quedó postrado sobre el suelo.

Phillipe llevó a Mimí, en brazos, hasta la oficina del hotel. La acostó en el sofá. No tuvo que preguntar nada más. Ella contó, entre sollozos, una historia fantástica y atroz. Por alguna razón, Phillipe no dudó de sus palabras. Con una toalla húmeda limpió la sangre del cuerpo de la joven y la cubrió con una manta. Colocó un cojín bajo su cabeza y besó su frente. Se acercó a una cómoda de metal asegurada con un candado y extrajo una llave del bolsillo de su chaleco. Escuchó un automóvil parquearse frente al hotel. Phillipe abrió la cómoda y extrajo una escopeta y dos cartuchos. Salió de la oficina y vio a una mujer entrar al hotel y correr por el vestíbulo hacia los ascensores. La reconoció de inmediato.

—Mi pequeña Lulú… —balbuceó—. Has regresado…

Abrió la recámara de la escopeta y cargó los dos cartuchos. Cerró la recámara y se dirigió a la escalera.

Irene salió del ascensor en el cuarto piso. Empuñaba la daga. Se dirigió a la habitación 409 y encontró la puerta entreabierta. Entró a la alcoba y vio el cuerpo del joven sobre una laguna de sangre. Levantó los ojos hacia el fondo del pasillo y se vio a sí misma en el espejo, tal como recordaba ser veinte años atrás.

Phillipe llegó al cuarto piso y caminó por el corredor hacia la habitación 409. Levantó la escopeta por la empuñadura y ajustó la culata contra el hombro. La puerta estaba abierta. Buscó de inmediato el espejo y allí, al otro lado, vio a dos mujeres enfrentadas entre sí con idénticas dagas. Phillipe apuntó la escopeta hacia ellas y disparó. El espejo se hizo añicos. Las mujeres desaparecieron así de su vista. Phillipe entró a la alcoba en busca del joven. Descubrió el horrendo cuadro descrito por Mimí. Caminó sobre la sangre para verlo de cerca. Estaba muerto, sí, pero sus ojos abiertos parecían mirarlo sin respeto. Phillipe alzó la escopeta y apuntó hacia la cara del joven. Contrajo los párpados y apretó el gatillo. El percutor golpeó el fulminante del cartucho y una treintena de perdigones destrozó para siempre la expresión estúpida y salaz del joven.

—Sodomita de mierda —dijo Phillipe con desprecio y salió de la habitación 409.

En el dormitorio de Amiel, sobre la mesa de su escritorio, apoyado sobre una caja de habanos, se encuentra el fragmento triangular de un espejo. En ese fragmento de cinco por siete centímetros Amiel se refugia por horas. A veces el reflejo de su rostro se desvanece y la superficie del espejo se abre al tiempo. Cuando eso sucede, un ojo negro lo mira desde el otro lado o reencuentra dos labios pintados de rojo cadmio. A veces un dedo surge de su interior y acaricia sus labios o sus mejillas o la firme línea de su quijada. ¿Su madre o su amante? No importa. Realmente no importa quién lo busca y lo mima desde el otro lado del espejo, porque las imágenes que concebimos de nosotros mismos no pueden procrear su propia muerte y vivirán con nosotros hasta el final de los tiempos.

[*La ciudad del deseo,* 2004.]

MAURICIO ORELLANA SUÁREZ
(San Salvador, 1965)

Escritor y traductor. Ha publicado las novelas Heterocity *(2011, Premio Centroamericano Mario Monteforte Toledo 2010),* Las mareas *(2011),* Ciudad de Alado *(2009) y* Te recuerdo que moriremos algún día *(2001). Ganador de los Juegos Florales salvadoreños en novela en 2000 y 2001, y de los Juegos Florales nacionales de Cojutepeque 2002, género cuento. Finalista con su novela* Kazalcán y los últimos hijos del sol oculto *en el Premio Planeta de Novela 2002.*

La encerrona

Es LUNES. Unos olorosos modelitos de Men's Health versión vernácula, con sus peinados de abundantes cabelleras de gay anime hentai apenas contenidas con gel *Moco de gorila* de máxima fijación, trajecitos europeos, corbatas monas, lisas, color lila, evidentemente nerviosos y lógicamente pertenecientes a la casta del comité de protocolo, esperan ya por nosotros como fieras al acecho de sus designados para el apareo, listos a despedazarnos con sus garras de labia contenida y sus aderezadas sonrisas *Professional Whitening.* Saltan como gotitas de agua expulsadas por los aceites hirvientes de una cacerola *T-fal* (*The Non-stick Cookware* por antonomasia), se nos pegan como manteca de cerdo caliente a la piel hasta casi achicharrarnos con indicaciones de cómo llegar, sin hacer el ridículo ante cámaras, al salón principal donde se llevará a cabo la reunión.

Luego de atravesar media pista repleta con los obstáculos protocolarios del ingreso al más allá de la siguiente puerta llena de guardafrentes y espaldas, discretamente armados, de ojos andantes boligoma, nos damos cuenta de que apenas si estamos en los suburbios interiores del epicentro pronosticado como punto de reunión urgente para tratar terremotos tan delicados como los que debemos tratar: apenas si ingresamos al patio. De pronto, sin trueno de por medio como sensato aviso de tormenta, una lluvia más de agitadísimos protocolarios punzocortantes nos moja de indicaciones imprecisas sobre cómo aprender malabarismo diplomático en dos minutos. "Alto... Siga... Pare... Espere".

Antes de entrar, el saludo a cámaras. La pose para la fotografía oficial, los relámpagos virtuales acuchillándonos los ojos enrojecidos de desvelos previos y acalambrándonos los labios con el estate ahí de una sonrisa sin motivo, idiota, interpretada, eso sí, con la franca seriedad de un actor profesional que se precia de serlo; luego pasar y aplastarse diecisiete y media horas seguidas en el mismo asiento que nos conoció de donde casi nadie nos conoce nunca, sin decir rumores.

Todo está listo: cartapacio y fólder con membretes frente a cada asiento; dos lápices con punta y sacapunta para desaburrirnos en los momentos libres, conexión sin internet para nuestras laptops, y por si fuera poco, lapiceros Cross de dos colores diferentes nada menos (círculo, tachón y círculo lo confirman en primera plana de mi resma de papel tamaño carta base veinte). Además, vaso con agua y pichelín individual, si no de cristal de Murano, al menos con igual conducta transparente; audífono con traductor incluido; una taza de café con garantía de *refill* sin uno percatarse; fotocopiadora, impresora y escáner, tres en uno, a un costado; y ya listas, las fotocopias de la documentación de referencia dividida en tres secciones: obligada, probable y por si acaso.

Diez minutos más y hay quórum. Se cierran las puertas. Comienza la encerrona. Cero celulares: primer acuerdo. Lo que salga de encierro tendrá que gestarse ahí mismo.

Uno a uno tomamos la palabra. Exponemos, unos locuaces, otros exaltados. Luego disentimos en conjunto, al unísono, casi al megáfono, la mayoría alegando sordera argumental y miopía de puntos en común, muy, muy lejanos para distinguirlos. ¿Qué se podía esperar?

Media hora más tarde el humo de los cigarrillos, lo único dócil del sitio, está en su apogeo; no importa quién no fuma o si está prohibido, hoy todos fuman. El mañoso incienso con cara de niño chic oculta su yo-doy-cáncer en el blancuzco hedor difuminado en el salón entero: primer acuerdo, único hasta donde se alcanza a ver, según van las cosas. No hay rincón que logre protegerse de ese manchón de catarata inoperable. Nos viste los pulmones y a mí se me comienza a meter hasta en los sesos, mientras la discusión se vacía, sin que nos percatemos, hacia un estado alterado de la realidad. Los insultos abiertos empiezan a destapar tímpanos incautos a diestra y siniestra. El alto tono de los altos representantes de nunca se está seguro quiénes, comienza a pulular en lo alto, desde lo alto del recinto, y los cigarrillos siguen encendiéndose para incendiarlo todo. Como ya se presentía, la discusión se ha vuelto un hueso duro de roer, hueso que más bien está coqueteando en la mente de los otros para convertirse en arma contundente con la cual abrir cráneos descuidados: el juego a matar se ha instalado en los ojos de muchos, y nadie cede.

"Quizá esto sea un error", me atrevo a pensar.

Todos me vuelven a ver ofendidos, como si lo que he pensado lo hubiera dicho en altavoces. "Es el humo", me digo. "El humo de cigarrillos nos conecta por fuera y por dentro nos desconecta. Es la materialización de un complot. Sólo así se explica que estos puedan saber lo que pienso." Y entonces, conjurada por la explicación mental, regresa la calma a los rostros. Se apagan los cigarrillos en un repentino acuerdo tácito y sin discusión. Luego, algunas risitas por aquí, espaldarazos por allá, desestresantes chascarrillos, miradas de mar en calma, y de nuevo a trabajar.

Ya a la una de la tarde pensamos, sin decirlo, en el almuerzo, y hablamos de esclarecer los puntos válidos de la agenda comprimida. Siempre es así: el hambre presiona los acuerdos y los acuerdos van cediendo, siempre que el hambre no afloje. Quizás por eso nos sirven una patita de pollo miniatura con un pucho de arroz contable y ensalada.

A las cuatro de la tarde la discusión llega de nuevo al tono del empacho de las ruinas circulares del cuentista, como si se estuviesen restaurando ante nuestros ojos, a cada vuelta, a cada vuelta, a cada vuelta que damos, y otra más, esta vez sin el empujoncito de los cigarrillos encendidos en encierro. Más de nueve horas ya y no hay más que la nueva chillazón de tripas y la tembladera de miembros superiores a causa del exceso de café *refill*. Y empieza la frustración a tratarnos a todos de vos. Suspiros. Rascadera de cabezas. Algunos bostezos descarados.

A las diez de la noche tenemos el no haber podido avanzar un centímetro ni en la cuarta dimensión. Posturas más endurecidas que nunca. Rostros más ceñudos que antes; y si a las doce no hay acuerdo, la encerrona es un fracaso.

A esa hora me empieza la claustrofobia. Aparte de la frustración, como que es la encerrona del hambre la que se sale de mi estómago para jalarme las cuatro paredes del salón hasta dejarlas a cinco centímetros a la redonda de mi revolvedera de mente. Se me dificulta respirar. Oigo a los otros como se oyen las voces en la duermevela. Sudo a chorros a pesar del aire acondicionado que hace zumbar sus tonos más fríos con una histeria de arenga de plaza pública.

Soy el primero en aflojar corbata y enrollar los nervios en las mangas de camisa de fuerza de la claustrofobia. Al rato todos, por turno aleatorio, miran hacia la puerta. Es un ganado de ojos desesperado por salir en estampida. Unos contemplan de cuando en cuando sus apagados celulares, como añorando sus luces. Juegan con ellos en sus manos, como por costumbre. Los relojes cobran cada vez más relevancia y se relevan uno a uno en los ojos de los compañeros de encerrona de uno y otro bando. Es curioso notar cómo crecen en tamaño los relojes a esta hora del encierro. De pronto el cuarto es mi cabeza a punto de hacer una implosión. Le siguen los retortijones abriéndole zanjas al ya eterno debate sin sentido.

Diez y media, y nada (la guerra de palabras se ha vuelto guerra de bostezos, ahora más mansos que obstinados). Once y diez, y menos que hay salida.

Por fin, a las once y quince en punto, y a cuarenta y cinco minutos contantes y sonantes del cierre final de la discusión, se llega a un acuerdo de último momento. Lo demás: carpintería. Se redacta en sucio el asunto, y todo mundo para afuera con caras de angelitos triunfales. Luces y sonrisas otra vez. Nueva foto oficial. El ejército de protocolo con ojeras de burro, hediondos a espera, haciendo las mismas maromas de antes y de siempre.

Último paso obligado: salón de conferencias. Prensa reunida. La claustrofobia ha cedido, y en mi cabeza del único acuerdo unánime del que me acuerdo es el de la espantosa gran hambre que llevo.

[Del autor.]

SALVADOR CANJURA
(San Salvador, 1968)

Ha publicado el libro de cuentos Prohibido vivir *(2000) y ha sido incluido en las antologías* Papayas und Bananen *(2002),* Pequeñas resistencias 2. Antología del cuento centroamericano contemporáneo *(2003) y* Cicatrices: un retrato del cuento centroamericano *(2004).*

Me tomé la libertad

MÁS LE habría valido a Wilmots huir de aquel extraño en la primera ocasión que lo vio en el estacionamiento. El tipo fumaba un cigarrillo que despedía un olor dulzón, imposible de soportar. Era como si estuviese fumando tabaco cubierto de chocolate.

Luego de salir de la oficina, Wilmots observó que su automóvil lucía impecable. Alguien lo había lavado con esmero. El sol de la tarde se reflejaba sin dificultad en la superficie. Encontró una nota en el parabrisas. "Me tomé la libertad de lavar su vehículo". No estaba firmada, pero Wilmots supo de inmediato que el autor era el hombre que vio en el estacionamiento por la mañana. El olor empalagoso de sus cigarrillos se había quedado impregnado en el trozo de papel.

Tres días después, luego de un fin de semana en que el automóvil quedó cubierto de lodo, Wilmots recordó el favor que el desconocido le había hecho. Por ello no se animó a lavar el vehículo por sí mismo. Era un trabajo que detestaba. Su piel blanca sufría cortaduras por el jabón y el agua. Y qué decir del tiempo que perdía. Tampoco le gustaban los lavados automáticos, ya que nunca dejaban reluciente la carrocería. Prefería circular por las calles con la mugre

179

del mundo en el parabrisas, resignado a esperar la siguiente lluvia. ¡Ah, pero todo cambió para bien! ¡Qué buen trabajo había realizado ese hombre! Sin pedirle nada a cambio se tomó tantas molestias. ¡Ahora sí conduciría con orgullo por el vecindario, sin temer a las burlas de los vecinos!

Tal como Wilmots imaginaba, al salir de la oficina encontró que el automóvil lucía tan bien como el día en que lo compró. Lo revisó con ojo clínico, para encontrar alguna imperfección en la faena. Imposible. No pudo menos que admirarse. "Me tomé la libertad de lavar su vehículo, pues he notado que lo utilizó el fin de semana", decía esta vez la nota del parabrisas. Wilmots no tuvo que esforzarse para percibir el olor dulzón de los cigarrillos.

Tres días después, Wilmots se aventuró a dejar sin seguro una de las puertas del automóvil. Al regresar descubrió con agrado la nota de su benefactor. "Me tomé la libertad de limpiar también la parte interior de su vehículo. He notado que los ceniceros estaban sucios y que las alfombras necesitaban una sacudida." Los asientos despedían un ligero olor a vainilla, y no tardó en descubrir que un molesto zumbido en los parlantes había desaparecido. ¡Ahora podría escuchar su estación de radio favorita sin tener que soportar esos ruidos que lo fastidiaban! En las siguientes semanas también encontraría el aire acondicionado reparado, los asientos tapizados y el motor afinado. ¡Jamás pensó Wilmots tener tanta suerte! Se sentó en el sitio para el conductor, observó sus ojos azules en el retrovisor y se felicitó por su buena estrella.

Luego de varios meses de idilio, sucedió una tarde que Wilmots encontró un par de condones sobre una de las alfombras del automóvil. Era un pequeño detalle que le causó cierta molestia, pero que olvidó al instante. "Me tomé la libertad de invitar a una amiga a contemplar su vehículo." Wilmots observó el interior, el exterior y el motor. No había nada fuera de su sitio. Todo estaba bien. Decidió no darle importancia al incidente. "Es un pequeño favor que puedo hacerle", pensó. "Él me ha ayudado sin pedir nada a cambio".

Ése fue sólo el principio. A los condones siguieron prendas femeninas, paquetes nuevos de cigarrillos y revistas pornográficas. "Me tomé la libertad de invitar a unas amigas. ¡Deseaban conocer el automóvil del que les he hablado tanto!" Y cómo protestar, si el vehículo lucía cada vez mejor. El motor funcionaba muy bien, a tal grado que la esposa de Wilmots se animó a conducir de nuevo, sin temor a que un desperfecto mecánico la dejara varada en la calle.

Cuando Wilmots compró un segundo automóvil para su esposa, estaba seguro de que no recibiría el mismo trato que el primero. Se equivocó. Frente a su casa, Wilmots observó cómo el auto de segunda mano mejoraba su rendimiento y recobraba la belleza inicial. "Me tomé la libertad de reparar el vehículo de su esposa. No podemos permitir que sufra un desperfecto mecánico mientras ella lo utiliza." "Me tomé la libertad de pintar el vehículo de su esposa. Así se sentirá más a gusto cuando lo conduzca."

La esposa de Wilmots se sintió mortificada cuando descubrió que en ocasiones su automóvil desaparecía durante la mañana. Sabía que la familia estaba en deuda con el hombre que se empeñaba en atenderlos. Debido a los ruegos de su cónyuge no hacía ningún reclamo cuando su propiedad le era devuelta.

—Mujer, ¿no puedes ser más agradecida? —reclamaba Wilmots—. ¡Mira cuánto bien nos ha hecho esta persona!

Ella se sintió culpable por no ser tan comprensiva como su esposo. Por lo tanto, cedió ante el inconveniente, y permitió que su vehículo desapareciera de vez en cuando. No era para menos. El combustible utilizado en estas escapadas era repuesto con creces. El indicador siempre marcaba lleno.

—¡Debería llevárselo más a menudo! —dijo la mujer a su familia, muy contenta, una vez que comprendió los beneficios del préstamo—. Ese hombre sí que es una bendición.

Luego de los vehículos fue la casa de Wilmots la que recibió los cuidados esmerados. Goteras, obstrucciones de cañerías, losas rotas, azulejos manchados y escalones astillados dejaron de existir. La casa permanecía ordenada, la ropa en los armarios, los zapatos limpios y la alacena surtida. Los recibos de teléfono eran pagados el mismo día en que se recibían.

A cambio de estos favores el visitante se tomaba ciertas concesiones. "Me tomé la libertad de hacer una reunión con mis amigas. ¡No saben cómo les agradó la casa!", decía una nota que Wilmots encontró pegada con cinta adhesiva en la puerta principal. No parecía que hubiese ocurrido tal reunión, pues el orden era impecable, tal como se acostumbraba en las últimas semanas. Sin embargo, los niños encontraron sus camas desarregladas y debajo de una de ellas había un látigo con rastros de sangre.

—Un olvido insignificante. Nada de qué alarmarse —dijo Wilmots, saliendo así al paso a las protestas de su esposa.

El siguiente cambio fue más importante para Wilmots. Su esposa y los niños comenzaron a salir con ese hombre. "Me tomé la libertad de llevar a su familia de paseo. Así tendrá tiempo de dormir la siesta por la tarde", era la nota que aparecía en la casa los fines de semana. Y tenía mucha razón. ¡Cuánto gozaba Wilmots de esas horas de descanso! Solo, tirado en la cama o en el sofá, sentía que la vida lo trataba mejor que nunca. "Me tomé la libertad de llevar a su familia a cenar." "Me tomé la libertad de llevar a su familia al cine." "Me tomé la libertad de llevar a su familia al lago."

Wilmots se sentía aliviado de sus tareas domésticas. Subió unos kilos, vio más televisión y logró por fin dedicarse a construir barcos dentro de botellas, un pasatiempo que había dejado de lado. "Me tomé la libertad de llevar sus modelos a una exposición. ¡A todos les van a gustar tanto como a mí!" Lo único que le contrariaba era que su esposa descuidaba a los niños. "Me tomé la libertad de llevar a su esposa de compras. ¡No sabe cuántos deseos tenía de renovar su vestuario!" Wilmots llegaba a la casa por las noches y encontraba a los chiquillos hambrientos, desesperados por las muchas horas en soledad. Sin embargo, ¿cómo podía hacer algún reclamo? Los autos funcionaban mejor que nunca, la casa permanecía limpia y ordenada, las cuentas se pagaban sin que a él llegaran los recibos mensuales. "Me tomé la libertad de llevar a su esposa a una fiesta. Tenía muchos deseos de conocer a mis amigos." No había más que resignarse a ser comprensivo, comprar comida por teléfono y sentarse a la mesa con los niños, a quienes soportaba menos cada día.

Wilmots y su esposa ya no se veían. Ella llegaba a la cama de madrugada y se levantaba antes del amanecer. Por los niños supo que la mujer regresaba a cambiarse de ropa en el transcurso del día, acompañada siempre por el hombre que la acaparaba. ¿Cómo podría reprocharle algo a esa persona, si le había brindado bienestar a la familia? En los últimos días les había obsequiado dos autos nuevos. "Me tomé la libertad de traerles estos vehículos. Es lo que ustedes merecen por ser una familia tan distinguida." Wilmots se sentía orgulloso de manejar una máquina tan poderosa y de bellas líneas. ¿Por qué arruinar una vida ideal con un reclamo tonto que podría ofender a este personaje?

Sin embargo, no pudo reprimir más sus instintos. ¿Cómo hacerlo, cuando su esposa comenzó a dormir fuera de casa? Explicaba que asistía a reuniones que terminaban en horas de la madrugada, por lo que no quería importunar a la familia con el ruido que provocaría a su llegada.

—¡Todo lo que hago es preocuparme por ustedes! —dijo la mujer—. ¿Y así es como me pagas?

A Wilmots dejó de gustarle la vida acomodada. Renunció a construir barcos dentro de botellas. En cambio, pasaba largas horas frente al televisor, y regañaba a sus hijos porque no dejaban de jugar dentro de la casa. A los niños les disgustó la idea de ser corregidos por un adulto en quien ya no reconocían a su padre. Wilmots prefería entonces marcharse a la calle. Ensuciaba sus automóviles, los llenaba de lodo y luego los escondía, estacionándolos en calles por las que no solía transitar. No obstante, parecía que el hombre que se llevaba a su esposa de fiestas lo espiaba para averiguar sus escondrijos. Los automóviles amanecían sin un gramo de polvo en la carrocería. Lucían impecables, como recién estrenados.

Wilmots decidió seguir a su esposa una tarde de domingo, en la que apareció como una exhalación por la casa para cambiarse de ropa, pues la que vestía olía demasiado a tabaco dulzón. La observó subir a un automóvil negro, de líneas discretas, conducido por el hombre a quien había aprendido a odiar en los últimos días, despacio, como un guiso que se prepara a fuego lento. Los siguió hasta una vivienda en las afueras de la ciudad. La pareja entró. Iban tomados de la mano. Wilmots estacionó el automóvil frente a la puerta principal. Bajó del vehículo y caminó hacia la entrada. No tuvo que forzar la cerradura. No estaba asegurada. Una vez adentro observó en todas direcciones. La limpieza y el orden le causaron repugnancia. No había la menor muestra de descuido. Los cojines estaban sobre el sofá. Las cortinas estaban recogidas por una cinta en el medio, para permitir una limitada cantidad de sol dentro de la casa. Al caminar por un pasillo se sorprendió de encontrar prendas de vestir junto a una puerta entrecerrada. Era lo único que no estaba en su lugar. Se aproximó. Escuchó gemidos. Observó dentro de la habitación. Era un dormitorio.

La cama era ancha, y sobre ella, su esposa cabalgaba a horcajadas sobre el cuerpo del hombre que había invadido la vida de su familia. Observó las manos de la mujer sobre el pecho velludo, y los senos pequeños que eran acariciados por unos dedos insaciables. El rostro de la mujer transpiraba placer. Era una expresión que Wilmots ignoraba. Jamás la había visto en su intimidad.

Wilmots retrocedió con torpeza. Arrastró los pies. Tropezó con las ropas que estaban en el suelo y perdió el equilibrio. Por más ruido que hizo no logró sacar a la pareja de su entrega. Estaban en su propio universo. Wilmots se levantó y salió con rapidez de la casa, corrió hacia su automóvil, abrió el baúl y sacó trapos y un recipiente plástico que contenía agua. Comenzó a frotar los trapos sobre la superficie del vehículo, a sacarle brillo a los espejos laterales, a quitar el lodo de los neumáticos. Esparció agua sobre las ventanillas y limpió los restos de polvo y lodo que sobre ellas había. Limpió luego los asientos, las alfombras, el timón, la palanca de cambios, los pedales. ¡Todo debía quedar muy limpio! Su esposa y el hombre con quien ella estaba tenían que enterarse de que él también podía mantener su auto sin manchas. No necesitaba de extraños que lo ayudaran a hacerlo. Aseó con esmero los guardafangos, las loderas, el cofre del motor, el techo, la defensa, la parrilla delantera. ¡Debía quedar más limpio que nunca! Las cuatro puertas, el retrovisor, el tablero de control. ¡No podía permitir que la limpieza tuviera un solo reparo! Los faros, las luces de prevención, las matrículas, los ceniceros…

[Suplemento cultural *Tres Mil,* núm. 1001, diario *Co Latino,* 2009.]

HONDURAS

Óscar Acosta (1933)
Eduardo Bähr (1940)
Julio Escoto (1944)
Juan de Dios Pineda Zaldívar (1947)
Jorge Medina García (1948)
María Eugenia Ramos (1959)
Mario Gallardo (1962)

ÓSCAR ACOSTA
(Tegucigalpa, 1933)

Poeta, narrador, crítico literario, político y diplomático. Entre sus obras se encuentran Responso poético al cuerpo presente de José Trinidad Reyes *(1955),* El arca *(1956),* Poesía menor *(1957),* Tiempo detenido *(1962),* Mi país *(1971) y* Rafael Heliodoro Valle. Vida y obra *(1964). Premio Rubén Darío en 1960 y Premio Nacional de Literatura Ramón Sosa en 1979.*

El regresivo

DIOS concedió a aquel ser una infinita gracia que era permitir que el tiempo retrocediera en su cuerpo, su pensamiento y sus acciones. Después de tener un carácter insoportable, nació a los setenta años que era la edad en que debía de morirse, pasó a una edad de sosiego que antecedía a aquella. El Creador lo formaría entonces, me imagino, para demostrar que la vida no sólo puede realizarse en forma progresiva sino alterarse este orden, naciendo en la muerte y pereciendo, en lo que nosotros llamamos origen, sin dejar de ser en suma la misma existencia. A los cuarenta años el gozo de aquel ser no tuvo límites y se sintió en poder de todas sus facultades físicas y mentales. Las canas volviéronse oscuras y sus pasos se hicieron más seguros. Después de esta edad la sonrisa de aquel afortunado fue aclarándose a pesar de que se acercaba más a su propio e inevitable desaparecimiento, proceso que el ser parecía ignorar. Llegó a tener treinta años y se sintió apasionado, seguro de sí mismo y lleno de astucia. Luego veinte y se convirtió en un muchacho feroz e irresponsable. Transcurrieron otros cinco años y las lecturas y los juegos ocuparon sus horas, mientras las golosinas lo llamaban desde los escaparates. Durante ese lapso lo llegó a ruborizar más la inocente sonrisa de una colegiala que una caída aparatosa en un parque público un día domingo. De los diez años a los cinco, la vida se le hizo cada vez más rápida y ya era un niño a quien vencía el sueño.

Aunque el ser hubiera pensado escribir esta historia, no hubiera podido pues las letras y los símbolos se le fueron borrando de la mente, y si hubiera querido contarla, para que el mundo se enterara de esta extraña disposición de Nuestro Señor, las palabras no hubieran acudido entonces a sus labios inocentes sino en la forma de un balbuceo.

[*Antología del cuento hondureño,* 1968.]

EDUARDO BÄHR
(Tela, 1940)

Licenciado en lengua y literatura, con posgrado en letras hispánicas en la Universidad de Cincinnati. Ha dirigido compañías de teatro universitario y actuado en teatro y cine en su país. Su obra incluye cuentos y guiones de teatro. Con su libro El cuento de la guerra *recibió en 1970 el Premio Nacional de Literatura Martínez Galindo, y en 1995 la Medalla Gabriela Mistral del Gobierno de Chile. Su obra narrativa incluye también* Fotografía del peñasco *(1969) y* La Flora Maga *(1999), así como los libros de literatura infantil* Mazapán *(1982),* El diablillo Achís *(1991),* Malamuerte *(1997) y* El niño de la Montaña de la Flor *(2003).*

Malamuerte

UNO

LA HISTORIA de Malamuerte podría contarse en unos pocos hitos: pueblo chico, blanco de cal viva, encerrado entre dos montañas y un farallón con pantanal; una entrada por salida hacia un vallejo donde una vez, en el principio del tiempo, hubo un mar. Agricultores que recogen hongos de la selva y viven del óxido blanco de las entrañas del paisaje. La llegada de un cura español, proveniente de alguna olvidada villa de Castilla-La Mancha. La maldición furibunda de un vendedor de libros y cobrador de a saber qué tipo de gabelas... El arribo de una maestra silenciosa que pasó a ser parte del alma pueblerina y, finalmente, bajo el calor de hoy, el de esta nube de polvo con dos faroles encendidos a las ocho de la mañana.

¿Qué más?... Una hermosa ermita, una escuela multigrado con unos muchachos y muchachas tan serios como no podría esperarse de su edad; un grande árbol de oscuras, relucientes y constantemente verdes hojas en el centro de la plaza, como constante es este sol ardiente. Habría que decir que el camino de entrada y de salida estaba situado hacia el este, frente al pueblo trazado en forma de herradura, cuyo envés daba al farallón del pantano, enorme, lejano, y a su neblina permanente y deletérea (brumal paisaje que nunca se disipa, y al cual los vecinos simplemente ignoraban).

El eco de la reverberación había entrado en la planicie hacía unas dos horas pero cuando el fenómeno comenzó serían las ocho y el sol, detrás de aquella nube de polvo que parecía avanzar hacia ellos, mostraba una protósfera naranja y fuego. Así que ya todos habían salido a curiosear y desde las ventanucas, las cercas de madera pintadas en cal, los jardines sin flores, la plaza con el solitario árbol "de hule" en el medio y el patio de la escuela, miraban en silencio aquello que se movía imperceptible, más por el marco y fogarada que por las luces desvaídas.

Maese también había salido. Se había echado sobre la silla mecedora de madera situada en el atrio y ceñudo miraba hacia la masa flotante. Agitaba la sotana para airearse y secaba el sudor espeso de la frente con el desteñido faldón. La fachada de la iglesia, un poco inclinada hacia el norte, lo protegía con una sombra en sesgo, como el hilo de su curiosidad. "Otro merolico —pensó—. Vamos a ver si nos toca de a real o de a medio."

Mas los primeros habían sido los habitantes de la escuela, que algo estaban siempre esperando y que, desde su posición en la altura de la plaza, comprobaron fácilmente que la nube de polvo no era provocada por la mensual caravana de mulas que partía cargada con sacos de cal blanquiazul y con los hongos secos cosechados antes del primer hervor de la madrugada (para que vomitaran su veneno), empacados en hojas de tabaco silvestre, y que regresaba llena de mercadería, ropa, alimentos, aguardiente, rapaduras de dulce, medicinas, espejos y espejuelos y uno que otro chunche sin utilidad visible.

Asimó, de unos doce años, pensó en voz alta:

—Han echado a andar el mecanismo antigravitacional.

—"Tatorio" —dijo Béberli, con voz suave.

—¿Qué?

—Que se dice "gravitatorio", no "gravitacional".

—Es la misma mierda. ¿No ves cómo han dominado ya todo el campo magnético? —respondió con mirada volcánica. Pero al darse cuenta de que la mujer que estaba a su lado le había dirigido una mirada ídem, se apresuró a susurrar, "Perdón, maestra", tan bajo como la voz de la niña.

—Las luces se estiran un poco erráticas —dijo Pol—, ¿no será que al descender se ha dañado algún instrumento?

—No seás pendejo —reclamó Asimó, mientras miraba de reojo a la maestra—. Ellos tienen tecnología superior; todo está controlado por máquinas que piensan, no como vos.

Pol musitó algo ininteligible, luego:

—Y, ¿por qué sólo se miran esas luces paliduchas?

—Porque lo controlan todo con ondas telepáticas, ya te dije —concluyó Asimó.

Éliso, Béster, Niven, Tall, Clark y hasta Orson Welles estaban allí, además de Ache Güel y Ray Brávori, mayores que los demás.

Durante un momento se mantuvieron silenciosos observando la nube; pero el movimiento del aire entre sus cabellos avisaba que algo hervía: "Viene de Conoceros, de Eridanus o de Lagarto". "No, por el débil resplandor esas luces deben provenir del Zodíaco". "Ondulan a lo largo de la elíptica." "Las figuras son del color de la arcilla y antropomorfas." "Tal vez zoomorfas." "Sus ojos sin rostro son ventanas que llevan hacia la oscuridad total." "Son criaturas eternas, desnudas y resbaladizas; son el aceite en el espejo." "Apuesto a que sus turbos son de estibina y arrojan fuego verde…"

Desde su mecedora, Maese miraba hacia la nube y sus faroles encendidos. En una congelación de tiempo, y al unísono, todos parecieron hundir sus pensamientos en el pasado: Maese recordó claramente que así había llegado, tiempo atrás, el vendedor. Su carro era nuevo y brillante a pesar del polvo del camino. Traía tres baúles llenos de libros y se la pasó todo un día bufando su faramalla para venderlos, pretendiendo además cobrar impuestos del Estado y hasta de la Santa Iglesia Romana. Con Maese se habían agarrado casi inmediatamente en pleito de retahílas de latín y hebreo antiguo de tal suerte que hacia el atardecer, después de una humillante derrota, ante la tenaz observación por parte de los pueblerinos y la evidente intención de la maestra y los muchachos por echarlo al pantanal del farallón, montó en su carro y fuese por donde vino, envuelto en una nube de ira y dejando los cajones bajo el árbol de hule, no sin antes lanzar puños de sal, cortar el aire con uñaradas ferales y tirar maldiciones y ventosidades que habían manchado la claridad de la tarde: "¡Os dejo los libros para que quemen vuestra alma, malditos incultos; pueblo de mala muerte!", vociferaba, mientras sus gritos se perdían en el camino, de regreso hacia la reverberación lejana.

La maestra también recordaba. Ella misma había llegado al pueblo mucho antes que el vendedor. Rápidamente la habían aceptado como era, pese a su habitual silencio, ya que quizá creyeron que era su mejor forma de comunicar con los jóvenes para enseñarles su sabiduría. Al recordar sonreía, mientras visualizaba la huida de aquel hombre iracundo. Recordaba cómo Maese le había dicho que el pueblo en realidad no tenía nombre, que el sonido poderoso de la palabra "malamuerte" le había gustado sobremanera. Ella se había encogido de hombros como una manera de asentir y los muchachos habían sacado, a saber de dónde, botellas de vino de hongos para celebrar.

Recordó la contienda y cómo, con los latinazos más sonoros, había compuesto canciones para sus alumnos, y que secretamente había guardado para reírse a solas, algunos con las más feroces connotaciones. El vendedor, con prepotencia de fuereño, había comenzado con *"absit injuria verbo"*, según dijo, para no ofender a lo presente. Pero Maese había replicado como un rayo que *"abstine et sustine"*. Si el vendedor explicaba que tenía que vender libros y cobrar impuestos era porque *"cum finis est licitus, etiam media sunt licita"*. Maese replicaba, burlón, que no tenía para eso *"vis comica"*. Tomando pose de modesto, pero ya entrado en rabia, el vendedor, echando espumas, balbucía: *"sic vos, non vobis, nidificatis, aves"* y Maese, raudo y seguro: *"vae victis"*. Entonces el vendedor, verde, rojo y amarillo —no necesariamente en ese orden—, había espetado: *"mala gallina, malum ovum"*, y Maese: *"nemo tenetur se ipsum accusare"*. La maestra recordó que de ese jaez había continuado el duelo hasta que Maese, con grande aburrimiento, se había llevado la mano hacia la boca para sostener un no menor bostezo y en un farfullo había rematado: *"acta est fabla"*, para echarlo de la iglesia a sotanazo limpio.

Cuando ya el sonido del motor y el ruido de las maldiciones y los pedos se habían perdido en lontananza, se reunieron bajo el árbol para abrir los cajones. El primero estaba lleno de biblias. Maese examinó detenidamente las múltiples versiones: "Aquí no hay un solo versículo en latín" dijo, y con gran regocijo para la gente menuda, se hizo con aquellas hojas de papel cebolla una esplendorosa hoguera que daba hermosos, casi divinos, tonos aterciopelados. Luego abrieron el segundo y comprobaron con respetuoso silencio que estaba lleno de infolios de materia médica homeopática, terapéutica y de apología herbolaria. "Éstos —dijo Maese— no adolecen del pecado de apostasía, sin embargo yo mismo me encargaré de quemarlos, en solitario, por si hay alguno que esté entre ocultismo, inspirado por Belcebú"; y dicho esto los llevó para su iglesia, uno por uno, cuidando delicadamente no maltratar lomos, pastas y carátulas de antiguo cuero bruñido.

Cuando regresó de guardar el último ya la maestra y los muchachos habían abierto el tercero. Todos, menos ella, se hallaron de pronto muy sorprendidos. Maese tomó de manera desaprensiva varios de esos libros y los hojeó al desgaire, y dándose cuenta de que no entendía una tan sola palabra le dijo a la maestra que se los llevara para la escuela, que enseñara cómo no se debe leer, que hiciera con ellos lo que quisiese o que, finalmente, los quemara. Ella echó libros a la hoguera, mas no los del tercer baúl sino todos los textos escolares que había en los estantes. Desde entonces no enseñó más que estos nuevos. Así fue como los niños y las niñas aprendieron a releer, a escribir, a pensar y a maravillarse con cada letra, cada línea, cada cuento y narración, y cada novela de la ciencia ficción. Se memorizaron con felicidad una a una las páginas de cada libro; olvidaron sus propios nombres y adoptaron los de autoras y autores sin atender a sus grafías extranjeras y, cuando no había adultos cerca, hablaban en una algazara de sonidos, invenciones y admiraciones universales.

—Puros merolicos —dijo Maese—. También se van a ir echando diablos por el culo.

DOS

El lamento agudo de un animal a punto de morir retrotrajo a todos desde el embobamiento. La nube de polvo había desaparecido y al mismo tiempo, junto al campo de juegos del árbol de hule y frente a la iglesia se había estacionado con ruido de latas y alaridos de bocina un antiguo camioncito, resucio y descolorido, con los faroles encendidos y el mágico esplendor polvoso del camino.

De él bajaron con toda naturalidad un hombre viejo barbado, un fornido hombre joven y una mujer embarazada con el cabello negro y largo extendido hasta los talones. Se movieron con estudiada diligencia y en cuestión de minutos sembraron el campo con toda clase de trebejos: maletas de latón, cuerdas grasientas, lámparas de oxígeno, telas multicolores; sacones llenos de aserrín, papelillo y serpentinas; tablones carcomidos por el uso y el abuso, lonas rotas y cuanto bártulo indescriptible se pudiese imaginar. Para lo último, y sin algún miramiento o problema de logística, tiraron desde la podrida carrocería al caballejo más flaco, endeble, feo y legañoso de la historia y lo ataron al árbol, bajo su sombra, donde inmediatamente se cagó.

Pese a ese novedoso y maloliente entorno los jóvenes lo rodearon, lo examinaron y lo acariciaron, con la esperanza de encontrar en él algún abultamiento, como escondido, tercer ojo y pata coja que les diera pista acerca de su sideral origen apartando, mediante la amorosa operación, una tupida bola de abejorros, zánganos, moscas y aves zancudas para encontrarle ojos y orejas, tristísimos los unos y largas y peludas las otras.

Aquéllos, en tanto, armaron con las lonas llenas de parches, remiendos, retoques y rasgaduras dos carpas sin techo; la más pequeña de las cuales aparentemente serviría de habitación. Fuéronse después hacia donde, impasible, les miraba Maese, de cuya negra investidura adivinaron era la autoridad, el alcalde, el regidor y el escribano. Le plantearon su designio y objetivo de realizar dos funciones diarias, una por la tarde, otra por la noche, a la luz de las lámparas, a veinte céntimos la entrada, de los cuales dos serían para la iglesia y tres para la escuela. Sin esperar respuesta volvieron a sus tendaleras, se vistieron con trajes de colores, blandieron y empuñaron melladas pitoretas y astillados tambores y salieron a dar vueltas alrededor del campo avisando, gritando, riendo y cantando las señaladas distracciones y divertimientos. Hicieron con piedras un fogón, hirvieron un potaje de garbanzos a modo de cena; comieron muy serios y en silencio y se acostaron a dormir bajo el cielo amarillo sin nubes y a esperar la hora de la chacota y el alboroto.

Maese trasladó, por primera vez, la mirada puesta sobre aquellos personajes hacia la masa de curiosos con lo que se entendió que era la hora de dispersarse y así, dormidos bajo el todavía hiriente sol, quedaron, sin siquiera sentirlo, infinitamente solos.

Como estaba previsto, se hizo la función de la tarde pero no acudió una sola alma. Antes de que cayera del todo la noche, destrabaron otra vez la bullaranga alrededor del campo y avisaron que serían presentados el león indomable, la jirafa voladora y el corcel andaluz. La función, sin alguien que la viera, transcurrió lenta pero ruidosa. Hacia la medianoche, cuando estaban apagando los últimos candiles, aparecieron la maestra y los muchachos. Llevaban viandas, bebidas, colchas y almohadas. Estuvieron contando incógnitas y chilindrinas y riéndose hasta la madrugada. Maese tampoco había dormido; estuvo todo el tiempo sentado en su mecedora, echando espuma bermeja por los ojos.

Al siguiente día, por la mañana, anunciaron que habría una sola función nocturna, que iba a ser para beneficio total de la escuela y que los pobladores "amantes del arte y el espectáculo" podrían entrar con sólo presentar un poco de comida o un recipiente con agua. Después del parco almuerzo el hombre joven y la mujer se fueron hacia la escuela, donde todos los estaban esperando. El hombre viejo se encaminó hacia la iglesia, solicitó a Maese la venia para una entrevista y estuvo con él durante largas horas. Cuando salió, casi a la hora de la función, Maese lo acompañó hasta la carpa y le hizo prometer que después se llegaría nuevamente a la iglesia para continuar la platicona.

A esta función sólo fueron los adultos. Los muchachos, casi todos encaramados en las ramas del árbol de hule, disfrutaron más de lejos que aquéllos de cerca. Pero fue una función protocolar. Los chistes se dijeron en serio y el llanto del payaso, tan viejo y encorvado, pareció muy genuino. La mujer embarazada no bailó esta vez la conga sobre la cuerda floja. En su defecto, balanceose hasta el peligro al ritmo fúnebre, bastante desafinado, de un valse polaco. El hombre joven hizo contorsiones sobre el lomo del caballo y en varias ocasiones las patas de éste se enredaron tan espectacularmente como el ovillo de brazos y piernas que tenía encima. No duró las dos horas programadas porque el hombre viejo, semidesnudo y con un holgado turbante, se había dormido sobre la tabla erizada de clavos oxidados. Pero no dejó de ir a su cita con Maese y se presentó con cuaderno y lápiz porque su amigo tendría que dictarle algunas recetas de su muy especial conocimiento. Así fue como el hombre viejo se educó durante un cursillo intensivo y supo de las misteriosas bondades de la Flora Maga. Escribió con gran dedicación remedios para la debilidad en la memoria, con la manía o la inclinación a blasfemar horriblemente; para la disposición sentimental del ánimo en las noches de luna, particularmente por el amor estático; para el dolor en la cabeza como si estuviese magullada en todos los huesos de ella y hacia abajo hasta la raíz de la lengua.

Para esto, Maese había recomendado la estafisagria, el opio y la ipecacuana. Para el dolor presivo intenso en los globos oculares y el profuso lagrimeo al aire libre, la espigelia y la pulsatilla. Para la afección del tubo de Eustaquio, cuando sintiese silbidos, rugidos y chasquidos, con dureza de oído al roncar, el petróleum. Para el abultamiento del abdomen y los borborigmos, la licopodia. Para fisuras y dolor en el recto, cuando dura horas después de defecar, el nitrato acidulado. Para la orina amarillenta oscura, turbia y rojo morenusca al salir, la calidonia. Para el corazón palpitante y ruidoso, la *veratrix virga*. Para el onanismo y las consecuencias de las pérdidas seminales excesivas, la quina. Para el varicocele y el dolor u orquitis por el cordón espermático hasta el testículo izquierdo, comúnmente llamado "güevo", la hamamelis y el *agnus*. Para lascivia e irresistible deseo del coito, el fósforo y el caladio. Le dio también receta para la mujer joven embarazada por si padeciera alguna vez de leucorrea profusa o meancina hasta los pies, en cuyo caso tendría que hervir y tomar gotas calientes de chipilín. Y para el hombre joven, en el caso de gonorrea en el tercer periodo con escurrimiento espeso, la hidrastia, el rododendro y el mercurocromo pasado en sol.

TRES

Habida cuenta de que la primera había salido cachiflín porque el viejo se había dormido sobre los clavos y porque "mañana nos vamos", la segunda función del último día en Malamuerte fue adelantada dos horas, pero duró tres más de lo que se había programado.

En un principio todo iba muy bien, con un lleno tal que dejó al pueblo vacío. Un cielo claro de luna llena e hipnótica se hinchó con la música y el estruendo, con las risas y los redobles. Salió un mago que hizo desaparecer a la joven con todo y vientre ante la mismísima nariz y mirada de asombro de Maese, sentado en primera fila. Hubo pulsadores, equilibristas y trapecistas, casi siempre en número de tres. Hubo payasos y payasita, nigromantes y adivinos telépatas… De todo, en fin.

Para el momento en que se anunció al león indomable había un silencio tan espeso que a lo lejos la neblina venenosa del farallón comenzó a destilarse en la roca. El león se llegó hasta el centro del escenario, sacudió su melena alborotada y abrió la boca en la que brillaban grandes dientes caballunos para dejar salir, con inspirado acento, un rugido fonográfico de tal modo convincente, que erizó los cabellos presentes y allá disipó para nunca jamás el miasma y la ponzoña… Como si aquello hubiera sido poco, apareció después, de punta en blanco, con plumas de avestruz en las orejas y serpentinas en la cola, galopando y caracoleando en el redondel con un garbo inimitable, al son de un tango en bandoneón.

Todos esperaban en contenido espacio porque tenía que hacer la jirafa voladora, el punto culminante de su actuación. El animalito, con su traje de motas, volvía sus ojos tristes hacia la galería donde se agolpaban los muchachos y las muchachas, sin poder agradecer nada más con su mirada tanto aplauso. Subió por el plano inclinado hacia una plataforma de dos metros, tomó con sus enormes dientes la cuerda que lo transportaría hacia la otra por los aires y,

cuando sonaron los redobles y se encendieron los fuegos multicolores, inespe-
radamente se soltó, en pleno vuelo; cayó al suelo cubierto con aserrín rojo y
ocre y se destartaló tirando huesos y costillar por todos lados.

Tuvieron que suspender por un tiempo la fiesta para ir a enterrarlo bajo el
árbol de hule y regresaron, a instancias de los artistas, porque "la función debe
continuar". Pero casi de inmediato hubo que parar de nuevo porque esta vez el
faquir se había dormido nuevamente, y ya no pudo despertar. Quisieron ente-
rrarlo junto al caballo pero Maese pidió que lo llevaran a la iglesia, donde él
personalmente lo sepultaría en sagrado. Después el espectáculo siguió hasta
el último minuto, en el más secreto y callado de los silencios.

Al siguiente día, muy temprano, el hombre joven y la mujer embarazada
liaron sus bultos. Colocaron sobre la podrida carrocería los cerdos, las aves, los
alimentos y los regalos que les habían llevado. Enfundaron en los papeles de
colores que sobraron de la noche anterior la botella de vino de hongos, que los
muchachos habían sacado de no se sabe dónde.

Tal vez eran las ocho de la mañana cuando se perdieron entre una nube de
polvo, sonando su bocina como un animal herido, difuminándose hacia el este,
entre un sol que abrasaba...

"Tomaron la forma humana menos conveniente", dijo Béster.

"Tal vez ese era su escudo contra las radiaciones", dijo Niven.

"Para nada —terció Ray Brávori—. Esas maltrechas figuras nunca estuvieron
disfrazadas. Es el aspecto verdadero que tienen en su hogar, dentro del racimo
de soles, de donde vinieron."

"Cierto, dijo Hache Güel: quizá del viejo Orión, con su garrote en alto y su
espadín al cinto. O del trono de Casiopea, o del morro espumoso de Pegasso;
tal vez de la cola del Can Menor... Ni sería raro que hubiesen venido directa-
mente de Alcor y Nizar."

—Mimetismo puro —dijo la maestra.

EL FIN

[*Malamuerte*, 1997.]

JULIO ESCOTO
(San Pedro Sula, 1944)

Narrador y crítico literario, además de ensayista. Máster con especialidad en literatu-ra hispanoamericana por la Universidad de Costa Rica. Entre sus obras destacan Los Guerreros de Hibueras *(1967),* La balada del herido pájaro y otros cuentos *(1969),* El árbol de los pañuelos *(1972),* Días de ventisca, noches de huracán *(1980),* Rey del albor, madrugada *(1993) y* Todos los cuentos *(1999). Premio Nacional de Literatura Ramón Rosa (1975).*

La historia de Los Operantes

RELATAN los habitantes de Dulce Nombre de Culmí, Honduras, que en La Mos-quitia —selva virgen, llanuras verdes y largas como el mar— hay un lugar plano y arbolado, de flores carnosas como manos, de insectos con larguísimo aguijón de unicornio, donde al lanzar una piedra sobre la arena forma círculos concén-tricos que desaparecen rato después; hojas que si caen en el agua se transfor-man en peces y si en la tierra se vuelven aves de fúlgido plumaje y cuello corto capaces de extraer en el hombre los recuerdos del sueño y en las mujeres el temor de la muerte.

Los Operantes, quienes jamás hablan en serio, citan a dios continuamente, parlan una lengua rebuscada y siempre dicen lo más extraordinario y exagerado sin reír. De ellos copió el abate Jesús de la Espada las dos recetas famosas de la farmacopea de Los Operantes:

• Las moscas están poseídas por el ánima de la inquietud y por ello es difícil darles caza con la mano, el pájaro dios lo sabe. Por lo tanto, dispóngase en el suelo un piloncito de pimienta negra y colóquese junto una piedrecita filuda. La mosca al aspirar el olor de la pimienta estornudará y al sacudir la cabeza dará en la piedra, muriendo.

• Las amebas son harto belicosas y viciosas, como el hombre. El enfermo de amebas beberá primero un largo trago de cususa (alcohol clandestino) y un momento después tragará un puñado de arena. Las amebas, borrachas, se matarán solas a pedradas.

La tribu de Los Operantes aprendió a interpretar cada suceso sencillo con el revestimiento de un hecho maravilloso, como que justifican con ello su fe en un dios que se parte en tres pedazos conforme transcurre el año y que es tan manso que puede ser convocado por ellos en la posesión del alimento y en el espíritu del alcohol.

Sigilosamente nocturnos, son reluctantes a las concentraciones de luz y a los reflejos sobre el agua porque suponen podrían derretirles la retina. Su dios de la cosecha es un pájaro estúpido, carnoso y arbitrario, que nació con la particularidad de no poder transformarse en caballo.

Cuando se le ve saltando pesadamente en los surcos de las hortalizas, Los Operantes se elevan al clímax de la felicidad y lo veneran. Sin embargo, para hacer que la bendición de su huella permanezca por siempre en los sembradíos, lo quiebran de una pedrada en la nuca y lo desmantelan sobre el maíz.

Y así, Los Operantes proceden por mecanismo mágico. Según ellos las buganvilias son detestables porque poseen un color determinado, pero también pregonan la existencia inaudita de una planta parásita que tiene la virtud de adormecerse bajo el agua.

Cuando los padres de la tribu regañan a sus hijos saben bien que ninguna sonrisa deberá flagelarles el rostro, y cuando duermen guardan una severa expresión de seriedad. Jamás inventan algo que no sea la verdad, pero si bien todo lo que dicen es cierto, es más cierto lo que no dicen.

Sus casas están edificadas bajo el principio de una asombrosa verticalidad y en los techos existe una abertura longitudinal desde donde —si no fortuitamente y estando despierto— en el transcurso de treinta noches se pueden observar cuatro caras diferentes de la luna. El abate Jesús de la Espada (llamado así por haber nacido sin el símbolo de una grabado góticamente en la mejilla izquierda) asegura en su libro que en los días claros es posible ver cruzando el horizonte la línea lechosa del meridiano 84. Este acontecimiento es aún inexplicable.

Los Operantes pueden reducir el ritmo de su respiración cuando sueñan y su vulgaridad es tal que se emborrachan cuando beben.

Por estos y otros maleficios se ha llegado a dudar de su existencia.

En el círculo de Los Operantes no existe la palabra *mío*. Un vocablo semejante a la única interjección etrusca descifrada, y equivalente a la connotación "mutuo", concentra la composición de las palabras *tu-mi* en una sola.

Así, los varones pueden poseer cualquier mujer de la tribu, incluso jóvenes, ancianas y madres, veinticuatro horas después de haber coronado un taparrabos sobre la vara mástil de la carpa. Las mujeres deberán continuar su trabajo, inadvertidas, porque el acto sexual, que es la mayor comunión de la tribu, se realiza sin embargo en privado, y al día siguiente enrumban junto a las piedras altas o a las riberas bejucosas donde el hombre las tronchará sin un gemido y las quebrará por la cintura en una primera posesión brutal arrítmica, destinada a sofocar la violencia protuberante de los huracanes, y que continuará hasta la próxima luz del alba o al súbito canto de un alcaraván en la penumbra del bosque.

Desde temprano las jóvenes son educadas en una gimnasia corporal capaz de enroscar la cadera de los hombres con el resuello caliente de la vena femoral. Sometidas al prematuro desvirgue por las hilanderas de la tribu, por dos años deberán ejercitarse en las contracciones melódicas de su vientre para poder aferrar un dedo o expulsar delicadamente, sin romperlo, un huevo de araña untado de grasa. Y sólo cuando alcanzan la potestad de detener los fluidos torrentosos del varón (mediante la prueba de seccionar un junco en dos trozos idénticos) se les permite tomar marido o dedicarse al oficio de la pubertad ansiosa, es decir, a brindar consejo a los hombres en el lecho.

Ningún varón decidirá un viaje o asumirá firmemente una presunción insólita sin antes consultar con Las Oficiantes, porque entre los doce principios que les inculcó el abate Jesús de la Espada para alcanzar el éxtasis sólo respetan aquel que modificaron después de haberlo expatriado de la comarca: "el verdadero amor es móvil".

Los varones son circuncidados al octavo día de nacimiento, bajo el destello metálico de Venus saliente. Al cumplir los primeros años se les traba un sartal de sonajas en el miembro para hacer que el peso apresure la prolongación de las nervaduras, solidifique el músculo y denuncie el paso de un hombre.

Con el tiempo las sonajas varían de cobre a cristal y el varón deberá tintinearlas sin darles fractura en una carrera de montes y vallas que acrediten el dominio total de la fuerza y el equilibrio de los movimientos. Antes de contraer matrimonio (en cuyo único caso la consumación se realiza sobre una torre de pasto alrededor de la fiesta de la congregación) deberá dedicar catorce días al aceramiento de la parte mediante desnudos baños de sol, remojones helados en lodo negro y levantamiento vertical de pequeños pesos cada vez más finos, más innobles de acomodar.

Y la admiración al hombre varía según el tamaño de su miembro, ya que sólo el varón robustecido por la naturaleza podrá originar una naturaleza sólida. En las mujeres, en cambio, lo más importante es su grado de ternura y de inteligencia, ya que sólo ellas son capaces de conservar y resguardar la tradición.

Aunque la mujer dispone de un día de preparación antes de ser poseída, ningún varón puede rechazar la satisfacción a la dama que lo solicita, en el instante mismo. Por conflictos provenientes de las nuevas generaciones, la tribu estableció el principio de la sustitución, a través del cual un padre puede tomar la posición del hijo en el momento crucial, cuando la dama que lo pretenda le doble la edad.

Aun así, y por no existir un registro memorial de los años de Los Operantes, siempre se ha dado el caso extraordinario de que ninguna mujer acepte, incluso ante las pruebas físicas, ser mayor que su elegido. Por esta susodicha razón los mozos evitan transitar el lugar donde se dan cita los corros de ancianas, y cuando lo osan adoptan la redondez de un jorobado o la curvatura de un ganso, o simulan graves enfermedades y deformaciones de cuerpo que les resten imagen deseable.

La permanente inquietud sensual de Los Operantes (y que estremeció de fiebre al abate Jesús de la Espada, más por temor de contagio que por diabolismo, como él la calificó) se refleja en los nombres que se regalan varones y mujeres. Una es, en el seno colectivo, reconocida como Entraña Donde el Viento no Reposa. Otra es Almena de los Tormentos o Refugio del Vértigo, mientras que, en forma más directa, los machos son Sentón de Rayo, Torrente Precipitoso o Mazo de Lava.

Informes de marineros han llegado a asegurar la increíble utilización de una avispa ahorcadora que se monta sobre el espolón del hombre para hincharlo y engrandecerlo a la hora del ajuste, mientras que el ayuntamiento con ovejas y el estriego con hojas de coliflor parece ser muy natural en las costumbres íntimas de Los Operantes.

Con todo lo dudoso que resulte, uno de los cuadernos miniados del abate
De la Espada revela —no sin cierto pecaminoso pudor de referencia— las virtu-
des acrobáticas de las jóvenes, ejercitadas en las más inverosímiles contraccio-
nes, y el asombroso despliegue descomunal y la resistencia de los varones, quie-
nes, por el prurito de forjar una raza más sana, perfeccionan la concepción de
sus hijos durante tres y continuados días distintos haciendo el amor sobre el
balance de los pastos y la ingravidez de los ríos y las bestias en galope.

Pero hechas a la discreción, las parejas buscan las herraduras de la catarata
profunda del río Payasca, donde el rebote de las aguas y el estruendo de los
borbollones apaga los chillidos de gozo y los gemidos de refocilo que estallan
en la selva y que virulentan al pueblo con el olor de sementera espumosa que
levanta la llovizna fina.

De allí que se haya dicho que nazcan tantos niños sordos entre Los Ope-
rantes...

Si un varón posee mujer ajena, el marido podrá exigir del usurpador en pa-
go de prenda: dos ovejas, un almácigo de tabaco, un puñado de almejas o una
daga de pedernal, jadeíta u obsidiana.

Entre los jóvenes, en cambio, la transferencia sexual es intrascendente,
motivada exclusivamente por la solicitud del amor, y los adolescentes pueden
enconchar su femineidad o su masculinidad cada noche bajo un distinto par
de piernas.

Mas, aptos para fijar de alguna manera la tradición de la familia, entre Los
Operantes el varón puede "gritar" a la mujer, es decir, proclamar a gritos en el
centro totémico de la plaza haber fornicado con una joven por una vez. Por
obligatoriedad ella deberá aceptar la unión con el hombre que públicamente la
revela poseída.

Si no lo desea, su único recurso escapatorio consistirá en ingerir aráceas,
esto es, un compuesto vitrioso de plantas fanerógamas angiospermas monoco-
tiledóneas, con hojas paralelinerves, tallos rizomas, raíces adventicias y flores en
espádice, rodeadas por una gran bráctea denominada espata, como el ocopetate,
el alcatraz, la masfafa y la piñanona, las que le provocarán intensas convulsio-
nes lúbricas sólo mitigadas con la posesión afanosa y delicada de varios hom-
bres piadosos.

Entonces, sumida en la profundidad de una carpa perfumada por flores
olorosas y sobre un lecho de pieles de cerdo, la irán consumiendo vorazmente
los fuegos líquidos del deseo hirviente más espantoso e irreversible, insaciable,

mientras la pieza se llena de aroma a guayaba podrida y el rostro se le comienza a iluminar celularmente por la transparencia pergaminosa de una piel encendida por mil brasas interiores.

Y así, agostada como caña en el verano, su muerte arribará tan plácida, tan orgásmicamente cumplida y afectuosa, que su cuerpo etéreo y lánguido permitirá ver el ritmo ingobernable de las venas en sus concavidades azules.

Cuando los niños le cierren los ojos y le espacien las manos sobre sus redondeces disminuidas sobrevendrá la letanía monótona de Los Operantes: "Para nosotros la muerte es sólo un vano artificio de recurrencia amatoria, porque la muerte es de todos. Con ella muramos los que con ella amamos, pues la perfección es inmoral. El verdadero amor es móvil".

Cierto miércoles a la caída de la tarde el abate Jesús de la Espada parecía tan humilde que Los Operantes creyeron portaba el escorbuto. Les sorprendía el brillo carcomido de sus ojos, reveladores de una pasión incandescente que le cruzaba los párpados y confundía a las luciérnagas. Cuando dormía —que era muy poco— un resplandor de fuego le irisaba las pestañas en un arcoíris solar que convocaba en tumulto el vuelo sordo de las mariposas nocturnas y apagaba las velas de sebo, azotadas por un aliento de manotazos místicos. Alguna vez le oyeron sollozar, pasada la medianoche, imprecando en quedito a los judíos que martirizaban a Cristo. Por ello lo dejaron asentarse en la tribu y le dieron posada, y le lavaron los pies con motas de floricundia.

"¡Dios es amor!", anunciaba predicando entre las vegas de maizales floridos, donde las jóvenes de la pubertad ansiosa dispensaban sus bienes naturales.

"Padre —le contestaban adoloridas tras un primer zarpazo de confusión—, damos amor a los hombres."

"Dad de beber al sediento", clamaba el ojo santo bajo el umbral de las acacias olorosas a sexo de venado.

"Están sedientos de amor", le respondían.

"Dad de comer al hambriento."

"¡Están hambrientos de amor, padrecito", le replicaban.

"¡No fornicar!", vedaba alzando un sexto dedo con ambas manos.

"Eso ya es pecado y demasiada jodarria —protestaban las mozas dando la vuelta—, lo que Dios ha dado no es para andar desperdiciándolo."

Para Los Operantes, adoradores de las adivinanzas, la existencia de un dios presente en todas las cosas los envolvía en contracciones gozosas de alborozo:

"Si está aquí pero de veras no está, y si anda por allá pero a lo mejor está acá —decían—, ¿cómo es que se le seca el maíz? Y si todo lo ve y nada se le va sin verlo, ¿por qué es que no se le corta la leche?"

Y cuando la sinuosa voz evangélica del abate describía estremecida los bandazos de mar que medio volcaban el arca de Noé, Los Operantes averiguaban qué destino de puerto podría llevar aquella carga de veterinarias y placentas que no fueran los astilleros pulposos de las algas del océano.

Sonreían deslumbrados sobre los responsos y latinajos —verba cáustica y lacrimosa, decían— cuando el abate Jesús de la Espada explayaba sobre la mesa los tres pedazos de la Santísima Trinidad: emoción del acertijo venido de una lengua muerta, el perfecto vértigo: "Dos hombres y una paloma —se preguntaban— ¿qué se hacen cuando sólo uno quiere volar?", y si por ser tres era número sagrado, "¿cómo es que habían fabricado el mundo de dos en dos?"

Y si se repartían las hostias del catecismo y aparecía entre los panes de la fe la infalibilidad del papa, "¿cómo... —auscultaban las bellotas del desconcierto en sus corazones— había de ser tal pescador tan sabio que siendo papa se dejaba encerrar entre castillos de malaquita, tapices de yute y desafilados alfanjes de procesión, lejos del mar?"

"Padre —le decían las jóvenes, tentándolo—, si tanto queréis nuestras almas, ¿por qué no amáis nuestros cuerpos?"

Cuando eso oía por el abismo de sus vísceras se desbarrancaba un cataclismo de sangre envenenada de turbación e insomnio.

"Nuestro dios diría que el gato se esconde pero que deja fuera la cola", refunfuñaban los ancianos embelesados por la sonoridad de los vocablos de la perorata bíblica: pentecostés, antifonarios, cuaresmas, kiries, capelos y eclesiastés. Qué dulce silbo canoro amonedaban aquellos giros en sus letanías, signos propios para encandilar corazones y exaltar los ardores de la guerra y del amor, si tan sólo se supiera dónde tenía la cola el gato...

Por aquel tiempo acostumbraba el abate visitar las pozas hondas del río y refrescar en ellas los calores de su concentración mística. Alguna vez esbozaba allí sus informes al papa, con copia doble para el Foreign Office y el Departamento de Estado. Pero aconteció que en una ocasión, estando donde estaba, llegaron Los Operantes a rastrillar los jacintos y las lechugas que como enormes mariposas desfallecidas enturbiaban la corriente y empantanaban en el fondo sus antenas radiculares.

Y al desnudar el espejo de las aguas apareció bajo el cristal de la tarde una fastuosa procesión de esqueletos que deambulaban en el lecho de lodos apagados, que se acomodaban junto a los peñascos como tortugas empolvadas, o que se descolgaban flácidos y amarillados entre los hilos vegetales de los jacintos, como corsarios de un barco de velas transparentes o como pobladores de un submarino jardín babilónico de parasitarias de la luz.

Ésa fue la única vez en que el abate Jesús de la Espada se derrumbó en el temblor desconcertante del pavor a las postrimerías. Encendido por un relámpago de ira, arrebatado por un desgobernado huracán de pasiones saladas, cayó por asalto en el templo de manaca donde, bajo las jaulas de los zanates, los tijules y los zorzales que con sus trinos picoteaban el paredón de la tarde, estaban los ancianos pesando en una balanza la pelota desmadejada de un pájaro muerto para saber si el espíritu de su dios tenía constancia corporal y si era posible la reencarnación.

"¡Irredentos! ¡Sacrílegos catrachos lombricientos! —explotó triturando las muelas de la amargura–, ¡fieras del mal que en vuestros sudores rezumáis acónito y azufre! —derribando los códices y los herbolarios–, ¡antípodas satánicos!, ¡caribes demónicos!, ¡luzbélicos necrófagos centroamericanos! —abriendo las jaulas y desplumando los zopilotes a pescozadas–, ¡incapaces de santificar el sueño de los muertos y su ganada paz, ¡diarreicos…!"

"Prima facie —respondió el más viejo de los viejos conteniendo la equivocación de una primera vergüenza–, el más injusto de vuestros vituperios es el último, pues para las diarreas tenemos el jugo de pulpa de marañón. Pero del rojo, pues el amarillo además de sus escasas propied…"

"Sin desvariar", advirtió un segundo anciano despellejándose las palabras de entre la mazacota de telarañas que en la boca le tejía el aluvión de arrugas.

"Lo otro no lo entendemos —continuó–, pues nuestra humildad no nos eleva a tantas pretensiones, pero dejadme deciros, y que mis palabras aplaquen las lunas de vuestra sangre, que nuestros muertos no duermen en tierra por no contaminar los blandos capullos del maíz, elemental sanidad vegetal, mi querido tonsurado. Y a lo demás, vuestra violencia física y verbal no es menos culposa que nuestra ignorancia, pero en nosotros la disculpa nuestro impulso por ascender del salvajismo, mientras que en vos os castiga con sus recurrencias."

"¡Os he expulsado del imperio del Señor!", barbotó todavía el abate Jesús de la Espada, alanceado entre la pasión y el arrepentimiento.

"Somos ajenos a todo imperialismo —sentenció el más joven de los viejos— porque es indigno a la razón."

"Y también el padrecito es muy esdrujulario, intervino un niño que atraído por el turbión de jaulas rotas asomaba y que al primer ¡zape! espantó escaleras abajo.

"Cerrando las solapas de este improviso conversatorio —volvió a decir el primer anciano— nos aturde la audacia de vuestra vanidad al pensar que lleváis a Dios en la palma de la mano, presto a avalar la crudeza de vuestros exabruptos y a soltar sus errados rayos de la fe... Vuestra petulancia, abate, ¿es congénita o adquirida? Porque si es lo primero os dispensamos, nadie tiene la culpa de sus raíces putrefactas. Pero si la habéis aprendido, reflexionad, hermano, acerca de la impertinencia de creeros el policía de Dios, el marine de la providencia, el God's Treasurer de lo bueno y lo malo... El verdadero amor es amoral..."

"¡Amén!", musitó el coro ante el abate.

"Y para que comprendáis nuestra buena fe —agregó— y nuestra modesta bondad, os abrazamos y halagamos. Y si nuevamente el caballo de vuestro joven impulso se os desboca, frater, os rogamos presumir que de este templo, grada por grada, escalón por escalón, os llevaremos de retumbo hasta abajo a vergazo limpio. Ved hasta dónde llega nuestro amor que condescenderemos a compartir vuestra occidental violencia..."

El abate Jesús de la Espada lloró y lloró y lloró su vergüenza y su remordimiento sumido en el boscaje acuoso de los tamarindos y los pinares, junto al hipo de su desconsuelo, enrojecidos sus ojos como brasas fantásticas que cruzaban de silbidos la noche. Y el flujo de su llanto corrió por las veredas y las quebradas y los ríos, y saló el mar...

Otra vez apareció en la tribu un vendedor de gallos y bisutería de peltre, hombre de fofas maneras, bursátil e incasto, traído en suspenso por un manotazo de cenizas que apergaminó los velos de la tarde y vació los espejos. Dentro de su bolsa de paño atesoraba la frondosidad estéril de las promesas, cuya semilla sembró de boca en boca sobre las ansias maravilladas de la congregación.

"¡Tomad! ¡Tomad! —clamaba batiendo las alas del encanto—, pues sólo la posesión os hará libres. Hay que acumular, poseer, tener, sumar, ser propietario y disfrutar las delicias del amontonamiento. Sólo al avaro le es dado el don de los goces secretos, ¡poseed, poseed!", silbaba tras sus gestos de arena.

"Nos ha caído en las manos la peste de la subversión fiduciaria —convergió en secreto el coro de ancianos—. En pos de los bienes vendrán los verdaderos dueños de los bienes con sus pliegos de hipotecas y su tinta fresca."

"Pero seremos cautos... —maliciaron escondidos tras el humo de sus pipas cortas— para que no nos venza la vanidad de todos los signos. Hemos de hacer así... —bajaron la voz— ... y así... y de estotra manera...", y al final rieron como conejos.

Restallaba en ese entonces sobre la sabana el hormiguero de la primavera y tras los ahuehuetes esponjaba el maíz. Más acá de los pinares enhiestos, donde resbalaba la montaña, huían las mozas desnudas burlando con sus ágiles muslos de pez y sus dorados pechos color de cañafístula la caza de los mozos tempraneros. Un retintín de sonajas alocaba el bosque despertando la mansedumbre de los alcaravanes.

Entre la hojarasca de suspiros y mandrágoras tronaba el vendedor su bisutería: "¡Poseed! ¡Poseed! —prevenía—, ¡que el Juicio Final no os encuentre bajo las pobrezas del desamparo!"

Y alabando y seduciendo lamía con su lengua ríspida los resquicios de la vanidad. Aquí endeudaba parceleros, allá leñadores y aparceros; ornaba los dinteles de las chozas con brújulas ciegas que nunca tajarían el mar o tachonaba las paredes con calendarios de alegorías en francés. Oros, pieles, cuernos, plumajes, granos, tintes, careyes, almendras, huesos, ámbares y resinas engordaban su faltriquera, en venganza de pasadas dietas y ayunos, mientras Los Operantes remendaban sus yutes y sus costales para conciliar un trueque, apaciguaban las claraboyas de sus redes de río para descontarle sobrantes agujeros, empeñaban sus aperos, trillos y almojayas por mejor las mercar y no tenían más ya paz sobre las hamacas de cabuya y sus lechos de paja. Un largo sueño de objetos superpuestos les robaba el insomnio de la incontinencia orillándolos a un mar de apetencias inconformes.

"Volveré, volveré en mis carabelas con más y ricos lujos —prometía el bisutero enhebrando entre sus ganancias los nudos de la codicia—, y os traeré abalorios y sartas de colores, herbolarios, daguerrotipos, alcoholes de dulce somnolencia, trineos, visores, catalejos, iconos y postales, y armas, poderosas armas de pulidos metales fosforescentes con que alejéis la vigilia inagotable de los ladrones", silbaba.

"No tenemos ladrones."

"Os traeré también ladrones para que no sufráis tanto los pesares de vuestra indigencia, y siquiatras, curanderos y loqueros de timbre melódico para que vuestros complejos no queden sin perdón."

Entonces, una tarde, se le enfrentó el consejo de ancianos.

"Nos habéis enseñado —coreó el coro de ancianos— la otra orilla de nuestros apetitos. Pero nadie regresa sin haber partido y debéis el alimento que comisteis, el agua que bebisteis, el lecho que os ha acomodado y la mujer que os calentó en el lecho. Son trescientas almendras y un pan de achiote."

"Y pues me habéis fotografiado sin abonar las susodichas regalías —agregó una anciana desdentada cuyas piernas, como cerosas columnas salomónicas, abrían un compás de desconsuelo—, hacedlo que valga una piedra de ámbar."

"Y yo que os di mi amor benevolente —melodió la joven de la pubertad ansiosa—, aunque no está en venta merece recompensa y su reclamo, y la huella blanda que me dejasteis en el corazón, y el espacio que me ocupasteis en la estrella de la memoria, y por lo que sufriré en tu ausencia y por lo que aún no he sufrido, dad a mi cuenta un jubón de piel, dos tocados de plumaje y el más pequeño pedernal de vuestras alforjas."

"Yo no os cobraré mi amistad —clamó el herrero restregando sus manos azules—, pero porque habéis disfrutado de mi tiempo, compartido mi información, robado mi interés, empeñado mi fe y prestado mis palabras, dad en rédito cuatro oros y un tinte de cochinilla, que todo lo que os di era mío y de mi posesión."

"¡Salvajes! ¡Posesos!, ¡cavernarios!", escupía el bisutero.

"Y porque tornéis contento de vuestra didascalia entre nos —sentenciaron los ancianos—, quedaos sin cancelar el timbre de turismo y pagad sólo los impuestos de almojarifazgo, poca cosa pues, unas decenas de pacas de azafrán, tres cuernos de venado y otro para adorno de vuestra alcoba, un carapacho de carey y dos oros de multa porque en vuestra faltriquera de paño escondéis los huesos de nuestros héroes, antropológico pecado, etnológica falta, irreverente desatino arqueológico: cinco potes de resina por indemnización fiscal."

"¡Ingratos! ¡Acaparadores! ¡Especuladores! —estalló el anatema del bisutero—, ¡os condeno per secula seculorum a carecer de la transferencia de la tecnología! ¡Desamorados!"

"No olvidéis —concluyó el coro de ancianos— que el verdadero amor es móvil", y se dispersó tras las matas de plátano y los bejucos parasitarios a hacer el amor.

El 4 de julio arribaron los Contras a la tribu de Los Operantes. Venían escapando de otra de sus enésimas batallas perdidas y traían entre los percales pildoritas de moral que habían engullido a puñadas sin ningún resultado satisfactorio. Llegaban arrastrando el alma —desconsolada y agazapada tras unos cuerpos que se le apresuraban y la dejaban atrás—, humillados, apabullados, y su vergüenza untaba con una bilis verde, como de opalina viscosidad, las amapolas, los eucaliptos y los pinares, espantando de tristeza a los coyotes y apesadumbrando a los alcaravanes.

Era la hora del alba en que el más viejo de los viejos emergía de su carpa para asegurarse de que esa mañana también aparecería el sol y para comenzar sus abluciones. Sobre las milpas andaban ya espulgando los surcos las grandes garzas de cuello blanco y los tijules. Más allá el zangoloteo del pájaro santo aseguraba sobre la tierra la bendición del dios de Los Operantes, oculto bajo la neblina rosada y los primeros espejismos cóncavos de la mañana. El más viejo de los viejos alzó un canto rodado y agarrándose con la otra mano la presencia elusiva del taparrabos lo lanzó hacia el pájaro santo. El canto rodado rebotó sobre las líneas de las frijoleras, cayó más allá de las acequias y desapareció con un clunck que resonó a metal. Como todas las madrugadas, el más viejo de los viejos se agachó para defecar.

Allí lo encontraron seis hombres disfrazados de hortaliza gusanada, pintados sus rostros como con almidón de azufre y encendidos los ojos por un fulgor de carbunclo que sólo podían dibujar los excesos del vicio, los miedos del desvelo o las tenazas del odio. Pero ajeno a la adrenalina de las sorpresas, como todos Los Operantes, el más viejo de los viejos simplemente los volvió a ver y tornó a escuchar el borbollón del retoño de las milpas esponjadas de savia, henchidas de rocío, ansiosas de romper su vestidura vegetal, igual como le ocurría a las jóvenes de la pubertad ansiosa cuando escuchaban la llamada del amor.

"Tres cosas hay en la vida —dijo malhumorado cuando lo instaron a que terminara— que nunca se deben interrumpir: esto que gustosamente cumplo y que accidentalmente es un homenaje a tan imprevistas visitas; dos, lo más bello del universo, el coito de una pareja, y tres, un hombre que piensa. Aprended y esperad, a menos que traigáis tanta prisa, como aparentáis, por ocupar mi lugar."

Los Contras entonces martillaron sus armas.

"No os tengo miedo —repuso el más viejo de los viejos poniéndose de pie—; he visto el amanecer y sé que vienen otros amaneceres para mi pueblo. Lo único que me dolería es que me mataran unas sombras de la historia como vosotros, idos antes de comenzar, cosas, equivocaciones del destino, nota al pie de un libro olvidado que todavía falta por escribir. Estoy listo —dijo ciñéndose el cáñamo que le amarraba el taparrabos y apartándose unas guedejas que le caían sobre la frente—. Mi amor a Centroamérica muere conmigo", parodió a Francisco Morazán.

Los Contras temblaron de rencor. Si había algo que los sulfuraba era encontrarse en presencia de un hombre que no les temía, porque aunque pudieran exterminarlo de la faz de la tierra con sus armas mortíferas les era imposible arrancárselo del recuerdo y extirparlo de la memoria del corazón. Así que titubearon; el más viejo de los viejos aprovechó para inclinarse sobre el suelo, tomar un terrón y restregárselo en su propio rostro.

"De esta forma nunca me olvidaré del sabor de la tribu —pensó—, y aunque los ángeles me retengan allá arriba siempre conoceré el olor del camino de retorno a mi tierra", y rió como conejo.

"¿Por dónde se va a Tegucigalpa?", interrogaron hoscamente los Contras.

El anciano tornó a mirarlos como si estuvieran al otro lado de la orilla del mar.

"Ése ha de ser un camino que conduce a ninguna parte", les dijo conteniendo la risa.

Los Contras golpearon el suelo con sus tacones.

"Por allá", indicó el viejo alzando el hueso del brazo.

"Ése es el lado de la frontera, matusaleno ignorante", le respondieron.

"Ah —volvió a señalar el más viejo de los viejos—, entonces por acá", y apuntó al norte, hacia los pantanos del Pleistoceno donde los saurios se angustiaban de calor, brotaban las flores parásitas y carnívoras, bostezaban las serpientes cascabel, traqueaban sus tenazas afiladas los cangrejos y donde la luz del sol se entreveraba, en los vericuetos de las grandes enredaderas, entre un pulular sanguinolento de moscas y un arenal flotante de zancudos.

"Ése ha de ser el pantano", malició el ovante de los Contras.

El viejo entrecerró un ojo y aproximó la oreja para escuchar mejor el murmurio.

"Dice el ovante que por allí es el pantano", tradujo el segundo de los Contras.

"Disculpad mi ignorancia", reclamó el anciano regocijado ante la posibilidad de una adivinanza

"Ilustradme qué es el ovante."

El tercero de los Contras extrajo un diccionario.

"Aplícase entre los romanos al que conseguía el honor de la ovación. El que va enfrente victorioso o triunfante", leyó.

El viejo empezó a reír con unas grandes carcajadas que le descuadernaban las costillas y le despepitaban el botón del ombligo, halándose las guedejas, revolcándose en el suelo, apretándose el taparrabos para que no se le cayera y tratando de guardar una compostura natural para su edad. Pero cada vez que se arrancaba las lágrimas de los ojos y contemplaba la estupefacción de los Contras, un infarto de risa le hacía temblequear el alma y le desatornillaba la vejiga, amenazando con empaparle los atributos de la virilidad.

Los Contras se dispusieron entonces a practicar el ejercicio que más les gustaba, el de la tortura, y comenzaron a picarlo con sus yataganes, a rastrillarle los cerrojos de las armas sobre el rostro, a escupirle la cabeza. El viejo se levantó.

"Entonces ha de ser por aquel otro lado", marcó al oeste, en la dirección por donde aparecían por las noches las sombras que bajaban de la cordillera de los guerrilleros.

"Vejestorio mentiroso —le reclamaron con un odio capaz de infectar la capa de ozono—, debemos volver a nuestras bases para reponer nuestras municiones y recoger un poco más de moral."

El más viejo de los viejos estuvo a punto de experimentar, por primera vez, el cosquilleo del rencor, pero se contuvo. "Un día hemos de pedir perdón al mundo —murmuró—, por lo que le hemos hecho con ustedes a nuestros hermanos... Pero no es culpa nuestra —reconoció—, nosotros no los inventamos, nos los han impuesto" dijo.

"No me está permitido mentir —agregó—, porque por allí es donde empieza la gusanera de las sociedades... El rumbo hacia Tegucigalpa es por allá...", apuntó correctamente hacia la vía principal.

Los Contras deliberaron entre ellos, acercándose a las orejas sus dientes de mastín para que el anciano no los oyera.

"Está engañándonos —susurraron—, enviándonos hacia el pantano, donde nos devorarán los caimanes y habrán de emponzoñarnos los alacranes. Si tan sólo tuviéramos aquí a nuestros asesores con sus mapas aéreos, o a la mujer más detestable del mundo, a la Juana Kirpatrick, para que con su presencia nos espantara lejos los colmillos metálicos de los coyotes... Tomemos hacia el lado opuesto —decidieron—, por allí habremos de llegar..."

Viéndolos alejarse, el más viejo de los viejos hizo un último esfuerzo por detenerlos.

"No es por humanidad –dijo– que les advierto que van por el rumbo equivocado, sino porque impidiendo que perezcan en el pantano podría evitar cualquier riesgo de contaminación."

Los Contras se burlaron de él.

"Allá ustedes…", los despidió.

Una hora después empezaron a desfilar junto a las milpas los infantes que marchaban hacia la escuela y que iban encendiendo con sus rostros recién lavados, y con sus pequeñas manos de oro, y con sus cabellos cetrinos como la tierra, la luminosidad de la mañana.

"Anciano –le preguntó uno de ellos–, ¿volverá a amanecer después de hoy?"

El más viejo de los viejos pensó un poco.

"Donde haya luz allí estará el día", le dijo.

Otro de los infantes le colocó en las manos huesudas una naranja.

"Abuelo –le consultó–, ¿qué es la muerte?"

"Es algo que unos merecen más que otros", le respondió.

Finalmente pasó de prisa un adolescente, tintineando su cascabel de sonajas de bronce: "Sólo la verdad, sólo debe decirse la verdad…", iba murmurando.

"Espera –lo detuvo el más viejo de los viejos–, no te olvides que también hay que prever de qué manera interpreta cada uno la verdad."

Y rió como conejo.

Los Operantes estaban rezando al alba, agazapados tras los cristales blancos del rocío, viendo caer las primeras luces rosas sobre la esponja desmadejada de un pájaro santo que agonizaba. Arriba de los pinares despertaba una brisa huracanada mientras que abajo, en las vegas del hontanar, el pelambre de los coyotes se empezaba a marchitar de sequedad.

Entonces invocaron con gran devoción la salida de los espíritus y penetraron en la zona gelatinosa de la sorpresa, intimidados por el encanto de lo desconocido, para saber lo que había tras la marejada espumosa del miedo. El pajarraco tembló ante el primer punzazo de la muerte y silbó un inaudible estertor de profunda soledad.

Fue en ese momento cuando bajó el ángel, rodeado de un azaroso estruendo de estalactitas azules. Era bello y femenino bajo el terciopelo de una suave luz de leche que encanecía a los hombres y rejuvenecía a las mujeres, embarazándolas con un jugoso olor de amor consumado. Traía en el puño un bastón de olivo florecido y a su cintura colgaba la panoplia de un esmerilado espadón de agua templada. Vibró el pinar, agarrotado en sus savias por el espanto de Los Operantes.

"¡Hundo un mar, alzo un viento, levanto la tierra!", saludó el vozarrón de oro haciendo que las hojas se cristalizaran de fuego.

Los Operantes humillaron la frente arrebatados por una desconsoladora mudez seca.

Entonces volvió a hablar el ángel:

"Voy a daros tres testimonios de lo que ignoráis... —y ante la impavidez general explicó—: tres preguntas, idiotas, que llevo prisa para una junta celestial."

Tras mucho fregonear, terminó por deshebillarse los nudos del pavor un medio viejo de los viejos.

En el alto azul circunferenciaba un zopilote con otros zopilotes.

"¿Hay dios?", interrogó.

"Esa pregunta ni se pregunta —respondió el ángel—. Otra", urgió chasqueando los dedos.

"¿Dónde van los muertos?", volvió a preguntar, ya más calmado.

"De los cuerpos muertos no sé, pues no nos ocupamos de esas cochinadas. Al cielo van los que mueren de amor, aunque sea un amor perdido. Sólo eso tiene visa franca arriba y más si es amor por la humanidad. En el infierno están los condenados a total extinción por las faltas que seguirán cometiendo en las infinitas cajas del sueño, pues no hay nada más terrible que negarle el derecho a la vida a quien ya la ha conocido y reposa en ese insondable sopor de doble fondo que es la muerte —el bosque se iluminó con un resplandor de luciérnagas—. Pero a veces los indultamos, todo depende de la línea política que esté en el poder celestial. Van dos...", avisó.

Los Operantes se reunieron entonces a cuchichear entre ellos, sabedores de su postrera ocasión, viendo de reojo la impaciencia del ángel que se pulía el esmalte de las uñas y taconeaba sobre la hierba.

Por fin, tras revolver sofocadamente un manojo de curiosidades, los ancianos concluyeron que la pregunta final debía darles la llave de la salvación o, como advertía su libro mágico, no tendrían una segunda oportunidad sobre la tierra.

"¿Cuál es el pecado que no se perdona?", consultó el más joven de los viejos.

El ángel cabeceó tristemente, conocedor desde tres milenios atrás de lo que le preguntarían esa madrugada.

"La intolerancia —dijo despaciosamente—, la explotación de unos hombres por otros, los goces depravados de los imperialismos y la injusticia. Y adiós, que sólo el tiempo es infinito."

Viéndolo agitar las alas y envolverse en el vapor caliginoso de una neblina alba, el más joven de los viejos reflexionó en descuidada voz alta:

"El tal ángel como que es más bien revolucionario..."

El ángel lo escuchó y volvió sobre el manto rosado de su propia sombra. Sonrió enigmáticamente, como quien barajara los naipes del entendimiento: "Conocemos el futuro —dijo—, conocemos el futuro", y desapareció entre un alocado precipitar de alas, como de suspiros quebrados, rumbo a la flecha del sol.

Tras él urgió su vuelo el pájaro santo, acorazado en el envoltorio mágico de un silbo de premonición.

[*Historias de Los Operantes,* 2000.]

JUAN DE DIOS PINEDA ZALDÍVAR
(Colinas, 1947)

Narrador, poeta, actor, director y profesor de teatro y español, este último en la Universidad de Gotinga. Es autor del libro de relatos Andares y cantares *(1992), del poemario* Itinerario y otros poemas *(1997), y de la novela* Estaciones a la deriva *(2008). Ha recibido el Premio de Poesía de la Universidad Pedagógica Nacional de Colombia (1978) y el Premio Especial Experiencias y Encuentros Hispanoalemanes, con el relato* "Un resplandor inolvidable", *en España (2008).*

Sensemayá-Chatelet

HABÍA que ganarse el pan, el queso y el vino. Pero cómo hacerlo sin que se me atravesara ninguna cruel paradoja. De tarde en tarde me caían algunos francos por repartir volantes que anunciaban espectáculos. Pero la tarde final en que cumplí con esa tarea no pude menos que decidirme a abandonarla. La paradoja de conocer tan bien el escenario como un camaleón conoce la rama de su metamorfosis, y no poder entrar a ver espectáculos que me eran necesarios, se resolvió esa misma tarde de la Ópera de Pekín.

Fue allá en el Palacio del Congreso que queda después del puente Maillot donde tendría lugar el acontecimiento de color, magia y belleza que es la Ópera de Pekín. El compañero colombiano que me echaba la segunda en la repartición de las volantes entraría a verla, una vez que termináramos nuestra tarea. Entretanto yo había de quedarme afuera porque apenas si contaba con ocho francos en el bolsillo.

El colombiano entregó su última hoja a un grupo de chinos que venía un poco rezagado, luego se me acercó para decirme que lo sentía mucho, sin poder disimular el natural contento con que se fue enseguida a la sala, con su boleto que a saber de dónde había sacado. A mí me arrastró una tristeza sólo comparable a la que sentía cuando niño, cada vez que en el cine de mi pueblo pasaban una del Gordo y el Flaco y yo me quedaba afuera escuchando las carcajadas del público y esperando el momento en que el portero se descuidara para metérmele por la cocina.

Claro que aprecié todas las posibilidades para colarme y las vi bien claras: no había ninguna. Es decir que de sólo ver a los dos porteros se me quitaron las ganas; parecían dos guardaespaldas protegiendo a un dragón.

Las uvas están verdes, me dije, así que mejor caminandito de regreso a los centros del rebusque. Era mayo y toda la avenida de los Campos Elíseos estaba orlada de verde por los árboles recién salidos del invierno. De modo que me vine por ahí, tratando de olvidar, con los espectáculos al aire libre que uno puede ver a lo largo de esa avenida, la paradójica situación que acababa de experimentar. Y creo que luego de pasar por el Arco del Triunfo ya había echado en saco del olvido ese dolor de ser teatrista y no poder ver la Ópera de Pekín que van a presentar ahí mismo al frente de nuestras narices.

El saco del olvido terminó por cerrarse cuando asomé a la Plaza de la Concordia y vi una marejada humana que protestaba frente a la embajada norteamericana por el bloqueo yanqui activado contra Nicaragua. Lo mejor de todo era la rumba que se tenía un grupo achocolatado de latinoamericanos revueltos con franceses y gentes de los más variados países, cantando la *Guantanamera* y bailando con todo el vapor de *un músculo bajo la piel.*

Qué otro lugar mejor donde venir a caer que en medio de aquel ritmo de tambores, maracas, quenas y guitarras. Aquí fue donde me pescó la idea de montar algo de Nicolás Guillén. Así fue porque al acabar la manifestación yo estaba completamente prisionero en una red de ritmos y versos caribeños, como éste, cincelado en tardes de danzas garífunas: *Por la encendida calle antillana/va Tembandumba de la Quimbamba/Rumba, macumba, candombe, bámbula,* y otros versos de color caimito y sabor a guayaba, hasta que me asaltó la culebra de Sensemayá.

Al llegar al Centro Beaubourg (uno de los centros del rebusque), ya tenía la imagen redonda de lo que iba a hacer, y eso era Sensemayá. Se lo dije a mi amigo Hernán el mimo, se lo iba a decir, se lo iba a cantar y a bailar ahí mismo, una vez que terminara sus rondas espectaculares con el gusanito títere que le ondulaba en la mano. Sería lueguito, porque Hernán el mimo estaba que bailaba sobre el placer de hacer reír a los espectadores callejeros con su gusanito de camiseta a rayas, siguiendo por detrás a cada desprevenido que se le cruzaba, remedándole muy de cerca el paso y el gesto del cuerpo, con su gusanito que ondulaba y abría la boca encima de la cabeza del paseante en cuestión, hasta que éste caía en la cuenta de la risión general y se daba vuelta como picado por alacrán, pero Hernán el mimo ya estaba a veinte metros metido en otro rollo.

Hernán se alegró mucho de que hubiera encontrado una idea para meterme en el metro. Así es viejo Hernán, le dije, a volar con las volantes porque no reparto una hoja más, no-doy-una-hoja-más, ¿entendiste compadre? Y claro que Hernán entendió. Para celebrarlo dispusimos darnos una comida al aire libre con sardinas, pan, queso y vino, allí mismo en la plazoleta frente al Beaubourg, que exponía para esas fechas mil pantallas japonesas y pinturas de Chirico.

Nos despedimos y me fui directo a Chatelet (otro centro del rebusque) con la expresa idea de bajar a las catacumbas del metro. Ni cuenta me di que me había colado. Tomé el clásico que lleva dirección Pont de Neuilly, y clásico simplemente porque es en este metro donde abundan las presentaciones artísticas fugaces, desde teatro de títeres en dos por tres hasta dúos salsómanos o andinos, sin que falte de rato en rato una balalaika extraviada o una gaita céltica, en fin, de todo, o casi de todo, porque faltaba algo: poesía, es decir, física poesía dicha con las cuerdas de la voz. Y por aquí era donde yo quería entrarle.

Entré en uno de los vagones y pasé de inmediato a entrenarme con el poema *Masa* de César Vallejo que fue el primero que se me vino a la cabeza. Lo que me interesaba era conjurar cuanto antes el miedo a ese vago espacio escénico que es un vagón de metro y del cual mi única experiencia era el día en que sustituí a Ricardo con la bruja en su *sketch* de títeres. Era pues imprescindible medir el tiempo de recorrido entre Chatelet y Concorde para enmarcar un ínfimo espectáculo que se precie de habilidad técnica en el metro, capaz de desarrollarse en cuatro estaciones incluida la pasada del sombrero.

Dije el poema haciendo abstracción de todo cuanto podía perturbarme: salida y entrada de pasajeros, paradas a veces bruscas, algún empellón inesperado y cosas de ésas. Todo bien si no fuera porque en la estación de Charles de Gaulle me vine a dar cuenta de que la estación Concorde ya hacía rato se había quedado atrás. No obstante mis objetivos ya estaban logrados, y esto era perder el pánico a ese público movedizo, capaz de traumatizar al más fogueado actor (un divo allí se moriría de pena), y tomar conciencia de la indispensable sincronía temporal.

De vuelta hacia Chatelet me senté junto a un hombre que tenía un reloj pulsera del tamaño de una sartén. Una vez que arrancamos en la estación Concorde comencé a volarle lente a las agujas. Pasamos luego la estación Palais Royal y ya en la del Louvre el segundero había dado tres vueltas completas más un avance de más o menos sesenta grados. En el último recorrido del Louvre a Chatelet ya estaba claro que era el trayecto para pasar el sombrero. Muy contento con estos datos experimentales, bajé y comencé a recordar el texto de *Sensemayá – Canto para matar una culebra.*

Pero había un dato muy elemental que me inquietaba: la ubicación del espacio escénico. No podía ser el lugar donde se colocan los titiriteros, porque entonces los espectadores del fondo apenas si alcanzarían a escuchar mi voz, si tomaba en cuenta que la mayor desventaja era el permanente ruido de los vagones y los andenes. Hice un nuevo viaje de exploración. Me planté en el mero centro del vagón y aquí descubrí otra desventaja: la simetría espacial por banda y banda. Se me ocurrió entonces agregar danza al poema, así podía tener a tiro de ojo a cada espectador. La consecuencia con este hallazgo fue entonces meter tambores, pero de dónde tambores, demasiado lío para conseguirlos. Sin embargo, recordé que en el apartamento de Mele había unos bongó que algunos llaman gemelos, ibeyi o timbales, y que yo llamaré géminis por ser mi signo.

Me llevó toda la tarde completar los datos. Al anochecer llegué al apartamento de Mele donde estaba hospedado. Perfecto, no había nadie. Mele y su compañera andaban de viaje por el sur. Pues manos a la obra. Desarrinconé los géminis y comencé a timbrarlos. Cosa difícil porque uno de ellos tenía una rotura en el borde. Pero ni modo, con ellos. Saqué el ejemplar de *Sóngoro cosongo* de la edición Losada y lo abrí en la página de Sensemayá, lo puse en un atril prensado con cuatro ganchos de ropa y lo bajé, a medio metro del suelo. Al tiempo que comprobaba la memorización del poema dejaba que los golpes del cuero me propiciaran el ritmo adecuado a la expresión vocal. No me costó mucho encontrarlo. Rápido me di cuenta que entre el verso y el ritmo se establecía lo que llaman una *simpatía derramada.* ¿Pero cómo tocar y bailar con los géminis al mismo tiempo? Y se encendió otra vez el foquito: amarrándolos a mi cintura con una larga vincha de colores del Quiché. La saqué de mi mochila y la ajusté cruzándomela por los hombros y la cintura. La solución era inmejorable pues los dos cueros se avinieron cómodamente a la danza. A continuación se me ocurrió, y a saber por qué reflejo, ponerme una camiseta con palmeras. Por suerte ni tenía tal camiseta ni quería llevar mi trabajo a la movediza tentación del exotismo. Agregué, eso sí, unos caracoles sonajeros en la mano. Por fin, elegí una camiseta negra y unos yines viejos que por mucho tiempo fueron los de reír y llorar, y de maquillaje, un poco de base y líneas para resaltar los ojos.

El día siguiente lo pasé ensayando y ultimando algunos detalles escenográficos. También dibujé una culebra saliendo de un zacatal en unos cartones que a la hora del refuego los sostendría en los tubos con mecates y cabuyas. Al tercer día, después de haber hecho un ensayo general, tomé el metro con rumbo a Chatelet. Esta vez la prudencia me aconsejó comprar el boleto.

Al llegar a Chatelet, Ricardo y Alfonso ya llevaban unas cuatro vueltas con sus títeres. Los encontré en una de las bancas donde contaban las ganancias del último viaje. Les dije que estaba por echarme al agua con el poema de Nicolás Guillén. Al rato de recibir mi noticia con entusiasmo me dijeron que hasta ese momento nadie había intentado nada semejante. No supe si alegrarme o temer por este dato. Los otros espectáculos fugaces ya tenían cierta tradición en los vagones del metro y era evidente que ayudaban a irla pasando en ese París tan jodido si uno cae por ahí en paracaídas. Lo mío parecía ser inédito y eso me provocaba cierto espanto.

Ricardo —vale la pena recordarlo—, como empresario de su propio espectáculo relámpago, podía pagarse un cuarto en una buhardilla y aún le quedaba tiempo para dedicarse a lo suyo que era la pintura. Llevaba algunos meses con los títeres y parecía contento, con su muñequito triste y solo en la primera escena, pero alegre y enamorado en la segunda, cuando se le aparece una flor de esplendentes pétalos amarillos, rescatándolo de su tristeza soledosa. Arranca el romance pero éste no da para mucho, porque en lo mejor del encaramelamiento hace entrada la inevitable bruja, sobre un *raptus* dramático de la ópera Carmen, se entabla una batalla sobre las ondas pasionales de la música, hasta que la bruja se posesiona de la flor y se la lleva hacia atrás del telón por donde había aparecido. Para qué decir del desgarrón de aria que se manda el muñequito, vuelto a la pena del amor perdido.

De modo que con su pieza de títeres en tres minutos, Ricardo había logrado poner las cuatro varas de su carpa, por decirlo así. Por el momento yo no esperaba tanto, porque ahora lo que me interesaba era comprobar la precisión del tiempo y la distancia en correspondencia con el montaje del poema. Pero eso de abrir un nuevo ámbito escénico en los vagones del metro no dejaba de ponerme nervioso, como a un debutante, que en este caso lo era.

—¡Qué carajo! —grité—, salto ahora o nunca. Bueno, compadres —les dije—,

ya les contaré en que paro con Sensemayá, chao –y me planté a la orilla del
andén, listo para mi primer asalto.

Escogí un vagón no tan lleno y entré por el medio tal como lo tenía previs-
to. Coloqué por lo alto de los tubos el panelito con la culebra dibujada en un
zacatal. Listo. Una mirada a los sorprendidos espectadores, reconcentración en
mi burbuja escénica y de golpe, en sincronía con el despegue de la máquina,
arranco con el primer *¡Mayombe-bombe-mayombé!*, al tiempo que mis manos
hacen tronar en un crescendo los tambores atados a mi cintura.

Los viajeros que no habían pescado mi presencia se volvieron buscando la
fuente de aquel asalto de ritmo. Algunos se quedaron atentos a la espera del
desarrollo, otros regresaron a sus periódicos y los menos hicieron como que no
me veían viendo por el reflejo de las ventanillas. A ese sonoro preludio con ma-
yombe y ataque de cueros ya no pude detenerme. Ni el estrépito de las ruedas
aceleradas contra los rieles ni la indiferencia de algunos viajantes pudo detener
mi debut, sumergido como estaba en una especie de candombe.

Una vez plantado el conjuro de la primera estrofa que preludia la aparición
de la culebra, mis manos sosegaron el ímpetu del primer asalto y comenzaron
a rascar la superficie de mis timbales y a percusionar en el aire el gajo de con-
chas marinas. Entre tanto mi cuerpo se expresaba ondulante, con interrupciones
sincopadas y con agitaciones rítmicas de mis hombros, alrededor de un círculo
imaginario donde yo ya miraba a la culebra, *con sus ojos de vidrio, en un palo/
con sus ojos de vidrio.*

Era mi ensayo general, y para qué decir que ni siquiera me acordé de los
principios básicos del teatro épico de Brecht. Y aunque me los hubiera escrito
en la frente no había nada que hacer, las desideratas del cuerpo, la voz y la
poesía emergían libres de cualquier premeditación, en un despliegue que era
todo un aluvión demiúrgico.

Al término de la estación de las Tuilleries, Sensemayá ya había sido recita-
do, cantado y danzado. Descolgué el panel con la culebra y comencé a pasar el
sombrero, mejor dicho una gorra de corduroy que tenía preparada para esta fase.
Algunas personas me recibieron con amplias sonrisas y varios francos al mismo
tiempo, seguramente las mismas que aplaudieron con abierto entusiasmo.

Cuando bajé en la siguiente estación sentí una alegría enorme al comprobar
que ya no debía repartir más hojas volantes, anunciando espectáculos que nun-
ca tendría la suerte de apreciar. Aunque para mí ya era suficiente espectáculo
el que podía apreciar en los pasillos del metro, en los vagones mismos y sobre

el gran escenario que son las calles de París, con juglares y saltimbanquis a la vuelta de la esquina, mimos, trovadores y todo lo que fuera posible imaginar. Yo pertenecía ahora a esa población flotante de artistas, con mi balsa de navegación recién estrenada.

"Pero la alegría dura lo que tarda un aguacero con sol", dice Asturias.

En los inicios, tal vez en los dos primeros días, el ruido constante del metro y el anonimato siempre cambiante del público no me impedían la inmersión demiúrgica. No obstante, la permanente irradiación del exterior comenzó a penetrar lenta pero inexorablemente en el círculo mágico de mi trabajo. Al comienzo la fuerza poética de mi juego escénico tenía la potencia de lo nuevo auténtico, podía mantener a raya cualquier perturbación externa, especialmente en las dos paradas intermedias por donde se dejaba venir una imparable avalancha de ruidos. Entre la burbuja mágica de mi Sensemayá y aquella marabunta del estropicio la suerte de mi espectáculo comenzó a ir cuesta abajo.

Normalmente lograba conectar cierto flujo magnético con algunos espectadores, incluso bastaba uno solo de ellos para establecerme escénicamente. Luego se dejaba venir, sin previo aviso, una ruptura violenta que nos dejaba incomunicados. Esto fue lo más difícil de soportar. Se volvió inaguantable el corte violento del hilo magnético, roto a veces también porque mi público participante debía bajar en una de las estaciones intermedias o dar paso al reacomodo de los pasajeros que buscaban donde sentarse o asirse. Me di cuenta de que mi voz ya no salía natural, de que mi esfuerzo iba más allá de las posibilidades reales de conservar ese precario puente que me unía al grato espectador. Caí en la cuenta de que la voz timbrada de las representaciones anteriores —sin ser excepcional— había dado paso al grito desentonado, al verso trizado y a una fatigante sobreactuación. Por su parte la colecta de francos, tan alentadora en los primeros días, comenzó a disminuir proporcionalmente a mi fatiga.

Casi una semana completa duró mi batalla con la culebra de Sensemayá. Mis pobres cuerdas vocales comenzaron a resentirse junto a los músculos de mi garganta. Mi voz buscaba atemperarse al nivel decreciente de las posibilidades físicas de mis órganos fonatorios. Al fin, la sensatez terminó por imponerse. Antes de que el ángel de la escena regresara a las honduras malherido o que la flor de Zeamy se apagara definitivamente, y sobre todo, antes que, por una de esas causalidades misteriosas, se apareciera en uno de los vagones el poeta Nicolás Guillén, en cuerpo y alma.

En Chatelet determiné no decir más el poema y ahí mismo deseché la idea de levantar carpa en París. Me senté en una banca, con los géminis y el cartón con la culebra a mi lado, y el gajo de conchas marinas en mis manos, de espaldas a un gigantesco cartel que anunciaba un espectáculo de ballet clásico. Y si alguna vez existen los momentos en que la aceptación racional de los hechos se entrelaza con la tristeza en un mano a mano, éste fue uno de ellos, porque en medio de aquel barullo de gente yendo y viniendo por los andenes, yo estaba más solo que una palmera en el desierto.

[*Andares y cantares,* 1992.]

JORGE MEDINA GARCÍA
(Olanchito, 1948)

Ha desempeñado diversos cargos en la rama educativa a nivel primaria, secundaria y superior, y laborado en actividades radiofónicas en su departamento natal. Fue alcalde de Yoro y ha trabajado en actividades agropecuarias propias. Entre otras obras, es autor de Pudimos haber llegado más lejos *(1989),* Cenizas en la memoria *(1994),* Desafinada serenata *(2000),* La dignidad de los escombros *(2002) y* La oscuridad nuestra de cada día *(2007).*

Teniéndonos el uno al otro

A mi hija Shoncy Medina

QUERIDO HERMANO:

Te mando esta hamaca y los quinientos pesos adjuntos para que compartás conmigo un poquito de la buena suerte que sin quererlo me has procurado. La hamaca, que es ancha y confortable, seguramente mitigará el cansancio de los músculos agarrotados que ocasiona permanecer tanto tiempo sentado en ese incómodo cubículo de la oficina, sin más distracción que la vieja computadora programada para Excel y, cuando no, las desagradables visitas del supervisor cabrón.

Te cuento que estuve muy arrecho con vos porque quedamos como machos en que vendrías a remplazarme hace más de dos meses y no cumpliste. Las cosas, sin embargo, dan vueltas y hoy resulta que te he comprendido y me imagino que no volviste porque habrás tenido algún atraso. Por ahora eso no importa. Sólo quiero decirte muy en confianza que creo que aquí haremos más dinero del que buscás allá afuera. Venís vos, si querés, te estás un mes o dos,

hacés tus centavos, te vas y luego vuelvo yo otro tiempo y así iremos cambián-
donos de lugar hasta que nos hagamos de un capitalito o te den la libertad.
Aunque pienso que por ahora debemos tratar de que eso no venga muy pronto.

No sé cómo no lo habías descubierto, vos, que sos tan chispa para el billete.

Aunque me advertiste de mantener un perfil bajo en estos ambientes y evi-
tar la socialización, la clave estuvo en hacerme amigo de confianza de Chupa-
sangre, el mandamás de aquí. Por lo bajo suelen hablar muy mal de él; que es de
mala leche, que es usurero, que es drogadicto, que es un asesino, que uuuhhhh,
montón de picardías más, pero la verdad es que ésas son puras habladurías de
los envidiosos porque cuando lo tratás te das cuenta de que es un hombre ca-
bal, gran gente y un amigo como no hay dos. El caso es que no sé ni cómo me
he ganado su confianza y me ha reclutado para ayudarle a distribuir en mi sec-
tor su mejor mercadería.

Estoy empezando, pero ya medio mundo me respeta, me saludan amiga-
bles, me buscan plática y, sobre todo, del negocio que estoy manejando suelen
quedarme libres unos cinco mil a la semana. Flojos. Imaginate de aquí a unos
cuantos meses. Y pensar que en el pinche empleo que me cubrís, con las gran-
des matadas trabajando, eso es lo que me queda mensualmente después de las
deducciones.

Aunque no sé cuándo pensás regresar, es bueno que no te apresurés. Chu-
pasangre está gestionando que me pasen al nuevo sector de los sentenciados
para que consiga nueva clientela. Ya vas a ver. La compran hasta los guardias.
Saldremos de aquí con riquezas inesperadas, si te cuidás la boca.

Me despido, porque el primo Will ya tiene que irse.

Recuerda que siempre nos tendremos el uno al otro.

Un abrazo de tu hermano,

Tristán

Me esforcé para entregar mi último billete de cien pesos a Will con aire ru-
tinario, aunque sólo Dios sabía el inmenso dolor que me causaba el acto de
desprenderme de él tan bruscamente.

Lo saqué entre el bulto de papeles de mi cartera, donde pernoctaba intoca-
ble y solitario desde tres días atrás en que metí a su compañero dentro de la
importantísima misiva, con el aparente cuidado de quien no quiere dar un bi-
llete más alto por equivocación, y se lo tendí con estudiada displicencia.

—Tené —le dije, como si estuviera muy acostumbrado a regalar mi dinero—, para que te tomés un refresco. Le entregás la hamaca y esta carta personalmente a mi hermanito. Allí va un dinero —agregué, procurando dominar el temblor de las manos con que se los tendía.

Wilberto, que tal como yo en aquella desdichada vez también había sido obligado por su tía, que es mi madre, a venir de visita, no salía de un asombro pronunciado y aún en la despedida continuaba con la boca abierta admirándome la ropa fina, el lujoso reloj y la gruesa cadena de oro que, aunque él no lo sospechaba, me había conseguido alquilados después de muchas súplicas y negociaciones.

Estaba casi seguro de que, como yo deseaba, contaría a todos en casa lo elegante y próspero que me veo, es decir, que se ve Saúl, porque ni siquiera él mismo cae en la cuenta de este absurdo y perverso cambalache.

En cuanto el pariente desapareció tras la reja principal, el dueño de mi vestimenta, un reo gordinflón que se dedica a las negociaciones más extrañas de esta penitenciaría y que no me había quitado un solo momento los ojos de encima durante mi encuentro familiar, se acercó sin disimulos:

—¡Vaya, vaya! ¡Ya te vás desnudando, pendejo! ¿Quién putas te dijo que te restregaras contra la pared? ¿Ah? ¿Ah? ¡Mirá cómo me has dejado el pantalón! —me reclamó el miserable, sacudiéndome las nalgas y la espalda como si fuera su hijo y atribuyéndome toda clase de epítetos soeces, aunque yo, la verdad, ni siquiera le oía.

Allí mismo me hizo despojarme del vestuario y quedar en calzoneta y chancletas, como siempre he andado en esta maldita cárcel con el objeto de no gastar la escasa ropa que tengo. Desde entonces me he dedicado a bajar con rezos a los santos del cielo para que la inversión de mis últimos centavos y de mi dignidad ofendida tuviera un resultado positivo en la negra conciencia del maricón, hijo de la gran puta (con perdón de mi madre) de mi hermano Saúl.

Para que se me comprendan mejor estos tibios calificativos, hay que aclarar que él y yo desgraciadamente somos gemelos idénticos, y lo somos a tal grado que aún la gente más cercana a nuestra parentela apenas nos identifica, y esto, gracias en buena medida al modo de peinarme de lado y al mostacho que me dejé crecer una vez para diferenciarme como convenía. También somos hijos únicos, sin padre.

Pocos saben que la diferencia real entre nosotros no es otra que la de que él es un sinvergüenza de padre y señor mío, y yo un idiota por donde se me vea.

Es necesario agregar que, como es natural, Saúl ha andado un largo camino en los peores pasos y no hace mucho cayó en esta cárcel por el asalto a mano armada que, por mucho que transe su abogado defensor o por mal que lo juzguen los jueces, no le saldrá en menos de ocho años a la sombra.

A los tres meses de estar recluido aquí, su mente tortuosa y malintencionada había contado con tiempo de sobra para urdir otra bajeza. Simuló estar gravemente enfermo de bronquitis, y mi mamá tan vieja, tan confiada y con una enfermedad que casi no la deja moverse, entre una retahíla de devociones fraternales me obligó a venir a visitarlo.

Entonces yo lo ignoraba, pero Saúl en el mismo momento de abrazarme falsamente amoroso, con dejos de moribundo y toses cavernosas, comenzó a enredarme en su venenosa telaraña.

Tenía escondido en un lugar secreto, donde sólo él tenía acceso, suficiente cantidad de dinero procedente del robo al almacén que le atribuían, para que ni mamá ni nadie de la familia volviera a pasar necesidades en su vida y, por supuesto, para que su abogado sobornara a la misma presidenta de la Corte Suprema de Justicia si fuera necesario. Eso me confió fraternalmente en un plano misterioso, casi cuchicheando.

Poco a poco, con la expresión de alguien que en su lecho de muerte ofreciera al hermano descarriado la última oportunidad de hacer algo provechoso, recordó con nostalgia los juegos infantiles en que, con tanto placer e inocencia, solíamos cambiar personalidades para engañar a los viejos y rememoró conmovido las anécdotas más divertidas de nuestra niñez. Se acordaba de cosas que yo mismo había olvidado.

Cuando consideró que había fertilizado el terreno de forma suficiente, entre suspiros quejumbrosos me propuso que lo sustituyera en la cárcel al menos una semana para traer su dinero, y que mientras volvía, ya rico, y creciera el bigote que debía cortarme, él, que también era contador como yo, iba a sustituirme en el trabajo mientras yo me dedicaba a engordar, a leer y a descansar como lo merecía. "Llevarás una vida de obispo y te compensaré generosamente", prometió, con una sonrisa desvaída.

Su oferta sibilina, además, se inflamaba a cada rato con encarecimientos fraternos: "Estos favores sólo pueden pedirse a un hermano que no traiciona, a alguien que lleve sangre de tu sangre —decía, emocionado—. Para algo hemos compartido, llenos de amor, el vientre de la misma madre".

"No olvidés que siempre nos tendremos uno al otro", solía concluir sus peroratas sentimentales, con una mano sobre el corazón y un lacrimoso sorbido de mocos.

En fin, la cosa llegó a convertirse en una forma de expresión tan sensiblera que sólo faltó ponerle un estribillo y un acompañamiento de bandoneón para convertirse en un tango.

En la oficina, disculpándome y agachando el morro ante las reconvenciones del maldito supervisor que se las traía conmigo a cada rato, le di vueltas y vueltas a la idea, azuzado por sus frases fantasiosas, sus promesas y sus carantoñas de motivación, y al final, admito que un poco encandilado por la oportunidad de conseguirme algo de dinero extra y alejarme un poco del ambiente hostil que me rodeaba, en una nueva visita estúpidamente espontánea que le hice, acabé por aceptar su oferta sin más blindaje que la condición de no permanecer aquí más de una semana y la advertencia de que si no volvía en ese tiempo, lo denunciaría como evasor y prófugo de la justicia en todos los periódicos y radioemisoras del país.

Al declararle mis condiciones, no dejó de extrañarme la acelerada recuperación que pareció estar empezando a gozar su otrora quebrantadísima salud; pero como él ya se había aplanado el pelo para un lado y traía crecido el bigote y yo le había dado mi palabra de caballero, sólo fue cosa de encerrarnos en su estrecha guarida, intercambiarnos de ropa, afeitarme, peinarme para atrás como violinista y entregarle, no sin dolor, mi pase de visitante, porque la cédula de identidad se había quedado en depósito con la guardia de entrada.

Me dio muchos abrazos y, si lo dejo, el mal parido me hubiera besado.

Solamente cuando lo vi desaparecer tras el portón, olvidado de sus achaques, caminando con garbo y señorío hacia la libertad y me quedé solo entre aquella comunidad de malhechores redomados, me di cuenta de la infinita estupidez que había cometido.

El maldito mostacho me creció muchas veces y otras tantas lo rapé para no estropear la posible salida que comencé a sentir cada vez más ficticia y lejana una, dos y más semanas después, debido a que el cabrón de mi hermano no volvió a asomarse por aquí y supe que con mi documento de identidad en su poder siguió haciéndose pasar como Tristán en mi propio trabajo, con mi ropa y mis costumbres y ante mi propia madre que siguió llamándolo así sin ninguna sospecha.

Aunque quise de muchas formas desatar el escándalo y el peso de la justicia sobre su maldita cabeza, pronto entendí lo inútil que era seguir tratando de cumplir con las inaplicables y pobres advertencias que le hice al traidor. Ni siquiera me autorizaron una visita al director de la cárcel y los guardianes me tildaban de embustero y se burlaban de mí cuando les contaba. ¡Cómo hubiera convencido yo a periodistas y jueces que jamás se destacan por lumbreras y mucho menos se interesan por presidiarios sin plata!

Las semanas pasaban y pasaban sin que nada aliviara mi depresión y mi tristeza.

Rumores de que también, sin tapujos, se acostaba con mi novia Lolita, llegaron con horror a mi conocimiento.

Yo estaba para matarme con cualquiera. La impotencia y la ira contenida hacían crujir a mis dientes y dar puñetazos contra la pared a mis manos, frenético, cada vez que consideraba el asunto para hallarle solución.

Paulatinamente, paso a paso, a fuerza de reflexiones y de voluntad, conseguí serenarme y comprender que la desesperación no me llevaría a ningún lugar conveniente. Supe así que debía atacarlo por nuestro lado más flaco que es, sin ninguna duda, la ambición de hacer dinero fácil.

Por eso me jugué todo, literalmente, a una carta.

Esa carta era la que mandé al infame con nuestro primo hermano.

Mi canalla gemelo era una anguila curtida y conforme pasaban los días sin ningún resultado, me di cuenta de que costaría mucho que picara el anzuelo. Así, de tal forma pasó, entre mi desesperación y mi angustia inenarrables, otro larguísimo mes más.

Sin embargo, sabiendo que debía tener paciencia, poseedor de una fe prodigiosa que alimentaba con constantes oraciones, presentía que el pez se estaba acercando con cautela y un poco de curiosidad.

Un día en que casi se me sale el corazón por la boca, me llamó al celular de un compañero de penas que él había conocido aquí y se disculpó conmigo por no haber venido a sustituirme. En el lugar del tesoro había construcciones nuevas que lo desorientaban y aún no lo encontraba, me dijo, sin saber que yo sabía que llamaba para sonsacarme información. Que era cosa nomás de esperarse otro tiempo, argumentaba alevosamente.

Fingiendo que le creía le manifesté, haciendo de tripas corazón, que no se preocupara, que yo también necesitaba tiempo para reunir un poco más de dinero y poder comprarme un carro de segunda y tal vez una casita cuando saliera. Que las cosas me iban de maravilla y que no le contaba más porque algunos temas no podían discutirse por teléfono. Viendo que no podría sacarme más datos, se despidió diciéndome que me enviaría algunas cosas de comer con Will, quien ya había sido conminado por mi madre a visitarme el sábado siguiente.

Esa noche no pude dormir nada pensando y repensando la forma de conseguir dinero para enviar otra vez la impresión indubitable de que me estaba enriqueciendo, ya que ésta era, sin lugar a dudas, la única estrategia posible para salir de la trágica situación en que me había colocado.

Permanecí sin dormir noches enteras entre terribles dolores de cabeza, pero cuando llegó mi primo, gracias a dios o al diablo, que en todo anda metido, ya tenía solventado ese problema.

No me puse a analizar las grandes desventajas del trato que me vi obligado a hacer. Lo cierto es que preferí jugarme la vida, a la alternativa de verme encerrado los próximos ocho años de ella.

Con los fondos que obtuve, alquilé el terno de casimir inglés y los zapatos que me vio Wilfredo con la quijada caída, lo mismo que el reloj y la cadena de oro que continuaban obnubilando su mirada. También lo dejé ver, con disimulo, mi cartera repleta de billetes de respetable denominación alineados entre muchos de cien y de quinientos.

Puedo jurar sin condenarme que me entregó la bolsa de pan, los cigarros y el atado de naranjas mandarinas que según dijo me enviaban mi mamá y Tristán, con muchísima vergüenza. Por mi parte, agarré el obsequio con la punta de los dedos, fingiendo una exquisita educación para no echarlo al cesto de la basura.

Lo traté sin demasiadas cortesías, impostándome ocupado, hablando a cada rato por el blackberry alquilado y disculpándome de no poder invitarlo a mis nuevas habitaciones privadas, al lado de las de los jefes, porque estaba prohibido.

Al cabo de unos quince minutos de charla intrascendente, con indirectas alusiones a mi fructífera ocupación, lo despedí sacando unos billetes de la abultada cartera con gran ostentación.

—Llevale estos mil pesos a mi hermano y estos otros mil a mi mamá —lo instruí, con la nueva autoridad que en mi voz había logrado injertar, tras harta práctica.

Luego, como quien regala un cigarrillo, le metí en la bolsa de su camisa un par de billetes amarillos que volví a sacar de la inagotable cartera.

—Para el bus —le dije, y le estreché la mano con la sinceridad de un político de cepa.

—¿No le vas a escribir a Tristán? —me preguntó, inseguro.

Yo moví la cabeza, procurando acentuar la imbecilidad de esa idea, entre el aire circunspecto con que había logrado rodear mi persona en toda la audiencia.

Cuando se fue y me quitaron las prendas, quedé con tres mil cincuenta pesos en billetes pequeños y una deuda que podía costarme la vida. Sin embargo, entendí que de nada valía llorar por platos rotos cuando los dados de la suerte estaban echados sobre la mesa.

Puedo decir que los siguientes días que pasaron (peores, cuando me enteré que Saúl había sido despedido de mi trabajo de oficina por incompetente), nadé frenéticamente en un tumultuoso mar de nervios, al filo del colapso. Me veía consumiéndome en aquellas ergástulas durante años y años, sin la seguridad de salir indemne algún lejano día. Durmiendo con un ojo abierto y otro cerrado, esperando el día inevitable en que cualquiera de aquellos criminales siniestros me degollara sin contemplaciones.

Bajé de peso en forma notable y mis cabellos comenzaron a encanecerse. Por un tic nervioso que estremecía mi mano izquierda cada cinco minutos constaté que me estaba convirtiendo en una ruina; y a pesar de eso, traté de no perder ni un minuto la fe en mi laborioso plan.

Otra vez dejé crecer mi bigote y volví a peinarme para un lado, vistiendo los fines de semana la única muda decente que tenía, por las dudas.

Paulatinamente, me apliqué a rellenar una bolsa con puchos de mariguana desechada y puntas de bolsitas plásticas con gramos entresacados del paquetito de maicena que había comprado para hacerlos pasar por cocaína. Cada vez que lo hacía me acercaba a orar en los cultos religiosos, con toda mi alma.

Cuando, dos inconcebibles semanas después, apareció Saúl ante mis ojos, gordo y bronceado como si llegara de veranear, fue como si yo mismo estuviera ascendiendo al cielo en cuerpo y alma. No sé cómo supe disimularlo y, además, ahogar los deseos nada cristianos de estrangularlo como a un perro. Aún me enorgullece la forma en que me comporté.

Para empezar no me mostré muy alegre y rechacé sus explicaciones sobre el fabuloso botín perdido entre el concreto de las calles. Hice caso omiso de su manifiesta intención de disculpa y su extrañeza de no encontrarme tan elegante como debió haberle contado nuestro mandadero. Le di a entender que todo eso no tenía la menor importancia cuando se cuenta con plata y de manera sutil le reproché no haberme dejado libre la plaza unos días más.

—Pero, bueno, los días pasan volando —rematé velozmente, ante la alarmante posibilidad de que me lo tomara en serio—. Sólo espero que no vayas a echar a perder el negocio y me lo devolvás tan próspero como te lo dejo, dentro de un mes —le dije.

Ya en mi cuartucho, mientras él se rasuraba el bigote, recuperaba su viejo peinado de violinista y yo me calzaba su ropa y sus zapatos, las instrucciones que le di junto a la muy contabilizada y falaz bolsa de drogas, fueron las de que no tratara de hablar en público con Chupasangre a menos de que él tomara la iniciativa porque había que guardar la distancia, que la venta de mercancía estaba prohibida en los días de visita y que jamás la ofreciera a nadie, porque quien quisiera algo sólo debía pasarle subrepticiamente doscientos pesos si era de una clase y cincuenta si era de otra, y que eso los compradores ya lo sabían perfectamente.

Con una inmensa zozobra interior, imaginando lo que me vería obligado a hacer si se me negara en último momento, le enseñé un par de lugares donde podría esconder la bolsa en caso de necesidad. Escuché pacientemente sobre su escasez de dinero y, escandalizado, me negué a dejarle más que un solitario billete de a quinientos, con el pretexto de que estando afuera, ni soñando volvería yo a conseguir pisto, y al fin, con el alivio de un santo al que Dios ha abierto sus brazos, recibí de sus manos la contraseña de visitante.

Con ella en la bolsa, sentí que estaba en posesión del imaginario tesoro que dijo estar buscando afuera y me preparé a marcharme para siempre.

—Hasta dentro de un mes, hermano —le dije, dándole un beso mil veces más corrompido que el de Judas, en el cachete izquierdo—. No me vayas a fallar —agregué, alegremente encaramado en el pináculo de la hipocresía.

Ni siquiera se interesó en despedirme.

Mi hermanito del alma me había encarcelado durante cinco meses y estuvo más que dispuesto a dejarme allí por muchos años, sin ninguna culpa. Me mintió escamoteándose todo remordimiento. Gastó todas mis cosas indiscriminadamente, se acostó con mi amada Lolita encantado de la vida y dejándome sin trabajo, dilapidó mis prestaciones laborales de aquella misma manera filial y despreocupada.

Ahora quedaba donde correspondía, avaricioso, esperanzado y alerta. Seguramente dispuesto a esperar, como un perro, alguna señal del nuevo amigo que le inventé, ese nunca bien ponderado criminal, apodado Chupasangre, no por un mero gusto.

Cuando salí a la calle con asombrosa serenidad de espíritu, infinitamente aliviado de penas, pensé que esa señal se la daría, sin dudas, dentro de una semana. Con exactitud, el próximo sábado 30 de octubre, irónicamente día de nuestro cumpleaños, en que vencerá el pagaré que yo, es decir él, mi querido hermanito Saúl, le firmó solemnemente, en honesto respaldo por los seis mil pesos en efectivo que el solidario Chupasangre le prestó con mucho gusto y él prometió honrar sin reservas en esa fecha, so pena de sufrir daños físicos que es mejor no mencionar, a un modesto interés del doscientos por ciento, como se estila en estos conocidos lugares de enmienda y rehabilitación, cuyo mugriento suelo no pienso volver a pisar en todo lo que reste de mi azarosa existencia.

[Del autor.]

MARÍA EUGENIA RAMOS
(Tegucigalpa, 1959)

Estudió periodismo y literatura en la Universidad Nacional Autónoma de Honduras, donde actualmente trabaja como comunicadora. Su obra poética ha sido incluida en la antología bilingüe francés-español Poesía hondureña del siglo XX. *Su obra narrativa figura en dos antologías del cuento hondureño y en* Pequeñas resistencias 2 *(2003). Ha publicado, entre otros títulos, el libro de relatos* Una cierta nostalgia *(2000). La Feria Internacional del Libro de Guadalajara la consideró en 2011 como uno de "Los 25 secretos mejor guardados de América Latina".*

Cuando se llevaron la noche

CUANDO el cielo se oscureció, yo empezaba apenas a quitarme la ropa. Marcos me vio, sonrió con pereza y dijo:

—Va a llover.

—Sí —le contesté—. Así es mejor.

Aquella noche las cigarras cantaban con un toque especial, como a gritos. Había hecho demasiado calor durante el día. El sudor nos había pegado la ropa al cuerpo.

Cuando se empezaron a escuchar los primeros golpes en el techo de cinc, yo estaba cantando en mi interior una canción de Phil Collins, poniéndole la letra que se me antojó. Marcos estaba lejos, tal vez caminando sobre alguna duna. Cuando los golpes se hicieron demasiado fuertes, dejé de cantar y pellizqué a Marcos para que regresara. Él volvió con desgano, con un gesto de sufrimiento, como un niño al que desprenden abruptamente del pecho.

—¿Qué es eso? —pregunté.

—Granizo —había fastidio en su voz.

Pero entonces los golpes ya no eran aislados, sino un solo rumor, de avalancha cada vez más próxima. Salté de la cama y traté de ver por la ventana, pero la luz incierta de las seis de la tarde ya no estaba. En su lugar había una masa negra, y sentí una hebra helada que se me escurría dentro del corazón. Tragué saliva y me volví hacia Marcos.

—Marcos, ¿qué está pasando?

—Pues que está lloviendo, ¿no oís?

—No, es otra cosa —quería gritar, pero mi voz apenas se escuchaba. Quise apartar la cortina para mostrarle lo que no había, pero lo hice bruscamente y el trozo de tela floreada se me quedó en la mano.

—¿Qué estás haciendo? —se irritó Marcos—. ¿No ves que estoy desnudo? ¿Querés que nos vean afuera?

—Pero Marcos, es que no hay nada, quiero decir, no se ve nada. No está.

—Estás loca. ¿Quién no está? —y se tiró de la cama, sábana en mano, para cubrir la ventana desnuda.

—La noche. Se llevaron la noche.

Él me miró y pude ver pasar por sus ojos la burla primero, después la incredulidad y por último un inicio de miedo.

—¿Estás tomando algo, o qué? Sólo está lloviendo, ¿no entendés?

Me quedé callada. Él me tomó por un brazo, con cierta brusquedad.

—Vení, volvamos a la cama. Vamos a jugar de caballito.

—Marcos, por favor. Te digo que no está la noche.

—Qué joder, carajo. Te estás inventando esa estupidez. Si no querías acostarte conmigo, no hubieras venido.

—No, te juro que es cierto. Acercate, mirá.

—No, mirá vos —y sin soltarme el brazo, descorrió el pasador, abrió la ventana y me obligó a sacar la mano—. ¿Ves? ¿Sentís la lluvia?

—¡No, por favor!

Aunque Marcos me hacía estirar la mano con la palma hacia arriba, yo sentía que los dedos me rebotaban en una especie de colchón elástico. Definitivamente, el aire, la lluvia, las cigarras, el calor, la noche entera, ya no estaban.

Él me soltó despacio y comenzó a vestirse, diciéndome:

—Yo creo que estás jugando conmigo —su voz tenía un tono de rencor—. Tengo mucho que hacer y sólo vine a estar un rato con vos. ¿No podés entender eso? Pero está bien, si no querés, no volvamos a vernos.

—Marcos, no te vayás, por favor. No podés irte. No hay adónde ir.

—Quedate vos con tu locura, si querés. Me voy.

Tiró la puerta con tanta violencia que la sábana mal puesta sobre la venta-
na cayó al suelo. Yo la tomé, me acurruqué en la cama y me envolví toda para
no ver eso que estaba afuera en lugar de la noche. Y aquí estoy desde entonces,
esperando que pasen las horas y que cualquiera de los dos, o juntos, Marcos y
la noche, vuelvan por mí.

[*Una cierta nostalgia* (2ª ed.), 2010.]

MARIO GALLARDO
(La Lima, 1962)

Es profesor de teoría y crítica literaria en la Universidad Nacional Autónoma de Honduras en el Valle de Sula. Ha publicado las antologías El relato fantástico en Honduras *(2002) y* Honduras. Narradores siglo XX *(2005). Su trabajo como investigador aparece recogido en su libro* La danta que hizo dugú *(2007). Su primer libro de cuentos es* Las virtudes de Onán *(2007), que ha sido incluido en antologías como* Entre el parnaso y la maison *(2011). Editor de revistas y suplementos culturales, también ha participado en diversos congresos y encuentros en el extranjero.*

Las virtudes de Onán

> No la puedo contrariar:
> la vida es un sueño fuerte
> de una muerte hasta otra muerte
> y me apresto a despertar.
>
> SEVERO SARDUY,
> *In my beginning is my end*

I

LLÁMENME Onán, le dijo un día a la pandilla de Don Gato. Y no pregunten por qué, agregó, sólo piensen en la simiente derramada. Era viernes de cerveza y mota, como todos los viernes y como casi todos los días. Casi todos los días. Lindos tiempos aquellos y más lindo tu Macondo privado en que Mary Jane no era perseguida y la raza aún vivía la resaca de Woodstock y Bangladesh y éramos idealistas y no queríamos conquistar el mundo ni ser importantes ni toda

236

esa mierda de ser algo en la vida, éramos nihilistas sin saberlo y la nada era nuestro todo.

En aquel tiempo, y sin haber leído *Rayuela* ni ser fanáticos de *Siddhartha,* ya acariciábamos una suerte de nirvana tercermundista y accedíamos, vía fervorosos jalones a la bacha de mota, a esa realidad otra que La Maga buscaba detrás de las nervaduras de una hoja en sus andanzas por callejuelas y cafés parisinos. Y todo lo aderezábamos con música, que en esa época la entendíamos como un universo cerrado, hermético quizás, donde no cabían más que las cuatro letras eternas y excluyentes: ROCK. Y por *rock* entendíamos Black Sabbath, Yes, Jethro Tull, Led Zeppelin, Pink Floyd, Doors, el selecto grupo, las grandes ligas, y luego venían una serie de dioses menores: Eagles, ELP, Boston, BTO, U2, The Police, Supertramp, Alan Parsons, *et al.,* y para las bajonas recomendábamos a Wakeman y sus siete esposas, cómo no, y para curarte a fondo las melancolías "en cero" (no *beer* & no *cannabis*) nada mejor que Cat Stevens y su triste *Lisa.* En aquellos tiempos modernos no había libros de autoayuda ni coritos de mierda ni grupos de rockeritos descafeinados, tampoco se había inventado la mariconería esa del rock en español (qué insufrible hubiese sido que nos quisieran hacer tragar a esos baladistas anoréxicos que hoy tratan de emular a Jim con baladitas reconvertidas y desentonadas con espantoso acento argentino); no, en ese tiempo todo era duro y sin medias tintas. "No existen ideas generales", repetía con aires de suficiencia encaramado en la barra del "Nueva York Nunca Duerme" a todo aquel que quisiera oírme; "o somos extremos o no somos nada", mascullaba enfático. Y la pandilla de Don Gato asentía levantando las Salvavidas hacia el cielo raso pintado o despintado de azul horroroso, pero que yo alababa con entusiasmo y le llamaba nuestro cielo protector, después de haberme regodeado con las andanzas de Kit, Tunner y Port. Qué noche aquella. Fue cuando les contaste la historia de las tres muchachas cuyo sueño era tomar té en el Sahara. Pues ya les digo, de ahí viene *Tea in the Sahara,* les repetías; The Police se inspiró en la historia de Outka, Mimouna y Aicha, les decías; y después viene *Wrapped Around Your Finger* sonando en la rockola y entonces retomabas la referencia bizantina y dabas fe de la alusión a las rocas asesinas de Escila y Caribdis... Y así se iba la noche y Prim se limitaba a repetir: "Ah, este pequeño Larousse..." Hermosos tiempos modernos sin espacio para la mediocridad, no había nada *light,* ni cervezas Bahía ni Port Royal, ni cigarritos de amanerado, o Salvavida de camionero o nada, Belmont rojo y Récord y mota a discreción, comprada en El Progreso, donde Mélida, siempre generosa con el escote y con la probadita, el jalón que te anticipaba el nirvana, el último tren a Londres, stairway to heaven… Pero ahora eras Onán, el que derrama la simiente, el eterno incomprendido, el falso masturbador, o el gran masturbador (no, ése es de Castellanos Moya), al que castigan por… aunque viéndolo bien creo que su castigo fue justo, por hipócrita, vicio que debería ser penado siempre con severidad, y luego porque dejó a Thamar insatisfecha, cosa mala por cierto, tan mala que la necesitada muchacha, o tal vez no era ni tan muchacha, sobre todo atendiendo al hecho de que en la Biblia la gente vive matusalénicas jornadas y los viejitos son excepcionalmente potentes, como ya se vio con Abraham, y como se verá luego, con Judá quitándole las ganas a su nuera y haciéndola concebir un hermoso par de críos, y luego justificando tal cosa, aunque quizás esta justificación no sea del agrado de las feministas de este nuevo siglo, a quienes es muy probable que tampoco les guste la frase relacionada con las ganas, porque ellas aseguran que no les dan, y se declaran falofóbicas, aunque el apetito sáfico lo mantienen, así anden con un bote de oxígeno a cuestas. Pero ésa ya es otra historia y mejor les cuento la de Onán, al menos por partes, así como la voy investigando, y también como la imagino o como la reescribo, porque desde que ando en esto de la lectura —o de las letras, como me gusta decir para darme importancia— me da por reinventar historias o por plagiarlas, pero a mi gusto, tomando argumentos prestados. Es la poética del palimpsesto, les digo a unos empleados de la bananera, quienes han estado poniendo oídos a mi charla con el Socio, a quien, como habrán de suponer, le estoy contando por enésima vez todo este cuento. Lo bueno es que el Socio tiene más paciencia que Penélope y nunca hace mala cara a mis disquisiciones, además él no fuma, sólo es devoto del lúpulo y la cebada, así que lo toma todo con calma, como si fueran loqueras de marihuanero, como en efecto puede que sean, aunque tal vez no, en fin, quién sabe, lo cierto es que para efectos de esta historia soy Onán y así quiero que me llamen.

II

¿Encontraría a Onán? Tantas veces le había bastado con asomarse a la entrada de "El Calabozo", acostumbrarse a la oscuridad y al humo de los cigarrillos que volvía pardos a todos los gatos, para después reconocer la flaca figura que se recortaba en la esquina de la barra, con el purito refugiado entre los dedos de la mano derecha y la Salvavida descansando sobre su rodilla, apenas sostenida entre el índice y el medio de la izquierda, en una actitud indolente, como si pudiera estar en esa posición para siempre. Pero no estaba allí, precisamente hoy, cuando más necesitaba verlo, el maldito no estaba allí. Lo peor es que se había encontrado al Socio y le había preguntado por él, pero su respuesta fue contundente: "Tengo dos días sin verlo, debe ser otra de sus bajonas, últimamente no anda bien de la cabeza". Si antes andaba inquieta, después de esta respuesta, Ixkik lo estaba aún más, de hecho estaba al borde de la desesperación. Ahora, más que nunca, quería encontrar a Onán, debía decirle que había entendido, que por fin había entendido, que podía ser Thamar y no morir en el intento...

III

—Vas a dejar de ser virgen.

—No me importa.

—Quizás después sí te importe.

—No, nunca va a importarme, por el contrario, será como quitarme un peso de encima. Tampoco me importará si me duele o si no siento placer; he leído que la primera vez no resulta bien para la mayoría de las mujeres, pero después se le halla el gusto.

—Veo que estás decidida, que nada te hará cambiar de idea.

—Así es, nada me hará cambiar de idea.

—Y si te digo que yo no puedo hacerlo.

—No te creería, pero de ser cierto encontraría la manera de arreglarlo: "No existen hombres impotentes sino mujeres que no saben".

—¿De dónde sacás tanta cita? Esa frase es de García Márquez, que a saber a quién se la robó. ¿Es que acaso vivís tu vida como si fuera una novela?

—No veo por qué habría de establecer distinciones entre vida y literatura, desde que mi papá escogió para mí este nombre fue como si me hubiera marcado con un fierro, con el fierro de la imaginación y de la libertad que sólo pueden vivirse en los libros.

Pobre. Otra loca. Pero de una locura superior. Loca porque acepta que la llame por un nombre que no es el suyo. Loca por el padre loco que le adjudicó un nombre loco, que sólo podían admirar (o comprender) unos cuantos locos amantes del *Popol Vuh;* para el resto del mundo no sería más que una pendejada, una broma de mal gusto. Me llamo Ixkik, con dos k, advertía cuando te tendía la mano o después de ofrecerte la mejilla con un aire altivo de princesa descalza. Pero para mí sos Thamar, le dije, y ella lo aceptó de buena gana, así como lo hacía todo, con una cierta inercia, con un dejarse llevar que la hacía más mujer, o al menos así pensaba...

IV

Pelón solícito con uniforme de recepcionista de hotel neoyorquino de los años treinta te abre la puerta encristalada y entrás al lobby. Siempre lo mismo: gringos viejos con pinta de jubilados, enfundados en camisetas blancas con dibujos de estelas y las palabras "Copán, Honduras" en letras pequeñas y negras, hablando naderías, junto a gringos jóvenes con pinta de *rednecks* enfundados en camisetas azules donde se lee: "Jesus Loves You" en grandes letras blancas.

Por eso odiabas ir a ese hotel (por los gringos omnipresentes); por eso amabas ir a ese hotel (por las espléndidas *cheese burger* dobles y las nalgas de la mesera... y los pechos de la mesera sobre los que destaca un gafete con el nombre grabado en letras negras: "Judith"), donde podías comer bien y a precios razonables. Lográs pasar indemne entre la invasión yanki no sin antes haber dejado algo más que un par de ojos lascivos en el trasero opulento de una gringuita que te vuelve a ver con equívoco fervor religioso y te ofrece un trifolio donde te advierten, en un español más bien torpe, que el fin del mundo está cerca y no te queda más que confesar tus pecados y aceptar a Jesús, a menos que estés dispuesto a enfrentar una eternidad envuelto en llamas. "Jeísus tei ama", te recuerda la gringuita cuando ya estás entrando en el ámbito gastronómico de la cafetería y buscás con mirada ansiosa a Judith.

Piernas bien torneadas, tan bonitas que ni las horripilantes medias blancas de viejita pícara logran disminuir su inaguantable atractivo; nalgas respingonas, tan deseables que ni el corte victoriano de la falda-uniforme-hotelera logra disminuir su magnetismo insoportable; pechos erguidos, tan orgullosos que ni la antiestética fila de botones que aspira a contenerlos logra disminuir su intolerable hechizo; cara de madona renacentista, ojos verdes de gata en celo, en suma: perfecta, a no ser por el sonsonete inconfundiblemente santabarbarense con que te pregunta: Buenas, Onán, ¿le sirvo lo mismo de siempre?

"Lo mismo de siempre." Ahí estaba de nuevo el enemigo oculto, la frasecita aparentemente inocua, pero que te resultaba tan mortal. Sobre todo por la unión de esa sucia palabreja (mismo) con esa otra "expresión" de resonancias tan definitivas (siempre); juntas eran como una bomba atómica que con sórdida frialdad devastaba tu sensata y juvenil aspiración a ser impredecible. Y hablando de acontecimientos predecibles, pues ahí estaba Judith repitiendo el ritual que tanto te excitaba, aunque era tan mínimo (tan secreto) que ninguno de tus amigos lo entendía: la mano se desliza con suavidad hasta el fondo de la bolsa de la falda, supuestamente para extraer la libreta y tomar el pedido, pero se detiene casi en forma imperceptible sobre el muslo, luego se desvía hacia el pubis y allí se aquieta, morosa, casi podría decirse con deleite, luego te mira y sus ojos la delatan: se está acariciando, te imaginás su dedo rozando el amor veneris, por un instante apenas, por una eternidad, casi.

—Tenemos sandía, ¿va a querer un jugo o le traigo la coca cola?

—La coca está bien y la cheese burger deluxe.

Ya el encanto se ha roto, Onán y Judith suplantados por el Cliente y la Mesera; de nuevo la Gran Costumbre nos ha cortado el sueño...

V

Showtime! Señoras y señores. Ladies and gentlemen. Muy buenas noches damas y caballeros, tengan todos ustedes. Good evening, ladies & gentlemen. "Lady Fashion", el cabaret más fabuloso de esta ciudad y sus alrededores les da la bienvenida a un evento único, propio sólo de las grandes urbes mundiales. Porque, señoras y señores, ladies and gentlemen, hoy serán testigos de un acto sin precedentes en la farándula nacional: el primer "Miss Honduras Tercer Sexo Belleza Nacional". Sí, damas y caballeros, el evento por excelencia de la belleza nacional por fin sale del clóset para presentar su versión más desenfrenada, *unplugged* y sin censura, donde podrán admirar a las más despampanantes bellezas *gay* de nuestro país y, además, tendrán el privilegio de ayudarnos a elegir a la mejor concursante, quien esta noche se ceñirá la corona y hará ostentación del cetro que la distinga como la primera "Miss Honduras Tercer Sexo Belleza Nacional". Pero ahora demos paso a nuestra anfitriona de esta noche: la sensacional y desprejuiciada, the one and only, la única, la emperatriz del chisme, la sensacional ex reina del club "Black King Size", la incansable y esbelta a pesar de los kilos de más: Sarah Dobles. ¡Arriba el telón! Curtains up! (Suenan aplausos, ¡qué va!, es una cerrada ovación que precede a la entrada de una maciza y paquidérmica figura vagamente femenina, enfundada en una maquiavélica pieza de tela negra brillante que apenas contiene su vacilante humanidad). Y una vez instalada frente al micrófono agradece con impostada voz la gentileza del respetable público, mientras de sus falsos ojos color esmeralda resbala, pudorosa, una miserable lágrima de cocodrilo.

VI

¡A qué horas me fui a meter en esta mierda! Bueno, lo cierto es que fue aproximadamente hace unas seis horas. Te acababas de acodar en la barra del hotel y cuando apenas empezabas a calcular para cuántas cervezas te ajustaban los doscientos treinta y ocho pesos que andabas en tu cartera, oíste que una voz decididamente rara, entre vieja ronca y maricón afónico, te decía: hola guapo, ¿ya no te recordás de mí? La sorpresa al voltear fue mayúscula, era Moby Dick en versión femenina, la vieja que te habían presentado en la casa del Buitre hacía unas cuantas noches, durante uno de los aquelarres que la pandilla de Don Gato organizaba aprovechando la ausencia de los viejos del arriba mencionado Coragyps atratus (nombre científico del Falconiforme amigo, a quien sorprendiste con ese latinajo, que a su juicio le dignificaba el carroñero apodo). Y cuando estábamos en lo mejor de la fumada, extraordinaria cannabis, por cierto, roja y con aroma a pimienta, y nuestros oídos estaban deleitándose con los acordes finales de Ritual (Nous sommes du soleil, para los adoradores de Yes, 21:35 minutos/segundos exactos de loquera progresiva), pues que se abre la puerta e ingresa el Buitre, quien sin darnos tiempo para recetarle la respectiva "puteada" por haber interrumpido de forma por demás grosera nuestra audición, nos dijo: les presento a una amiga, es buena onda y… sin dejar que cuajara en nuestra mente la idílica visión de un 40-22-36 afianzado en unas piernas interminables, pues que nos golpea la realidad con el mazazo inobjetable de un auténtico Everest adiposo que apenas lograba que su cuestionada humanidad trascendiera el marco de la puerta, por lo que *in situ* se presentó a lo Bond: "Hola guapos, me llamo Sarah, Sarah Dobles".

VII

Desde la puerta del hotel, Onán mira la Primera Calle: sin amor, automóviles, edificios desiguales y descoloridos, esqueletos de avisos luminosos flotando entre el vaho que se eleva de las calles en esa tarde gris y lluviosa. ¿En qué momento se había jodido Honduras? Pero en ese momento no le preocupa mucho encontrar la respuesta. Por ahora tiene que decidir qué hará con su vida en las próximas horas. Así son sus plazos, nunca piensa en el futuro, para él no hay dilemas metafísicos que valgan, la vida se vive una sola vez y cada minuto es el último, o como le gustaba decir: "Sólo vivimos el presente, el ayer ya pasó y el futuro es incierto". Aunque estaba lo otro: la pesadilla, la enorme masa esférica que amenazaba con asfixiarlo, pero de manera lenta y contenida, como dándole tiempo para reflexionar en torno a la inutilidad de su existencia. Pero debía resolver uno de sus inestables futuros a cortísimo plazo, en ese momento debía decidir qué haría durante las próximas horas, no sabía cuántas, pero ya le empezaba a sentir gusto al mecenazgo de la Sarah y el columnista homosexual, aunque este último ya lo tenía harto con las miradas de perra flaca que le disparaba cada dos minutos, era la misma expresión de gay arrepentido de la que hacía gala en el daguerrotipo que adornaba la columna semanal que aparecía en un mediocre diario de la ciudad, supuesto espacio para reflexión, pero que apenas le servía para seguir manteniendo su fachada de presunto intelectual trasnochado, aunque no hacía más que pastichar recortes de revistas del corazón con los que matizaba su devoción full time con Evita Perón, en quien aspiraba reencarnar en su próxima vida. Pero Onán ya llevaba siete Salvavidas entre pecho y espalda, había engullido un sándwich club acompañado de las inefables french fried potatoes y en el intermedio se entretenía rumiando cacahuates, que con inglesa exactitud les llevaba una mesera de piernas sublimes tras cada ronda de tragos. Pero ya eran casi las cinco de la tarde y veía cómo la inquietud hacía presa de sus acompañantes, quienes querían saber si los acompañaría al "evento" al que debían asistir esa misma noche. No me gustan los "eventos", les había dicho al principio, pero luego, con la alegría Salvavida entre pecho y espalda, el mundo se hacía cada vez más soportable y la propuesta era cada vez más viable. El no inicial y enfático había sido sustituido por un "déjenme pensarlo un poco mientras me tomo otra cerveza", que fue recibido con pequeños aplausos por la pareja, quienes luego apostillaron: "Está bien, una cerveza siempre ayuda a pensar mejor las cosas". Frase que ni remotamente tiene calidad de axioma, como se verá más adelante.

VIII

¿En qué momento se había jodido Honduras? Porque era incuestionable que la premonición adelantada desde la descabellada decisión de adjudicarle nombre de abismo, ahora se había convertido en una flagrante realidad, hasta para un barzón cínico y arrogante como yo, que detesta esa porción de existencia llamada realidad, que incluso realiza sus mejores esfuerzos para pasar cada minuto de su vida fuera de esa prisión, que incluso había reconvertido el cortazariano concepto de "realidad otra" para justificar esa obsesión escapista; hasta para un detestable y adorable vago como yo era un hecho que Honduras estaba jodida, y lo peor es que después de Tela la mierda te había salpicado y ahora contaminaba con su hedor insoportable tu preciada y abúlica y gratuita existencia. Lo que empezó esa noche maldita, que debió estar marcada por el placer, tuvo efectos casi inmediatos, el más relevante de todos, el más obsesivo de todos fue "La Pared de los Recortes", que cada día aumentaba su volumen de historias, amenazando con cubrir totalmente el lado más largo de tu cuarto y que fue recibida de variopinta manera por los miembros del núcleo familiar: tu papá se encogió de hombros, mientras tu mamá apostaba por un cándido optimismo y señalaba que tal vez ahora te daría por estudiar sociología o periodismo, después de tus fallidas incursiones en medicina e ingeniería, mientras tu hermano se limitaba a decir: "Ese hijueputa es que se la está fumando verde, mamá". Pero no era asunto de mota ni de guaro, era otra cosa, era una obsesión exacerbada: abrir los periódicos cada mañana y buscar las huellas que la Bestia había dejado ese día, y a partir del 19 de julio de 1982 la pared empezó a llenarse con su diaria actividad:

"Desaparece catedrático universitario.

"Tegucigalpa. El catedrático de la UNAH, Miguel Antonio Barahona, desapareció el 8 del presente cuando se dirigía a pie al Hospital Viera a visitar a su novia."

Y así empezó una nueva colección.

IX

Neruda coleccionaba mascarones de proa, Hemingway se dedicó a atesorar cocteles a base de ron o de whisky o de cualquier licor, la onda de Fuentes es con los gatos, y a Tito Monterroso le daba por perseguir cuanta edición del Quijote hubiera salido de la imprenta; yo no soy un escritor reconocido, pero ya tengo mi manía: colecciono enemistades.

Esta sutil adicción, como todas las adicciones, tiene un comienzo. Creo que fue cuando apenas tenía conciencia de mi ser en el mundo, había cumplido recién los seis años y estaba en primer grado, feliz con mi bolsón de cuero, duro y reluciente, listo para recibir los cuadernos con sus páginas invictas y el paquete de lápices Dixon Ticonderoga No. 2, así como las plumillas de aguzada punta metálica que hacían juego con el tintero, que atesoraba el líquido negro y espeso que después se convertiría en palotes y óvalos bajo la severa mirada de la maestra. Era el primer día y los nervios eran evidentes entre todos los novicios, hasta el aire tenía un olor nuevo e intimidante a pintura nueva, a ropa nueva, a zapatos relucientes, a brillantina aplicada a pegotes sobre las rebeldes cabelleras; veintisiete pares de ojos aturdidos, deslumbrados ante la súbita inmersión en un mundo absolutamente nuevo, y cuando apenas los corazones empezaban a aquietar su galope desbocado, el ríspido chirriar de una puerta mal alineada dio paso a la figura cuadrada y memorable de la profesora Miriam. No tengo tantos recuerdos de ese día, tal vez abrimos los cuadernos y empezamos a "aflojar la mano", a convertir a los dedos pulgar, índice y medio en fieles servidores de nuestra mente, hasta entonces libre, pero ahora enfrascada en el aprendizaje de las primeras letras; pero el momento cumbre fue después del recreo, cuando nos entregaron nuestro primer libro de lectura.

Era una edición modesta, pero de tapas lustrosas y brillantes ilustraciones que destacaban en medio de apretadas hileras de negras palabras que se imponían con firmeza sobre el fondo albo. Era un verdadero libro de lectura, con cuentos y poemas y fábulas: Martí, Esopo, Quiroga y La Fontaine discurrían por sus páginas, que luego serían sustituidas por las tonterías de Capullo y Colita, por obra y desgracia de una estúpida reforma educativa. Pero volvamos al asunto que nos compete. Una vez que empezamos a hojear el libro por encargo de la profesora me di cuenta que delante de mi pupitre se estaba realizando una escena muy particular: uno de mis condiscípulos, un chico grande y gordo, vestido con unos shorts ridículamente cortos, se dedicaba a embadurnarse el dedo con la tinta negra de su plumilla y luego, con esmero, la untaba en el asiento de enfrente, donde era inminente que vendrían a descansar las nalgas de otra condiscípula, que en ese momento se encontraba haciendo una consulta a la profesora; mientras tanto, la cara del gordo era un poema a la gratuita maldad infantil, sonreía y sus ojos brillaban, pensando quizás en los nefastos efectos de su travesura. Aunque dudé un poco, fue en el momento que Laura, porque así se llamaba la posible víctima del Gordo, se enfiló rumbo a su pupitre cuando tomé la decisión que había de marcar mi vida, me paré y le dije: ¡Laura, no!, ¡no te vayas a sentar en el pupitre, está lleno de tinta! Y casi al mismo tiempo te volviste hacia la profesora Miriam y, lanzando un dedo acusador, dijiste: "Fue el Gordo, y lo hizo por joder". Aunque sentiste el odio visceral en la mirada que te lanzó el Gordo, un extraño gozo invadió todo tu cuerpo: era tu primera enemistad.

X

Y la cerveza. ¿Cuándo te empezó a gustar tanto? No tenías una fecha exacta, pero fue allá por junio de 1977. Todo un descubrimiento, sobre todo por esa sensación de alegría que te dejaba, por la manera en que ayudaba a llenar ese hueco incómodo en el lado izquierdo del pecho, allí donde parecía que se gestaban todos los males posibles, pero también las alegrías inesperadas. Aunque no recordabas la fecha, sí tenías presente los detalles de esa tarde-noche memorable: el amargo recorrido del líquido por tu garganta, la frescura de la espuma en tus labios y, después de la primera, todo caminó sobre ruedas: amor al primer sorbo, idilio ininterrumpido desde entonces. Incluso, te diste a la tarea de investigar algunos detalles en torno a tu nueva obsesión, para no perder el bizantino sentido de tu existencia. Así aprendiste que, según la mitología egipcia, fue Osiris, dios de la agricultura, quien enseñó a la humanidad el arte de fabricar cerveza. La cerveza egipcia se producía enterrando cebada en recipientes de germinación, la papilla de malta fermentaba por la acción de levaduras salvajes. El uso del lúpulo se cree que empieza en el siglo VII a.C. y la fabricación de cerveza estaba extendida por el norte de Europa ya a comienzos de la era cristiana. También te dedicaste con entusiasmo a estudiar la relación entre las *ale* y las *lager,* sin olvidar la opera omnia de las *bitter, India pale ale, mild ale, stout, Scotch ale, barley wine, Cask ale, altbier, Bock, doppelbock, Rauchbier,* hasta llegar a las toponímicas *Pilsen, Münchener* y *Burton*. Pero en esta babel de cebada y lúpulo tu fidelidad era indeclinable y ultranacionalista: *Salvavida über alles.*

XI

Ya eran ocho los envases oscuros que se recortaban sobre la mesa y la inquietud de la Sarah y el columnista homosexual era más que notoria, pero cuando parecía que la tensión iba a estallar, les regalaste tu mejor sonrisa acompañada por la frase definitiva: ¡vamos al evento pues! El columnista aplaudió regocijado y la Sarah te estampó un sonoro y húmedo beso, con tendencias a resbalar de la mejilla a la comisura de los labios. Una vez que te ganara la inercia, desentendido en forma absoluta de la cuenta, que la mesera ya blandía en su mano derecha y que el columnista se apresuró a tomar y cancelar con presteza propia de su "género", resbalaste por el tobogán de los sueños rotos y, en medio de la incipiente bruma alcohólica de las seis de la tarde, te encontraste de repente abrazado por la comodidad de los asientos de cuero del auto en que se transportaban tus nuevos "amigos", con la proa enfilada hacia el evento tan temido.

XII

Sarah se transformó una vez que puso sus pies en el escenario, si es que se le podía llamar así a la tarima que habían instalado en "Lady Fashion", antro surrealista a más no poder. Una vez cruzado el umbral las luces parecían sacadas de *Saturday Night Fever,* y tanto Sarah como el columnista parecían peces en el agua, saludando aquí y allá, con sonoros besos a la europea, en ambas mejillas. Tal parecía que una versión vernácula de *La jaula de las locas* se había instalado en esa esquina del mundo: en primer plano la Mujer Maravilla se abrazaba con Celia Cruz, y un poco más allá eran Madonna, Farrah Fawcett y Linda Evans quienes se diluían en un interminable beso a tres lenguas, sin contar con las chicas vaqueras, las reinas del *strip tease* y hasta una Lily Marlene con bigote recién rasurado, quienes, sin poder ocultar totalmente el notorio bulto de la entrepierna, completaban esta corte de los milagros. Luego del besamanos, Sarah se disculpó con un "los dejo, queridos, tengo que ir a vestidores", y te viste obligado a quedarte en compañía del columnista, flanqueado por un vejete con el pelo pintado y un ser de género (y edad, podrías agregar) indefinido, flaco y amanerado, de cabello ralo y ondulado y color a la mitad entre rojo y ocre, a quien luego de observar con mayor detenimiento, finalmente lograste identificar como el "conductor" de un popular programa dominical de concursos. En ese momento hablaba con "pelo de zanahoria" mientras el columnista asentía con efusión sin atreverse a opinar. Mejor refugiarse en la siempre fresca Salvavida, y mientras el néctar de los dioses se desliza por tu garganta, te hundes y no puedes dejar de pensar en las líneas del poema que tanto te tocaron:

> *Aquí peno el gozo de ser yo. Quemar el aceite.*
> *Coger una burbuja de música, un pistilo de luz, una miga*
> *de amor que cayendo de la mesa el corazón la huele, lame, come.*
> *Se muere de vivir. Muriendo de lo que amo*
> *aquí me tengo allí vela de muerte. Mudada que sin dicha*
> *un marinero llevó bajo la lluvia.*
> *Porque vengo me voy.*
> *Penélope me alumbra. A sus pies anclaré nauta siempre,*
> *y en su pecho donde he velado mis uvas*
> *entraré mendigo de mí mismo.*

Hasta cuándo esta orfandad, este peso inconcebible, esta soledad. Qué dolor, qué pena, esos eran los momentos peores de tu existencia, la angustia infundada generando el agujero océano que se abre en el lado izquierdo del pecho y que ni la cebada ni el lúpulo ni la cannabis logran llenar. Una lágrima se escapa y el sabor a sal parece el complemento ideal para la persistente opresión en el pecho. Es como un bloque sólido de peso inconcebible que se concentra sobre el lado izquierdo. Pero la pesadez se torna costumbre y hasta se extraña cuando es sustituida, apenas minutos después, por una levedad casi mágica: la noche ha pasado y la muerte no puede sentirse orgullosa, su aliento oscuro y premonitorio te ha tocado, pero la vida sigue su ruta.

Primero un casi interminable suspiro y luego el alma vuelve al cuerpo. Apuras el último trago de la cerveza en tanto que el columnista gay, solícito, ya te ha pedido otra Salvavida mientras sus compañeros de mesa alaban su esmero y te lanzan sendas miradas de afilados contornos. Te levantas sin pedir permiso y con rápidos pasos te sitúas cerca de la barra, que ocupa casi toda una pared del "Lady Fashion", intuyendo que en ese extremo se oculta la puerta de los

servicios sanitarios. Echas una mirada al escenario, donde Sarah se ha converti-
do en la Cuba Venegas de la gran noche gay y recibe el aplauso cerrado del res-
petable público. Pero ya estás frente a la puerta, el olor a amoniaco es incon-
fundible, tan penetrante que casi te hace estornudar. Adentro el olor es más
fuerte, un aderezo tropical de sudor y secreciones venéreas, el ambiente está
lleno de humo y al abrir una puerta te topas de golpe con el doble de Freddy
Mercury en pleno sexo con un mulato, ambos te miran pero no les importa que
seas testigo de su show, más bien parecen estar contentos y actúan, es como si
no lo estuvieran haciendo, están representando un papel y hacen gala de su ab-
yección: las posturas son más procaces, los gemidos más intensos, las palabras
más insultantes, luego cambian de posición y el mulato ensaya una felación
mientras Freddy le acaricia los cabellos ensortijados, pero, en medio de esa ex-
citación, en apariencia tan desenfrenada, no pierden de vista a su *voyeur*. Otra
puerta es azotada con fuerza y el sonido te inquieta. Vuelves la vista y Freddy
ha eyaculado, mientras tanto, hincado sobre el sucio piso, el mulato sonríe,
saca la lengua y te guiña un ojo.

Ya estás afuera del antro, las arcadas te sobrevienen una tras otra y el vó-
mito es espeso, ácido. Apenas te sostienes, pero sabes que no es a causa de la
cerveza. Lentamente, alzas la cabeza en busca de aire, respiras una, dos, tres
veces: inhalar/exhalar/inhalar/exhalar/inhalar/exhalar... la ley de la supervi-
vencia, el retorno al mundo de los vivos. Buscas en la bolsa delantera del pan-
talón y encuentras, arrugado pero indemne, un paquete de Belmont, del bolsi-
llo delantero sacas un diminuto encendedor, color verde, regalo de Ixkik (mi
princesa maya, dónde estás en esta noche triste, por qué no estar a tu lado, re-
fugiado entre tu pelo negro y brillante, jugando a despertar tu pezón izquierdo,
persistiendo en el fugaz encuentro entre mi lengua y tu amor veneris, por qué
perder el tiempo en esta búsqueda, por qué seguir hundiéndome en la mierda
para expiar culpas inexistentes, por qué no aceptar la normalidad, a estas horas
ya estaría en "El Calabozo", esperando en una esquina hasta verte llegar, furtiva
como gata en celo, con tus piernas interminables, mi Thamar no poseída, otra
penitencia, otra renuncia, otro cilicio para probar la entereza, una nueva morti-
ficación para probar el amor verdadero, para saberme distinto de la pandilla,
para contarles a todos, para que todos se enteren de mi nueva locura, para que
me digan pendejo por no haberte cogido todavía, para saberme Onán; pero
ellos no entienden, ellos no saben nada del agujero océano en el lado izquierdo
del pecho, tampoco entienden "La Pared de los Recortes", pero es que ellos no

saben lo de Tela, para ellos es sólo otra loquera, porque no nos interesa la política, ni el país, ni tenemos compromiso con nadie, sólo queremos vivir cada día como si fuera el último, ser extremos y marginales, fumar mota, escuchar rock y beber cerveza hasta morir... aunque morir es no tenerte en esta hora... Ixkik, morir es saber que me estás esperando, donde quiera que estés... morir es saber que te necesito... adiós). Me lo dio la última noche que estuvimos juntos, después de masturbarme y eyacular sobre sus pechos enhiestos, después de que exigiera ser empalada, después de que me negara, después de los besos más dulces. Al despedirme −cuando rebuscaba en mis bolsillos en busca de los fósforos− alargó su mano cerrada y, al abrirla, en la palma reposaba el diminuto encendedor. "Tomá, para que ya no andés con esas cajitas tan feas y con ese gato de la mala suerte", me dijo. Lo tomé y le besé la palma abierta de su mano, y se me encogió el corazón.

Me apresto a encender el cigarro, pero oigo ruidos y me escondo detrás del poste. Se escucha una voz que primero apela a la marcialidad de la orden, pero después se afina y, atiplada hasta la mariconería, exige: "Te ordeno que me besés hijueputa cabito de mierda; vaya, no seas malo, dame un beso, papito". Se apoyan en el carro que está al frente y los puedo ver bien: uno es alto y joven, anda con una fatiga militar, pero no está armado, el otro es más viejo, no distingo bien su cara, pero anda con una cubayera blanca y un pantalón de tela oscura, es el que da las órdenes marciales, es el de la voz atiplada, y en ese momento se prende de la fatiga del joven y arquea el cuerpo obligándole a que lo bese. El otro al principio se resiste, pero luego cede y lo abraza con pasión, ahora el más viejo se deja caer; hincado, le empieza a bajar la cremallera mientras le manosea las nalgas, parece que tiene problemas para encontrar lo que busca, pero al fin con su mano derecha extrae el apéndice carnoso que lame con fruición, en ese instante intenta acomodarse y voltea la cara, entonces la luz mortecina del farol le ilumina y lo reconozco: "sicario de rostro cuadrado y ética de buitre", la calvicie incipiente y los labios húmedos; ya no tengo dudas, es la Bestia... y también me ha visto.

XIII

Despierto con un terrible dolor de cabeza y al intentar abrir los ojos me doy cuenta de que estoy vendado, apenas me paso la lengua por los labios y casi no soporto el ardor, los tengo reventados, tumefactos. También siento un agujero donde antes estaban los dientes delanteros superiores, trago un poco de saliva sólo para hacer un tímido buche y después escupo sangre; pequeños coágulos quedan adheridos a mi lengua. El ojo derecho me duele demasiado, la hinchazón la presiento monstruosa. Intento darme vuelta, pero una patada en el estómago me disuade. Intento hablar, pero otra patada en la mandíbula me conmina al silencio. Una lágrima, dos, tres, muchas, ruedan en silencio por mi rostro. No necesito analizar nada, sé que para mí no habrá futuro. No soy un héroe, no esperen de mí un acto heroico. No soy un militante de la izquierda, tampoco milito en la derecha, soy un pobre vago pequeñoburgués, un despreciable mantenido, conspicuo miembro del despreciable partido de los que no tienen partido. El carro en que viajamos se detiene, escucho voces pero ya no entiendo lo que dicen, tampoco necesito entenderlas. Me lanzan desde el carro y trago tierra al caer, el polvo me hace cosquillas en la nariz, pero no puedo estornudar, tengo un dolor tan grande que ya no lo siento. Éste es el momento, yo sé lo que vendrá, mi pared de los recortes me ha enseñado lo que sigue, pero no me preparó para la última humillación: el chorro espeso de orina que me da de lleno en la cara. Incluso he tragado un poco y las risas no se hacen esperar. "Acabemos con esta mierda", ladra una voz. Alguien se coloca detrás de mí y siento el cerrojazo cerca de mi oído, casi al mismo tiempo que la fría indiferencia del cañón apoyado en la base del cráneo. Extrañamente, el agujero océano ha desaparecido del lado izquierdo del pecho. No tengo miedo. Sólo pienso en Ixkik.

[*Las virtudes de Onán,* 2007.]

NICARAGUA

Ernesto Cardenal (1925)
Fernando Silva (1927)
Rosario Aguilar (1938)
Sergio Ramírez (1942)
Erick Blandón (1951)
Alejandro Bravo (1953)
María del Carmen Pérez Cuadra (1971)
Arquímedes González (1972)
Ulises Juárez Polanco (1984)

ERNESTO CARDENAL
(Granada, 1925)

Es considerada una de las figuras literarias de mayor significado después de Rubén Darío. Estudió en la Facultad de Filosofía y Letras de la UNAM *y en la Universidad de Columbia. Entre su variada obra poética destacan* Epigramas *(1961),* Oración por Marilyn Monroe y otros poemas *(1965),* El estrecho dudoso *(1966) y* Cántico cósmico *(1989). Entre otros galardones, en 1980 recibió el Premio de la Paz de los libreros alemanes y en 2009 el Premio Iberoamericano de Poesía Pablo Neruda. Ha sido propuesto al Premio Nobel de Literatura. En el Fondo de Cultura Económica ha publicado* Vida perdida. Memorias I *(2003),* Las ínsulas extrañas. Memorias II *(2003) y* La revolución perdida. Memorias III *(2005).*

El sueco

Yo soy sueco. Y comienzo declarando que soy sueco porque a ese simple hecho se deben todas las extrañas cosas que me han sucedido (que algunos considerarán increíbles) y que ahora me propongo relatar. Yo soy sueco, pues, como iba diciendo, y vine, hace ya muchos años, por una corta visita, a esta pequeña y desventurada república de Centroamérica —en la que aún me encuentro— buscando un ejemplar de una curiosa especie de la familia de las *Iguanidae* no catalogada por mi compatriota Linneo, y que yo considero descendiente del dinosaurio (aunque en el mundo científico aún se discute su existencia). Tuve la mala suerte de que apenas acababa de cruzar la frontera, cuando caí preso. Por qué caí preso no se espere que lo explique, pues nunca me lo he podido explicar yo mismo satisfactoriamente, por más que he tratado de explicármelo durante años, y no hay nadie en el mundo que lo explique. Es cierto que el país

estaba entonces en revolución y mi aspecto nórdico causaría suspicacias, ade-
más de que había cometido la imprudencia de venir a este país sin conocer el
idioma. Se me dirá que ninguna de estas razones son causa suficiente para caer
preso, pero ya he dicho que no había explicación satisfactoria. Sencillamente:
caí preso.

De nada me valió que tratara de hacerles comprender, en una lengua inin-
teligible, que yo era sueco. Mi firme convicción de que el representante de mi
país llegaría a rescatarme se desvaneció más tarde, cuando descubrí que ese
representante no sólo no podría entenderse conmigo, pues no sabía sueco y ja-
más había tenido la menor relación con mi país, sino que además era un ancia-
no sordo y enfermo, y también él mismo con frecuencia caía preso.

En la cárcel conocí a gran cantidad de gentes importantes del país, que tam-
bién acostumbraban a menudo caer presos: ex presidentes, senadores, militares,
señoras respetables y obispos, y aun una vez, incluso al mismo jefe de policía.
La llegada de estos personajes, que ocurría generalmente en grandes grupos,
alteraba la rutina de la cárcel con toda clase de visitantes, mensajes, envíos de
viandas, sobornos, motines, y hasta fugas a veces. Estas grandes llegadas de pre-
sos que había en los días de conspiración modificaba siempre la situación de
nosotros los que teníamos, por así decirlo, un carácter más permanente en la cár-
cel, y de una celda individual –relativamente cómoda– podían pasarlo a uno a
una celda inmensa repleta de gente y en la que apenas cabía una persona más,
o a un agujero individual en el que también difícilmente cabía una persona, o
incluso a la cámara de tortura, si teniendo el resto de la cárcel lleno estaba ésta
desocupada.

Pero digo mal cuando digo la cárcel, porque no era una cárcel sino muchas,
y muchas veces se nos cambiaba de una a otra sin razones aparentes; yo creo
haberlas recorrido casi todas. Aunque un destacado opositor que estaba preso
–y antes había sido una figura destacada del gobierno– me dijo una vez que la
cárcel era una sola, que el país entero era una cárcel, y que unos estaban en
"la cárcel" dentro de esa cárcel, otros estaban con la casa por cárcel, pero todos
estaban con el país por cárcel.

En estas cárceles es frecuente encontrarse a viejos presos de confianza,
que están cumpliendo alguna sentencia muy larga por algún crimen, conver-
tidos en carceleros, como también a antiguos carceleros en calidad de presos,
y así como importantes hombres del gobierno a veces caen presos, igualmente
ha habido importantes presos de la oposición que después han pasado a ocu-

par altos puestos del gobierno (puedo atestiguar de uno, que estuvo preso en estas cárceles y que, según me han dicho otros compañeros de prisión, aun participó en un atentado, y ahora es ministro de Estado), pero la confusión se aumenta más todavía con los agentes secretos y espías encarcelados, que uno nunca sabe con certeza si son falsos espías del gobierno presos por entenderse con la oposición o falsos presos puestos en la cárcel por el gobierno para espiar a la oposición.

A propósito de la oposición, he de referir aquí lo que uno de los más importantes hombres de la oposición me confió una vez. "La oposición —me dijo— en realidad no existe, es una ficción mantenida por el gobierno, como el partido del gobierno también es otra ficción. Hace tiempo dejó de existir, pero también a nosotros nos conviene mantener esta ficción de oposición, aunque a veces caemos presos por ella". Y si esto será verdad o no, no lo puedo asegurar. Pero mucho más extraordinaria revelación —y más increíble— fue la que me hizo, en el más grande de los secretos, uno de los más íntimos amigos del presidente que —convertido ahora en uno de sus más encarnizados enemigos— estaba preso: "¡El presidente —me dijo— no existe! ¡Es un doble! ¡Hace mucho tiempo dejó de existir!" Según él, el presidente había tenido un doble que usaba para los atentados, los cuales muchas veces eran falsos y urdidos por el propio presidente, para ver quiénes de sus amigos caían en la trampa y liquidarlos (aunque este juego también le resultaba peligroso, además de complicado, porque se prestaba a que verdaderos complotistas simularan con él urdir un falso complot, con el propósito de liquidarlo realmente) y parece ser que un día o fracasaría algún plan del presidente o tendría éxito alguno de sus enemigos (quizás también con la complicidad del mismo doble —ya fuese por ambición personal para suplantar al presidente o por defensa propia viendo su vida amenazada en el cruel oficio de doble— aunque los detalles no los sabía o no me los quiso decir mi informante), pero el hecho había sido que el doble quedó en lugar del presidente, y si todo esto es fábula, o patraña, o la verdad, o una broma, o el desvarío de una mente desquiciada por el encierro, yo no lo puedo decir, ni tampoco supe si la amistad de mi informante, o su traición, habían sido con el primer presidente o con su supuesto doble, o con los dos.

Como se comprenderá, yo ya había llegado a dominar el idioma, y a adquirir, en la cárcel, un perfecto conocimiento de todo el país, y había tratado íntimamente a los personajes más importantes de la oposición (y aun del gobierno, como ya dije), los cuales me hacían confidencias en la prisión que afuera no se hacen a la esposa, ni siquiera a los otros conjurados. Puede decirse pues que la única persona importante del país que yo no conocía era el presidente. Y aquí empieza lo más extraordinario de mi historia, porque sucedió un día que, estando preso, no sólo llegué a conocer al presidente, sino que además lo llegué a conocer en una forma mucho más íntima que como yo había tratado hasta entonces a ninguna otra persona de la oposición o del gobierno. Pero no nos adelantemos a los hechos.

En un principio, cuando caí preso, estuve repitiendo incansablemente que era sueco, pero al fin lo dejé de hacer, convencido de que así como para mí era absurdo que me encarcelaran siendo sueco, igualmente lo era para ellos el libertarme por el solo hecho de serlo. Llevaba yo varios años en la situación que he referido, y perdidas las esperanzas de que al terminarse el periodo del presidente yo me vería libre (porque éste se había reelegido), cuando llegaron a mi prisión unos agentes del gobierno a preguntarme —para mi sorpresa— si yo era sueco. No sin titubear antes un momento, por lo inesperado de la pregunta y el interés que denotaban al hacerla, les respondí que sí, y al punto me hicieron bañarme, me rasuraron y me cortaron el pelo (cosas que jamás me habían hecho) y me pusieron un traje de etiqueta. En un comienzo pensé que las relaciones con mi país habrían mejorado extraordinariamente, aunque por otra parte tantos preparativos y ceremonias —y especialmente el traje de etiqueta— me produjeron un serio temor, pensando que tal vez me llevaban a matar. El temor se disipó, en cierto modo, cuando descubrí que me llevaban ante el presidente.

Inmediatamente que llegué se me abrieron todas las puertas hasta entrar al despacho del presidente, quien parecía que me estaba esperando. Al verme me saludó cortésmente: "¿Qué tal? ¿Cómo le va?" Aunque creo que no ponía mucha atención en su pregunta. Antes que yo respondiera me preguntó si yo era sueco. Le respondí con toda decisión afirmativamente, y me volvió a preguntar: "Entonces, ¿usted sabe sueco?" Le dije también que sí, y mi respuesta le complació visiblemente. Me entregó entonces una carta escrita con delicada letra de mujer en la lengua de mi país, ordenándome que se la tradujera. (Más tarde me enteré que cuando llegó esa carta habían buscado inútilmente en todo el país alguien que pudiera leerla, hasta que uno, afortunadamente, recordó haber oído en la cárcel gritar a un preso que era sueco.) La carta era de una muchacha que suplicaba al presidente le regalara unas cuantas de esas bellas monedas de oro que, según había oído decir, circulaban aquí, expresando al mismo tiempo su admiración por el presidente de este exótico país, al que le enviaba también su retrato: ¡la fotografía de la muchacha más bella que yo he visto en mi vida!

Después de oír mi traducción, el presidente, a quien la carta y sobre todo el retrato de la muchacha habían agradado mucho, me dictó una contestación no exenta de galantes insinuaciones, en la que accedía gustosamente al envío de las monedas de oro, en generosa cantidad, aunque explicaba sin embargo que ello estaba expresamente prohibido por la ley. Traduje fielmente a la lengua sueca su pensamiento, con el firme convencimiento de que mi inesperado servicio me proporcionaría no solamente la libertad, sino hasta un pequeño nombramiento quizás, o al menos el apoyo oficial para encontrar la ansiada *Iguanidae*. Pero como una medida de prudencia, por cualquier cosa que pudiera pasar, tuve la precaución de agregar unas líneas a la carta que me dictó el presidente, explicando mi situación y suplicándole a mi bella compatriota que gestionara mi libertad.

No tardé mucho en felicitarme por esta ocurrencia, pues apenas había terminado mi trabajo cuando fui llevado, con gran desilusión de mi parte, otra vez a la cárcel, donde se me quitó el traje de etiqueta, volviendo nuevamente a mi triste condición de antes. Pero los días desde entonces ya fueron llenos de esperanza; sin embargo la imagen de mi bella salvadora no se apartaba de mi mente, y al poco tiempo, una nueva bañada y rasurada y la puesta del traje de etiqueta me hicieron saber que la anhelada contestación había llegado.

Así era en efecto. Como yo ya lo había previsto, esta carta se refería casi exclusivamente a mi persona, suplicándole mi libertad al presidente, pero (y esto también yo ya lo había previsto) yo no le podía leer esa carta al presidente, porque, o creería que eran invenciones mías, o descubriría que yo antes había intercalado palabras mías en su carta, castigando hasta tal vez con la muerte mi atrevimiento.

Así me vi obligado a callar todo aquello que se refería a mi liberación, sustituyéndolo tristemente por frases aduladoras para el presidente. Pero en cambio en la contestación galante que él me dictó, tuve la oportunidad de hacer una relación más completa de mi historia, desvaneciendo al mismo tiempo la idea romántica que ella tenía del presidente y revelándole lo que éste era en realidad.

A partir de entonces la linda muchacha comenzó a escribir con frecuencia demostrando un interés cada vez más creciente en mi asunto, con el consiguiente aumento de mis rasuradas y baños y puestas del traje de etiqueta, al mismo tiempo que de mis esperanzas de libertad.

Fui adquiriendo así cada vez mayor intimidad con ella a través de las contestaciones que me dictaba el presidente, las que yo aprovechaba para desahogar mis propios sentimientos. Debo confesar que durante los largos y monótonos intervalos habidos entre carta y carta, el pensamiento de mi libertad (unido al de la maravillosa muchacha que podía proporcionármela) no se apartaba de mi mente, y ambos pensamientos a menudo se confundían en uno solo, hasta el punto de que yo ya no sabía si era por el deseo de mi libertad que yo pensaba en ella, o era por el deseo de ella que pensaba en mi libertad (ella y la libertad eran para mí lo mismo, como se lo dije tantas veces mientras el presidente dictaba). Para decirlo con más claridad: me había ido enamorando. Parecerá improbable a los que lean este relato (estando afuera) que uno se pueda enamorar, en el encierro de una cárcel, de una mujer lejana a la que no conoce más que en fotografía. Pero yo les aseguro que me enamoré en esta cárcel, y con una intensidad que los que están libres no pueden ni siquiera imaginar. Pero, para desgracia mía, el presidente, aquel hombre misántropo y solitario y extravagante y lleno de crueldad, también se había enamorado, o fingía estarlo, y, lo que era peor, yo había sido el causante y fomentador de ese amor, haciéndole creer, con el propósito de mantener la correspondencia, que las cartas eran para él.

En mis largos y angustiosos encierros yo ocupaba todo mi tiempo en preparar cuidadosamente la próxima carta que leería al presidente, lo que me era indispensable, pues éste no permitía que primero la leyese para mí mismo y después se la tradujera, sino que exigía que se la fuera traduciendo al mismo tiempo que leía, y además (fuese porque desconfiara de mí o por el placer que esto le proporcionaba), me hacía leer tres y aun cuatro veces seguidas una misma carta. Y preparaba también la contestación que escribiría, puliendo cada frase y esmerándome en poner en ellas toda la poesía y la belleza tradicional de la lengua sueca, y aun incluyendo a veces pequeñas composiciones en verso de mi invención.

Para prolongar más mis cartas fingía al presidente toda suerte de preguntas sobre la historia, costumbres y situación política del país, a las que él respondía siempre con mucho gusto. Así, él me dictaba entonces largas epístolas, hablando de su gobierno y de la oposición y los problemas de Estado y consultando y pidiendo consejos a su novia. Resultó entonces que yo, desde una prisión, daba consejos al gobierno y tenía en mis manos los destinos del país, sin que nadie, ni el mismo presidente, lo supiera, y obtuve el regreso de desterrados, conmuté sentencias y liberté a compañeros de prisión, aunque sin que ellos pudieran agradecérmelo. Pero el único por quien yo no podía abogar era por mí.

Uno de los más grandes placeres de los días de dictado era poder mirar el retrato de ella, que el presidente sacaba de un escondite, según él "para inspirarse". Yo le pedía que nos enviara más retratos y ella lo hacía, aunque como se comprenderá, todos quedaban en poder del presidente. Mi venganza consistía en los regalos que él enviaba, que eran muchos y valiosos, y que ella recibía más bien como míos.

Pero un terror había ido creciendo en mí, juntamente con mi amor, y era esa gran colección de cartas que se había ido acumulando en el escritorio del presidente, y en las que ya por último ni se le mencionaba a él siquiera, sino de vez en cuando, y eso para insultarlo. En cada una de esas cartas estaba, por así decirlo, firmada mi sentencia de muerte.

El tema de la libertad como se comprenderá es el que predominaba en nuestra correspondencia. Siempre habíamos estado ideando toda clase de planes o imaginando todas las estratagemas posibles. Mi primer plan había sido el de la huelga, negándome a traducir nuevas cartas, a menos que se me concediese la libertad, pero entonces se me condenó a pan y agua, y esto, junto con el suplicio aún mayor de no leer más cartas de ella (que ya entonces se me habían hecho indispensables), quebrantó mi voluntad. Propuse entonces como condición que al menos la rasurada y el baño y el buen vestido me fuesen proporcionados en forma regular y no únicamente en los días de carta (lo que era no solamente impráctico sino también humillante), pero ni aun esto me fue concedido, y entonces me hube de rendir incondicionalmente.

Después ella propuso hacer un viaje de visita al presidente para gestionar aquí mi libertad (plan que tenía la ventaja de contar con el apoyo decidido de éste, quien desde hacía tiempo la estaba llamando con alguna impaciencia) pero yo me opuse terminantemente a esto porque equivaldría a perderla a ella sin lugar a duda (y perderme yo también posiblemente). Mi propuesta, en cambio, de que viniera otra mujer en lugar suyo, fue rechazada por ella, como algo peligroso, además de imposible. Otro plan de ella, y que estuvo a punto de realizarse, fue el obtener una protesta enérgica de parte de mi gobierno y aun una ruptura de relaciones, pero yo le advertí a tiempo que semejante medida no sólo no remediaría mi situación, sino que la empeoraría considerablemente y ya no se volvería a saber de mí. Yo prefería más bien que se tratara de mejorar las relaciones de los dos países, entonces en estado tan lamentable, pero, como

alegaba ella con mucha razón, ¿cómo convencer al gobierno sueco que mejo-
rara sus relaciones por el motivo de que a un ciudadano suyo lo hubieran
puesto preso injustamente? Pero la más descabellada ocurrencia, sugerida por
un abogado amigo de ella, fue la de exigir mi extradición como delincuente (lo
que yo objeté), no reparando que si ya me tenían preso sin motivo, habiendo
una acusación contra mí, el presidente me daría la muerte en el acto.

Pero no se crea que éramos nosotros los únicos que hacíamos planes, pues
todos los presos (y aun el país entero) vivían todo el tiempo elaborando los más
diversos y contradictorios planes: la huelga general o el atentado personal, la
acción cívica, la revolución, la alianza con el gobierno, la rebelión, la conspira-
ción palaciega, la violencia y el terrorismo, la resistencia pasiva, el envenena-
miento, la bomba, la guerra de guerrillas, la guerra de rumores, la oración, los
poderes psíquicos. Aun había un preso (un profesor de matemáticas) que estaba
trabajando en un plan, muy abstruso, de derrocar al gobierno por medio de le-
yes matemáticas (concebía una organización clandestina casi cósmica que iría
creciendo en proporción geométrica y que a las pocas semanas sería tan grande
como el número de habitantes de todo el país, y pocos días más tarde, de seguir
creciendo, no serían suficientes los habitantes de todo el globo, pero no tomaba
en cuenta que los que no se sumarían a la organización también crecerían en
proporción geométrica).

En lo que a mí respecta, un nuevo temor se había venido a agregar a los
otros, y era el ver que cada día me iba haciendo más peligroso a los ojos del pre-
sidente, por el gran secreto (juntamente con el sinnúmero de confidencias meno-
res) de que yo era depositario; aunque también era cierto que su amor, real o
fingido, constituía mi mayor garantía, porque él no me mataría mientras nece-
sitara mis servicios (pero esta garantía me angustiaba también por otra parte,
porque necesitando mis servicios era más improbable que me dejara ir). Y la
misma esperanza que tuve en un principio, de que un compatriota mío acertara
a pasar, se había convertido ahora en la principal ansiedad, porque el presidente
podría enseñarle orgullosamente alguna carta, y se descubriría mi fraude.

Estábamos así ella y yo ocupados en la elaboración de un nuevo plan que
probara ser más efectivo, cuando de pronto, aquello que más me aterraba y
que con todos los recursos de mi mente había tratado de evitar, llegó a suceder:
el presidente dejó de estar enamorado. No fue, para mi desgracia, su desenamo-
ramiento gradual sino súbito, sin que me diera tiempo de prepararme. Sencilla-
mente las cartas que llegaron ya no fueron contestadas sino tiradas al canasto, y

no se me llamó sino de tarde en tarde para leer alguna, más bien por curiosidad y por aburrimiento que por otra cosa, dictándome después contestaciones lacónicas y frías con el objeto de poner fin al asunto. Toda la desesperación y mortal angustia de mi alma fueron vertidas en esas líneas, y en las pocas cartas que aún tuve la suerte de leer al presidente, puse a la vez las más apasionadas y ardientes súplicas de amor que jamás haya proferido mujer alguna, pero con tan poco éxito que se me suspendía la lectura a mitad de la carta. Para colmo de desdicha, éstas eran más bien de reproche para mí, por no contestarle, poniendo ella en duda que aún estuviera preso y aun llegando a insinuar que tal vez nunca había estado preso. La última vez, en la que ya ni siquiera se me hizo llegar de etiqueta a la Casa Presidencial sino que en la propia cárcel me fue dictada por un guardia una ruptura completamente definitiva, comprendí que ella, mi libertad y todo, habían terminado, y mis postreras y desgarradoras palabras de adiós fueron escritas.

El papel que sobró y la pluma me los dejaron en la celda, por si se necesitaba de nuevo alguna carta mía, supongo yo. Y si el presidente no me mandó a matar porque me quedó agradecido, o por si otra persona le escribe de Suecia, o sencillamente porque se olvidó de mí, yo no lo sé (y aun pienso también en la posibilidad de que lo hubieran matado a él —aunque esto es inverosímil— y el que exista ahora sea otro doble). Ignoro también si ella me ha seguido escribiendo o si ya tampoco se acuerda de mí, y aun se me ocurre el absurdo terrible de que tal vez ni siquiera existió, sino que fue todo tramado por alguno de la oposición en el exilio, para burlarse del presidente o burlarse de mí (o por el mismo presidente que es cruel y maniático) debido a una costumbre de pensar absurdos que últimamente se me está desarrollando en la cárcel. ¿Me habrás querido, tú también, Selma Borjesson, como yo te he querido con locura en esta prisión?

Ha pasado mucho tiempo desde entonces, y ya otra vez perdí las esperanzas de verme libre al terminar el periodo del presidente, porque éste otra vez se ha reelegido. El papel que me sobrara, y que ya no tiene objeto, lo he ocupado en relatar mi historia. Escribo en sueco para que el presidente no lo entienda, si esto llega a sus manos. Termino aquí porque el papel ya se me acaba y quizás no vuelva a tener papel en muchos años (y quizás me queden pocos días de vida). En el remoto caso de que un compatriota mío acierte a leer estas páginas, le ruego interceder por la libertad de Erick Hjalmar Ossiannilsson, si aún no me he muerto.

FERNANDO SILVA
(Granada, 1927)

El poeta, narrador, ensayista, pintor, lingüista y médico pediatra de la Sorbona. Miembro de número de la Academia Nicaragüense de la Lengua. En su extensa obra destacan los poemarios Barro en la sangre *(1952) y* Las islas de afuera *(2000); las novelas* El comandante *(1969),* El vecindario *(1977) y* La foto de familia *(2005), y los libros de cuentos* De tierra y agua *(1965),* El caballo y otros cuentos *(1996) y* Son cuentos *(2004).*

Saturno

—AQUÍ no es donde nos dijeron —me dijo mi compañero.

—Esperate —le dije–, mejor voy a preguntar.

—Señora —llamé a una mujer que pasaba en la acera–, ¿no sabe usted si vive por aquí doña Lola Gaitán?

—Allá —me señaló la mujer, estirando la mano–, después del poste de luz.

—Ah... bueno. Muchas gracias.

Entonces nos subimos a la otra acera. La calle estaba húmeda y se sentía el olor que viene del lago, un cierto olor a lodo y sardinas.

—Ojalá que encontremos comida a estas horas —me dijo mi compañero.

—Vamos a ver —le dije.

Nos paramos y golpeamos en la puerta del zaguán.

—Es en la otra puerta —nos dijo un muchacho.

Entonces nos fuimos a la otra puerta que estaba abierta y entramos. Había una salita con piso de madera y varios asientos colocados a la orilla de la pared con los balancines para arriba porque estaban barriendo.

—Buenas tardes —dijimos.

—Pasen adelante —nos contestó un hombre que estaba componiendo, a la luz de la ventana, la pata de unos anteojos. Atravesamos la salita y salimos a un corredor que quedaba en alto y desde donde se divisaba el lago y las tejas de cinc manchadas de sal de una bodega.

Abajo había un patio con piedras y un gran palo de jícaro bien verde.

En el corredor encontramos varias mesas con manteles y en una de las mesas dos hombres que estaban terminando de comer.

—Sentémonos aquí —le dije a mi compañero.

Nos sentamos y mi compañero se sirvió un vaso de agua del pichel que estaba puesto.

—¡Ah! —exclamé, escurriendo el vaso—. Me venía secando de la sed.

Al rato salió una señora de adentro y se acercó.

—Buenas tardes —dijo.

—Buenas tardes —le dijimos—. Queríamos saber si nos pudiera servir algo que comer.

—Vamos a ver —nos dijo sonriendo—. Como es tan tarde... se esperan un momento...

Y se detuvo a mirar a mi compañero.

—Usted es Silva, ¿verdad? —le preguntó.

—Sí —le contestó mi compañero.

—¿Hijo de don Chico?

—Sí

—¿Y qué se ha hecho don Chico? Tiempo tengo de no verlo.

—Está en Granada.

— ¿Pero está bien?

—Sí. Ahí va... más o menos.

—Me lo saluda.

—Cómo no.

La señora dio la vuelta y volvió a entrar en la cocina.

Uno de los hombres que estaban sentados en la otra mesa saludó a mi compañero.

—Dondequiera te conocen a vos —le dije.

—Callate —me dijo—. Ése es mi amigo don Chemita.

—¿Don qué...?

—¡Don Chemita...! Ya va a empezar a hablar... —me dijo—. Oílo.

Yo volví a ver a mi compañero.

—Bueno —le dije.

—Fue en mi viaje a Upala —empezó a hablar don Chemita alzando un poco la voz, como para que lo oyéramos.

—Ajá —le dijo el otro que estaba con él, y se sonrió con nosotros.

—Yo tenía unos reales regados —siguió don Chemita— y me fui a recogerlos. Me voy a aprovechar del viaje, me dije, para traer unas cuatro fanegas de frijoles que me habían encargado, y también me alisté algunas cositas para vender allá. Usted sabe, amigo, que este su amigo siempre anda con algo que vender. Bueno pues, me fui en el remolcador de los Pachicas. Salimos el sábado, calculando yo estar de vuelta el miércoles para así coger el vapor *Victoria* para Granada, porque también quería llevar a Granada un cacao que pensé comprar en Upala. Buen cacao el de Upala y más barato que el de Rivas. Bueno pues, llegamos sin ninguna dificultad a Upala. El remolcador de los Pachicas se vino el domingo, temprano. Yo no podía venirme el domingo porque hasta en la tarde terminaba de hacer mis cobros, sobre todo tenía que esperar el lunes para comprar el cacao y terminar de recoger lo que me hacía falta de los reales. El lunes y el martes cobré casi todo, y vea, con buena suerte, recogí como trescientos pesos y conseguí buen cacao y unos frijoles muy hermosos y a buen precio. Me alisté de todo y pensé venirme en bote a San Carlos. Ya era martes, como le dije, y entonces me fui a buscar a un hombre para que me trajera; pero es difícil con esto de que ahora todo mundo sólo coge para la montaña con la cuestión de la raicilla; la pagan bien, pero a mí nunca me ha gustado trabajar con raicilla... es muy expuesto. Bueno pues, me cogió la tarde buscando al hombre, hasta que una señora me recomendó a un tal Saturno. Me dedico pues a buscar al tal Saturno... y amigo, lo encuentro en una cantina bien picado. ¡Ni pensar!, dije yo, cómo me voy a exponer a irme con un picado. Me volví donde la señora a contarle.

—¿Tal vez sabe de algún otro? —le digo.

—No, don Chemita —me dice la mujer—, si ése sólo vive picado, así trabaja él. Es verdad que es picado, pero así como lo ve, es muy honrado.

—¡Ehs! —me dije yo—, ni lo conozco y yo con estos reales en la bolsa. Con lo que le cuesta a uno hacer sus realitos... ¿verdad? Pero también pensaba que si esperaba hasta la otra semana que viniera el remolcador, ¿qué iba hacer yo allí en Upala gastando en pensión y comida? Y con los frijoles, el cacao y los reales; y más que tenía esperanzas de coger el vapor *Victoria* el miércoles en la tarde... Cómo hago —me dije, y entonces volví a buscar al tal Saturno.

—Yo le hago el viaje —me dijo—; en la madrugadita estamos en San Carlos —me aseguró.

—Pero no siga bebiendo —le digo.

—¡Ah... no! Eso, no —dice Saturno, muy serio—. Yo trabajo, pero picado. Sin trago yo estoy perdido —y se rió—. ¡Jua! ¡Jua! —enseñando unos grandes dientes como clavijas.

—¡Ah pues no! —le respondí; y me volví a dar vueltas por las calles a ver si me conseguía alguno otro.

—¡No! ¡Qué va! —me decían—. Ese viaje sólo Saturno se lo hace.

—Bueno —me dije—. ¡...Qué vamos hacer!

Y me volví donde el hombre.

—Bueno, Saturno —le dije—, alístese, pues.

—Así me gusta —me respondió.

—¿...Y dónde tiene el bote?

—Allí abajito.

—Pues que no nos coja la noche —le dije.

Comenzamos a cargar. El hombre, no parecía, en dos horas tenía cargado el bote. Yo lo esperé otro rato porque se fue a traer una palanca y el saco ahulado con sus cosas. Cuando volvió me fijé que traía un litro de guaro en la mano.

—¡Ah no! —le dije—. Más guaro, no.

—Trato es trato —me dice—. ¿Usted quiere que me muera de la goma?

—Vámonos, pues, de una vez —le digo... porque, ¿qué iba hacer?

Ya era de noche; no había luna. Yo me senté adelante entre los sacos y Saturno atrás, canaleteando.

—¡En el nombre de Dios! —dije yo cuando ya doblamos y se perdían las luces del muellecito.

"Tal vez me pueda dormir un rato —pensé yo— y que en la madrugada ya estemos en San Carlos."

La noche estaba bien oscura.

—Voy a rezar el rosario —dije y comencé por contar los misterios en los botones de la camisa y las avemarías con los dedos, pero me aburrió.

Me puse a pensar un rato. Sólo se oía el golpe del agua y los pujidos de Saturno empujando con el canalete. Allá, de vez en cuando, jalaba el litro de guaro y se lo empinaba. Hasta donde estaba yo oía saborearse al hombre.

—¿No quiere un quemón, don Chemitá? —me dice.

—No, hombre —le contesté—, yo no bebo.

"¡Ehs! —pensé yo—. Éste como que quiere picarme. Qué difícil se gana uno sus reales... y este hombre —pensé—, ¡qué pierde con nada! Conmigo, por ejemplo. Además, este hombre ha de saber que yo traigo dinero y que traigo además unos buenos reales en frijoles y cacao...! ¡Cuándo que no! ¿Cómo no va a saber esta gente lo que cuesta un saco de frijoles o de cacao? Si viven en esto.

"A un picado —seguí pensando— se le puede meter cualquier cosa, ¿y después? Con decir: yo no me acuerdo. O si no: yo no sé; se ha de haber dormido más don Chemita. ¡Carajo! ¡Qué vaina! Porque además es verdad que si me duermo y me voy al agua, me ahogo... Yo no sé nadar. Y bueno, dirán: a quién se le mete en la cabeza montarse en un bote, de noche, con un picado".

¡Dios mío! ¡Qué horrible pensamiento se me vino! Si a este hombre se le mete darme un canaletazo. Con la oreja del canalete me hunde la cabeza y me mata de un solo golpe. "Como era de noche —puede decir— lo agarró una rama de guabo y lo golpeó."

¿Y aquí quién va a averiguar nada...? Si averiguan, yo ya muerto..., ¿para qué?

Entonces pensé hablarle, para coger confianza. "Va a notar que tengo miedo —pensé—. Mejor espero que él me hable...", y así me estuve cavilando, hasta que al rato me dice:

—Don Chemitá... ¿y ya vendió todas las alhajas que trajo?

"Carajo —pensé yo—, éste está averiguando si traigo alhajas."

—Todas las vendí —le respondí, rápido.

—Yo necesito comprar una esclavita. Se la quería regalar a una jaña que tengo —dijo—, ¡jua!, ¡jua! —se rió.

"Voy a cambiar la conversación", pensé

—...¿Y vos sos de aquí, Saturno? —le pregunté.

—No...

—¡Ah...!

—Yo soy del Arenal —dijo enseguida—. Aquí he vivido, sí.

—¿Tenés aquí a tu mujer y a tus hijos?

—Los hijos se murieron.

—¡Ah...!

—¡Quién sabe! —dijo—. Se morían cuando iban naciendo.

—Alguna enfermedad —le dije yo.

—¡Jua! ¡Jua! —se rió.

—¡Carajo! —dije yo—. ¡Qué feo se ríe este hombre!

Seguimos callados, se veían unos relámpagos, como que iba a llover.

—Don Chemitá —me dice al rato—. Ya estoy picado. Mejor nos arrimamos por ai... a ver si duermo un ratito y luego seguimos. Parece que ya va a empezar a llover.

—¡Ehs! —me dije yo—. Ahora sí se pone peor la cosa. Éste me puede matar aquí y me deja allí tirado en el monte.

—Es mejor que sigamos —le dije.

—No —dijo él—, quiero echar un peloncito.

Sentí el ruido del bote al entrar la proa en el lodo de la orilla. Yo me quedé donde estaba y empecé a rezar. Me acordé de mis pecados. De suerte que yo no le he hecho mal a nadie. Es verdad que he vivido del comercio, pero esto es un "te quito" y "me quitas", usted conoce este negocio... Y, además, no le pagan a uno todas las aflicciones.

Bueno, pues al rato ya estaba roncando el hombre... bien dormido. Y ahora era otra penca. Empecé a tener miedo de verme solito y el terror de que si me agarraba de un gamalote lo menos que podía encontrar era una culebra, y si no me agarraba, la corriente nos arrastraba hasta ir a dar a un banco de arena y allí acabar mis días.

—Don Chemitá —me dice al rato—, ¿usted le tiene miedo a las culebras?

—Pues, ¡sí! —le dije.

—Aquí hay muchas. ¿Usted conoce la Barba Amarilla? Pues mata a una danta. ¿Y la Toboba? Pues pica, y después uno se hincha como un tronco. Una Toboba mató a un tío mío... ¿Y usted conoce al Patotoboba...?

—No —le respondí, molesto de su conversación.

—Pues es igualito a un patito, mediano y cenizo; anda a las orillas... y es igualito al piquete de una culebra.

—¿...Y anda de noche? —le pregunté preocupado.

—Pues casualmente sólo de noche —me dijo.

—¡Qué va! —pensé yo—. Nunca he oído que un ave sea venenosa. Pero en fin. Ya sé, este hombre me quiere meter en miedo.

Pero yo no tengo miedo.

Empezó a llover y yo tenía frío...

—¡Dios mío! —dije—, si salgo bien de aquí le voy a dar cien pesos al cura de San Carlos para que arregle la pared de atrás de la iglesia... y cincuenta pesos para los pobres... y cincuenta pesos más para las monjitas del Hospicio de Granada.

"Ya suman doscientos pesos", pensé, haciendo la cuenta.

—¿Qué? —dije, apartando las ideas mezquinas que a uno se le vienen—. ¡Promesa es promesa!

El hombre estaba dormido otra vez... llovía más recio. Yo, francamente me sentía ya medio muerto. Veía luces en el monte; oía ruidos horribles adentro de la montaña. A veces me parecía que volaban serpientes en el aire...

—¡Don Saturno! ¡Don Saturno! —lo llamé varias veces, pero el hombre estaba bien sorneado.

A mí me empezaba a doler un brazo... ¡Caramba...! Y es el brazo izquierdo. ¡Al lado del corazón! "¡Me va a venir un ataque! —pensé—. Tan bruto que nunca fui donde el doctor, por no pagar los cincuenta pesos... pero es que uno tiene que trabajar, y no queda tiempo. Ahora prometo que voy a ir."

Estaba temblando, me dolía la nuca y la parte de atrás de la cabeza y también tenía una pierna entumida. "¡Esto es parálisis! —pensé—. Aquí acabé mis días... ¿Y si pierdo la voz?"

—¡Saturno! ¡Saturno! —grité.

"Pues todavía puedo hablar —me dije—. ¿Pero si perdiera la voz, o si me agarrara una animal? ¿Qué cuenta se va a dar este picado? ¿Y los reales que tengo en la bolsa? Se van a perder. Mejor los voy a sacar de la bolsa; pero si los dejo aquí en el bote... ¿Quién va a saber? Allí se van a estar hasta que los tiren cuando achiquen el bote."

Estaba muy nervioso. Sentí calambres en todo el cuerpo... No sé, me pesaba la cabeza y la rabadilla... y me dormí.

Me dormí acabado... hasta venir a despertarme de un brinco...

¡Algo me despertó! ¡Qué susto!

Cogido de la mura del bote y casi echado sobre mí estaba la cara de Saturno...

—¡Ay! ¡Ay! —grité.

—¡Jua! ¡Jua! —se rió Saturno con sus grandes dientes de clavija—. ¡Echée! —me señaló con la mano.

—¡San Carlos! ¡San Carlos! —grité divisando al puerto.

¡Qué dicha! ¡Estábamos frente a San Carlos! Habíamos dormido allí nomasito del puerto.

—Es que anoche no quise meterme al lago —me dijo—. ¡No ve que había mucho viento!

—¡Caramba, Saturno! —le dije—. ¡Qué bien pensado!

"Éste es un hombre bueno —pensé enseguida—. Él es un picado, verdad; pero como me dijo la señora de Upala... buen hombre y sobre todo honrado."

Así fue que atravesamos en solo la mañanita el lago y a las ocho estábamos en el muelle de las gordas. Allí nomás arreglé el descargue y ordené que me pasaran los sacos a la bodega del ferrocarril para manifestarlos en el vapor *Victoria*... Y loco de contento me traje a Saturno a comer.

Saturno me quedó viendo.

—¡Ah, sí! —dije riéndome—. Sírvamele un buen trago y después su desayuno.

Después que comimos le pagué. Doce pesos me cobró por el viaje. Yo le regalé diez pesos más... y todavía me lo llevé a mi pieza y le di un par de botas que tenía todavía buenas, una camisa caqui y un sombrero. Le recomendé que no volviera a beber; Saturno me quedó viendo y después se rió. Lo fui a dejar hasta el muelle y se fue contento.

Aquel día yo me apuré para hacer todas mis evoluciones.

Vendí bien parte del cacao y los frijoles. A las tres, me alisté y me fui para el barco que estaba fondiado bastante afuera. Me fui en la gasolina de Chepe Rayo. Antes, el vapor *Victoria* se quedaba bien afuera, por las Balsillas... ¿Se acuerda? Dos horas era por lo menos que uno tenía que navegar para coger el vapor.

Yo iba alegre... y no quería acordarme de todo lo de la noche anterior. Cuando ya íbamos bastante afuera, dice Chepe Rayo:

—Allá diviso un bote que va solo...

Me levanto yo... y... ¡claro que lo reconocí...! Se picó con los reales que le di... ¡Él era tan bueno; pero tan picado! Le ha de haber soplado viento, y el hombre bien picado cayó al agua...

—¡Vamos! —grité—. ¡Vamos al bote! —y viramos a un lado; el remolcador volaba—. ¡Más rápido! —les decía yo.

Apagamos el motor y nos acercamos canaleteando... ¡Pobre Saturno!... ¡Pobre!

Cuando ya nos acercamos hasta llegar... ¡qué susto el mío!

—¡Carajo! —grité yo.

En el plan del bote estaba echado Saturno, bien picado y cuando me vio:

—¡Jua! ¡Jua! —se rió enseñando los grandes dientes como clavijas.

El hombre que estaba con don Chemita nos volvió a ver riéndose.

Yo también volví a ver a mi compañero que se había quedado ido oyendo a don Chemita...

—¿Te gustó? —le pregunté.

—¡Claro… hombre!
—Esto está bueno para un cuento tuyo.
—Sí —me dijo.
Y lo escribió.

[*De Tierra y agua,* 1965.]

ROSARIO AGUILAR
(León, 1938)

Es novelista y cuentista. Miembro de número de la Academia Nicaragüense de la Lengua. Premio Internacional de Literatura Gabriela Mistral en 2001, recibió el doctorado honoris causa *por la Universidad Nacional Autónoma de Nicaragua el mismo año. En 2010 le fue otorgada la Orden de la Independencia Cultural Rubén Darío. Entre sus obras publicadas destacan* Primavera sonámbula *(1964),* Aquel mar sin fondo ni playa *(1966),* Quince barrotes de izquierda a derecha *(1965),* Rosa Sarmiento *(1968),* La niña blanca y los pájaros sin pies *(1992) y* Siete relatos sobre el amor y la guerra *(1986).*

El cielo se había puesto oscuro

EL CIELO se había puesto oscuro y, de repente, comenzó a caer un aguacero violento característico de septiembre. ¡Qué de rayos, de relámpagos y de viento! Era como si una fuerza enojada se desatara contra nosotros. Cada gota sonaba en el tejado como una pedrada. Me acuerdo perfectamente del modo cómo sonaba contra el tejado. Y el viento abría y cerraba puertas, revolvía como torbellino los árboles que se daban unos contra otros y contra las ventanas.

Cayó un rayo tan cerca que todas las ventanas crepitaron y tembló la tierra. Su luz deslumbró por un rato. ¡Qué poder! Tras el estampido de aquel rayo vino una gran oscuridad. Se fueron las luces, y sólo, de vez en cuando, se iluminaba la casa por el resplandor de los relámpagos…

Le vi en el dintel de la puerta y luego contra la ventana. Era demasiado grande para su edad. Su desarrollo prematuro era anormal y vano. Cogí una lámpara de batería que tenía en la mesa de noche y al iluminar hacia donde estaba vi sus pies deformes arrastrándose hacia mí.

Había sido tan repentino el comienzo de la lluvia y la tormenta, que me había olvidado de él, sobre todo del detalle de que sentía un miedo atroz por las tormentas. Sus manos las tendía hacia mí, implorantes. Buscando en mí salvación, refugio. Y yo... ¿qué podía hacer? Al llegar junto a mí... emitió sonidos guturales. Yo no me movía. Sobre nosotros estaba una gran casa, y adentro, solos los dos. Pero un impulso ajeno a mí que no provenía de mi cuerpo, me hizo incorporarme. Le tomé de sus manos frías y demasiado blandas. Alguien me impulsaba a actuar, un espíritu desconocido, un ser que por primera vez tenía contacto conmigo.

Le guié hasta su dormitorio y, mientras atravesábamos la casa oscura alumbrada por relámpagos, sentía las ráfagas de viento cargadas de lluvia. Yo, al menos, las sentía en mi cuerpo casi descubierto. Y sentía también cómo temblaban sus manos y todo su cuerpo de niño casi del tamaño del mío. A cada nuevo rayo se estremecía mortalmente. ¿Qué sentía? ¿Qué extraño poder de la naturaleza le hacía reaccionar de aquella forma? ¿Por qué con la tormenta adquiría facultades y sentía el miedo, y sabía que sólo de mí podía obtener ayuda? Él, que nunca comprendía ni siquiera cuando le ordenaban comer o pararse.

Casi al llegar a su cama cayó con una tremenda convulsión, y yo, que no le quería, y que cientos de veces había deseado su muerte, tuve que poner toda mi fuerza para poder llevarle a rastras, pues era muy pesado, hasta su cama. Echaba espuma por la boca y los ojitos oblicuos estaban blancos e inmóviles. Perdió su color y poco a poco su cuerpo iba tomando franjas oscuras, pálidas y moradas. Yo hubiera podido dejarle así, no hacer nada, esperar a que aquella vida inútil terminara de una vez. El pensamiento me cruzó fugaz. Por un instante sentí lo que seguramente siente un criminal.

Pero sentí un estremecimiento en mi interior... y de repente la vi de nuevo frente a mí. Yo la vi... no de una forma material, sino de una forma invisible; es decir sin cabeza, tronco ni extremidades. De manera espiritual, casi tocable. Mi cuerpo en su interior y mi mente la percibieron claramente. No la conocía. Nunca había visto su fotografía y Luis se había limitado a decirme su nombre y su modo de morir. Sé que era ella. No con sus facciones terrenales, pero estuvo allí frente a mí, sobre mí, dentro de mí. No era la mujer que había sido la primera esposa de Luis, no; Luis en aquel instante no contaba para nada. Estábamos ella y yo junto al niño. Ella como madre. Era la madre de aquel ser enfermo y yo adivinaba y sentía en toda intensidad su dolor. Era para mí una transparencia su corazón. Y su corazón no tenía celos de mí y estaba completamente abierto hacia mí. Era su dolor común a toda mujer; a todo ser que puede sentir en sí la maternidad. Sentía yo, en mi carne y en mi propio corazón, lo que ella en el suyo sentía como madre de aquel niño. Aquella comunicación era muy extraña. Yo sabía que ella había muerto antes de enterarse de que había dado a luz un ser así. Había muerto antes de que cualquiera adivinara la verdad. Si se hubiera enterado que ella moría y que dejaba a una criatura así. Qué terrible morir. Morir y dejarlo para que otra mujer –que era yo– sintiera repugnancia por su niño. Una mujer –que aunque fuera yo– era una extraña para ella, y siendo extraña, sentiría el deseo de que la criatura muriera.

Se comunicó aquella noche conmigo. De mujer a mujer. Su espíritu vino a mí, y comprendí que aquella desgracia le podía suceder a cualquier mujer. Despertó mi corazón dormido que no tenía olor maternal. Mi corazón que no se abría porque no asociaba los hechos de que podía ser madre como mujer. Ella era una madre más. Una madre con dolor y a través del mismo y común dolor. Una mujer que había pasado siete meses, porque había nacido prematuro, sintiendo en sí el movimiento de su vida llena de ilusión… Comprendí con horror que también podía sucederme a mí. Y más que a todas a mí…

Y sentí un dolor agudo en mi vientre…

Un nuevo pensamiento se adueñó de mí. Una duda en la que nunca había pensado. ¡Qué extraña confusión! ¿Quién es una madre? ¿Quiénes somos para juzgar? ¡Dios mío y Señor mío!, exclamaba mientras oía bajo mi mano aquel inútil palpitar. ¿Cuál es el verdadero amor maternal?

La corriente eléctrica había vuelto y yo sabía que en mis manos estaba aquella vida, que aunque yo deseara que se acabase, no me tocaba juzgar. Había un impulso ajeno a mí, una fuerza que provenía de aquella mujer desconocida que había hecho comprender a mi corazón y que continuaba frente a mí.

La lluvia había comenzado a calmar su violencia, y la tormenta se oía a cada segundo alejarse poco a poco. Corrí al teléfono y llamé a Luis. Llamé también al doctor.

Su respiración comenzó a normalizarse. Yo mantenía mi mano sobre su corazón; me parecía que le daba fuerzas y le transmitía algo de mi vivir. Sus músculos comenzaron a ablandarse.

Llegaron al mismo tiempo Luis y el doctor. A mí me parecía que se habían tardado siglos en llegar. Sobre su corazón todavía estaba mi mano palpando si vivía...

La crisis había pasado. El niño enfermo dormía sosegadamente, si se pudiera decir, con placidez.

[*La Prensa Literaria, La Prensa,* 18 de abril de 2009.]

SERGIO RAMÍREZ
(Masatepe, 1942)

Se inicia a los veinte años con el libro Cuentos *y es autor de nueve novelas, entre ellas* Margarita, está linda la mar *(1998, Premio Alfaguara),* Castigo divino *(1988, Premio Dashiell Hammett, 1989),* ¿Te dio miedo la sangre? *(1977, finalista del Premio Rómulo Gallegos, 1982),* Un baile de máscaras *(1995, Premio Laure Bataillon en Francia) y* La fugitiva *(2011). Ha publicado, además, ocho colecciones de cuentos, entre las que destacan* El reino animal *(2006),* Catalina y Catalina *(2001),* Clave de sol *(1992) y* Charles Atlas también muere *(1976). Sus* Cuentos completos *(1997) fueron prologados por Mario Benedetti, y una antología que conmemora sus cincuenta años como cuentista se encuentra en* Perdón y olvido *(2009). En el Fondo de Cultura Económica ha publicado* El viejo arte de mentir *(2004).*

Perdón y olvido

LA PASIÓN de Guadalupe son las viejas películas mexicanas. Puede verse hasta tres en cada sesión, y las colecciona con la misma avidez con que de niño yo coleccionaba figuras de jugadores de beisbol de las Grandes Ligas. Por lo general hay alguien que viene de México y le trae un casete con alguna que no tiene, o las graba del cable, y si no, no le importa repetir. Tu pasión malsana, le digo a veces, buscando una de esas camorras bufas que se desatan entre los dos; pero como me lo hace ver ella sin más necesidad que un fulgor burlón de su mirada, no tengo ninguna autoridad moral para criticarla. La verdad es que nunca falto a sus sesiones de cine casero que duran hasta la medianoche, o más allá.

Guadalupe se quedó en Nicaragua desde que le tocó cubrir en 1979 la ofensiva final en el Frente Sur, como parte de un *crew* de Imevisión, todos encandilados con el sandinismo, y la conocí para los días del triunfo cuando se fundó Incine con unos cuantos equipos confiscados a la empresa de un argentino mafioso que le hacía los noticieros de propaganda a Somoza. Ella apareció una mañana en la mansión de Los Robles, confiscada también a un coronel de la Guardia Nacional, donde estábamos instalándonos. Llegó vestida de guerrillera, botas, boina, canana y un fusil Galil, enviada por Juanita Bermúdez, la asistente de Sergio Ramírez, con instrucciones de la Junta de Gobierno de darle trabajo en algo que todavía no existía. Mucho después me confesó cuánto me había odiado ese día. Lo primero que le pedí fue que se deshiciera de aquel fusil, que no parecía saber manejar y que iba a estorbarle en el trabajo, que antes que otra cosa consistía en barrer y acomodar los muebles del coronel que de verdad fueran a servirnos, mientras los otros, consolas y espejos dorados, iban a dar a una bodega con la esperanza de utilizarlos alguna vez en una decoración de ambiente. Por el momento habíamos mandado a vaciar la piscina para que se viera que no éramos parte de la clase ociosa destronada.

Pero cuando filmé mi primer documental sobre la reforma agraria, *No somos aves para vivir del aire,* con una vieja Arriflex de dieciséis milímetros, que era lo mejor de la herencia del capo argentino, Guadalupe hizo con todo entusiasmo el corte de la película. Y por esas vueltas que da la vida, no fue sino diez años más tarde que nos juntamos, después de haberla dejado de ver todo ese tiempo porque ella había regresado a México por una buena temporada para arreglar los asuntos legales de su divorcio. Los dos estábamos separados de nuestras parejas anteriores, yo ya un poco calvo y ella enseñando algunas hebras de canas en las trenzas, pues siempre se peina como Columba Domínguez en *Pueblerina*. El emblema de su presencia en mi cueva de soltero fue entonces el sarape mexicano que clavó como una manta de toreo en la pared, al lado de mis fotos de familia.

Esa noche que cuento estábamos viendo *Perdón y olvido*, una película del año 1950 en blanco y negro dirigida por Tito Gout, con Antonio Badú y Meche Barba. Empezaba una escena cuando fui a buscar una lata de cerveza, y camino de regreso al sofá la sorpresa me dejó paralizado.

En la pista del cabaret bailaban mis padres.

Con voz urgida, como si temiera que se me escaparan, le pedí a Guadalupe que congelara la imagen. No había duda, eran ellos. Cada uno bailaba con una pareja distinta. Ella llevaba el pelo peinado en grandes bucles laterales que subían desde sus orejas desnudas y él vestía un traje traslapado a rayas, de hombreras pronunciadas. Bastaba compararlos con la foto de su paseo a Xochimilco que colgaba en la pared al lado del sarape de Guadalupe, sentados los dos en el travesaño de una chalupa, bajo un arco tejido de flores, con las cabezas muy juntas, para saber que tenían entonces la misma edad que en la película.

Me apoderé del comando e hice regresar la cinta hasta el inicio de la escena de cabaret. Entonces los descubrí en las mesas, cada uno siempre con su pareja. Mi padre aplasta la colilla del cigarrillo en el cenicero y le dice algo a la rubia de rostro lánguido sentada frente a él, que le contesta; y unas mesas más allá, a medida que la cámara extiende su panel despreocupado, mi madre se inclina para que el morocho de pelo ensortijado y mirada nerviosa, su pareja, le dé fuego; luego expira el humo por las narices y también ella le dice algo al morocho, que guarda silencio.

Congelé el cuadro y mi madre quedó en la pantalla del televisor, envuelta en el humo del cigarrillo. Eran ellos, le dije a Guadalupe con un temblor de voz que me hizo sentir incómodo. Eran mis padres. Y al pulsar otra vez el botón, bajaron de nuevo a la pista para iniciar el baile.

El set del cabaret en *Perdón y olvido* era el mismo de otras películas que Guadalupe y yo habíamos visto en nuestras sesiones de cada noche, construido en la nave tercera de los estudios Churubusco en 1945 (según aparece en el libro *Churubusco, máquina de varia invención*, de Sealtiel Alatriste). Al fondo de la pista de baile estaba el estrado de la orquesta, circundado por cortinas drapeadas, y a los lados dos mezanines con barandas artesonadas en crucetas, donde se agrupaban las mesas; y realzados en las paredes, simulacros de columnas dóricas.

Yo nací poco después del regreso de mis padres a Nicaragua, amparados en la amnistía decretada a raíz del pacto entre liberales y conservadores que Somoza firmó con Emiliano Chamorro en 1950. Los avatares de ese exilio se los oí contar muchas veces a mi padre en la tertulia vespertina que se celebraba en la acera de nuestra casa en el barrio San Sebastián, donde oficinistas, maestros de secundaria y agentes viajeros traían de las casas vecinas sus propias mecedoras y silletas y desaparecían cuando llegaba la hora de la cena. En México habían hecho de todo, contaba; ella de camarera en el Hotel del Prado, dependienta en El Palacio de Hierro; él visitador médico, empleado en la sección de estadística de la Secretaría de Educación; y al final, la temporada en que trabajaron como extras de cine.

Los dos habían muerto hacía años, mi madre de cáncer en los pulmones porque fumaba como loca. Yo recordaba a mi padre, viudo, gastando su magra pensión del Seguro Social en esquelas que mandaba a publicar en *La Prensa* con la foto de ella vestida de novia, una cada día durante el mes que siguió a su muerte, y después una cada mes. En las esquelas él le daba cuenta de todo lo que había hecho, empezando por sus visitas al cementerio para enflorar su tumba; le daba noticias de los achaques de sus amigas y de los disgustos entre ellas; bodas de parientes, otras muertes de conocidos: ya deben ustedes haberse encontrado en el cielo, le escribía. Y las noticias políticas del país, enemigo siempre de la dictadura: dichosa de tu parte que no estás aquí para no seguir contemplando tanta iniquidad. Un día fui a verlo y le dije que ya terminara con aquella correspondencia pública, a quién le interesaba, era ridículo. Me miró, primero sorprendido, y después se sentó en la cama y se echó a llorar.

Al verlos ahora en la película, sentía la fascinación de asomarme al pasado en movimiento. No eran simplemente fotos viejas pegadas a un álbum, sino el retorno a la vida cada vez que el botón dejaba correr la cinta. Y más fascinación verlos hablar sin poder escuchar lo que decían. Los extras aparecen en la escena llenando un vacío, fingiéndose parte de la realidad que rodea a los actores principales, aunque sólo sean parte de la decoración. Por eso no están en la película para ser recordados.

Pero en esas películas mexicanas de cabaret, filmadas con un argumento ramplón que era sólo pretexto para la revista musical que tomaba gran parte del metraje, la cámara se mueve poco y apunta a la pareja de personajes principales, mientras permanecen sentados o mientras bailan, la banda de sonido recogiendo siempre su diálogo. Los extras, a quienes toca quedar al fondo, permanecen en muda conversación; y en *Perdón y olvido*, por un azar, mis padres aparecían hasta ahora en dos ocasiones en foco de segundo plano, muy cercanos a la cámara.

Sonó el teléfono y volví a congelar la imagen. Había hecho un pedido urgente de película de treinta y cinco milímetros a Miami para un comercial de los cigarrillos Belmont y me anunciaban que llegaba en el avión de American del día siguiente. Y ahora que regresaba de responder la llamada y traía otra lata de cerveza en la mano, oí a Guadalupe que me preguntaba si todo aquello no me parecía divertido. Reflexioné antes de sentarme en el sofá. Estaba lejos de sentirme perturbado como antes, tras la primera impresión, le dije. Pero algo no dejaba de intrigarme. ¿Qué conversaban mis padres con sus parejas, con aquellas voces que en la película quedaban sólo en movimientos de labios?

Los extras no son parte del guión. Acomodados en las mesas o bailando en la pista, tienen libertad de conversar en voz baja, o fingir que conversan, lejos del alcance del micrófono que se mueve en el asta sobre la cabeza de los protagonistas. Pero aunque sus voces nunca se escuchen, el director les recuerda, antes de comenzar la toma, que deben comportarse con naturalidad, como gente que se está divirtiendo en un cabaret, y no pueden permanecer mudos. Van vestidos de forma mundana, aunque después deben entregar en la guardarropía los trajes; mi madre, al salir de Churubusco, debió verse extraña en la calle, bajo el contraste de sus ropas modestas de malos tiempos de exiliados y aquel peinado de bucles que le habrían hecho en la peluquería de los estudios, todavía maquillada.

Precisamente por eso, porque no son gente mundana, que jamás entraría por sus propios pasos a un cabaret de lujo en la vida real, es que el director les advierte tanto sobre la manera de comportarse. Hagan como si la vida les sonríe, les diría Tito Gout con el embudo de lata en la boca. Tienen harta lana que gastar, se la robaron, se la ganaron en puras movidas chuecas, se sacaron la lotería, muchos de ustedes andan aquí a escondidas de sus esposas, matrimonios como quien dice decentes no se asoman a estos cabarets. Así que olvídense de sus problemas, que yo sé que los tienen, si no, no hubieran venido detrás de esta chamba mugre; pero las caras compungidas y los lagrimones déjenselos a mis estrellas. Ustedes, a hacer como que se divierten. Y el que no sepa bailar, fuera de aquí.

Y ahora recordaba mejor a mi padre a la hora de la tertulia en la acera, en el calor que aún quedaba en el atardecer como el rescoldo de un horno que se apaga, contando cómo fueron a dar de extras de cine. La condición de asilados políticos era insuficiente para que pudieran seguir trabajando, y sus superiores les exigían el carnet de inmigrantes, que nunca lograron. En la Secretaría de Gobernación, en Bucareli, les cerraban la ventanilla en las narices al dar la hora de la comida, los últimos en la cola, a pesar de que llegaban de madrugada a formarse; y entonces, como ya les habían advertido, por muy buena voluntad que les tuvieran, los borraron de la planilla.

Para actuar de extra no exigían permiso de residencia. Pagaban a la salida cada día, a nombre cantado, y había que presentarse todas las mañanas al estudio a esperar llamada, un viaje largo desde General Zuazua donde vivían, cerca del Bosque de Chapultepec, hasta Río Churubusco. Bastaba conocer a alguien en el sindicato para colarse, y aceptar sin malas caras la merma en el pago que representaba la mordida. Había quienes atravesaban abrazados una calle nocturna para perderse en la oscuridad bajo tarifa de cuarenta pesos por cabeza; pareja que huía de la lluvia bajo los relámpagos, también cuarenta pesos cada uno; organillero ciego veinte; vendedor ambulante en overoles arrastrando un carretón de frutas, los mismos veinte pesos. Tropa de a pie en la Revolución, soldados federales, campesino con el arado, mujer con tinaja a la cabeza, diez pesos. Parroquianos en trifulca a silletazos en una cantina, quince pesos. Los de la concurrencia a un cabaret, cincuenta pesos, porque era requisito saber bailar.

Mi padre había hablado de más de una película en que les tocó actuar durante esa temporada de estrecheces; pero *Perdón y olvido* debió ser la última, porque según la ficha técnica que aparece en el libro *Historia documental del cine mexicano* (volumen 5), de Emilio García Riera, terminó de filmarse en agosto de 1950, el mismo año de su regreso a Nicaragua.

Siguió adelante la película y hubo ahora una prolongada percusión de timbales en anuncio de la danza Babalú. Los focos alumbraron a Rosa Carmina vestida en vuelos de rumbera, un pañuelo con nudo frontal atado a la cabeza, de hinojos al centro del escenario con escenografía de selva virgen, y atrás, agazapada en la oscuridad, una comparsa de bailarines pintarrajeados de negro que, al erguirse ella alzando los brazos, entraron en tropel. Mientras tanto, yo esperaba a que la cámara volviera a hacer un panel sobre los mezanines; pero habían sido puestos en penumbra mientras el número proseguía, y en los breves cortes intercalados apenas brillaba en alguna mesa el destello de un cigarrillo. Los focos continuaban derramándose sobre Rosa Carmina, y ahora realzaba en primer plano un ídolo africano que la comparsa de bailarines conducía en andas hasta depositarlo a los pies de la rumbera, entre el humo de los pebeteros.

La siguiente escena fue otra vez un baile de parejas en la pista. La orquesta de Chucho Zarzosa empezó a tocar un bolero y los bailarines bajaron por las escaleras de los mezanines, mi madre en primer plano con el morocho que la traía del brazo, y atrás mi padre, con la rubia. Y todo el tiempo que la cámara enfocó a Antonio Badú y a Meche Barba mientras bailaban, y oíamos su diálogo, mi padre quedó detrás de ellos por un momento, abrazado a la rubia, un tanto desenfocado. Mi madre y el morocho sólo aparecieron una vez en cámara durante la secuencia del baile, muy lejanos, entre todas las cabezas; y a la hora de volver a las mesas, la vi sentarse a la suya. Retrocedí la cinta dos veces en esa parte, intrigado. El morocho ya no estaba.

No era usual. No había situaciones sorpresivas entre los extras. Se sentaban en parejas, bailaban en parejas. Seguramente porque Tito Gout (o quien diera las órdenes en su nombre) sabía casados a mis padres, no los dejaba juntos para que no parecieran un matrimonio bien avenido. Pero un extra jamás abandonaba a su pareja por otra ni desaparecía de la escena. Aunque ningún espectador llegara a notarlo, el esquema no admitía anomalías, y en el guión no podían darse situaciones no previstas, capaces de crear confusiones.

Se lo comenté a Guadalupe, y se rió.

—Habrá ido al baño el morocho —dijo—; se habrá enfermado del estómago y nadie se percató de su ausencia, ni en el plató ni a la hora de hacer el corte final en la moviola.

Ya no ocurrió nada que me interesara. Pasada la escena del cabaret, mis padres no volvieron más a la pantalla. Y cuando acabó la película, me quedé fumando frente al televisor, en silencio.

—Si te buscas a un traductor de sordomudos puedes averiguar lo que se estaban diciendo —me dijo Guadalupe, mientras se llevaba las latas vacías.

—¿Lo que estaban diciendo quiénes? —le dije.

—Pues tus papacitos —me dijo, vino a sentarse en el brazo del sofá y luego se dejó resbalar sobre mí, abrazándome por el cuello—. La curiosidad no es ningún pecado.

Yo no le respondí.

—De verdad —me dijo—; uno de ésos que salen a veces en un ovalito en los programas de televisión, haciendo señas con los dedos. Alguien que entrene niños sordomudos para leer los labios.

—No valdrá la pena, se estarían diciendo cualquier cosa —le dije yo, sin convicción ninguna.

—Tenemos que saber por qué se fue el morocho —me dijo, otra vez riéndose, y según su costumbre me jaló por los cachetes antes de besarme, como si yo fuera un niño que necesita mimos antes de irse a la cama.

Yo había hecho un documental para Los Pipitos, una asociación de padres de niños discapacitados fundada en los años de la Revolución, y conocía bien a la gente allí. A la mañana siguiente, sin decirle nada a Guadalupe, metí el casete en la guantera del Lada rojo, herencia de mis años en la Revolución, y fingiéndome a mí mismo que me había desviado de mi camino por distraído, fui a dar a las oficinas de la asociación en el barrio Bolonia.

Desde que traspuse la puerta me sentí pendejo, sin saber cómo iba a explicar aquel capricho tan ocioso a gente que ocupaba el día en asuntos urgentes y concretos. Pero ya no había tiempo de devolverse; podía plantearlo como algo profesional, relacionado con mi oficio de cineasta. Por una excelente casualidad, el director ejecutivo terminaba de sacar unas fotocopias en la máquina que está en el pasillo, y al verme me invitó a pasar a su oficina.

Hablamos primero de mi documental. Me contó que lo estaban traduciendo al inglés, con financiamiento canadiense, y comentó lo bueno que sería filmar otro, no propiamente sobre la institución sino sobre los niños discapacitados en sus hogares, su vida en familia con sus padres, con sus hermanos, y así caímos en el tema de los sordomudos.

No se extrañó de mi solicitud, y ni siquiera alcancé a explicársela por completo. Su único hijo de siete años era sordomudo, y su esposa, psicóloga de profesión, se había especializado en el lenguaje por señales para ayudarlo. Me invitó a cenar con ellos esa noche en su casa, advirtiéndome cordialmente que me debía esa cena por mi documental; veríamos la película y su esposa podría intentar traducirme esas escenas de sordomudos que me interesaban. Lo interrumpí para explicarle que no, que no eran escenas de sordomudos, pero él no quiso seguir oyendo, nos veríamos en la noche en su casa, a las ocho. Y que no olvidara llevar a mi esposa.

Mi compañera, debería haberlo corregido, como se estilaba decir en tiempos de la Revolución: fiel a esa herencia olvidada, Guadalupe nunca se siente bien bajo el apelativo de esposa, porque es, insiste, como si se viera con los grilletes puestos en pies y manos.

—¿Cómo te fue? ¿Van a ayudarte? —me preguntó desde su cubículo al verme entrar en la oficina.

Ella es la gerente general, la telefonista, la cobradora y la editora en nuestra empresa de filmaciones; en estos tiempos de globalización, todavía pescamos algunos *spots* publicitarios de cigarrillos y cerveza, aunque cada vez más los traen ya enlatados.

No tenía caso seguirle ocultando nada, y además estaba invitada a la cena.

—Ahora sí sonamos —me dijo con sonrisa maliciosa—. Imagínate esa sesión, tener que explicarles que se trata de tus padres, y que andas averiguando qué es lo que se decían con la rubia y el morocho. Van a pensar que no quieres dejar a tus pobres papacitos descansar en paz.

Le devolví una sonrisa tardía que no me duró mucho. Aunque no lo decía en serio, tenía razón. Al querer descubrir lo que estaban diciendo mis padres en el decorado silencioso de una vieja película, y mala por añadidura, que sólo a fanáticos cinéfilos de medianoche podía interesar, yo estaba inquietándolos en sus tumbas, removiendo sus huesos de alguna manera, perturbando su sueño. Y sus secretos.

Por el momento había decidido no enterar a nuestros anfitriones que se trataba de mis padres. Y esa noche volví a poner el casete en la guantera del Lada y nos fuimos a la cena, que discurrió de manera agradable, lejos de la perspectiva que Guadalupe se había imaginado, como una plática aburrida sobre métodos de enseñanza especial. Era una pareja muy joven y el infortunio de tener un niño discapacitado lo llevaban con decoro, buscando comportarse con una naturalidad valiente, sin dramatismos.

Al comienzo de la cena, el niño vino a darnos las buenas noches, metido en una pijama de una sola pieza con el perro Pluto en la pechera, en las orejas los aparatos de sordera color carne, demasiado grandes e inútiles, por lo que yo podía entender, porque se trataba de un caso sin remedio. La madre le habló y él permaneció con la vista fija en el movimiento de sus labios; y lo que él tenía que responderle se lo dijo con señas, unas señas rápidas, eficaces, fruto de un buen entrenamiento. La madre le explicó quiénes éramos, yo había hecho la película *Camino a la esperanza* sobre Los Pipitos, y el niño le respondió, según ella nos tradujo, que la había visto, todos sus compañeritos la habían visto también. Me sonrió de soslayo y se fue.

Pasamos a la salita del lado que hacía de oficina, donde el televisor, que habían traído seguramente del dormitorio junto con la casetera, estaba colocado sobre un escritorio metálico, empujado contra el librero para dejar espacio a las mecedoras abuelita, arrastradas desde el corredor. Les advertí que no teníamos por qué llegar hasta el final de la película; bastaba con las escenas de cabaret, que eran las que a mí me interesaban; pero él dijo que a lo mejor le gustaba, no acostumbraba a ver mucho cine mexicano. Sus preferidas, agregó, eran las de Indiana Jones; y entonces estuve seguro de que se iba a aburrir.

Ella vino con una libreta de resorte y un lapicero que se colocó en el regazo, y con las rodillas muy juntas esperó a que el marido pusiera el casete, que primero hubo que rebobinar. Los trazos de prueba, que de manera distraída hacía en la libreta, eran de taquigrafía.

Entonces empezó a correr la película, unos arañazos primero sobre el fondo negro y después un estallido dramático de música sinfónica, mientras pasaban en cilindro los títulos dibujados con letra caligráfica.

A medida que se aproximaban las escenas del cabaret, más que ver la película yo vigilaba a la pareja, pero la vigilaba sobre todo a ella. De ella dependía que aquella sesión extraña para todos tuviera algún sentido para mí, aunque ella no llegara a saberlo nunca; si no averiguaba nada que justificara mi curiosidad, me iba a sentir ridículo. Ya me estaba poniendo colérico de sólo sospechar mi bochorno.

Él, librado de la cortesía en la penumbra, comenzó por limpiar los anteojos y se distrajo rápido; ella, siempre las rodillas muy juntas, esperaba con atención profesional, tras haberle pedido al marido que me entregara a mí el comando.

El cabaret apareció visto desde fuera y su imagen sórdida no correspondía en nada a la de adentro. Vendedores de lotería, un puesto de tortas, una pareja de policías; llegaba un Buick, se bajaba Antonio Badú, esperaba fumando en la puerta hasta que por la acera húmeda de lluvia se acercaba caminando Meche Barba envuelta en un abrigo de pieles y muy cargada de joyas; la tomaba del brazo y, sin decirse nada, entraban. Ella era la esposa infiel, casada con un millonario de viaje por los Estados Unidos, y él, su amante, un gánster que la chantajeaba.

Con el dedo sobre el botón de pausa yo aguardaba el momento inminente en que la cámara se abriría sobre la concurrencia del cabaret, después de que los protagonistas principales se sentaran a su mesa al lado de la baranda del mezanine. Mi anfitrión, tras recostar la cabeza contra el respaldo de la mecedora, una mano en el entrecejo, dejaba colgar la otra en que tenía los anteojos; por el contrario, ella se había adelantado en la mecedora, manteniendo los balancines en el aire, atenta igual que yo. Igual que Guadalupe.

—¡Allí! —se oyó decir a Guadalupe, en un tono exagerado que no dejó de molestarme.

Pulsé el botón, y la imagen de mi padre quedó congelada en el momento en que aplastaba la colilla en el cenicero sin dejar de mirar a la rubia. Puse de nuevo la cinta en movimiento. Ya estaba mi padre diciéndole algo a la rubia, y algo le contestaba ya la rubia. Volví a congelar el cuadro. Como ocurre siempre cuando uno ve muchas veces una misma imagen, iba descubriendo más detalles, gestos más nítidos. El cenicero tenía el emblema de Cinzano. La boca de mi padre se apretaba en una mueca triste, y no se necesitaba mucha imaginación para comprobar que estaba a punto de llorar. La rubia lánguida lucía un collar de perlas falsas de tres vueltas. Y era obvio que estaba escuchando una confesión, extrañada y a la vez compadecida de lo que oía. Quería consolarlo, pero su papel de extra no se lo permitía.

Con un gesto del lápiz ella me pidió que volviera la película al mismo punto. Mi padre aplastaba el cigarrillo, hablaba, la rubia le respondía, y ella volvía a anotar en su libreta, a grandes trazos, sin dejar de mirar a la pantalla. Entonces sentí de pronto que empezaba a desgarrarse una intimidad molesta, que yo no quería ver expuesta ni aún frente a Guadalupe; pero, a pesar de mi disgusto, la sentía penetrar junto conmigo, llena de avidez, en el trasfondo de aquella superficie borrosa que se movía como un telón viejo.

Congelé la imagen y puse los ojos en la libreta. Pero al descubrir mi mirada, ella me dijo que mejor le gustaría presentar todos los resultados hasta el final.

—Puede ser que en los diálogos siguientes encuentre claves que me ayuden a aclarar lo que ya hallé en éste —se justificó, con timidez.

—Es lo mejor —me susurró al oído Guadalupe, que se había puesto de rodillas junto a mí, y en aquel susurro, en el que había miedo a lo inevitable o ganas de darme consuelo, otra vez sentí que estaba ya de este lado, del lado que yo no quería.

—Sí, es mejor —repetí yo mecánicamente en voz alta. El anfitrión se despertó, lleno de susto por su propio ronquido, y me sonrió, azorado.

Seguimos adelante. Ahora el morocho se inclinaba para darle fuego a mi madre. Su encendedor era grande y pesado, de tapadera, y la llama se elevaba perpendicular hasta quemar el borde del cigarrillo, e iluminaba el rostro consternado de mi madre. Reconocí el lunar junto a su boca, que ella solía destacar con un toque del lápiz de cejas. En el rostro del morocho, en cambio, lo que adiviné fue cobardía. La mano que sostenía el encendedor le temblaba y sus ojos, un tanto saltones, ayudaban a realzar su cara de susto, sobre todo porque los focos caían sobre él a contraluz.

Me fijé en los labios del morocho todas las veces que hicimos retroceder la cinta. No dijo nada. Sólo mi madre habló, una vez que tuvo el cigarrillo encendido, sosteniéndolo con garbo entre los dedos antes de darle una profunda chupada y sacar el humo por las narices. Era algo que debió haber dicho en voz muy baja; nadie que viera esa película entonces, ni tantos años después, podría oírla hablar; pero en el set sí, los vecinos de mesa para empezar.

Ella, sentada a mi lado, sí estaba oyéndola mientras apuntaba en su libreta. Durante la cena me había explicado que para leer las palabras en los labios no importan los gritos o los susurros, tan sólo basta el movimiento.

Las dos escenas del baile en la pista las vimos muchas veces, hacia delante y hacia atrás. Al empezar la última, mi madre bajaba del mezanine del brazo de su pareja y quedaban por un instante en primer plano frente a la cámara fija. Yo congelé por mi cuenta el cuadro, que la noche anterior me había pasado inadvertido, y pude examinar de cuerpo entero al morocho. Todo me repugnaba en él, la corbata de floripones, el largo saco casi hasta las rodillas, los pantalones flojos como enaguas. Y, sobre todo, su aire a cobardía.

Pulsé el botón y los dejé bajar para que fueran a perderse entre las parejas. Pasaba bailando mi padre con la rubia, fuera de foco. Las parejas abandonaban la pista. De vuelta en las mesas, mi madre se sentaba a la suya y el morocho ya no estaba.

Todavía pidió ella ver corrida toda la parte del cabaret una última vez, como si quisiera hacerse una idea de conjunto más precisa, y su trabajo tuviera que ver no sólo con las bocas mudas moviéndose, sino también con el escenario que yo creía haberme aprendido ahora de memoria, el estrado de la orquesta con sus colgaduras drapeadas, la pista de baile de ladrillos de vidrio iluminada desde abajo, las barandas de los mezanines artesonadas en crucetas, las mesas con sus lamparitas de sombra que una película en colores mostraría seguramente rosadas, las falsas columnas dóricas adosadas a las paredes.

Agotada la secuencia del cabaret, la película avanzó todavía un trecho, y cuando comenté que habíamos visto lo suficiente, ella se levantó a apagar el televisor, sin darme tiempo de hacerlo yo mismo con el comando.

De vuelta en la mecedora suspiró, cansada, y me sonrió, como si se escusara de su fatiga. El marido se había levantado ya hacía rato al baño, tardaba en volver, y Guadalupe me miró con cara de sospecha juguetona, a lo mejor se había acostado. El niño lloró de pronto, como asustado en sueños, con un llanto gutural, amordazado. Ella se puso de pie, el oído atento, dispuesta a ir a socorrerlo, pero el niño se calló y el silencio que siguió sólo fue roto por el tanque del inodoro que se descargaba.

Iba a ser medianoche. La operación tardaba más de lo que yo había calculado. Guadalupe, de pie detrás del espaldar de la mecedora, puso sus manos en mis hombros y presionó, dándome masajes cariñosos.

Ella entonces, de nuevo en su sitio, pasó rápidamente las páginas llenas de signos de taquigrafía, subrayó algunas líneas, con aire distraído, y me miró, otra vez sonriente, mientras golpeaba la libreta con el lápiz; y entendí lo que quería decirme con esa sonrisa, que ahora era despreocupada, y que yo le devolví, intentando ponerme de acuerdo con ella: cualquier cosa que hubiera ocurrido entre aquellos viejos fantasmas de la película copiada de los *reels* originales en una cinta máster de video y vuelta a copiar no nos concernía; ni a ella que tenía a un hijo sordomudo, ni a mí que tenía una filmación del *spot* de los cigarrillos Belmont al día siguiente a las ocho en la playa de Montelimar.

—¿Entonces? —la urgió Guadalupe detrás de mí, con muy poca cortesía.

—Lo que yo he sacado en claro... —empezó ella.

—El hombre del traje traslapado le ha dicho en la mesa a la rubia: "Mi esposa me engaña". Y la rubia le ha contestado: "No puede ser" —dije yo, interrumpiéndola.

Las manos de Guadalupe se quedaron quietas sobre mis hombros.

—Más o menos —dijo ella, un tanto frustrada, y leyó sus signos en la libreta—: el hombre del sombrero ha dicho: "Marina me engaña". Y la rubia ha dicho: "No creas".

Marina, mi madre. Las uñas de Guadalupe se clavaron en mi piel. Ella volvió a su libreta.

Cerré los ojos y tampoco ahora le di tiempo.

—La rubia dijo: "¿Qué piensas hacer?" Y el hombre del traje traslapado respondió: "Voy a matarlo" —dije, como si hablara en el sopor del sueño.

—"¿Qué vas hacer, Ernesto?", ha dicho la rubia. Y él ha respondido: "Voy a matarlo, ando armado" —me corrigió ella, con desánimo.

Ernesto, mi padre. Ella dio vuelta a la página.

—La mujer de los bucles, la que fuma, le dice al moreno de pelo rizado... —dijo ella.

—La mujer de los bucles, la que fuma, es Marina —dije yo.

Ella me miró sin comprender.

—Le dice: "Voy a tener un hijo" —dije yo.

—"Estoy embarazada" —leyó ella.

Yo pensé entonces. ¿Qué pensé? El morocho se había ido, mi madre sola en la mesa, reteniendo las lágrimas a las que no tenía derecho como extra. Y mi padre incapaz de matar a nadie. Era una mentira que anduviera armado, nunca aprendió a disparar una pistola; si lo exiliaron fue por escribir en el periódico que Somoza era peor que Dillinger.

Entonces regresó el anfitrión. La casetera se había trabado y no me devolvía la película; él dijo que iría por un destornillador y yo le dije que no, que no valía la pena, mañana, ya se había hecho muy tarde. Sólo pedí permiso de pasar al baño, y ella corrió delante de mí a asegurarse de que la toalla estuviera limpia.

El baño comunicaba con el cuarto del niño, y por la puerta entreabierta lo divisé dormido.

Eran pasadas las doce cuando salimos a la vereda. Sentí los dedos de la mano de Guadalupe que buscaban entrelazarse a los míos, y yo seguía resistiéndome a su intimidad, vaya Dios a saber por qué. El pequeño Lada rojo parecía distante, como si nunca fuéramos a alcanzarlo caminando.

¿Llovía desde hacía horas y era acaso ya noche cuando entraron por el portón de la casa de vecindad de General Zuazua, empapados los dos y sin haberse dicho una sola palabra desde que salieron de Churubusco, cambiando de trole en silencio en las paradas, y sacó mi padre del bolsillo el llavero de cadena, torpe como nunca para encontrar la cerradura bajo la luz mortecina de la lámpara del corredor, un globo esmerilado sucio de cagarrutas, demasiado lejano, y apenas se vio dentro de la pieza no halló qué hacer, no quería voltearse porque sabía que ella permanecía aún en el umbral, sin querer entrar, y al fin, como quien en un arresto de suprema valentía se asoma a un abismo, le dio la cara, y vio su quijada temblar por el llanto que pugnaba por salir, el lunar de la barbilla deslavado por la lluvia, y antes de lanzarse al abismo cerró los ojos, y fue que se arrodilló y la abrazó por las piernas mientras ella lloraba ya entre sollozos convulsivos, iba a gritar seguramente, un alarido, y él entonces se incorporó, y le cubrió con la mano la boca mojada de lluvia y de lágrimas, la sosegó, y sin hallar otra cosa más que hacer le alisó el cabello, y sintió en la mano la laca de su peinado de extra de cabaret ya deshecho?

La escena de perdón y olvido entre mis padres sólo yo podía imaginarla. Y sólo yo podía imaginarme en la barriga de mi madre en el largo viaje por tren en el vagón de tercera hasta Tapachula, y de allí en buses, una noche en una pensión en Quetzaltenango, otra en Santa Ana, la última en Choluteca, para venir a nacer en el Hospital General de Managua, porque hubo necesidad de un fórceps. E imaginar a mi padre, tras el perdón y el olvido, proclamando en las casas del vecindario que me pondría su mismo nombre, Ernesto. Y el morocho aquel tan infame, ¿cómo se llamaría?

—Todo como en tus películas mexicanas —le dije a Guadalupe, cuando encendí al fin la ignición.

Ella sólo puso su mano en mi rodilla.

[*Catalina y Catalina*, 2001.]

ERICK BLANDÓN
(Matagalpa, 1951)

Es narrador, poeta y ensayista. Ha publicado los libros de poemas en prosa Juegos prohibidos *(1982) y* Las maltratadas palabras *(1990); el libro de cuentos* Misterios gozosos *(1994); la novela* Vuelo de cuervos *(1997), y el de estudios culturales* Barroco descalzo: colonialidad, sexualidad, género y raza en la construcción de la hegemonía cultural en Nicaragua *(2003). Es profesor e investigador de University of Missouri-Columbia, donde enseña literatura hispanoamericana del siglo* xx *y estudios culturales latinoamericanos.*

Simetrías Cine Aladino

LEÓNIDAS TIRSO, legionario infatigable contra Roma y los magnates del Evangelio, también rompió sus lanzas para demostrar que desde la noche del 6 de febrero de 1916 —muerte de Rubén Darío— no ha habido nada nuevo bajo el sol de las letras hispánicas. Compulsando religiones cayó en la cuenta de que no era falsa la doctrina del tránsito del alma por muchos cuerpos y a tal fe consagró sus días. Bajo ese influjo comenzó a visionar con perplejidad la marca del amado poeta en todas las literaturas a las que se aproximaba y hasta en las canciones y novelas de la radio, en el teatro y el cinematógrafo descubrió su imborrable presencia. Así, cerca de 1972, en la luneta del Cine Aladino hoy en escombros, le vino al pensamiento la transposición de imágenes, en blanco y negro, que me relató en la confluencia de los tres ríos en Pittsburgh, la cual en memoria suya y sin asomo arrogante de fidelidad transcribo aquí.

Blanche DuBois titubea buscando ansiosa, en la estación de Nueva Orleans, una voz gentil que le diga dónde abordar el tranvía para llegar a Champs Élysées, como el greñudo y flaco muchacho centroamericano, abandonado y sin norte en la estación de Santiago de Chile, allá por los años ochenta del siglo XIX, los pantalones estrechos, la valija indescriptible con dos o tres camisas y los zapatos problemáticos. Blanche DuBois, por el contrario, lleva un ajuar que le dará la apariencia de joven de bien, aunque su rostro demacrado no la favorezca. Tiene la suerte de que un apuesto marine le indique que su tranvía es justo el que se aproxima en ese preciso instante, y le ayude a abordarlo. Pero el viajero que se apeara en Santiago anduvo de arriba abajo perdido en el trasiego de extraños entre empujones y bultos de carga y descarga. Trataba, sin suerte, de encontrar al desconocido que llegaría a esperarlo. Desespera y maldice su desamparo mientras el tiempo pasa. Persiste en la espera, porque no tiene adónde ir. Masculla una palabrota. Golpea el piso con la suela de su zapato. Pero al fin —cuando la estación queda vacía— se le acerca un caballero, a quien aguarda un lujoso carruaje. Quería saber si por casualidad el solitario de indigente apariencia era la figura de renombre de quien tenía magníficas referencias. El hombre, un político de prestigio, al verlo de cuerpo entero en la desolación de los andenes sin gente, quedó estupefacto. Aquel mozalbete insignificante no podía ser el ilustre personaje que tanto le habían recomendado. Sí, yo soy Rubén Darío, le respondió el otro con alivio. En el acto se cambian los planes de alojamiento. Va para una pensión acorde con su apariencia, no al hotel de cinco estrellas que le tenía reservado. ¿De dónde si no de *Los raros* había salido la alusión que hace Blanche de Edgar Allan Poe, cuando recorre por primera vez el cuchitril en el que vive Stella con Stanley Kowalski? Una pista que nos indica que hasta en el más allá la maligna Emelina los persigue, y con despecho le dice a Stella que sólo Edgar Allan Poe, "el cisne desdichado", podría apreciar un lugar como ése donde viven ella y el asqueroso plebeyo de su marido. ¿Acaso no había sido en la semblanza que Darío hace de Poe en Nueva York, donde evoca en un *flashback* a Stella, como su "dulce reina, ida tan presto"? Que el lugar sea ahora Nueva Orleans y no la Gran Manzana, es lo de menos. Lo que le interesa a Emelina es interponerse entre los dos, aunque el dramaturgo la represente como Blanche DuBois, la hermana de Stella, y no como la terrible rival que ni después de muerta le perdonó que Darío la hubiera desposado primero, y que luego —mientras a ella la esquivaba— añorara a la difunta por quítame allá esas pajas. Emelina no había sido mujer que se diera fácilmente por vencida y allí estaba, en la realidad del celuloide, peleando por su esposo, aunque para eso hubiera tenido que hacerse pasar por loca, y que Stanley, ese irresistible barbaján sudoriento que ahora albergaba el alma de Darío, hubiera descubierto la mentira de que ella antes había sido una mujer honrada, y que por el contrario había salido de su pueblo expulsada, por molestar sexualmente a un adolescente de la escuela donde enseñaba inglés, además de otros descarríos en Laurel. ¡Era Darío reclamando a Emelina que hubiera sido de otro antes que de él, y a lo cual atribuyó el haber sentido el mayor desengaño que puede sufrir un hombre enamorado! Había cambios en los matices, se atribuía a Emelina lo que en realidad le había ocurrido a Darío y viceversa; pero era obvio que Tennessee Williams se había basado en parte de la autobiografía de Rubén Darío para escribir su celebrada pieza *Un tranvía llamado deseo*. En esa metempsicosis, Darío había ido en busca del alma de Stella y no de la de Francisca Sánchez, la concubina de España; y en su otra vida, al fin se había deshecho de Emelina, mandándola a encerrar en un manicomio. No importaba que el alma del poeta sublime hubiera transmigrado al cuerpo bestial de Stanley Kowalski, el jayán de ancestros polacos. Quedaba demostrado que el poeta, por universal, era mundialmente leído, imitado y plagiado en todas las lenguas. La vigencia del gran nicaragüense era siempre de actualidad, aunque muchos dijeran que *Prosas profanas* había envejecido, y que hoy *Azul...* no era más que una reliquia. Ya habría tiempo de demostrarles a los detractores que el modernismo era mérito indisputable de Darío, por mucho que se empeñaran en probar lo contrario Manuel Pedro González o Ivan Schulman, entre otros dizque eruditos. No, si los plagios no sólo se habían dado en la literatura del *Boom* latinoamericano, como en la novela *Cien años de soledad,* en la que el autor sin sonrojarse arranca la historia con el coronel Aureliano Buendía evocando la tarde en que su padre lo llevó a conocer el hielo, un dato que incontestablemente toma del segundo capítulo de *La vida* donde Rubén Darío cuenta que gracias al coronel Ramírez Madregil, su padre adoptivo, conoció las manzanas californianas, el champán francés y el hielo. Es que hasta en el mismo teatro de Broadway lo desvalijaron; y para probarlo allí está, como cuerpo del delito, la versión cinematográfica dirigida por Elia Kazan, y protagonizada por Vivian Leigh y Marlon Brando, quien, por cierto, se daba un aire a Rubén cuando andaba en los treinta. Otro asunto, Tennessee Williams no ignoraba la situación casi menesterosa del moribundo Darío cuando el gobierno de Managua se negó a pagarle los salarios que le adeudaba y que, al agravarse su salud en 1915, cayó en las garras de Emelina y de los cirujanos que lo destazaron. Por eso, las palabras de Blanche DuBois en su último mutis aferrada al brazo del doctor de la institución estatal adonde van a encerrarla: "Siempre he confiado en la bondad de los desconocidos", bien pudo pronunciarlas el pobre Darío. Faltan pormenores, rectificaciones y ajustes, como ocurre cuando se trata el tema del traidor y el héroe. Williams pensaba que fue una gran película levemente perjudicada por un final a lo Hollywood. Podría ser. Lo cierto es que uno sale del cine oyendo el nombre de Stella repetido lujuriosamente por su hombre, y hasta parece que es el poeta quien en sueños pregunta por ella diciendo: "¿Has visto acaso el vuelo del alma de mi Stella, la hermana de Ligeia, por quien mi canto a veces es tan triste?"

Leónidas Tirso estaba agitado, y con un ademán chambón se levantó de su asiento y abandonó la terraza, no sin antes advertirme: No creás que se trata de eso que Borges define como el contacto momentáneo de dos imágenes. ¿Metáfora? Le pregunté sin convicción, pero no me oyó, porque salió corriendo hacia la parada donde subió al 54C que lo llevaba siempre a los bares de blues en el bullicioso Southside.

[Del autor.]

ALEJANDRO BRAVO
(Granada, 1953)

Es poeta y narrador. Ha publicado los poemarios Tambor con luna *(1981) y* Mereci-
do tributo *(1995), así como las colecciones de cuentos* El mambo es universal *(1982),*
Reina de corazones *(1994),* Los días del hilo azul *(1995),* Cuentos escogidos *(1997),*
Leyendas mágicas de Nicaragua *(1999) y* Baile con el diablo y otros cuentos *(2010).*

Reina de Corazones

YO FUI jugador. Como lo fueron Dostoievski y el personaje de su novela. Empe-
dernido, como gusta decir la gente. Mi fuerte era el desmoche, que es, en cuanto
a baraja se refiere, el juego nacional de Nicaragua. Tenía mi grupo de habitua-
les. A las siete de la noche, en diferentes casas según la ocasión, nos reuníamos
los enamorados de la suerte y jugábamos. Primero era el dinero superfluo, lue-
go la plata para la comida de la familia del día siguiente. "La repongo con el
dinero que gane", pensaba cuando ponía el dinero sobre las apuestas de los
otros. Después eran los billetes destinados al pago del alquiler de la casa y en
una noche se deshacía en mis manos el presupuesto mensual de la familia.
Cuando la fortuna me sonreía, saboreaba las bolsas llenas de billetes, y cuando
repartía el dinero a manos llenas entre mis hijos y mi mujer recordaba con or-
gullo cada mano ganadora. Era yo entonces contador jefe de una empresa es-
tatal de comercio mayorista. Tenía fama de buen empleado, correcto, eficiente,
aunque algo tomador de tragos. No sabían los jefes que las copas fluían de las
mesas de juego y que no eran las interminables "conversaciones de borrachera
que se repiten y se repiten como un disco rayado" las que me hacían llegar al
trabajo desvelado y ojeroso, sino los nueve naipes repartidos a cada jugador, la

angustia de lograr un buen *embone* o el triunfo saboreado anticipadamente al ver llegar una buena mano. Humo de cigarrillos llenando la habitación, maní tostado comido apresuradamente y la alegría de la victoria o la agonía de la derrota.

Tuve unos días malos. En el trabajo hubo una auditoría. Se detectó un faltante grande y pasamos días y noches enterrados en montañas de cifras y toneladas de papeles. El gerente de operaciones que era amigo mío resultó culpable y lo pusieron a la orden de los tribunales. En esos días sentí la necesidad de jugar. La emoción que depara el azar me hacía sentir muy superior a mis compañeros de trabajo y sus vidas rutinarias. Cuando terminó el trabajo extra me entregué con furor al juego. Perdí mucha plata. Solicité el adelanto de un mes de sueldo en el trabajo para poder llevar comida a mi casa. Al salir de la oficina decidí multiplicar esa plata en el juego. Pagaría el adelanto, me quedaría mucho dinero y no volvería a jugar. Todo lo perdí.

Se me ocurrió entonces tomar el dinero de la empresa que diariamente debía depositar en el banco. Hice el mismo razonamiento que usé para con el adelanto de sueldo: lo multiplico hoy, repongo mañana lo prestado y no vuelvo a jugar nunca más. Esa noche empecé ganando. Había tomado prestado trescientos mil pesos. Casi había duplicado esa cantidad. Pensé retirarme y así se lo dije a los demás. Protestaron y medio en broma y medio en serio me obligaron a jugar unas manos más. Empecé a perder. Entonces fui yo el que no se quiso retirar. Quería recuperar lo perdido pero la suerte me abandonó. La plata se me fue como agua de las manos. Todo lo perdí.

Los otros comprendieron el estado en que me encontraba. Se retiraron y me dejaron solo. Bebía a más no poder. Acababa de destruir mi vida y la de mi familia. Me había convertido en delincuente y pronto mi cabeza sería puesta a precio. Mil ideas locas cruzaron por mi mente. Suicidarme, fugarme del país, cambiar de identidad, asaltar un banco con el rostro cubierto. Sentía que odiaba a mis amigos y a mi familia. Quería en ese momento ser un paria y no tener responsabilidad alguna para rodar sin rumbo por la vida y que lo que me sucediera no dañara a nadie. Pero caía como un tajo la realidad cortando el hilo de los pensamientos absurdos. Empecé a pasar los naipes uno tras uno. Apareció la Reina de Corazones. Contemplé la figura, su ropaje rojo adornadas las bocamangas con corazones dorados, una flor en la mano, la boca pequeña fruncida como invitando al beso, la suave línea de las cejas y la nariz perfecta en el óvalo del rostro, triste la mirada, iluminada por dos soles símbolos de la realeza bordados en su pecho, el cabello partido en medio tocado por una corona adornada con flores de lis. Me pareció la más bella mujer del mundo. Empecé a hablar con ella, le dije que mi vida se había perdido por no haberme encontrado a alguien como ella. Mi suerte habría sido otra. Ahora sabía que realmente jugaba sólo por verla fugazmente durante las partidas de naipes. Sentía que la amaba. Con asombro vi que la figura del naipe me cerró el ojo izquierdo y me lanzó un beso. Me pareció producto de la borrachera ese gesto y rápidamente lo olvidé mientras me adentraba en las brumas del sueño.

Al día siguiente la resaca era tan fuerte que no podía pensar con claridad. Me percaté de que faltaba un par de días para la celebración del décimo aniversario de la Revolución. Mi desfalco sería detectado hasta dentro de una semana, más o menos, debido a la festividad. Llegué a casa haciéndome el mal humorado y sin dar explicaciones a nadie. Pensé visitar a un conocido que era prestamista, solicitarte los trescientos mil pesos en préstamo poniendo como garantía un terreno que había heredado. Ya bañado y despejado salí de casa con ese propósito. Se notaba un ambiente festivo en las calles, grandes banderas rojinegras en los postes del alumbrado público, la gente con camisetas que tenían impreso un corazón que era el símbolo de la celebración, visitantes de otros países vestidos con atuendos raros. Nada de eso me atraía, a mí que era un ferviente revolucionario, que había combatido a la dictadura en las barricadas callejeras y que fui uno de los primeros voluntarios para defender al país de los ataques de la Contra, contemplaba todo ese movimiento con apatía.

Llegué a la parada para esperar el bus. La noche anterior había llovido con fuerza y había charcos por todas partes. Mientras esperaba el bus de la ruta 105 me dediqué a contemplar el paso de las nubes reflejado en un charco grande que estaba a la orilla del andén. Se detuvo un bus grande, rojo, de esos Pegaso españoles que corren la ruta 109, y me divertía viéndolo reflejado en el agua del charco, todo patas para arriba, recorriéndolo con la mirada de adelante para atrás, contemplando las caras de los que ocupaban las ventanas cuando vi a una mujer de vestir extraño; la creí una extranjera más de las tantas que estaban de visita en Nicaragua, pero cuando miré más atentamente la imagen reflejada y contemplé al manto que la cubría, los adornos amarillo y rojo en torno al cuello, los arabescos blancos con fondo negro que flanqueaban los soles de la realeza, me pareció que contemplaba la parte inferior de un naipe, las antípodas de la suerte del que lo sostiene en la mano, el lado que contempla al derecho nuestro adversario cuando lo extendemos en la mesa de juego. Alcé la vista sorprendido y allí estaba ella, la Reina de Corazones en la ventana del bus, me guiñó el ojo izquierdo y me lanzó un beso con su boca pequeña.

Ya no pensé en visitar al prestamista, ni en el enorme problema del dinero, ni en celebración revolucionaria alguna. Corrí como alucinado de regreso a casa y me encerré en mi cuarto, temeroso, pensando que me había vuelto loco.

Ese día no quise almorzar. Temía ver la figura reflejada en el agua que bebería, en la comida, en el aire. Por la tarde llegó a visitarme un amigo que regresaba al país luego de estudiar en España. Me traía de regalo un libro curioso, *La historia de la baraja* de A. J. Cronin.

Creí que la lectura me distraería. Devoré las páginas. El autor atribuía un origen hindú a los naipes, hablaba de su evolución y del papel de los árabes en su desarrollo. Finalmente señalaba la significación política de reyes, reinas y príncipes de la baraja actual, la importancia que tuvieron en el Renacimiento y sus albores. Me detuve con asombro cuando leí que la Reina de Corazones representaba a Margarita de Navarra, la madre del que luego fuera Enrique IV de Francia, que fue pródiga en amores clandestinos y tuvo fama de hechicera. Agregaba el autor que por su elevada posición la Inquisición no pudo procesarla y su cuerpo al morir no fue destruido por el fuego ni enterrado boca abajo según prescribe el *Malleus Maleficarum,* y que según este último libro si algún infeliz invoca a la bruja hablando de amor a su efigie, ésta volverá del más allá para apoderarse de su cuerpo y de su alma. Sentí temor pero pronto lo deseché. Creer en brujas es cosa de ignorantes, pensé.

En eso me llegó una carta de una tía que vivía en los Estados Unidos. Me pedía que le hiciera el favor de comprar una casa pequeña en cierto barrio de Managua, pues quería pasar su vejez en Nicaragua. Mil dólares acompañaban a sus letras. Por lo pronto con esa plata pagaría lo del desfalco, luego vería cómo haría para comprar la casa de la tía. Mi humor mejoró notablemente.

El día del aniversario de la Revolución toda mi familia se fue desde muy temprano a la plaza. Yo me quedé en casa diciendo que estaba indispuesto. En realidad era la conciencia de culpa por lo del desfalco. Hasta no reponer el dinero no me sentiría bien. Encendí la televisión para ver el acto, oí los discursos donde se hacía el recuento de la década revolucionaria, vi a los miles y miles de personas agitando banderas y coreando consignas, y en el momento supremo en que docenas de helicópteros sobrevolaban la plaza mientras retumbaban veintiún cañonazos se abrió la puerta de mi casa y allí, vestida de rojo, con una rama dorada de roble en la mano, entre destellos de una luz que no era natural y sonriendo malignamente, dispuesta a apoderarse de mí, estaba la Reina de Corazones.

[*Reina de Corazones*, 1994.]

MARÍA DEL CARMEN PÉREZ CUADRA
(Jinotepe, 1971)

Es poeta y narradora. Máster en literatura hispanoamericana. Ha publicado el libro de narraciones Sin luz artificial *(Premio del II Concurso Centroamericano de Literatura Escrita por Mujeres Rafaela Contreras, 2004). Está incluida en las antologías de narrativa latinoamericana* El futuro no es nuestro *(2009) y* Schiffe aus Feuer *(2010).*

Sin luz artificial

DESDE el fregadero se puede ver hacia la calle sin ser visto. El vidrio de la ventana es de doble acción; él siempre creyó que las revistas *Vanidades* dan buenas ideas. Los heliotropos se han marchitado y la niña de las flores hace ya casi una semana que no aparece. Muriel es un hombre maduro pero tiene la piel suave y firme, como las nalgas de un adolescente. Se ha rasurado el pecho para verse más provocativo, y se pasea a caballo con la mitad del cuerpo desnudo; sus cabellos teñidos de rubio parecen naturales sobre su piel cobriza. Lo veo desde aquí, desde mi muralla de platos sucios. Conquistar nuevas mujeres, confiando quizá en que nadie puede verlo. No sabe, nunca ha entrado a mi cocina. Muriel vive frente a mi casa. A veces sus amantes se acicalan, como parte del rito furtivo, frente al espejo de mi ventana. Mido sus pechos con respecto a los míos, imagino si caben perfectamente en las manos tibias de Muriel. Observo detenidamente la curvatura de los cuellos sintiendo a veces el temblor tibio de sus besos... él es como un dios perverso que las ama y las desecha como estopas de naranja.

Desde el mueble de los platos de porcelana, que me opaca con su brillo veteado de madera preciosa, casi a escondidas y sin proponérmelo, escucho a mi esposo hablando con Muriel, que está orgulloso de mí que soy una mujer perfecta. Muriel se queja de mi silencio permanente. Mi esposo señala que es parte de mi perfección, "la sabiduría del silencio", dice. Porque Muriel no sabe qué es el silencio; cada conquista es relatada en su círculo de amigos con detalle de peso y talla. Aunque yo no los escucho, puedo leer sus labios desde mi cocina. El árbol que está entre su casa y la mía, casi en medio de la calle, es testigo del deseo de exhibir que tiene Muriel. Yo, en cambio, prefiero el silencio, mi privacidad.

La niña de las flores volvió con su sonrisa de hojalata a contarme que está yendo a la escuela por la tarde. Esa es la razón de su tardanza; me muestra un poema que ha escrito:

> Rosa sangre de Cristo llevo en las venas.
> Borrar las penas con azucenas,
> el olvido con menta, aunque duela
> para seguir el camino en la suela
> que señala el corazón y no la abuela.

Me pregunta si me ha gustado. Ya es casi una mujer; es una buena idea expresar los pensamientos, ojalá que estudie y se supere. Mi esposo dice que las mujeres no pensamos, que sólo flotamos para chocar con el filo de las ideas, que nuestra inteligencia la expresamos con las manos cuando cocinamos, bordamos o sabemos dar consuelo con el tacto. Que las mujeres estamos hechas de amor y llanto, las buenas, y de envidia y llanto, las malas. "Y qué saben ustedes las mujeres sino filosofías de mujeres." Le doy a la niña el consejo que siempre me da mi esposo:

—Leé libros de poesía, si creés que es lo que te gusta.

Los días pasan sin que ninguno se entere de que no soy ni buena ni mala, ni dulce ni salada; sólo soy yo, el compás de mi corazón, el brillo de mi piel, el color del cabello que va desapareciendo. Si sabe cómo, si toma conciencia de qué camino seguir, la niña de las flores llegará lejos. Le dará una lección a su propia madre.

Calor en madrugada lunar. La sed ha conseguido que me levante; el insomnio por sed no es aconsejable para nadie. Desnuda porque hoy cumplí con el débito marital, nadie que me vea, nadie que se entere de que existo en esta casa de nuevo rico en barrio de pobres. Mis cactus y mis violetas también necesitan agua. La luz de luna que entra por la ventana es abundante, por eso no necesito luces artificiales. Quizás éste es el momento de libertad más importante de mi vida.

Frente a mis ojos está Muriel recostado junto al árbol de mangos, como siempre; ni se imagina que lo veo, esta vez apretándole las nalgas escuálidas a la niña de las flores. Los pechitos de botón de rosa y su escapulario no parecen indefensos en manos suyas; parecen perversos, jóvenes y envidiables. Las caricias grotescas, casi de animal, de Muriel le han arrebatado la falda, exhiben una curva suave de la cadera virgen, la apertura del trasero, el sexo tibio y palpitante. La migraña nocturna me azota las sienes. Mi vaso con agua cae al piso haciéndose añicos. La pareja se pone alerta al escuchar el ruido. Trato de recoger los vidrios rotos y sólo consigo ver mi sangre brotando de las heridas. Quiero llorar y no puedo. Ordeno, limpio, recojo, como siempre hago con todo. Me incorporo para ver lo que sucede afuera; es el padre de la niña. Los tres discuten casi en silencio pero con mucha tensión. El papá de ella andaba por allí de madrugada muy borracho, intenta pelear con Muriel, pero éste lo noquea casi sin esforzarse. El padre se va, una nube parece cerrar el espectáculo que veo desde el vidrio de mi ventana. Yo lo escogí así; mi esposo no lo ve como el espejo de *Law and Order* porque no le gusta ver televisión. Yo me siento jueza, porque desde aquí puedo dictar el veredicto que jamás nadie escuchará. Entonces pruebo la sal de mi sangre y las puntas erectas de mis senos. Lo veo. Viene caminando despacio y seguro, ellos debían haberlo visto; la nube se fue, pero están demasiado entregados el uno al otro como para darse cuenta. Entonces el novio de la niña la arrastra y la separa de Muriel con fuerzas, sujetándola del pelo negro lacio ahora vuelto una maraña.

La niña trata de interceder pero es catapultada por su novio. El novio saca una pistola de su chaqueta y apunta hacia Muriel. ¿Pero qué podía yo hacer? ¿Hablarle a mi esposo? ¿Salir a la calle gritando como que Muriel me importara un poco? ¿Dejar que Muriel recibiera por fin su castigo? Mi reflexión es muy larga; el joven le ha disparado en el pecho a la niña de las flores. Madrugada de noviembre. ¿Quién diría, Muriel, que morirías a causa de tus andanzas con un disparo en la frente y otro en el sexo?

Mi esposo llega a pedirme algo, me dice que vayamos a acostarnos, que hace frío. Le pregunto que si escuchó los disparos; me dice que no, que él se estaba duchando. "Imaginaciones tuyas." Se va a acostar nuevamente.

Bajo la oscuridad crepuscular entra una vecina por la puerta del patio que

ARQUÍMEDES GONZÁLEZ
(Managua, 1972)

Es escritor y periodista. Ha publicado las novelas La muerte de Acuario *(2002),* Qué sola estás, Maité *(2007), el libro de relatos* Tengo un mal presentimiento *(2009) y* El fabuloso Blackwell, *ganador del II Premio Centroamericano de Novela Corta 2011. Obtuvo mención en el Premio Centroamericano Rogelio Sinán de Panamá (2007) en el género de cuento por* Conduciendo a la salvaje Mercedes. *Está incluido en diversas antologías de España, Colombia, Cuba y México. En 2011 ganó el IV Premio Internacional Sexto Continente de Relato Negro, en España.*

Tengo un mal presentimiento

ESCUCHÉ golpes en la puerta, pero me negaba a abandonar el sillón en el que miraba la televisión. A la tercera vez, comprendí que habían destrozado la paz de mi estancia solitaria.

Era la esposa de mi amigo.

Se veía tensa.

Cargaba en brazos a su hijo de dos años, quien era el diablo personificado.

—Tengo un mal presentimiento —anunció, entrando aun sin decir buenas noches ni pedir permiso.

Se acomodó en una silla, soltó al mocoso que comenzó a hacer travesuras y a destrozar cuanto había a su paso.

Su esposo había viajado esa mañana a Francia y estaría unas doce horas en vuelo. Iba a unos seminarios sobre administración de empresas. Yo mismo los trasladé en mi vehículo al aeropuerto y me regresé a la ciudad con ella y el niño ogro.

Su cara se desbordaba de angustia. Habló de pequeños golpes en el cora-
zón, jadeos respiratorios y un constante pensamiento negativo que la mantenía
nerviosa, pero la mayoría de sus problemas eran por el niño regordete que iba
y venía por la sala, tomaba el teléfono, el control remoto, apagaba y encendía el
televisor, pedía agua, tiraba el vaso y yo, impaciente, contaba los segundos para
que se largaran, pues estaba a la mitad de un documental sobre Monet.

Ella insistía en llamar por teléfono a su marido. ¡Las mujeres pueden ser
tan tontas!

Le expliqué que no se podía porque estaba en pleno vuelo.

Era mejor esperar.

Para relajarla, comenté riendo:

—Igual, si el aparato cae, te darán cien mil dólares de indemnización.

Fue un mal chiste porque me miró con ojos de buitre.

Cambió de tema.

El niño se tomaba no sé cuántos biberones de leche al día. Compraban
cuatro bolsas de pañales desechables para una semana, estaba demasiado gor-
do para su edad, se había vuelto adicto a la Coca Cola y el médico, temiendo
que se volviera un triglicérico y colesterótico obeso, lo había mandado a dieta.
El esposo había comprado un traje muy lindo para el cumpleaños del niño y
también le regaló al monstruito una cama en forma de vehículo.

Pero lo que mi amigo decía, y que me lo guardaba, era que estaba ahogado
por las deudas. No podía vivir oyéndola acusarlo de "avaro" porque se oponía a
más gastos. Entre tragos de whisky, me confesaba que su deuda con las tarjetas
de crédito ascendía a quince mil dólares.

Yo trataba de no involucrarme, pero una vez le expresé mi rechazo: "¿¡Estás
loco!? ¡Te endeudás sólo para satisfacer las rabietas de tu mujer!"

Mientras platicaba con ella, el pequeño huracán revolvía, iba y venía sin
que yo pudiera tomarlo de los cabellos y sentarlo de una vez para que dejara
de joder.

Le dediqué miradas serias; la mamá observó mi rechazo, lo tomó de la cin-
tura y lo colocó en sus piernas.

El niño se agitaba, se retorcía, daba manotazos; la arañó en la cara, la pateó
y gritó como perdido en la selva. Ella amenazó con dejarlo sin su Coca-Cola de
la noche.

¡Pobrecito!

El niño lloró como condenado.

Ella agregó que mi amigo había comprado casa nueva y pronto se mudarían. Que era grande, tres cuartos, uno para ellos, otro para ese demonio y el último para la empleada. Describía una espaciosa cocina, un lindo jardín y una terraza para pasar las tardes.

De pronto, recordó el tema que la había traído.

—No sé qué voy a hacer si le pasa algo...

Traté de consolarla explicándole que según las estadísticas es más probable morir en un accidente de tránsito que en percances aéreos, y para hacerla olvidar su temor le ofrecí comida. Aceptó y me arrepentí de la invitación, pero ya era tarde.

Preparé unos espaguetis con carne y los acompañé con ensalada.

Comí despacio oyendo el interminable y aburridísimo relato de su diaria vida con el pequeño engendro que no paraba de molestar.

Su plática era como una infinita vomitada.

Guardando mi enojo, miraba a la bola de carne que estaba hipnotizado frente al televisor comiendo o más bien tragando como un cerdo.

Se quedaron tres largas horas.

Ya me sentía cansado.

No soportaba a pequeños ciclones que no pueden ser controlados por sus padres, me hastiaba el monólogo de su fastidiosa vida y que no paraba de hablar como si se hubiera comido un perico.

¡Pobre mi amigo!

Al fin, se fueron.

Miré una película comenzada. Casi me dormía y cambié a la estación de noticias. Para asombro y horror, hablaban de un accidente aéreo. Un avión se había estrellado cinco minutos antes de aterrizar en el aeropuerto Charles de Gaulle.

Petrificado, escuché los primeros informes.

Según decían, la nave había estallado poco antes de caer y los restos se habían esparcido en una pequeña población en las afueras de París desatando incendios y matando a decenas de moradores.

Calculé las horas.

Había una gran probabilidad que fuera el aparato en el que viajaba mi amigo.

Me sentí mal por mi anterior burla.

—¡Oh Dios! —solté, tomándome los cabellos.

Había un dato importante: mencionaban el número del vuelo.

Llamé a las oficinas de la compañía pero dijeron no tener información.

—¡Pero si está en las noticias! —les grité; sin embargo, no obtuve más datos. Pidieron que me calmara y aguardara a que se aclararan las versiones.

—¡Pero es mi amigo! —insistí.

En mi cabeza bailaba la terrible danza del remordimiento por el comentario fúnebre que yo había hecho y me imaginaba los reproches que me haría su esposa.

Esperé unas horas y la mujer apareció, esta vez sin el niño, que lo había dejado donde sus padres.

Lloraba.

Su cara estaba desfigurada por el dolor de la terrible noticia.

La abracé, sentí su pecho jadeando y me entraron unas horribles ganas de besarla y hacerle el amor.

La culpa embargó mi corazón y también lloré.

—¿Qué voy a hacer? —preguntó convencida de que su marido y mejor amigo mío estaba muerto.

Traté de aliviarla, pero no almacenaba palabras para esto.

Contó que hacía poco la habían llamado de la aerolínea para comunicarle que el avión en el que viajaba su esposo estaba "desaparecido".

Fuimos al aeropuerto en mi automóvil y en el camino ella me preguntó quejumbrosa:

—¿Cuánto dinero dijiste que daban?...

[*Tengo un mal presentimiento,* 2009.]

ULISES JUÁREZ POLANCO
(Managua, 1984)

Es narrador. Ha escrito Siempre llueve a mitad de la película *(2008) y* Las flores olvidadas *(2009). Está incluido en los dos volúmenes de la* Antología de la novísima narrativa breve hispanoamericana, *que reúne a los escritores de ficción más prometedores menores de veintisiete años. Ex becario del Programa de Residencias Artísticas para Creadores de Iberoamérica y de Haití en México, 2009. La Feria Internacional del Libro de Guadalajara lo consideró en 2011 como uno de "Los 25 secretos mejor guardados de América Latina".*

En el viento

> How many times can a man turn his head pretending he just doesn't see? The answer, my friend, is blowin' in the wind.
>
> BOB DYLAN

ESTA historia inicia con la fotografía de la parte trasera de una máscara de lucha libre, mientras miramos las agujetas sueltas y el espacio vacante del Hombre Infinito. No se nos estaba dado ver las manchas carmesí de los impactos de bala sobre la tela celeste de su anverso. La imagen era una más de las tantas imágenes que ilustraban las notas de los principales diarios del país, a la par de títulos sensacionalistas como "El fin del Hombre Infinito", "Se acabó el Infinito" o la que guardé y enmarqué, correspondiente a *El Espectador:* "Un Hombre menos en el Infinito". Se perfiló rápidamente como el caso más sonado y comentado en oficinas, noticieros, hogares, restaurantes, centros de apuestas, gimnasios, prostíbulos y avenidas. Todos tenían algo que decir, una frase amable, un comentario irónico, una lágrima sincera. Era también el expediente soñado de cualquier abogado penalista. Ahí aparecí yo, ofreciendo mis servicios como si fuera la reencarnación de Johnnie Cochran, Helena Kennedy o cualquier otro penalista de renombre internacional, mendigando no por los honorarios sino por la exposición mediática que conllevaba el crimen. ¿Por qué negar mi participación en casos de igual envergadura o aquella ambición juvenil que me llevó a la cima?

Hablando con sinceridad, a los sesenta años me encontraba en un punto donde me debatía entre la literatura y las leyes. Me despertaba todos los días partido en dos, una mitad de mí que era gloriosa como abogado pero que ya no amaba la profesión lidiándose a golpes con la otra mitad, que jamás cultivó las letras pero las añoraba como un amor adolescente. Hice un pacto conmigo mismo: si ganaba este caso seguiría sumergido en códigos, leyes, boletines judiciales, *habeas corpus*, barrotes y jueces malhumorados hasta que mi cuerpo terminara de marchitarse como árbol de otoño y no pudiera diferenciar, por las cataratas inevitables, si lo que estuviera frente a mí fuera mi cama o el comedor; o según la broma de Germán, cuando mi oído olvidara distinguir entre una rola de Los Beatles y una de Los Bukis. Si perdía, dejaría todo y con mis ahorros huiría a una cabaña en el bosque para escribir cuentos.

Siempre fui fanático de los cuentos y cuando tenía veintiún años me dieron una beca de escritor en México que dejé a la semana para regresar a mi país, tras una oferta laboral en una oficina de leyes y una impostergable nostalgia de lo conocido. Quizás, ahora que no tengo familia además de Emerson, mi San Bernardo de nueve años, podría dedicarme a la literatura y olvidarme de los laberintos de los códigos, de los pasillos mugrientos de los tribunales y de las sonrisas hipócritas de mis colegas de profesión.

—Véala usted, ¿cómo va a creer que ella hizo eso tan terrible, si el monstruo era ese hombre que quería robarse a nuestra hija? —me repetían sus padres al poner sobre la mesa una fotografía reciente en la que Patricia, la inocente Patty, sonreía pura en la noche iluminada de Times Square, con la publicidad irónica a sus espaldas de la nueva temporada de *Desperate Housewives*.

Quienes conocían a Patricia Bates opinaban igual: nadie lograba creer que había asesinado de forma tan fría a su pareja. Bastaba verla frágil y ajena a la maldad humana, con su metro cincuenta y menos de cuarenta kilos, para renegar de la noticia. Por el contrario, yo siempre he sabido que la maldad viene en frascos pequeños y Patricia Bates cumplía a cabalidad cada una de las características de una asesina en potencia, siempre a las puertas de algo sombrío: "mujer dependiente de su esposo entre veintidós y cuarenta y cuatro años", Patty con treinta y uno, "con pareja dominante a pesar que esta última contase con una educación inferior", elementos categóricos según la pirámide de Rasko (Vásconez, C., 1968, p. 69). Era además, "obsesiva con los detalles", casi patológicamente, "hija única de padres ya mayores" por quienes habría hecho cualquier locura, sin descendencia, egocentrista y poseedora de un evidente don de gente que la hacía irresistible y tierna a los demás, características que sumado a lo que señala, por su parte, Aguilera, A. F., Wagner, F. C., Ramírez N. M., y Gutiérrez J. F., en *Construcción de perfiles criminales femeninos potencialmente explosivos: la venganza de las faldas*, confirman una inminente situación de violencia llevada al extremo. "La maldad viene en frascos pequeños", volví a pensar silenciosamente. Pero tomé el caso, con mi anhelo de futuro incierto no exento de los reflectores y titulares que atraería este caso.

—Señores, antes de tomar una decisión necesito saber si ella lo hizo —comenté con la mirada fija en los ancianos Bates.

—¿Cómo va a creer eso? Ella es incapaz de maltratar a un insecto —la mano de don Tiburcio mostraba el paso del tiempo, la piel manchada y plegada múltiples veces sobre sí misma.

—Algunos insectos necesitan ser eliminados sin dilación, ustedes deben saberlo.

La anciana Bates casi lloraba con cada una de mis palabras.

—Sí, pero ella es especial. Ella no hizo nada, es sólo la víctima de un montaje abominable.

—¿Entonces el responsable fue el sujeto con siete disparos en el rostro?

—Pero señor Duboso, ¿por qué dice eso? —preguntaron al unísono.

—Porque necesito saber a quién voy a defender. Digamos que es para llevar mi cuenta moral. Independientemente, yo sacaré a su hija de la cárcel.

—Es que ella no lo hizo, estamos seguros de que no lo hizo.

Era una rutina harto conocida. Después de tantas décadas ejerciendo la abogacía, el resultado de la entrevista preliminar reflejaba lo mismo de siempre: defendería a una inocente envuelta en una trama siniestra.

Alguna vez, recién salido de la facultad, prometí jubilarme nomás tocase defender a un cliente que reconociera su culpabilidad. Estuve a punto de hacerlo, en un caso que ustedes seguramente recordarán: Jeff Hammer o "El Carnicero de Alabama", a quien defendí durante una breve y turbulenta temporada en los Estados Unidos. En aquel caso —su segundo cargo por asesinato— mi representado ultimó a un joven de color y aunque amaneció abrazado al cuerpo frío, lleno de fotografías que él mismo tomó mientras torturaba a su víctima, juró no recordar haberle hecho daño alguno. Logré sacarlo libre mediante una maniobra legal, conformando un jurado donde todos excepto uno eran miembros del Ku Klux Klan. Aunque era obvio que Hammer había intimado con su víctima, el jurado estuvo de acuerdo con mi argumento: mi protegido había sido manipulado por el joven de color hasta el punto en que tuvo que defenderse, lamentablemente de forma violenta. Todas las personas de color son siniestras, fue mi argumento de cierre, y gané aplausos. Poco le importó al jurado que la policía encontrara en el apartamento de Hammer miles de fotografías de sus anteriores víctimas y hasta sus cráneos y sus huesos, guardados en el congelador, maceteras y bañera: en este caso fue defensa propia, concluyeron. Antes de que el jurado dictara sentencia, Hammer se me acercó y me compartió, en lágrimas, que "ya lo recordaba todo, que él era culpable". Me confesó y yo le increpé que guardara silencio. Después de un culebrón de dos semanas que se transmitió en cadena internacional (desde TVNoticias en Nicaragua hasta Al Jazeera en Qatar, desde CNN en Atlanta hasta la londinense BBC), Hammer fue declarado inocente; lo embarqué en un avión hacia Europa para nunca verlo más y yo regresé a mi país convertido en un controvertido penalista de primera. "El Cínico del Año" me bautizó un periódico que encuadré y conservo en mi despacho, orgulloso.

En el caso de Patty el escenario pintaba en su contra. La evidencia mostraba que era tan culpable como oscura y abultada era mi cuenta moral. A pesar de múltiples incongruencias, lo más determinante eran los casquillos recuperados, cuyas estrías eran plenamente coincidentes con la 9 mm que Patty tenía registrada a su nombre y que fue encontrada horas después entre las margaritas y los girasoles del jardín. Sus huellas también estaban en todas partes. El ADN recuperado en el arma homicida coincidía parcialmente con el de la inocente Patty. "Parcialmente" era suficiente para ponerla en la guillotina, considerando que, similar a Hammer, Patty amaneció junto a su víctima. Pueden comprender que si uno amanece al lado de la víctima, y la víctima tiene en su rostro una descarga completa de una 9 mm, no hay mucho por hacer. Patty fue juzgada por asesinato con todos sus agravantes y la fiscalía pedía la pena de muerte. Su coartada: "No recuerdo nada". Peor. Lo único que se erigía entre ella y la luz blanca al final del laberinto de la vida era un viejo abogado confundido que de remate no le creía ni una sola palabra.

El Hombre Infinito era el nombre de escenario de John Court, según los or-
ganizadores del Consejo Mundial de Lucha Libre (CMLL), con domicilio en el
Distrito Federal, institución rectora de los espectáculos de la mítica Arena Mé-
xico y posteriores sedes a lo largo de todo el territorio mexicano. En realidad,
según los expedientes de Metlatónoc, Guerrero, quizás el pueblo más pobre en
el interior de la República, Juan Cortés nació en 1976. A sus cinco años emigró
con sus padres, no a la capital o al norte como podríamos suponer, sino hacia
Australia. Cuando cumplió dieciocho años y ya iniciado en la lucha libre, cam-
bió su nombre a algo más acorde con su nueva vida anglosajona: John Court.
En su último viaje decidió regresar a México, persuadido por una generosa
oferta del CMLL y adoptó el seudónimo del Hombre Infinito, con una máscara
fabricada en terlenka y tela metálica *sport*, color azul mar, cubriéndole todo el
cráneo con detalles simétricos, insinuando el signo del infinito (∞). La misma
fue fabricada por el propio Ranulfo López, creador de la careta que Huracán
Ramírez hiciera famosa entre los años sesenta y ochenta, y a quien el Hombre
Infinito deseaba rendirle homenaje evocando el diseño de la tela que protegía
su rostro e impregnaba a su personaje de misterio.

El Hombre Infinito tuvo éxito. Se convirtió rápidamente en un mimado de
los fanáticos y en una máquina de ventas. A diario podía vérsele en anuncios
de toda índole, campañas de beneficencia, programas de televisión y hasta *rea-
lity shows*. En una ocasión cruzamos camino en un restaurante de comida chi-
na sobre la avenida Cuauhtémoc. Me pareció amable, y aún más a la mesera
que recibió una propina de cien dólares. Sus exequias fueron espectaculares, a
tal magnitud que las compararon con las de Michael Jackson en Los Ángeles.

Y según la estrategia acordada con los ancianos Bates, a este hombre ama-
ble y amado era a quien debía retratar como un monstruo, un chupacabras des-
almado que estaba destruyendo a su hija, la inocente Patty.

—Señorita Patricia, ¿cómo lo mató? —le pregunté sin aspavientos.

—Señor Duboso, no tuve nada que ver. Yo lo amaba.

—Las pruebas dicen que usted es la asesina. A mí me da igual. Pero necesito
saber cómo lo hizo para encontrar el mejor camino a un fallo absolutorio.

—Le insisto, señor, no sé qué pasó. Cenamos con mis padres, regresamos,
hicimos el amor y nos dormimos temprano. Cuando desperté su cuerpo ya es-
taba frío.

—¿Está insinuando que su novio fue asesinado por siete disparos a su ros-
tro mientras dormía a su lado, y no se dio cuenta?

—Eso mismo, señor. ¿Por qué estoy siendo procesada si yo también pude haber sido una víctima? ¡Sólo Dios sabe por qué los asesinos no me mataron!

—Tiene muy buenas dotes histriónicas, señorita Patricia.

La muy atroz merecía un contrato en alguna telenovela mexicana; hubiera convencido a cualquiera. Sin embargo, las pruebas eran fulminantes. No quedaba más que alegar la jugada sucia de todo abogado poco creativo: demencia temporal. Usar esta técnica era el equivalente de portar un rótulo al estilo: "Llevo cuarenta años siendo abogado y sigo tan bruto como el primer día", pero en este caso podría resultar. Si lograba demostrar una violencia continua contra Patricia, la demencia temporal podría ser mi tiro de suerte.

Perdí mi tiempo.

Como si estuviera en una de mis peores pesadillas, todos describieron a Patricia y a John Court como la pareja perfecta, especialmente a Court como el enamorado soñado, "un príncipe azul que haría cualquier cosa por la felicidad de su damisela".

Me jodí.

Mientras la investigación avanzaba, los abuelos Bates me presionaban. Patricia no cooperaba e insistía en no haberlo hecho ni recordar qué pasó. La noche anterior al crimen asistieron juntos a una cena con sus padres en un restaurante propiedad del *chef* nicaragüense Nelson Porta. Comieron un corte argentino, tomaron vino y platicaron sobre el futuro en Estados Unidos. John Court había recibido una oferta para pelear en la World Wrestling Entertainment, Inc. (wwe), la organización de espectáculos de lucha libre más grande del mundo. John y Patty estaban considerando mudarse a alguna ciudad del noreste estadunidense para buscar fortuna antes de que la edad alcanzara al Hombre Infinito, o Infinite Man, como pasaría a llamarse. Tenían suficiente dinero ahorrado y, efectivamente, mostraban estabilidad. "No se han casado únicamente porque Patty no ha logrado convencer a John que no puede casarse por la Iglesia con su máscara", resonaron en mi memoria aquellas palabras de la mejor amiga de Patty. Busqué la lista de reservaciones y entrevisté a las treinta y cinco personas que estuvieron mientras los Bates cenaban. Entrevisté al anfitrión del restaurante, a sus meseros, al personal de limpieza; entrevisté al propio *chef* y a su *sous chef* (un gordo japonés que no dominaba ni una palabra de español), a sus asistentes. Absolutamente nadie recordaba nada anormal. "Falta un mesero que pidió el día libre", recordó el anfitrión. "Bingo, he ahí mi salvador", pensé, saltando en mis interiores con la alegría de un niño después del primer beso. Mi entusiasmo duró poco: lo único anormal que el mesero recordaba era que los Bates abrieron una botella de The Domaine de la Romanée Conti La Tâche Grand Cru, que ellos mismos habían traído, "para brindar por una vida de éxito en Norteamérica".

Regresé derrotado a casa, alimenté a Emerson y encendí la televisión. Presentaban un especial sobre el velorio del Hombre Infinito. Las imágenes mostraban su vela en el Palacio de Bellas Artes, evocando la conmoción nacional a la muerte de Frida Kahlo. Recordar que fue enterrado con su máscara, al estilo de otro gigante de la lucha libre mexicana, Blue Demon, me entristeció. A estas alturas yo no estaba claro de qué había pasado y podía afirmar no tener absolutamente nada a mi favor.

Algo en mis entrañas se estaba vaciando, por lo que me emborraché de whisky hasta quedar dormido.

El día del juicio llegó. La fiscalía insistió en las pruebas dactilares, en la coincidencia "parcial pero tajante" del ADN, en el perfil de la sanguinaria Patricia Bates, en el arma homicida encontrada. La fiscal hizo muy bien su trabajo, jugando seguro a la emotividad del recordado John Court. Procuré rebatir en la ausencia de un móvil convincente por el cual la inocente Patty tendría que asesinar a su querida pareja, en los resultados negativos de la prueba de pólvora y en el hallazgo que –supuse– me salvaría el caso sin recurrir a la demencia temporal: un examen milimétrico de sangre. La lucidez que uno puede lograr después de amanecer abrazado a una botella de whisky impresiona al más respetado de los científicos. Existen miles de sustancias que pasan inadvertidas en los rutinarios exámenes de sangre hechos por la unidad criminalística, y tenía la certeza de que se encontraría algo. Habían pasado varios días pero aun así se localizaron restos de un tranquilizante, "en una dosis suficiente para dormir a una ballena". No exactamente a una ballena, pero eso fue lo que dije al jurado. "¿Cómo podía la inocente Patty asesinar a su novio si estaba más dormida que una piedra en el fondo del mar? No hay registro médico que mi defendida fuera sonámbula o sufriera de algún desorden vinculado al sueño. Si Patricia Bates no escuchó las detonaciones fue simplemente porque el asesino la sedó." El jurado no reaccionó a mis alegatos. Mi argumento de cierre fue rescatar todas las frases emotivas que no usaba desde segundo año de universidad.

"Inocente es quien no necesita explicarse", de Camus.

"La fuerza más fuerte de todas es un corazón inocente", de Victor Hugo.

"La inocencia no tiene nada que temer", de Racine.

"La justicia es la verdad en acción", de Disraeli.

"La justicia debe imperar de tal modo que nadie deba esperar del favor ni temer de la arbitrariedad", de alguien que no recordé el nombre pero atribuí a la Biblia. La Biblia nunca podía estar de más en casos como éste.

Disparé todas mis municiones, y perdí el caso.

Me volví a joder.

"Culpable, sin ningún asomo de duda", dijo la muy desgraciada representante del jurado.

La audiencia para fijar sentencia sería el mismo día. No tenía duda de que la jueza actuaba presionada por el furor mediático del juicio. En cualquier otra circunstancia se hubiera revisado la evidencia con mayor detenimiento, instruyendo a todos los miembros del jurado a prestar atención a los argumentos forenses de la defensa. Aun en caso de perder, cualquier otro juez hubiera permitido un par de semanas para dictar sentencia. En este caso, la jueza había organizado uno de los procesos más rápidos en la historia del derecho penal. Los ancianos Bates lloraron desconsolados, mientras repetían: "¿Qué ha pasado? ¿Qué hemos hecho?" Algunos asistentes les contestaban que habían parido a una asesina.

Esa misma tarde, a las dieciocho horas, la jueza fue fulminante: "Patricia Bates, le condeno a la cámara de gas". Los ancianos Bates se desmoronaron y tuvieron que ser llevados de emergencia a un hospital. Soy un canalla, lo sé, pero aquel cuadro no dejó de afectarme en todos mis costados.

Las semanas que sucedieron al día del juicio fueron terribles. No estaba preparado para perder. No quería saber nada de leyes ni de literatura. No tenía ni puta idea de qué había pasado. No sabía qué sería de mí lo que me quedara de vida. Había perdido la fe en mí mismo. Para dibujar claramente cómo me encontraba, basta confesar que Emerson me cuidaba. Me pasaba el día entero tirado en la cama repasando mentalmente los detalles del juicio, y Emerson iba y venía trayéndome cervezas de la refrigeradora u ofreciéndome, caritativamente, su plato de comida con Pedigree. Mi buen perro, y yo hecho un asco.

Los biógrafos de Thomas Alva Edison señalan que cuando éste ideó mentalmente por primera vez el esquema del bombillo eléctrico fue como una súbita explosión en su cerebro que le permitió viajar en el tiempo y conocer los misterios de lo desconocido. Tirado yo en la sala de mi casa en un estado entre la vigilia y la somnolencia alcohólica, tuve mi propia explosión súbita. "¡Maldita sea!" Me vestí lo más rápido que pude y manejé como condenado hacia la Milla Verde de la Penitenciaría Federal. Todo cuadraba. Pedí entrevistarme con ella, y aunque ella no quería verme, por ley seguía siendo su defensor y tutor legal.

—¿Por qué lo hiciste, Patty?

—¿A qué se refiere, señor Duboso?

—Basta de mentiras. Todo fue una farsa. En un inicio no sabías nada, pero después conociste al asesino. O debo decir, a los asesinos. Tenías razón en no recordar nada, pero en lo que tú fuiste una digna estrella de telenovela, tus padres fallaron.

—No sé de qué me habla, señor.

—Dame la verdad, perra.

—La verdad está en el viento, señor Duboso.

—Me resultaban curiosas las frases escogidas por tus padres. "¿Qué ha pasado? ¿Qué hemos hecho?" Ellos no se llevaban bien con Court. Lo odiaban porque se iría con su única hija a otro país. Sin amigos, sin familia, no podrían soportar la soledad en su ancianidad. La botella The Domaine de la Romanée Conti La Tâche Grand Cru tenía el sedante. Tú no lo sabías en ese momento; lo descifraste al día siguiente. Tus padres sabían que John no podía consumir alcohol porque estaba a punto de firmar contrato y eso conllevaba un examen médico. Se cuidaba a más no poder. Pero no había duda de que tú beberías, Belladurmiente. Lo hiciste, y al despertar, "su cuerpo ya estaba frío". Enfrentaste a tus padres, quienes se rompieron y te contaron lo que pasó. Tomaste el arma y la escondiste en tu patio. Eso explica tus huellas dactilares, y el resultado parcial del ADN corresponde al de tu padre. De todos modos, asumiste la culpa porque sabías que tus padres morirían en prisión.

—Señor Duboso, la verdad está en el viento.

La muy atroz era inocente. Las palabras del viejo Bates me resonaban a cada instante: "Ella no hizo nada, es sólo la víctima de un montaje abominable", "Es que ella no lo hizo, estamos seguros de que no lo hizo". ¿Cómo no iban a estar seguros si eran ellos los culpables? Ya Aristóteles en *La familia* ideaba la pirámide escalonada del amor: el amor a los hijos propios, el amor a los padres, el amor a la pareja, el amor a los amigos, los amores pasajeros. Patty amaba a John Court pero tomó la culpa por amor a sus padres. Por qué carajo alguien tomaría esa decisión, seguía siendo para mí un misterio. Sin embargo, no fui el mismo después del caso. Mi última intervención legal fue pedir una revisión de sentencia, suficiente para retrasar la ejecución. Cumplí mi promesa y abandoné las leyes, que desencadenó otro *show* mediático señalando mi desastrosa derrota como la responsable de mi retiro. "Se va el cínico." Guardé ese periódico y también lo enmarqué.

Ya sabía la verdad, y conocerla me dio vida, por muy siniestra que fuera la revelación. Me refugié en una cabaña a la costa de una laguna y empecé a escribir mi primer cuento desde la beca en México. Me acompañaba una canción de Bob Dylan sonando en la radio. Tenía la historia en mi cabeza y sólo había que pasarla en limpio: "Esta historia inicia con la fotografía de la parte trasera de una máscara de lucha libre..."

[*Las flores olvidadas,* 2009.]

COSTA RICA

Carmen Naranjo (1928)
Samuel Rovinski (1932)
Fernando Durán Ayanegui (1939)
Alfonso Chase (1944)
José Ricardo Chaves (1958)
Uriel Quesada (1962)
Rodrigo Soto (1962)
Carlos Cortés (1962)

CARMEN NARANJO
(Cartago, 1928)

Narradora, poeta y ensayista. Fue embajadora en Israel (1970-1974) y ministra de cultura (1974-1976). También se desempeñó como directora del Museo de Arte Costarricense y de la Editorial Universitaria Centroamericana (EDUCA). En 1986 recibió el Premio Nacional de Cultura Magón por la totalidad de su obra, y en 1996 Chile le entregó la Medalla Gabriela Mistral. Con su primera novela, Los perros no ladraron *(1966), obtuvo el Premio Nacional. Otros libros de su autoría son* Camino al mediodía *(1968),* Memorias de un hombre palabra *(1968),* Responso por el niño Juan Manuel *(1971) y* Hoy es un largo día *(1974), con el que obtuvo el Premio Editorial Costa Rica en cuento. Recibió el Premio EDUCA con* Diario de una multitud *(1974). Los cuentos que reúne en* Ondina *(1983) también recibieron el Premio EDUCA.*

Ondina

CUANDO me invitaron para aquel lunes a las cinco de la tarde, a tomar un café informal, que no sabía lo que era, si café negro con pastel de limón o con pan casero, o café con sorbos de coñac espeso, todo lo pensé, todo, menos la sorpresa de alguien que se me fue presentando en retazos: Ondina.

Ondina siempre me llegó con intuiciones de rompecabezas de cien mil piezas. Aun en época de inflación, realmente agotan las cifras tan altas. No sabía su nombre ni su estilo, pero la presentía en cada actitud, en cada frase.

Mi relación con los Brenes fue siempre de tipo lineal. Ese tipo se define por la cortesía, las buenas maneras, el formalismo significado y significante en los cumpleaños, la Nochebuena y el feliz año nuevo. Nunca olvidé una tarjeta oportuna en cada ocasión y hasta envié flores el día del santo de la abuela. Los Brenes me mantuvieron cortésmente en el corredor, después de vencer el portón de la entrada, los pinos del camino hacia la casa y el olor de las reinas de la noche que daban un preámbulo de sacristía a la casa de cal y de verdes, que se adivinaba llena de recovecos y de antesalas después del jardín de margaritas y de crisantemos con agobios de abejas y de colibríes.

Suponía y supongo que ellos también supusieron que cortejaba a la Merceditas, sensual y bonita, con su aire de coneja a punto de cría. Pero ella se me iba de las manos inmediatas, quizás porque la vi demasiado tocar las teclas de una máquina IBM eléctrica, en que se despersonalizaba en letras y parecía deleitarse en el querido señor dos puntos gracias por su carta del 4 del presente mes en que me plantea inteligentemente ideas tan positivas y concretas coma pero...

Ella quizás demasiado hervida para mi paladar que se deleitaba en las deformidades de Picasso, sólo me permitió gozar de sus silencios cuando se iba la corriente eléctrica de sus tecleos mecanográficos o cuando sus ojos remotos de sensaciones inesperadas me comentaban que odio estos días de neblinas y garúas porque me hacen devota a la cama, a la sensualidad de las sábanas y eso me da asco.

Tal vez en un momento de aburrimiento pensé en acostarme con ella y le besé la nuca, también cerca de la oreja, mientras oía un sesudo consejo de qué se cree el señor jefe, déjese de malos pensamientos, recuerde el reglamento y pórtese como el señor que es, no faltaba más. Siempre respondí con un aumento de salario y con la devota pregunta de cómo están sus abuelitos y sus padrecitos. ¡Qué longevidad más desplomante en este subdesarrollo! Muy bien y su familia. La mía, llena de melancólicos cánceres, me había dejado solo en este mundo: qué alegría, qué tranquilidad... qué tristeza.

En las jornadas largas de trabajo, cuando el presupuesto, cuando el programa anual, cuando la respuesta a las críticas del trabajo institucional, acompañaba a Merceditas hasta el portón de su casa. Buenas noches, gracias por todo, no merezco tanta bondad y lealtad. Un beso de vals en la mano y que Dios la bendiga. Señor, usted es un buen hombre y merece un hogar feliz.

Eso me dejaba pensando las seis cuadras de distancia entre el hogar de Merceditas con sus abuelos y sus padres, vivos y coleantes, y los míos de lápidas y fechas en el cementerio de ricos, bien asegurados en la danza de la muerte.

Conocí su portón, su entrada de pinos y su corredor de jazmines. Vi a sus abuelos sonrientes, a sus padres tan contentos como si en el último sorteo de lotería hubieran obtenido el premio gordo. Me extrañó tanta felicidad y me pareció el plato preparado para que el solterón y la solterona hilaran su nido de te quiero y me querés y de ahí en adelante sálvese quien pueda.

Sin embargo, presentía más allá de las puertas una orgía de hornos calientes en que se fermenta el bronce y reluce la plata.

No sé qué era en realidad. Por ejemplo, vi ante las camelias un banco tan chiquito que no era necesario para cortar las más altas ni las más bajas.

Las intrigas políticas me destituyeron en un instante, pasé a ser don nadie mediante una firma de otro sin saber lo que hacía. Me despedí de Merceditas en una forma de ancla, le dije que no la olvidaría, mi vida era ella, pero no me escuchó porque estaba escribiendo en ese momento mi carta circular de despedida a los leales colaboradores.

Después supe poco de los Brenes, salvo las esquelas que me enteraron de la muerte de los abuelos, ya cerca de la hora de los entierros. Me vestí rápido de duelo y apenas llegué a tiempo, ya camino al cementerio. Por cada abuelo la abracé con ardor de consuelo y sentí sus grandes pechos enterrados en los botones de mi saco negro. No me excitaron, más bien me espantaron. Demasiado grandes para mis pequeñas manos.

La invitación de ese lunes a las cinco de la tarde, al tal café informal, que fue simplemente café negro con pastelitos de confitería, me permitió conocer la sala de aquella casa ni pobre ni rica, ni de buen ni de mal gusto, más bien el albergue que se hereda y se deja igual con cierta inercia de conservar el orden y de agregar algunos regalos accidentales, junto a los aparatos modernos que se incorporan porque la vida avanza: negarlo resulta estúpido. Casa impuesta por los bisabuelos, por la que pasaron los abuelos sonrientes arreglando goteras y ahora están los padres luchando con la humedad y el comején. Merceditas en el sillón de felpa, cubierto por una densa capa de croché, luchó toda la tarde por acomodar su trasero sin mortificar un almohadón seguramente tejido por la bisabuela, quien sonreía desde una foto carnavalesca en marco de plata ya casi ennegrecido. Yo, entre los padres, en el sofá verde lustroso, tomé mi respectivo cojín entre las piernas, aun cuando quedaron abiertas al borde de la mala educación. Me asombró una silla bajita con almohadón diminuto y pensé que era un recuerdo de infancia.

Una joven bellísima, de ojos claros y fuertes, pintada en rasgos modernos, era el cuadro central de la sala y apagaba con su fuerza el florero, la porcelana, la escultura del ángel, la columna de mármol, las fotografías de bisabuelos y abuelos, el retablo de los milagros de la Virgen, el tapiz de enredadera y aun el cuadro de Merceditas que parecía arrullar a sus conejos ya nacidos.

Y cuando la conversación me descifró el porqué de la invitación al café, pues oyeron rumores de que me volverían a nombrar en el alto cargo de consejero y querían saber si era cierto, me animé a preguntar quién era. Seca y escuetamente respondieron: Ondina. En ese momento sus ojos, los ojos de Ondina, me seguían, me respondían, me acariciaban. La supe atrevida, audaz, abiertamente alborotada.

Casi no pude seguir el hilo de la conversación. ¿A mí nombrarme? Pero si mi vida se ha vuelto simple, ya casi no leo los periódicos, me preocupo por mis pequeñas cosas, cobrar las rentas, caminar cada día hasta el higuerón y completar los cinco kilómetros, mentirme un poco con eso de que la vida tiene sentido y es trascendente.

Ondina sostenía mi mirada fija y hasta creí que me guiñó el ojo izquierdo. Nadie puede ser tan bello, es un truco, me dije sin convencerme. ¿Quién es Ondina? Pues Ondina, contestaron casi en coro. La hermana menor de Merceditas, agregó el padre, el bueno y sonriente don Jacinto. Hice cálculos. Para mi Merceditas, a pesar de sus pechos firmes y erectos, su pelo caoba tinte, sus ojos sin anteojos y su caminar ondulante, ya trepaba los cuarenta y tantos. Ondina, por mucho espaciamiento, estaría en los treinta y resto, porque la madre, doña Vicenta, cercana a los setenta, no pudo germinar después de los cuarenta con su asma, su reumatismo y su diabetes de por vida.

Y no quería irme, más bien no podía, fijo en el cuadro y en los ojos, por lo que no noté los silencios y las repeticiones que me hacían de las preguntas. Fue doña Vicenta quien me obligó a terminar aquella contemplación tan descarada. Me tocó el hombro y me dijo que eran las siete, debían recordarme que iban a la cama temprano, después de rezar el rosario. Me marché de inmediato, después de disculpar mi abuso, pero con ellos el tiempo corría sin percibirse. Merceditas retuvo mi mano en la despedida y me aseguró que significaba para ella más de lo que yo podía presentir.

Soñé con Ondina semana tras semana. Recuerdo sus múltiples entradas a mi cuarto. Alta y esbelta, con su pelo hasta la cintura, desnuda o con bata transparente, abría la puerta y saltaba a mi cama. Ella siempre me desnudó y después jugó con mi sexo hasta enloquecerme. Al desayunar, mi espíritu caballeresco me obligaba a avergonzarme de mis sueños, pero empecé a soñar despierto, consciente de mis actos y las orgías eran más fecundas y gratas. Ella me jineteaba, me lamía y con sus piernas abiertas me dejó una y otra vez, insaciablemente, llegar hasta lo más profundo.

Envié flores a la madre, chocolates a Merceditas, un libro de historia a don Jacinto. No me llegó ni siquiera el aviso de recibo, menos las gracias. Llamé por teléfono y pregunté por Ondina. La voz de doña Vicenta indagó de parte de quién, del primo Manuel, entonces cortó la comunicación.

Pregunté a amigos y vecinos por Ondina Brenes y ninguno sabía de ella. Me hablaron de don Jacinto, de doña Vicenta y de la buena y demasiado casta de Merceditas, a quien trataban en vano de casarla desde los quince; se quedó la pobre, se les quedó, demasiado lavada y pulcra, no se le conoce un solo traspié.

Pregunté en el almacén lo que compraban, en la farmacia, en la pescadería... y nada. Alguien me informó que estaban muy endeudados y apenas si subsistían.

Empecé a leer los periódicos, hasta la última línea. Ondina con su belleza no podía ser ignorada. Oí la radio, vi la televisión, me fui al Registro Civil: Ondina Brenes Cedeño. Con propinas apareció: nacida el 18 de junio de 1935. Estudié su horóscopo. Carácter complicado, doble personalidad.

Toqué la puerta. Acudió don Jacinto. Le confesé lo confesable: enamorado de Ondina, deseoso de conocerla y de tener oportunidad de tratarla con buenas intenciones, las de casarse si fuera necesario y si ella me aceptara. Me oyó sonriente y me contestó que lo olvidara, era imposible, Ondina no me aceptaría, había rechazado a muchos, mejores que yo. Al preguntarle por qué, por qué, cerró la puerta sin violencia, suavemente, y desapareció entre los pinos.

Le escribí una carta apasionada y certificada, que no obtuvo respuesta. En el correo me dijeron que la retiró Merceditas.

No tuve conciencia de la burla que estaba disfrutando la familia entera, pero Ondina me lo contó una noche que entró en mi cuarto sin ganas de correr por mi cuerpo con sus temblores y sus jadeos.

A la mañana siguiente me enteré de la tragedia: los Brenes, los viejecitos Brenes, fueron atropellados por un vehículo que conducía un borracho, cuando salían de misa, a las seis y treinta de la mañana. Muertos de inmediato, prácticamente destrozados. Merceditas estaba enloquecida. Y de todo el relato conmovido, sólo vi la puerta abierta hacia Ondina.

Me presenté de inmediato a la casa, así como estaba, con pantalones y camisa de intimidad.

Ya habían llegado familiares, amigos y compañeros de trabajo. Pregunté por Ondina y nadie la conocía; sólo me dijeron que Merceditas estaba histérica en su cuarto, completamente encerrada.

Instalado en un rincón, vi como una tía autoritaria, con pericia en tragedias, organizó el duelo. En la sala instaló los dos cadáveres en ataúdes cerrados, puso velas y flores, enfiló coronas, repartió café y empanadas, fue cerrando el paso a los intrusos, desanimó a los buscaespectáculos y ya pasadas las cuatro dejó a los más íntimos listos para la vela. A mí me admitió porque al contestar quién era, le dije con seriedad mortal que el novio oficial de Merceditas, el señor Vega. Felizmente no queda sola, bienvenido señor, vamos a ser parientes.

Entonces me colé entre los rezadores para ver a Ondina de cerca. Ella me estaba esperando. Me pareció que había cambiado de vestido, pues no recordaba esa gasa violeta que movía el viento. La vi de frente, con ansias de memorizar cada detalle: sus manos, el cuello, la vibración de los labios, el entorno de los ojos y ese mirar de frente y agudo.

La tía me interrumpió para decirme: vaya donde la Merceditas, a usted es a quien necesita. Y casi empujado me llevó frente a una puerta en un corredor con muchas otras puertas iguales. Gracias, señora, y me dejó solo en la intimidad de la casa. Oí sollozos y gritos. Quizás ahí estaba también Ondina, pero no me atreví a entrar.

Abrí otra puerta. Era un antecomedor diminuto y ahí en el centro de la mesa, casi rozando el suelo, una enana con la boca abierta, los ojos casi desorbitados, se dejaba lamer el sexo muy grotescamente por un gato sarnoso, metido entre sus dos piernas. Sentí horror por la escena, aunque me atrajo por largos segundos y vi las gotas de sudor placer que recorrían la cara de aquella casi mujer, rostro de vieja, cuerpo de niña, y el gato insaciable que chupaba y chupaba, mamando, succionando, gruñendo. Ni siquiera se dieron cuenta de mi presencia, o quizás no los perturbó.

Volví a mi sitio en la sala, frente al cuadro de Ondina. Casi se me fue la escena de ese antecomedor extraño, porque la fuerza sensual de Ondina me llenó de caricias raras. Empezó a jugar con mis orejas, me hacía ruidos de caracol, me dejaba su lengua reposar en la apertura del oído izquierdo y con sensaciones de mar me agotó en excitaciones que sorteaban fortalezas y debilidades. Luego me besó los ojos, muy suavemente, después de manera fuerte y al tratar de succionarlos tuve que librarme de sus labios que me hicieron daño, me dolían con dolor de ceguera. Alguien dijo que necesitaba un calmante y la tía respondió que eran casi mis padres mientras me dio unas pastillas que me durmieron seguramente en mala posición en una silla incómoda, con más incómodos y dominantes almohadones.

Cuando desperté, noche ya, estaba organizado el rosario. El padre Jovel en escena, cuentas en mano, con laterales de incienso entre los dos ataúdes. Esperaba impaciente a los principales personajes, que en estos casos no son los difuntos, sino los parientes más cercanos. Apareció entonces Merceditas, pálida y desfallecida, vestida de negro absoluto, con sus pechos erectos, abundantes, bien sostenidos, y de la mano, también en negro absoluto, salvo un cuello blanco de crochet engomado, la enanita más diminuta y bella que había visto en mi vida, con los ojos de Ondina, con el pelo rebelde de Ondina, con los labios carnosos y trémulos de Ondina. Empezó el rosario. Yo no pude seguirlo, porque la cintura, las caderas, la espalda eran de Ondina, mi Ondina.

Después de medianoche sólo quedamos seis personas en la sala: la enanita, Merceditas, la tía, el tío, el primo y yo. Los sollozos de Merceditas eran tan profundos y rítmicos, que sus desmayos tomaron velocidad de oleajes. La tía trajo dos pastillas y al poco rato Merceditas dormía pasiones de infancia, a veces roncaba. La enanita, en su silla de raso, lloraba tranquilamente sin sollozos. Se vino hacia mí y me pidió que la sentara en mi regazo. Casi todos cabeceaban. Se me ocurrió cantarle una canción de cuna, como a un bebé. Duerme, duerme, mi niña. Entonces se acunó cerca de mi sexo. Realmente me incomodó, pero la circunstancia es la circunstancia. La fui meciendo como podía y ella, activa y generosa, me abrió la bragueta y empezó a mecer lo que estaba adentro. Después de aguantar lo que aguantar se puede, la alcé en los brazos y la lleve al antecomedor. Suave, dulce, una niña apenas. Entonces ella me dijo: deja que Ondina te enseñe todo lo que ha aprendido en sus soledades. Me abrió la camisa y empezó a arrancar con sus besos de embudo y vacío mis pelos de hombría. Yo busqué su sexo y lo abrí como si fuera un gajo de naranja. El gato saltó en ese momento y arañó mi pene, que sangró dolor y miedo. Ondina me esperó y no pude responder, hasta que encontré la clave de la convivencia.

Caminé el sepelio, cansado y desvelado, pensé en Ondina, en el gato y en Merceditas. Pensé en cada paso. Y me decidí de manera profunda y clara.

Los esponsales se fijaron al mes del duelo. A la boda asistió Ondina, el gato se quedó en la casa.

[*Ondina*, 1983.]

SAMUEL ROVINSKI
(San José, 1932)

Novelista, cuentista, dramaturgo y guionista. Se inició como escritor con los cuentos de La hora de los vencidos *(1963) y el ensayo lírico* Cuarto creciente *(1964), que recibieron el Premio Nacional. Su obra dramática supera los quince títulos, destacando la comedia* Las fisgonas de Paso Ancho. Un modelo para Rosaura *(1974) obtuvo el Premio Editorial Costa Rica y el Premio Nacional de Teatro. En 1976 publicó la novela* Ceremonia de casta, *y en 1993,* Herencia de sombras. *Como cuentista ha publicado* La pagoda *(1968),* Cuentos judíos de mi tierra *(1982),* El embudo de Pandora *(1991) y* El dulce sabor de la venganza *(2000).*

El miedo a los telegramas

MAMÁ había llorado mucho la víspera del domingo. Mis hermanas parecían conocer la razón, pero yo no; y la verdad es que no tenían por qué comunicármela. En ese entonces, con mis seis años de edad, yo no contaba para las confidencias. Sin embargo, sospeché que las lágrimas de mamá tenían que ver con el telegrama que le había traído el cartero en la mañana. Cuando lo leyó, se fue corriendo al dormitorio con el papel apretado contra el pecho. Mis hermanas, que se encontraban haciendo sus tareas, se fueron tras ella. Pero yo no. Yo me quedé sentado, comiendo un par de huevos fritos con un enorme pan lleno de mantequilla y queso. No quería que se me enfriaran los huevos ni el humeante café con leche. Además, tenía miedo de saber lo que decía el telegrama.

Un rato después, entré al dormitorio. Ahí estaba mamá llorando, y mis hermanas diciéndole muchas cosas para tratar de calmarla. Papá estaba muy enfermo y lo traían en avión de Guanacaste. Mamá parecía inconsolable y yo no me atreví a pedirle permiso para irme con Luisillo a jugar chumicos en el parque central. Tuve que resignarme a mi habitual entretenimiento: ver la calle desde el portal.

Estaba triste porque mamá estaba triste. Y más triste de no haber podido acudir a la cita con Luisillo. El mundo me pareció muy feo desde el portal.

A mí me gustaba mucho hablar con don Paco, el policía que vigilaba el barrio desde la esquina de mi casa. Por eso, cuando lo vi llegar me olvidé de la tristeza y me fui a su lado. Don Paco me contó una de esas historias de ladrones que metían miedo; y me habría quedado con él quién sabe cuántas horas si mi hermana Rosa, la mayor, no hubiera venido por mí para que la acompañara a hacer las compras en la pulpería de Chico.

En la tarde, tampoco me dieron permiso para ir al Moderno a ver el siguiente capítulo de *Flash Gordon contra Mongo,* a pesar de que grité, revolcándome en el mosaico del zaguán como un desesperado. Mi hermana Gina me dio unas buenas cachetadas y yo fui a rumiar mi descontento en el techo de la cocina, junto a Pelusa, la gata vieja.

Cuando fui a acostarme, vi que mamá había salido de su cuarto y ya no lloraba. Entonces, me sentí muy feliz y corrí a abrazarla. Ella me arropó y me dijo cosas bonitas. Me dormí muy contento, pensando que mañana sería domingo e iríamos a La Sabana a esperar a papá.

Yo estaba ansioso de verlo. Mi mono tití se había zafado del encierro que le tenía en el patio, y yo había llorado mucho, porque me hacía falta. Tenía la esperanza de que papá me trajera otro en este viaje. También papá me hacía mucha falta. Desde que él había comprado la finca en Guanacaste, lo veíamos muy poco en casa. Papá era quien me llevaba al laguito. Mamá nunca tenía tiempo para mí; se la pasaba cosiendo vestidos para señoras que la visitaban muy a menudo. A veces esas señoras la regañaban porque los vestidos no estaban listos cuando ellas querían. Y yo las odiaba. Una vez, quise matar a una porque hizo llorar mucho a mamá. Gina, mi hermana menor, me pegó en la boca porque dije que iba a ahorcar a esa vieja bruja.

A mí me gustaba muchísimo viajar en tranvía. Cuando el motorista llevaba el manubrio hasta el extremo del tambor, para darle el máximo de velocidad, todo el tranvía temblaba y las palmeras del asilo Chapuí parecían correr hacia atrás, y el obelisco del Paseo Colón se nos venía encima. Yo juraba que, cuando grande, sería motorista. A veces se le zafaba el palo del cable eléctrico y tenía que bajarse para acomodarlo en su sitio, dando brincos como un mono. A mí me hacía mucha gracia y me reía y le gritaba como a mi tití, hasta que Gina me daba un pellizco para callarme, porque el motorista me hacía mala cara.

Ese domingo llegamos al llano de La Sabana cuando ya estaba repleto de gente. Señoras con sombrillas de colores, para protegerse del fuerte sol, llevaban a sus niños de la mano. Los hombres, unos en camisa y otros con saco y corbata, paseaban por el llano entre avionetas, sujetas a la tierra con mecates. Estaban los vendedores de copos, mazamorra, granizados y piñas, arrastrando sus carritos pintados. Apenas los vi, me entraron ganas de comprar un granizado; pero mamá no quiso porque se me podía manchar mi traje de marinero. Grité tanto que me compraron una mazamorra, a cambio del granizado. Luego vi un grupo de chiquillos que pateaban una bola y quise irme con ellos; pero Gina me detuvo por el brazo, porque el avión llegaría pronto. Entonces, fuimos todos a pararnos junto al hangar. Poco después, un señor gordo, que estaba junto a mí, señaló hacia el cielo y todos volvimos a ver en esa dirección. Por el paso entre dos montañas, como cayendo de las nubes, venía bajando el pájaro plateado.

Aterrizó por el fondo del llano, dando brincos en el zacate como si se tratara de un autobús de Sabana-Cementerio y, cuando estaba cerca del hangar, todos corrimos hacia él; pero no pudimos pasar más allá de los mecates de protección, que habían sido puestos después del accidente en que la hélice de un avión le partió la cabeza a una señora.

Cuando paró el motor, y la hélice dejó de girar, el guarda quitó el mecate. Yo quería ver a mi papá por las ventanillas redondas del aeroplano, pero la gente me tapaba; hasta que mamá me alzó.

El sol hacía brillar el cuerpo plateado y me lastimaba los ojos y yo sentí que iba a llorar, pero me hice visera con la mano y pude ver al señor Macaya que me saludaba desde la cabina. Papá nos decía siempre que el señor Macaya era el mejor piloto del mundo. Por eso yo dije que, cuando grande, sería piloto como él; después de motorista de tranvía, claro está.

Se abrió la portezuela del aeroplano y pusieron la escalerita, por la que comenzaron a bajar unos hombres con alforjas y sacos, una señora con una canasta de huevos, que apenas cabía por la puerta, un chiquito completamente vomitado y, por fin, mi papá.

Primero lo abrazó mamá, que se puso de nuevo a llorar. Después, mis hermanas. Se veía muy pálido y delgado y vi que le costaba mucho esfuerzo caminar; pero, aun así, me alzó para tirarme al aire, como tanto me gustaba; y después me dio un beso. Hacía mucho calor y papá sudaba a chorros. Se quitó el sombrero y no paró de secarse la frente y el cuello con un pañuelo hasta que llegamos a la parada del tranvía. Ahí le pregunté por el mono, y como me respondiera que no había podido conseguírmelo, me puse muy triste.

Papá estuvo toda la semana en cama. Parece que el clima de la finca lo había afectado mucho. Se quejaba de dolores en el pecho y en la espalda, y le costaba respirar. Yo siempre había creído que las medicinas de mamá eran milagrosas y que podrían curar a papá. Pero esta vez fallaron; ni la tisana ni la leche con miel y huevos ni las ventosas pudieron aliviarle los dolores. Por fin vino el doctor y, después de examinarlo, puso mala cara y le dijo a mamá que había que mandarlo al sanatorio Durán, allá en la montaña, cerca del volcán Irazú. Mamá lloró mucho y mis hermanas también y yo no sabía qué hacer; pero el doctor nos prometió que papá regresaría totalmente curado en pocos meses, gracias al aire puro de la montaña y a sus medicinas.

Cuando vino el carro a llevarse a papá al sanatorio, todos volvimos a llorar. Papá nos sonreía, con una sonrisa triste; y nos calmaba, diciéndonos que regresaría pronto para atender la finca y, esa vez, me traería el mono. Quería consolarnos, seguramente, pero estaba tan triste que se puso a llorar cuando entró al carro. Me tiró un beso y me dijo que yo era su *kadisch.** Al decir eso, mamá casi se desmaya.

Todos los domingos mamá iba a visitar a papá, y Rosa se quedaba a cargo de nosotros. Yo quería mucho a mi hermana Rosa; a Gina también, pero no tanto como a Rosa. Siempre me llevaba a sus mandados y yo me peleaba con todos los que le decían mamita linda o manguito. Era muy bonita, pero flaquísima; y yo le decía fideo. Seguramente porque la veían tan flaca, y porque papá estaba en el sanatorio, la gente mala comenzó a murmurar cosas feas de ella. En cambio, Gina era muy gorda. Como tres veces mi hermana Rosa; y yo le decía gorda mantecosa, por lo que me ganaba una cachetada. Gina tenía la mano demasiado suelta y, cada vez que me pegaba, yo le gritaba una mala palabra y me iba corriendo a refugiarme en el techo.

Al cabo de un año, papá regresó del sanatorio totalmente curado; pero tan débil, que el doctor le prohibió volver a la finca. Entonces, la vendieron para pagar las curaciones y sostenernos hasta que papá encontrara un trabajo.

Pero pasaba el tiempo y no encontraba qué hacer. La costura de mamá no era suficiente para mantenernos y Rosa tuvo que dejar el colegio para emplear-

---

* Oración del hijo por el padre difunto.

se en una tienda. No volvimos al laguito ni a esperar el avión del señor Macaya y yo tuve que contentarme con los paseos al Parque central o a la avenida central, para ver las vitrinas de las tiendas y contemplar el paso del tranvía.

La casa se había vuelto muy aburrida. Todo el mundo se quejaba; empezando por mamá que terminaba el día con terribles dolores de cintura. Papá estaba siempre de mal humor y gritaba por cualquier cosa y mis hermanas iban a encerrarse a su cuarto y yo me llevaba a Pelusa al techo. Desde mi lugar preferido, veía las montañas y me llegaba el traqueteo de las rotativas de *La Prensa Libre*.

Yo no podía entender por qué papá no trabajaba. Sus amigos tenían una linda ocupación: vender mercadería a domicilio. Iban de puerta en puerta ofreciendo telas, ropa hecha y un montón de cosas más. Un señor muy fuerte cargaba la valija y, en el fin de semana, ayudaba a cobrar con unas tarjetas donde apuntaba los abonos. A mí me gustaba mucho ese trabajo, porque se podía conocer a muchas personas y no se estaba en un solo lugar, como mamá, que cosía y cosía hasta romperse la cintura.

Al que más envidiaba era a don Abraham, el mejor amigo de papá. Ese señor se ausentaba de su casa durante toda una semana para vender las mercaderías a los campesinos. Recorría a caballo las mismas montañas que yo veía desde el techo, y regresaba tostado por el sol y con mucho dinero; y venía a casa a contarle a papá todas sus aventuras.

Papá había sido teniente de caballería en el ejército polaco y teníamos un retrato suyo colgado en el comedor, en el que posaba con su caballo. Por cierto, cuando mamá se enojaba con él, lo mudaba al cuarto de chunches, como aquella vez que don Abraham le propuso asociarse y papá no aceptó. Yo creo que a él no le gustaba para nada el negocio de la valija.

Por fin, otro amigo lo animó a montar un estudio fotográfico; y eso sí le gustó mucho.

Desde que iniciaron el negocio, papá se recuperó admirablemente. Era un estudio muy pequeño y se especializaba en la reproducción de fotos antiguas y de retratos. Estaba al frente de la catedral y yo iba muy seguido a visitarlos.

Todo parecía caminar a las mil maravillas hasta que un día, para sorpresa de papá, su socio desapareció con las ganancias y el equipo fotográfico.

Para pagar las deudas, tuvo que pedir dinero prestado a los conocidos que ya eran ricos; pero lo humillaron tanto con reprimendas y consejos que renunció a sus esfuerzos. Hasta que un señor muy bueno, don Carlos, lo ayudó a pagar las deudas.

Entonces, papá se metió en el negocio de la mantequilla y de los quesos, pero fracasó en poco tiempo. Así es que no le quedó más remedio que coger la valija, porque era el negocio en el que se conseguía buen crédito. Y yo me puse muy contento, pensando que podría acompañarlo en su recorrido por San José.

Fue cuando empezaron las clases en las escuelas y yo tenía que entrar a primer grado. Entonces, dejé de pensar en todo lo que pasaba en mi casa. Hasta que llegó el telegrama de Polonia y mamá se desmayó después de leerlo.

La abuela había muerto. Era la mamá de mamá, que siempre nos mandaba regalos, especialmente para los cumpleaños. Hacía un año le había escrito a papá pidiéndole que se regresaran todos a Polonia, porque mamá le había contado que andábamos en apuros. Y ahora, el telegrama que nos anunciaba su muerte. Eso fue un año antes de que los alemanes invadieran Polonia y empezaran el exterminio de los judíos. Así murió el papá de mamá y toda la familia de papá. Pero eso lo supimos cuando terminó la guerra. Las muertes de todos ellos no fueron anunciadas con telegramas. Los alemanes encerraban a los judíos en campos de concentración, los marcaban con números, como si fueran animales, y luego los mataban por millones.

Papá dejó la valija para convertirse en agente de casas comerciales y mamá puso una tienda. Las cosas mejoraron en mi casa y pudimos volver los domingos a La Sabana; pero ya no era igual que antes.

Había desaparecido el laguito y en el comienzo del llano construyeron una terminal aérea muy linda. La gente seguía paseando por el llano, del lado de las avionetas, y se jugaba futbol. El avión del señor Macaya estaba arrinconado en el viejo hangar, con la hélice quebrada, el fuselaje abierto y las costillas al aire, como un gran pájaro moribundo.

Mis hermanas se casaron. Primero Rosa, en una linda fiesta en el edificio de madera de la sinagoga. Mis padres se gastaron todos sus ahorros en esa fiesta, no solamente para lograr algo digno de mi hermana sino también, y espero no equivocarme, para hacer rabiar a los que decían que era una tísica. En su vestido de novia, mi hermana se veía como una reina. Unos años después se casó Gina y se fue a vivir en el extranjero. Gina ya no era la gorda mantecosa, sino una bella mujer que llamaba la atención en cualquier parte.

[*Cuentos judíos de mi tierra,* 1982.]

FERNANDO DURÁN AYANEGUI
(Alajuela, 1939)

Se consagró al género del cuento, lo que le valió en cuatro ocasiones el Premio Nacional. En 1961 publicó su primer libro, Dos reales y otros cuentos. *En 1967 y 1971 ganó el concurso de la fundación Givré, en Buenos Aires. Sus siguientes libros fueron* El último que se duerma *(1976),* Salgamos al campo *(1977),* El benefactor y otros relatos *(1981) y* Diga que me vio aquí *(1982). De 1981 a 1988 fue rector de la Universidad de Costa Rica. En 1988 inició un ciclo de novelas breves con* Tenés nombre de arcángel *(1988),* Retorno al Kilimanjaro *(1989),* La joya manchada *(1990),* Cuando desaparecieron los topos *(1991) y* Las estirpes de Montánchez *(1992). Otros libros suyos son* Opus 13 para cimarrona *(1989),* El fin de la historia *(1993) y* El lugar común en la sonrisa *(1997). En 2004 publicó la antología* Cuentos y relatos escogidos.

Dos reales

MARTA metió las manos dentro de las mangas "jetudas" del suéter viejo y se sentó frente al anafre, una boca abierta encendida en la oscuridad del cuarto. El frío se le seguía viniendo encima, a través de la ropa, pasando de la piel a la carne, de la carne a los huesos. De afuera llegaba el ruido largo y repetido del aguacero, enredándose con el hipnótico tac tac de una gotera.

Sobre el anafre, cubriendo el chisporroteo pálido de una brasa ahora y otra después, chispeaba la olla de agua hirviente. De vez en vez la tapa se levantaba para dejar escapar un bostezo de vapor, y volvía a caer sobre el remolino de borbollones, con un ruidito de trapogolpear.

No había frijoles. No había arroz. No había sino brasas y un borboteo de agua caliente, en espera de que llegara Andrés con algo que poner a hervir en aquel volcán de burbujas.

El monóculo de un espejito manchado pasaba revista a la covacha, registrando todos los rincones: la cama desordenada y el cuerpo de Manolito encima de ella; el baúl de caoba, traído desde la muerte de algunos de los abuelos; el armario color de polvo, nido de cuervos lleno de cosas inservibles; el tronco de escoba, la bacinilla "escarapelada", el piso sucio, mitad tabla, mitad tierra; los cuatro bancos manando sombras en las patas de las mesas; finalmente, el anafre requemado, muerto de risa, con una risita colorada y caliente.

El olor fétido del escusado invadía el callejón, metiéndose entre las tablas podridas de todos los cuartos-sala-cocina-comedores del solar. Marta se distrajo siguiendo el vuelo-morir de algunas chispas, de ésas que saltan cuando un pedacito de carbón encendido se parte en dos y se hunde en la ceniza, como una espuma reventada.

La puerta se abrió dando paso a un enjambre de gotas empujadas por el viento. Andrés entró tras el viento, sacudiéndose la ropa con movimientos de perrillo recién bañado y, sin decir nada, fue a sentarse en lo oscuro de una esquina. Marta lo sintió; el frío de la ráfaga de aire la hizo estremecerse con un temblorcillo nervioso.

—¿Idiay?

La voz de ella era un sonidito débil, lleno de huecos profundos y complicados. Andrés no respondió; sus dedos comenzaron a bailotear en el aire, unos contra otros, tratando de posarse sobre algún sitio. Al fin fueron a descansar, flacos y tendidos, sobre los muslos mojados del pantalón. Marta le volvió a ver, sin mirarle.

—¿Nada? —insistió.

—Nada. Nada de nada. No sé qué hacer. Todo se me cierra. Parece que alguien quiere castigarme.

Andrés hizo una pausa, con la intención de seguir hablando. Quería seguir hablando para no dar a su mujer la oportunidad de hacerlo. Sabía que en tal caso volvería a llenarse el aire de discusiones, aquellas discusiones que salían a flote cuando las cosas andaban peor que de costumbre. Marta era incapaz de contenerse cada vez que debía apagar el fuego sin haber dado de comer a los niños. El tugurio, llamado vivienda por la vergüenza de quienes lo sufren, se tornaba entonces en un infierno, en un criadero de ideas tristes y de amarguras que iban a mezclarse con el hambre y con el frío eterno y pertinaz de la anemia. Andrés sabía que la verborrea de su mujer no era más que una forma de desahogo ante una situación de la cual, si alguien tenía la culpa, no eran precisamente ellos.

Pero él no podía resistir tampoco y acababa por discutir y responder también a los reclamos de su esposa, hasta llegar a las palabras soeces que golpeaban como martillos en los oídos de los chicos. Marta hablaría y hablaría, discutiría con vehemencia, amenazaría con cometer un acto inconfesable y acabaría hundiéndose a sollozos en el rechinante bastidor del catre. Más tarde, cuando todo se hubiera apagado, hasta las voces, acercaría su cuerpo al de él y volvería, olvidando por un instante el frío y el hambre de los hijos, a aquel consuelo que sólo podría crear más hambres. Quería seguir diciendo cosas aunque fueran palabras sin sentido, pero impedir a toda costa que Marta diera salida a sus primeros ahogos.

—He ido a todas partes —prosiguió— sin que terminen de oírme siquiera. Fui a la municipalidad, y como no me metí en la política, nadie me conoce. En Obras Públicas me recibió un cartel que dice que no hay plazas vacantes; en las construcciones hay más hombres afuera, esperando ser llamados, que dentro trabajando; la ciudad está llena de muchos otros como yo, que buscan el chance de ganar tan sólo para comer un día.

Calló de nuevo. Sudaba en la desesperación por encontrar algo menos deprimente que decir. Los labios le temblaban, haciendo pucheros, conteniendo el llanto.

—Acabé por…

—¿Por…?

La voz de Marta ahora era ronca y dura, como si dentro de la garganta llevara un río a punto de desbordar.

—… ir al mercado a ofrecer cargar sacos. Era mi última salida —lo dijo tratando de justificarse, pero el mutismo de la mujer lo mantuvo desarmado—. Tampoco hice nada. Es como si hubiéramos perdido el derecho de vivir. Nadie piensa en que tenemos que comer. Por mí, nada me importa, vos sabés, pero los güilas… no es justo.

—Entonces —estalló Marta—, ni una esperanza. Mañana será igual, igual que nos tengan que enterrar los vecinos. Los güilas están cada vez más pálidos, más flacos, todos los días más enfermos. No sé para qué los mandamos a la escuela y al colegio, si dentro de poco se van a morir de hambre. ¡Se van a morir de hambre! ¡Nos vamos a morir!

—Calláte, no empecés. Mañana...

—¡Mañana! Mañana salgo yo a conseguir con qué podamos comer, aunque tenga que...

—¡Calláte, con todos los diablos! Ya te dije que no repitás más eso. ¿Te creés que estoy muy contento? Mañana temprano voy a Guadalupe. Me ofrecieron colocarme en una construcción. Paleando tierra, pero está empezando. Después puede que me dejen como albañil. Haré lo que sea. Mañana voy a robar pero no repitás eso. Mañana yo arreglo esto, aunque sea robando. Pero no lo repitás. Ya verás mañana, pero no lo volvás a decir. Sólo de oírlo...

La última palabra se fue por la abertura de la puerta. Ana, también empapada, regresaba del colegio. El agua, corriéndole por los cabellos, iba a formar un pozo azulado en la espalda de la niña. Los zapatos, manchados de barro, parecían dos sapos muertos tirados sobre las tablas del piso. Dejó la bolsa de los útiles sobre la mesa y fue a secarse con la punta de un paño roto. La discusión cesó de inmediato. Los tres se saludaron con la mirada, diciéndose de una vez todo lo bueno y todo lo malo. La mancha gris y azul del uniforme se hundió, temblona como una gelatina, en la oscuridad de otro rincón. Encima de la corbata sólo se movía, al compás del pestañeo, una miradilla diluida y acosada. El cuerpo de Manolito giró dos veces sobre la cama, dejando escapar un profundo suspiro. El silencio volvió a adornarse con el reloj inútil de la gotera.

—Tic, tac, tic, tac. (Primero sobre el borde, después sobre el fondo del tarro que la detenía.) Marta, medio adormecida, se quedó pensando. Sintió una sensación, muy divertida al principio y dolorosa después, al pensar en que el Estado le estaba educando a sus hijos. Ella no entendía muy bien el asunto, y le lucía muy extraño que hubiera personas dedicadas a educar niños con hambre. No podía creer que el colegio le diera algo bueno a Ana, si no había comido antes. Si el Estado fuera un hombre, ella misma habría ido a exigirle que le diera alimentos a sus hijos antes de darles algo tan inconcreto como la educación. Pero el Estado es un ser que nadie sabe dónde encontrarlo para pedirle nada. Se lo imaginó como un hombre grande de proporciones gigantescas, capaz de hacer volar con un soplo todo el vecindario. Se vio a sí misma, acompañada de su esposo, enfrentándosele:

—Señor Estado, mis hijos quieren comer y no educarse.

Lo pensó diciéndolo y su voz le causó una profunda sorpresa. Deseaba, sinceramente, poder decirle al educador de sus hijos que le ayudara a alimentarlos.

La noche, oscuro fruto maduro, cayó de plomo. Los chorros de agua se dispersaron un poco, pero la lluvia siguió clavando gotas sobre los techos, sobre la calle, sobre los dos policías parados como barras de chocolate bajo el farol de la esquina. Ana encendió una candela y la puso sobre la mesa. A la luz de la llama los ojos se le volvieron amarillentos y opacos, como escamas de pescado. Andrés se fijó en sus manos flacas, muy parecidas a dos ramas secas, y en los ojos hundidos de su hija. Por un momento se le ocurrió que se iban a hundir más hasta llegar al cogote. Entonces la niña tendría los ojos mirando al cielo. Una sonrisa tenue y cansada se dibujó en la cara de Ana, al darse cuenta de que su padre la miraba. Los labios, azulados por el frío, cayeron de nuevo, cual una mortaja, sobre los dientecillos de ratón.

—Mañana voy a Guadalupe —pensó Andrés—. Mañana tengo que conseguir trabajo.

Él iba a ir a Guadalupe, a tratar de que le dieran trabajo, para ganar con qué dar de comer a sus dos hijos y a su esposa. La mujer no le importaba mucho, aunque era su esposa. De todos modos, ganaría para que ella también comiera. Al fin y al cabo, también los viejos podían llegar a morirse de hambre y ella era una gran mujer. ¡Vaya si lo era! Tantos años de privaciones no habrían sido soportados por otra que no fuera ella.

Marta se puso de pie, retiró la olla del anafre y, con lo que fue un mango de un cuchillo, apagó las últimas brasas. Ana sacó un cuaderno de su bolsa y empezó a hojearlo.

—Si ella comiera algo —seguía diciéndose Andrés— me sentiría tranquilo. Manolito está dormido y tal vez no lo siente, pero ella... nosotros, los viejos... qué importa.

Recordó entonces una de las veces que él mismo había pasado varios días sin comer. Fue en Turrialba durante los días de inundación cuando la crecida lo mantuvo aislado por cuatro días, en la casa de un campesino pobre que no tenía en derredor sino las hojas de un cafetal ajeno. Aquel campesino era como él, estaba como él. No tenía qué darle de comer a los niños, y afuera todo era agua; llovía a tambor de nubes y el río parecía querer venírseles encima. Mañana él iría a Guadalupe y conseguiría trabajo y qué dar de comer a Ana y a Manolito. Pero aquel pobre campesino no tenía a dónde ir.

—Si pudiera hacer que Ana comiera un pedazo de pan.

En la pulpería no le habían vuelto a fiar desde que la cuenta llegó a los sesenta colones. Él no tenía sesenta colones, como no iba a tener a fin de mes los cincuenta del alquiler. Tal vez mañana, en Guadalupe, le darían un trabajo fijo. Andrés movió las manos hacia arriba, sobre los muslos, y las metió lentamente en los bolsillos.

—Mañana voy a Guadalupe.

Mañana iba a ir a Guadalupe, a conseguir trabajo paleando tierra, pero no tenía importancia, porque así tendría que dar de comer a sus hijos y, ¡qué caray!, a su mujer también. Guadalupe era el único sitio del mundo donde había tres toneladas de tierra para palear. Él iría a sacar tierra, a sacar tierra y a sacar tierra durante el día, para tener, al final de la tarde, algo que llevar a su casa. La imaginación de Andrés colgó del techo un racimo de tubérculos harinosos y redondos, que olían a manteca. Ana se volvió a verlos y, estirando un brazo, tomó el más grande y lo engulló de un bocado.

Marta quiso hacer lo mismo, pero en ese instante, por el callejón, pasó alguien corriendo. Detrás de ese alguien iba otro. Los zapa, zapa, zapatazos cargaron con los panes y un ruido de golpes sordos y gritos ahogados inundó el pasadizo.

—¡Hijuep...!

El silencio regresó de su paseo. Dos sombras de cacao se coronaron nuevamente en el halo del farol.

La mano huesuda y agarrotada de Andrés bajó dentro del bolsillo hasta tocar la costura y se detuvo con el dedo pulgar sobre la forma redonda de una moneda fría. El relieve metálico de la ruedilla plateada se le figuraba un montoncito de granos de arena. Por otro lado, el liso mar del escudo le mojaba la pierna. Debajo del bolsillo palpitaba a golpes de sangre el muslo seco y resbaloso. No había dicho a su mujer que había ganado una peseta por cargar un saco de sesenta libras a lo largo de cuatro cuadras. Nunca antes se había visto cargando por la Avenida Central, ni siquiera una bolsa de víveres sobre su hombro, pero una peseta es una peseta y mañana tenía que ir a Guadalupe a conseguir trabajo de palear la tierra. La peseta le serviría para pagar el pasaje en el camión. Guadalupe quedaba demasiado lejos para ir, sencillamente a pie, como hacía todos los días yendo desde Barrio Cuba a la municipalidad, a buscar trabajo aunque fuera paleando tierra.

Estaba seguro de que Ana tenía hambre, un hueco en el estómago, una nube en los ojos, una cortina en el cerebro. Y Ana estaba estudiando, haciendo quién sabe qué tarea.

—Si por lo menos hubiera comido algo, sería bueno que estudiara. Pero así...

Guadalupe estaba muy lejos. A las cinco de la mañana iba a salir para tomar el camión de las cinco y media y poder llegar a Guadalupe antes de las seis. Allá, cerca de la iglesia, iban a comenzar una construcción y él iba a trabajar paleando tierra. Tenía una recomendación de un amigo, y por eso sabía que le iban a dar trabajo. Después podría quedarse como albañil; para algo sabía poner ladrillos como el que más.

Ahora Ana seguía estudiando y no había comido. Tampoco debía haber almorzado; tenía los ojos demasiado hundidos. No se lo preguntaba a Marta, porque si él le daba oportunidad de empezar a hablar, su mujer no iba de dejar de hacerlo en toda la noche.

—Y si me levantara a las cuatro y me fuera a pie.

Andrés vio a Andrés saliendo del callejón de un tugurio en Barrio Cuba, a las cuatro de la mañana. Se vio atravesando la plaza del kilómetro, temblando de frío y con las manos hundidas en los bolsillos. Pasó frente a la Iglesia de Los Ángeles, se persignó y siguió calle arriba hasta la Avenida Central. Enfiló luego hacia el este, sin mirar las ventanas llenas de anuncios, de cosas en venta y de carteles con precios, hasta llegar a Cuesta de Moras. En la Casa Presidencial, dos guardias de confitería medio dormidos colgaban, ahorcados, de la cuerda de un asta. Luego el edificio del Hospital del Seguro, donde había ido él muchas veces a recibir unas pastillas amargas y endiabladas que nunca le curaban nada; no había vuelto porque hacía mucho que estaba sin trabajo, pero ahora iba para Guadalupe a trabajar paleando tierra. Media hora después Andrés había ido tres veces a Guadalupe y las tres veces, al llegar al sitio en que tenía que trabajar paleando tierra, se encontró a sí mismo sentado en un tugurio con las manos en el bolsillo, frente a su mujer y a su hija que estudiaba a la luz de la candela. Los tres tenían hambre. Manolito también tenía hambre y dormía. Los cuatro tenían hambre.

La moneda de veinticinco céntimos continuaba pegada a las yemas de los dedos. Andrés sacó la mano del bolsillo. La peseta salió dando saltitos, como un pececillo moribundo entre los dedos ateridos. Andrés se levantó y la puso sobre la mesa, después de frotarla en el pantalón durante unos segundos.

—Ana. Vaya, cómprese dos reales de pan.

La niña cerró el cuaderno sin dejar de mirar la cara gris de la moneda, y echándose un trapo sobre la cabeza salió rumbo a la pulpería llevando entre los dedos el cuerpo de la peseta.

El callejón se tragó el gris y azul del uniforme. En la esquina, dos policías de chocolate seguían llevando agua sobre las cachuchas mojadas.

[*El último que se duerma,* 1976.]

ALFONSO CHASE
(Cartago, 1944)

Es poeta, narrador, ensayista y crítico literario. Obtuvo el Premio Nacional de Cuento, en dos ocasiones el de poesía, y en 1987 el Joaquín García Monge a la divulgación cultural. En 1999 recibió el Premio Nacional de Cultura Magón a la totalidad de su obra y de su trayectoria. Además de su poesía, es autor de tres novelas, cuatro colecciones de cuentos y tres volúmenes de literatura infantil. En 1975 editó y prologó los dos tomos de la Narrativa contemporánea de Costa Rica. *Es autor de las novelas* Los juegos furtivos *(1968) y* Las puertas de la noche *(1974). Su primer libro de cuentos fue* Mirar con inocencia *(1975). En 1996 ganó el Premio Editorial Costa Rica con la novela histórica* El pavorreal y la mariposa. *Otras colecciones de relatos son* Ella usaba bikini *(1991),* El hombre que se quedó dentro del sueño *(1994) y* Cara de santo, uñas de gato *(1999).*

Con la música por dentro

Es LA primera vez que alguien me lo pregunta así, directamente. Pues sí: una era desde chiquilla media pepiadilla, como loquilla, muy alborotadilla la muchacha: que todos los domingos al Raventós, a tanda de cuatro, y aquello oscurantísimo y una toda copadilla. Con quien fuera, con quien fuera. Carajillos de copete y de bluyins, botas de tubo o mocasines. Carajillos todos llenos de vaselina, puros Elvis Presley y uno en el segundo piso y el viejo con el foco, alumbrando a las parejas, y luego darle la vuelta al parque y comprar helados de paleta. Es que una siempre fue muy avispada: puro encendida, una brasa completa, como decían en casa. Una nace con eso adentro, desde chiquilla, alborotadilla, con la sangre hirviendo. Yo fui la primera que me puse chemis y manganos en el barrio: un escándalo. Todas las viejas creían que yo era una grandísima puta, y bueno; yo creo que me hice de tanto que me lo dijeron. Ahora me acuerdo de que el viejo de la verdulería invitaba a las chiquillas a entrar y nos daba un peso si nos dejábamos tocar. Yo siempre me dejé y le llevaba el peso a mi mamá y la gran conchuda lo recibía y ni preguntaba nada. Mi mamá era una santa. Nunca decía nada. Sólo lavar y lavar, ajeno y propio, porque éramos cinco mujeres: Gladys y Marlene y Anita y dos que se quedaron difuntas: una, de chiquitilla, Adela, y otra de grande, Rosarito, que se le hinchó la panza y se murió, toda verde y echando espuma. Yo siempre fui una chiquilla muy desarrollada. Cuando tenía como doce años todos querían hacerme el favor, de tetudilla que estaba. Tenía una que quitarse a los hombres y a los chiquillos a puro chonetazo. Yo me daba de mecos con todos los carajillos del barrio y sólo me dejaba tocar por los que me gustaban. Ahora, ya tan roca, cuando me pongo pepiada, me doy de trancazos con cualquiera. Yo soy buena para los golpes. A mi marido una vez le dejé el hocico hinchado porque se puso tonto y empezó a arriarme con una sombrilla delante de los güilas. Yo sólo me estuve quieta, me di vuelta y le dije: "Ronal, dejá de joderme…" Y zazzzzz que le vuelo un vergazo en la pura jeta, y él que se queda boquiando, el muy idiota, y que se está allí, como un pescado muerto, y yo le di agua, y ya ve: nunca más me volvió a joder. Luego se fue para la zona y me quedé sola con los chiquillos y que vuelvo a putiar, bueno; esta vez por pura necesidad. Ronal me conoció en un salón de baile en Barrio Cuba. Yo iba a bailar con los muchachos y allí lo vigié. Él sabía que yo era media putífera pero le gusté. Nos juntamos, y bueno, nos matrimoniamos por la Iglesia porque vino la misión y los padrecitos andaban como locos confesando y casando a todo el mundo. Yo no sé si lo quería. Me encantaba tener una casita y un anafre y repisas y un moledero, porque yo cocino muy rico y tengo la casa siempre como un ajito. Ronal desde que se fue no volvió y yo tenía que ganarme los pesos. Se fue porque era un hombre muy obstinado y muy chichudo y porque fumaba mucha mota y creía que si se iba para la zona dejaba de ver a sus amigos de aquí. No creo que quisiera mucho a los güilas; no es muy amigo de andar haciendo cariño. Bueno, uno se junta con un hombre y se va aburriendo. La rutina, que dicen. Yo no nací para mula de carga y cuando me agüevo, se acabó: me agüevo de remate. Me achanto toda y ni me levanto temprano. Se me lava la voluntad. Ni me baño casi y los güilas andan chingos y la casa anda toda patas para arriba. Yo antes de vivir con Ronal tenía un chivo terrible. Era zapatero en Sagrada Familia y en las noches yo estaba siempre por

el Correo, dándole la vuelta a la cuadra; cuadriando, como digo yo. Escurrién-
domele de las perreras y entonces él llegaba y me hacía caja: "¿Cuánto llevás...?"
Y yo nunca le decía nada. Se metió de chivo conmigo así porque así. Me cuadró
como hablaba, muy filosófico. Leía todo el día periódicos y como a las tres se
enrollaba uno y se ponía a clavar zapatos en el taller de un cuñado. Era muy
considerado y tenía el cuarto lleno de recortes de viejas chingas y hasta un re-
trato de Fidel y otro del Doctor. Era mariachi. A mí la política es una cosa que
me gusta. Siempre hemos sido en casa muy mariachis. El Doctor era toda. Un
hombre pura vida que le dio casa a unas primas mías y que era muy caritativo.
Ahora el enano se quiere robar el mandado y dice que el Doc era pura vida,
pero eso es pura hipocresía. Lo odia, lo odia. Le tiene una gran lima. Siempre ha
sido un acomplejado. Se cree Napolión y no es más que un roco vivísimo. Bue-
no, sí, aquí es el único que hace lo que quiere. Es que es enano pero muy güe-
vón. Yo voté por él. Sí, voté por él porque creí que iba a ser toda, pero qué va, la
vida está muy cara. Todo el día andan viendo los polis a quién se cargan. Ya ni
puede uno vivir en este país. Bueno, la política es una cochinada: todos son
iguales; a esto no lo salva nadie, sólo Fidel Castro. Ése sí que se amarra los pan-
talones. Este país lo que necesita es un dictador. Yo siempre lo he dicho. Bueno,
usted sabe que ahora en los salones viven pidiéndole el carnet a una y viera las
pintas que andan disfrazados de autoridad: puros hampones. Bueno, yo ahora
me paro en la esquina de la Farmacia París, por Cuesta de Moras. Allí me estoy:
campaneándola. Dejo a los chiquillos durmiendo, le echo candado a la jaus y
me vengo a pulsiarla. En esa esquina nunca hay competencia. Es muy tran-
quila. Los rocos pasan de refilón; tocan el pito y al dar la vuelta arregla uno el
negocio: que veinte cañas, que viejo pinche, que si estás pegada, y uno se sube
y a la hora está de vuelta. Yo a veces me hago unas sesenta cañas por noche.
Eso cuando no llueve. Cuando llueve ni llego. Me quedo en la casa o me voy a
algún salón a bailar, hasta las diez. Luego compro algo para los güilas, me tiro
un café con un pastelillo en el Cañabar y me voy a la casa. Desde chiquilla era
yo medio loquilla. Muy alborotada siempre. ¿Le conté lo del viejo de la verdu-
lería? ¡Roco más sátiro! Pero de algo servía. Yo perdí el vidriesillo en una poza.
Allá por los Anonos: muy largo de contar. Por amor, por amor. Un carajillo que
jugaba en el equipo Los Pinos. Me pepié de él y así pasó todo. En casa se die-
ron cuenta pero no dijeron nada. Siempre han sido muy cara de piedra en casa.
Ni cuando no llegaba a dormir. Se han hecho siempre los tontos. Todas en casa
somos iguales. Menos Gladys, que se fue a los Yunai, porque no le cuadraba el

barrio. Siempre fue muy hartada, muy echada para atrás: hasta fue al colegio. Le manda dólares a mamá y cuando vino le trajo a mis güilas juguetes. Es la única de casa que no nació pepiada. Yo desde chiquilla agarré la carreta y todavía no me he bajado. Yo nací con la música por dentro. Muy nerviosa y brincona. Hasta me hacían limpias con siete yerbas, a ver si me volvía más formal y más juiciosa. Nada, nada: la que nació así, agüizoteada, es para siempre. Yo tengo suerte con los hombres porque soy muy independiente, muy movida. Yo sola me las arreglo y si a veces tengo chivo o marido es porque me da miedo estar sola y por si me enfermo, porque usted sabe: puta enferma es puta muerta. Sólo las muchachas a veces son tuanis. Yo cuando estoy enferma me voy directa a donde el homeópata y por cinco cañas me compone. Es toda ese roco. Y tan fácil: sólo echar las bolillas, bebérselas en ayunas y ya está. A mí me operó el doctor Moreno Cañas. Yo lo vi, alto, con el pelo todo pazuso. De bata blanca. Me decía: Chavela, bajáte las cobijas, enseñáme dónde te duele. Y yo que me bajo las cobijas, me alzó la bata y le digo: Aquí doctorcito, por la ingle, y él que me toca y me dice: Dormite, Chavela, dormite. Y por la virtú que Dios le dio, el doctor Moreno Cañas me operó en sueños. Por eso todas las noches verá a la par de la veladora un vasito de agua para el doctor, que aquí entre nos lo mataron por política, uno que ahora se hizo evangélico. Pura pantalla: lo mataron los políticos porque el pueblo lo quería para presidente. Bueno, yo sólo estoy diciéndole como me lo contó la mujer que nos alquila el cuarto, que le gusta andar moviendo a los espíritus y tiene un mago, el famoso Merlín, que le saca a uno las cartas, le hace limpias y hasta ayuda con las botijas. Para mí, Merlín es toda. Yo voy cada vez que puedo y él ya ni me cobra. Cuando tengo mis pesos le llevo: tome, don Merlín, para que se vaya ayudando. Y él me va indicando los caminos que me faltan por recorrer todavía y allí van señoras de copete, estudiantes y hasta artistas: que si me está dando vuelta el marido, que si la secre me echó basurilla, que si voy a ganar el año, que si me quiere fulanita, que qué me pasa que no tengo lana, y así Merlín va dándole a uno esperanzas, que es lo que uno más necesita. Yo si me saco la lotería lo ayudo. Yo le debo mucho a Merlín. Figúrese que él siempre me aconseja que me quede sola, que no le haga caso a ningún tonto que me salga y por eso soy tan feliz: sin marido y sin chivo. Mujer independiente, la doña. Que si quiero irme al puerto: agarro los chiquillos, les busco la calzoneta y los tenis y yo el vestidillo de baño; así vivo: sin marido y con pereza de echarme un chivo. Joden mucho. Que se los echen las más cabrillas. Ésas apenas están empezando. Yo ahora estoy muy roca para tener un chivo y me dan risa esos chivos de ahora: puro gogó, con camisitas de vuelos y zapatos con botones dorados. Todos son una partida de vicolos, puro vuelta y rosca. Ahora las muchachas tienen que defenderse solas porque los chivos no sirven de nada. Por eso andamos con chuzo. Mire: Siempre lo cargo en el seno: filoso, puntiagudito, con cacha de plata, dicen que para abrir cartas. Yo puedo trabajar si quisiera, pero me aburro. No aguanto que me griten o me estén diciendo: apurate, apurate, o jodiendo con la comida o revisándome las bolsas. Me agüeva que la gente sea ahora tan desconfiada. Yo soy todo lo que usted quiera pero no ladrona. Bueno, si algo se queda por ahí, me lo alzo, pero es sin culpa: si no lo agarro yo, lo agarra otro.

Yo siempre estoy en la esquina frente a Kativo. Allí vendo lotería los domingos. Y tengo clientes fijos que me buscan para que les venda numeritos y a veces hasta dejo la lotería y me voy con alguno. Pero no me gusta esta vida. Los güilas se están haciendo grandes y va y me ven algún día y me daría vergüenza con ellos. El mayor se la pasa leyendo, y la más chiquita, María, así le puse cuando estaban dando esa telenovela. Ah, sí, yo tengo tele. Mucha gente nos vive criticando porque tenemos televisor: que no tienen ni dónde caer muertos y tienen un Filips. Y bueno; yo les digo: Mirá, acaso nos lo regalaron. Casi cuatro años duramos pagándolo. Me lo regaló Ronal para el día de la madre. Nada que de segunda. De primera. De la Avenida Central, de un almacén de polacos. Claro que una estafa: se ganan como el doble en cada aparato. Pues la más chiquita quiere ser enfermera y yo estoy segura de que la voy a mandar hasta la universidad. A mí me gusta mucho el mar. No sé por qué se me ocurre decírselo... Pero para mí el mar es como una píldora. Me calma toda. Me llena de tristeza, pero también me da tranquilidad. Yo voy como tres veces al año al puerto. Con los güilas o sola. Me tiro mis traguitos, mi arrocito cantonés o mi chopsuí, compro cajetas, pipas, marañones y pasados y vengo el lunes. Tranquilita, tranquilita, calmada. Viendo el paisaje desde el tren, porque me encanta viajar en tren: las patas estiradas, la persianilla bajada, los gallos de pollo, la coca y la siestita. Ya cuando voy llegando a Mata de Limón me pongo como loca y empiezo a oler el mar y me dan ganas de bajarme, pero me aguanto hasta llegar a la estación. Siempre me pasa lo mismo. Me esperinolo toda cuando huelo el mar. Me arrebato y no soy más la misma: hablo y hablo y hablo y los chiquillos se ponen todos malcriados: ay, se pepió mi moder, se nos puso locaza. Y yo los oigo y no digo nada. Total, ¿para qué? Los chiquillos son los chiquillos y entre menos uno los joda ellos menos se meten con uno. Yo apenas llego al puerto lo

primero que busco es el salón de baile. Me encanta que tenga luces y una roco-
la grandota. Yo soy buena para el baile. Le hago a todo. Desde el chachachá
hasta la música de ahora. A mí me encantó el rocanrol. Yo fui muy rocanrolera
y llevé mucho palo por eso. Me aprendía los pasos, de tanto ensayarlos, y baila-
ba un rocanrol mezclado con suing que era toda. Me encanta esa música. Cla-
ro, también me gusta la romántica. De los nacionales sólo uno: Chico Loría. El
de *Si las flores pudieran hablar* y *Corazón de roca*. El que se murió en un acci-
dente de motocicleta, hace unos meses.

Yo creo que la que nació para maceta del corredor no pasa. Es que con el
tiempo uno ya no compone. No es por vieja. Es que se le mata el ánimo. Se jode
por dentro. Porque uno puede estar vieja pero no pendeja. Todavía a mí me ha-
cen tiro muchos. Porque tengo la gracia escondida. Vaya uno a saber. Yo me he
ido hasta con diputados y tuve cosas con un viejo que tenía un tramo en el mer-
cado. Un roco pura pomada que me llevaba al teatro y a comer donde los chi-
nos. Pero es que yo soy muy india. Sí, muy india. Yo soy como soy porque nací
con la música por dentro. Muy pepiada. Cuando agarro la carreta nadie me baja.
Me gusta tirarme mis traguitos, alegrona la doña, pero nada más. Y usted sabe:
me encanta hablar con los muchachos jóvenes. Nada más que hablar: vacilar
un rato, parlarla hasta que sean la nocheymedia. Los universitarios son bien re-
locos, como con la música por dentro. Protestones. Yo también desfilo el prime-
ro de mayo con los güilas. Es que soy muy rojilla. Muy mariachi, la mujer. Pero
no me gustan las universitarias: muy hartadas. Con peinados y con maxifaldas
y como de palo... Yo quiero que mis hijos vayan a la U y que se vuelvan bien
tuanis, pero que no se me vuelvan hartados. Que se metan en política o en el
gobierno, a ver si pescan algo... Bueno, déjese ya de estar jodiendo y pídase
otra cuartica. Y si quiere bailar: ¡sáqueme! Que aunque vieja yo nunca soy pen-
deja. Porque como dijo la lora: ¡A mí no me jodan! ¿No ven que nací pepiada?

[*Mirar con inocencia,* 1975.]

JOSÉ RICARDO CHAVES
(San José, 1958)

Narrador, ensayista y profesor universitario. Licenciado en letras francesas y doctor en literatura comparada por la Universidad Nacional Autónoma de México (UNAM), donde es profesor e investigador. En 1983 obtuvo el Premio Joven Creación con su primer libro de cuentos La mujer oculta. *En 1991 fue finalista del Premio Herralde de Novela con* Los susurros de Perseo. *En 1998 publicó la segunda parte de su trilogía* Paisaje con tumbas pintadas en rosa. *También es autor de* Cuentos tropigóticos *(1997) y* Jaguares góticos *(2003).* Faustófeles *(2009) obtuvo el Premio de la Academia Costarricense de la Lengua.*

El mechón rojo

DEBO confesar mi fascinación por el cabello rojizo, que en su versión arquetípica va acompañado de un cierto fenotipo o apariencia corporal dictada por la genética, una piel blanca, pecas y un cierto hechizo propio de los de su especie. Un pelirrojo es tan extraño como un albino, quizá ligado más a la pasión de los cuerpos, a la seducción, a la brujería, que el segundo, vinculado con el oráculo y la voz del destino, con la maldición.

En la Antigüedad, en algunos pueblos, el nacimiento de un albino se consideraba como una mala señal, un pérfido augurio para la comunidad, y entonces se abandonaba a la criatura en la selva o en el mar, pues no debía ser destruida por propia mano, so pena de atraer la ira de los dioses. El infante en su barquichuela sería llevado por la corriente mar adentro, cual pálido Moisés en un gigantesco Nilo con sal, que finalmente abriría su líquida boca para engullir al humanito blanco, sin mano principesca para ayudarlo. Abandonado en el bosque, su fin llegaría por las fauces de las bestias o por los picos de pájaros e insectos, nunca por mano humana.

El temor al albino continúa hoy. Hace pocos días leí una noticia en el periódico sobre el asesinato de bebés albinos en un país africano. Los criminales cortan pies y manos de los blancos infantes de rasgos negros, los secan y los usan como amuleto de protección. De nuevo el poder ominoso del albino se pone en evidencia, aún en nuestros tiempos seculares. Después de leer la noticia, recordé un cuento de Théophile Gautier que había leído hacía poco. Se titula *El pie de la momia,* y en él tal objeto arqueológico de procedencia egipcia es usado como pisapapeles del amuleto considerado como un adorno de biblioteca.

Mais revenons à nos moutons, como diría Rabelais, a condición de que sean corderos rojos.

El caso es que me fascina el pelo rojo, no así el resto del cuerpo albináceo y pecoso.

He estado pensando al respecto, recordando, sentado en mi azotea, fumando, mientras miro a lo lejos el Ajusco, su perfil de joven dormido con su pico de águila erecto. Mi primer recuerdo con un cabello así tiene que ver con una niña, en Navidad. Mi padre, Santa Claus o el Niño Dios, todavía no me queda muy claro, me había regalado una bicicleta, que con entusiasmo y dolor muy pronto logré manejar. Mis piernas quedaron marcadas con moretones oscuros, verdosos y amarillentos, pero valió la pena tanto golpe y caída. Entonces me alejé un poco de la casa paterna, conocí nuevas calles y rincones del barrio, y en uno de ellos siempre estaba una niña pelirroja de mi misma edad, unos once años, que cada vez que me veía comenzaba a gritarme: "Ma-ri-qui-ta", una y otra vez, toda sonriente. Nunca antes nos habíamos visto. Al principio me asusté por su actitud peleonera; después me enojé. No creía merecer su agravio, a pesar de que su contenido me resultaba algo incierto por entonces. Pregunté en mi casa sobre el término y confirmé que yo no era eso. No hubo forma de hablar con la linda pelirroja de vestido de olanes, tan escurridiza como Alicia en el País de las Maravillas, igual de obsesiva. Terminé por nunca acercarme a sus dominios. Temí encontrarla en una parada de autobús, en una tienda, en la carnicería; pero nunca ocurrió, no la volví a ver más. "Ma-ri-qui-ta", "Ma-ri-qui-ta", gritaba sin cesar.

Años después conocí a otra persona de pelo rojo. Por entonces estaba en la secundaria. Llegó un nuevo compañero, un extranjero, un italiano, Vincenzo se llamaba, según nos dijeron a los alumnos, blanco rosáceo, pecoso, de pelo colorado. Era simpático pero no nos hicimos amigos. Los dos jugábamos baloncesto y coincidíamos en las duchas del gimnasio. Nunca había visto vello púbico rojo. No podía dejar de observarlo. En una ocasión Vincenzo malinterpretó mis intenciones, pues no era su pene lo que me atraía sino su pubis. Quiso entonces tener sexo conmigo, que lo masturbara mientras él hacía lo mismo conmigo. Tras pensarlo por un momento, ante la posibilidad de acariciar su pubis escarlata, terminé negándome, por lo que Vincenzo comenzó a gritar una y otra vez: "Maricón", "Maricón", con lo que muchos compañeros se acercaron y, ante las mentiras de Vincenzo, comenzaron a molestarme y a vapulearme, hasta que intervino el profesor de educación física. Medio aclaré las cosas en la dirección del colegio y no hubo mayor consecuencia que mi prestigio viril puesto en duda por maestros y compañeros, y una vigilancia aquilina de parte de las autoridades. ¡Ah, maldito Vincenzo!, cuánto daño me hiciste.

Viví seis años en Inglaterra donde estudié historia del arte. Me especialicé en pintura victoriana y en especial en los prerrafaelistas, fascinado con sus mujeres de macizas cabelleras pelirrojas. Después vine a vivir al Distrito Federal y me instalé en Coyoacán, en una casa con azotea desde donde contemplo el Ajusco, siempre más allá de las antenas y los tinacos del paisaje chilango. Aquí conocí a Mariana, que llegaría a ser una buena amiga. Coincidimos en el parque de La Conchita, pues ambos vivimos cerca. Los dos íbamos a leer o, en su caso, a veces también a pasear a sus dos perritos. Ella tenía una casa grande y yo rentaba un apartamento más bien pequeño, pero con una hermosa vista frente al parque.

Mariana se casó con un gringo y a los dos años tuvo su primer parto, una hermosa hija… pelirroja. Lo cierto es que nunca me han gustado los recién nacidos que nadie, excepto sus padres, encuentra bonitos, para decir verdad, pese a lo que se diga, con su aspecto de chimpancé rosita. No obstante, la fui a conocer, le llevé su regalo, felicité a los papás. De pronto la monita roja abría su ojillo celeste. Yo acariciaba sus suaves mechones. Sus ojos a veces se abrían pero no miraban, estaban vacíos de sujeto y parecía más el funcionamiento de una cámara fotográfica, el guiño de un autómata. Entonces temblé y me fui del bautizo.

Pasaron los años. Viví una temporada en Madrid y otra en Buenos Aires y después me reinstalé en mi antiguo apartamento, pues había terminado comprándolo. Cuando no estaba en México, lo rentaba. Perdí de vista a Mariana por algunos años, pero hará tres meses la volví a encontrar en nuestro parque de siempre. Yo regresaba de una de las librerías cerca del zócalo de Coyoacán, cruzaba La Conchita cuando la vi, ahí sentada en su banca, acompañada, ya no de dos perritos, sino de una niña de casi diez años, sí, la que había visto tiempo atrás, en su bautizo, la del ojillo ausente. Pero esto había cambiado, ahora había crecido y su mirada estaba llena, el mundo la había invadido y la niña pelirroja me miró altiva y desafiante. Otra vez temblé pero seguí caminando y saludé a su madre.

Recordé a mi vecina de infancia, la que me insultaba, la que yo temía encontrar en el autobús o en el cine. Se parecían tanto… Evité cuanto pude a Mariana para no coincidir con Muriel, que así se llamaba la niña. Por entonces mi amiga estaba divorciada y escribía cuentos fantásticos, algunos de los cuales me dio a leer. Eran bastante buenos. Cuando tuve que comentárselos, no quise ir a su casa sino que la cité en un café cercano. Cuál no sería mi sorpresa cuando la vi acercarse acompañada de Muriel, que no había querido quedarse en casa, pues había insistido en venir con ella, y la débil de Mariana había aceptado la imposición infantil.

Durante la conversación entre su mamá y yo, la niña interrumpió una y otra vez, haciendo preguntas que no venían al caso, usando su ruidoso celular que recibía las llamadas de sus amiguitas. Mariana era una de las pocas personas con las que podía hablar de libros y lecturas, sin alarde, sin ostentación, apenas compartiendo el gusto de lo leído. Al menos hasta entonces lo había sido, pues Muriel se encargó de obstaculizar cualquier acercamiento entre Mariana y yo.

Dos veces encontré a Muriel jugando en La Conchita, sin su madre. Le gustaba juntar piedras pequeñas y aventárselas a perros callejeros, pájaros y ardillas, de ésas negras y escuálidas que ahora viven en varios parques del sur de la ciudad, pues también las he visto en los Viveros, en Ciudad Universitaria y en Ciudad Jardín. La gente lleva cacahuates a las ardillas de los parques, Muriel les arroja piedras.

Me acerqué a saludarla, por cortesía, y la niña me ignoró. No quiso contestar ni a mi saludo ni a mis preguntas. Me miró de mal modo, con enojo, y se alejó. La segunda vez que la vi lastimando a los animales (esta vez había atrapado una mariposa y le arrancaba sus alas), la reprendí y la amenacé con hablarle a su madre sobre su mala conducta. Muriel se alejó llorando.

En la noche me llamó Mariana. Estaba enojada y gritaba mucho. Me amenazó con acusarme judicialmente si volvía a manosear a su hija. Llorosa, la niña había llegado a la casa y le contó de las caricias impropias que yo le había dado, según ella, sobre su cabello y sus "pompis", como se refirió a sus nalguitas. De nada me valió defenderme, negar su acusación, revelar su maltrato a pájaros, mariposas y ardillas, pues Mariana no me creyó. Cuando terminé de hablar con mi ahora ex amiga, sudaba y me temblaban las manos.

Para calmarme, me acerqué a mi pecera, respiré profundo, seguí los movimientos ondulantes de los peces, sus aletas vaporosas movidas cual abanicos, las burbujas que ascienden desde la arena y desde el cofre del pirata hasta la superficie, donde arrojo un poco de alimento que muy pronto se hunde para ser consumido por ellos. Estoy confundido, pero también enojado. De nuevo me castigan los pelirrojos. Otra vez me dañan. Algo habrá que hacer al respecto.

Recuerdo entonces lo que había guardado. La primera vez que vi a Mariana y a Muriel juntas en el parque, la madre estaba recortando un poco la cabellera de su hija. Cuando me acerqué, vi algunos mechones rojos en el suelo, junto a la banca. De manera discreta recogí uno de ellos. Fingí que se me caía el libro que llevaba y, al recogerlo, anexé un mechón, que escondí rápidamente entre las páginas. Nadie se dio cuenta. ¿Por qué lo hice? No lo sé bien a bien. La niña me intimidaba, me hacía recordar a mi temida vecina de infancia. Sentí miedo y creí que ella podía dañarme. Todo esto fue rápido, no pensado, ni siquiera lo tenía claro, como ahora; más bien actuaba instintivamente. Cuando estaba solo, a veces me acercaba discretamente y acariciaba el pequeño mechón.

Lo había amarrado con un hilo negro para que no se dispersara. Estaba guardado en una cajita de cristal de Guanajuato. Lo tomé entre el índice y el pulgar de mi mano izquierda y lo acaricié con mi mano derecha, suavemente. Recordé aquella vez del bautizo, cuando pasé mi mano suavemente por el cabello de la niña con ojillos vacíos, esa misma que ahora me dañaba, igual que lo había hecho con los animales de La Conchita. Con su mechón escarlata entre mis manos, con enojo e ira, deseé intensamente que Muriel pagara su mentira, igual que Vincenzo, igual que la vecina de infancia, igual que todos los pelirrojos mentirosos del mundo. Amarré el mechón a una piedra y la hundí en la pecera, junto al cofre del pirata. Ahí abajo lucía como un moviente y tenebroso arbusto de algas rojas.

Tres semanas después me enteré por un amigo común que Muriel había muerto. En su práctica de natación, había hecho un mal clavado y se golpeó la cabeza en el fondo de la alberca. La encontraron hundida, con su cabellera extendida como una gran araña, rodeada por un aura de la sangre que salía de su herida en la cabeza. Quise consolar a Mariana, pero temí su reacción. Todavía me acordaba de su terrible conducta, cuando hablamos por teléfono la última vez. Ahora más que nunca le creería a Muriel todo lo dicho.

Me arrepentí de haber sentido tanto odio por la niña durante la noche en que hundí en mi pecera aquella piedra con el mechón amarrado. Y ahí debía seguir. Desde aquella noche, pasado el enojo, no volví a pensar en eso y la piedra con el mechón fueron sólo parte de la utilería acuática. Al regresar a casa, tras la funesta noticia, fui a la pecera y saqué la piedra. Faltaba el mechón. Estaban la piedra y el hilo negro con que lo había amarrado, pero nada más. ¿Se lo habrían comido los peces? ¿Se habría deshecho en el agua? No es posible, no sé, estoy perplejo. Sólo sé que no está el mechón.

[Del autor.]

URIEL QUESADA
(San José, 1962)

Es doctor en literatura latinoamericana por la Universidad de Tulane y director del Departamento de Estudios Latinoamericanos de la Universidad de Loyola. En 1985 publicó su primer libro de cuentos, Ese día de los temblores. *Con su siguiente colección,* El atardecer de los niños *(1988), obtuvo el Premio Editorial Costa Rica y el Premio Nacional de Cuento. En 1996 editó otra colección de relatos,* Larga vida al deseo, *al que siguen* Lejos, tan lejos *(2004, Premio Áncora) y* Viajero que huye *(2008). Sus relatos han alcanzado amplia difusión y están incluidos en numerosas antologías de literatura latinoamericana. También ha publicado las novelas* Si trina la canaria *(1999) y* El gato de sí mismo *(2005).*

Salgo mañana, llego ayer

> A gente preenchia. Menos eu; isto é – eu resguardava
> meu talvez.
>
> João Guimarães Rosa,
> *Grande Sertão: Veredas*

Si venís del Uptown en tranvía te bajás en la última parada, justo en Canal Street, cerca de donde hacen transbordo quienes han tomado un autobús llamado Deseo y van para Cementerios o Campos Elíseos. Pero mantenete alerta, pues esa zona está llena de rufianes y tiendas de cucherías y fácilmente podés perderte. Mejor ir de una vez hacia el otro extremo del Barrio Francés por Bourbon Street o Decatur, aunque te recomiendo Royal, la calle de las galerías, los apartamentitos coquetos y las viejas casas selladas donde hacen escala los tours de vampiros. Pasarás muy cerca de donde vivió William Faulkner, y de seguro te

354

vas a topar con algún muchacho que reposa descuidadamente en una esquina, simulando ser un artista del ocio. Te buscará con los ojos, aunque no te conozca, a la espera de ese primer contacto que define y aclara, que te hace entrar en conversación con facilidad, como si hubieran estado separados solamente por un rato en vez de toda la vida. Te atrae hacia su esquina con una mirada que resume el reflejo de todas las aguas. A pesar de que a esta hora es imposible ver a la distancia el color de unos ojos, vos respondés a su mandato, tratás de adivinar el origen de esa vibración que te va erizando la piel hasta que encontrás a su dueño recostado en la baranda del jardín catedralicio, donde un Jesús de mármol abre sus brazos para recibir a todos, aunque nadie tenga acceso ni a él ni a las delicias del jardín. Hay algo frágil y falso en el muchacho, que no sale de sus pies apenas protegidos por sandalias, ni de su blanquísimo traje de lino indio bordado de figuritas rojas, ni de su pelo de bucles cuidadosamente desordenados. Pensás en él como en una aparición, un peligro inmaterial que habla casi en susurros. Por vos escupirá fuego, cantará sus composiciones originales, bailará con velos de seda, intentará leer tu mano para descubrir que él está en tu porvenir, desnudo junto a vos en un camastro de un *shotgun* localizado apenas a unas calles de donde tu palma empieza a temblar ante la posibilidad de gozar las próximas horas, hasta cuando el sol vuelva a levantarse sobre el Mississippi, y ambos tomen sus ropas y se alejen por caminos opuestos. Él acaricia tu línea de la vida, inventando tiempos difíciles a los que has sobrevivido por tu temple y persistencia, te augura viajes pero no riquezas, suavemente afirma que tu parte racional es muy fuerte, tanto que entorpece la línea del amor, te hace dudar, te obliga a sufrir como lo hacen todos aquellos que temen entregarse en el simple acto de dejar la piel en lo desconocido.

Sin embargo, como tantas otras noches, cerrás tu mano a las experiencias novedosas, al vértigo de la incertidumbre. Sostenés el puño muy apretado, deformando las líneas de tu suerte. Intentás dejar al muchacho sin percatarte de que su mano ha seguido el movimiento de la tuya procurando envolverla, crear un nudo de dedos que se acerca a los labios y besa. Vos evitás mirarlo a la cara para no ser arrastrado por el torrente que te interroga y desarma. Preferís ver la confusión de dedos que no se puede deshacer, porque cada intento de separación provoca una nueva caricia, un tejido fresco entre las desesperadas líneas de tu vida y las del muchacho. Pero en algún momento te soltás, decís algo así como "I can't do this", y dejás al muchacho, quien da un par de pasos hacia vos, se detiene, te grita que no olvidés esa esquina donde siempre él simula reposar al descuido, aunque realmente se dedique a esperar que se consuma el acaso impreso en la piel de los desconocidos.

Caminás muy rápido, aturdido, mezclándote con la gente. Oís cuando alguien te dice "Hey, mista, listen!" Volteás por si el muchacho te sigue, pero quien te pide atención es un negro profundo, pintado de ángel de cementerio, una estatua de carne y hueso que ha sido testigo de la conversación entre vos y el lector de futuros. Ha abandonado su pedestal para seguirte, cargando instrumentos inverosímiles hechos con ollas viejas y baldes de helado, haciendo bullanga como si fuera a anunciar a la multitud lo que ha presenciado. "I can take you to a place where the most beautiful boys in town…"

"No quiero problemas", te repetís huyendo de la vida hacia el otro lado del Barrio Francés, asustado por la constante intromisión de las tentaciones en esa noche de adioses planificados y seguros. El ángel negro pintado de blanco te lanza una maldición y vuelve haciendo alboroto a su pedestal. En unos segundos se convierte en estatua para que los turistas posen con él y le dejen unos dólares en un balde a sus pies. Cuando regrese a tierra, deje de ser ángel y tenga hambre, entrará a comprar una cerveza y comentará con sus amigos las últimas nuevas, pero nunca sabremos si tu historia y vos permanecerán en su recuerdo más allá de este minuto. Mientras tanto, avanzás sintiendo a las personas en contracorriente. Tus pies desean desobedecer, irse en la misma dirección de los extraños, regresar a la esquina antes de que otro se lleve al muchacho. Te detenés en mitad de la acera, preguntándote cuál es el rumbo correcto, si debés hacerle caso al corazón o a la cabeza. Buscás en tus manos la respuesta, las ves tan mudas, tan poco eficaces cuando de decisiones se trata. Grupos de transeúntes se siguen topando con vos, estatua humana sin maquillaje ni chiste, aferrada a ese punto de la tierra como si acabaras de echar raíces. La mayoría de quienes pasan te dedican una mirada de curiosidad, te rodean, siguen su camino. Alguien te murmura un consejo, "Go for it", pero no deseás entender. Aun así, girás la cabeza en busca de la esquina que se ha vuelto un paisaje borroso. El jardín de la catedral sigue desplegando su sombra sobre la calle, la baranda se reduce a un trazo de tinta china. El ángel negroblanco se destaca bajo la luz húmeda de un farol. ¿Dónde está el muchacho? ¿Por qué no tiene nombre?

Entonces seguís tu camino hacia Marigny. Vas tan agitado que no me ves, aunque yo te espero en el lugar convenido, justo bajo el rótulo Pardieu Antiques. Te secás las manos en la tela del short, apurás el paso como si fueras a llegar tarde, pienso con cariño "Tratarás de estar a tiempo hasta en la muerte". Miro el reloj y me desentiendo: las once y treinta y cuatro de la noche. Vas con un retraso de apenas cuatro minutos. Yo me tomaré unos quince más merodeando por aquí, solamente para no dejarte esperando en el lugar donde Candide Pardieu nos recogerá para ir a su fiesta de despedida. Caminás tan aprisa que adivino cierta inquietud. Volteás hacia mí, pero no podés verme, buscás otra cosa, algo más allá de estas vitrinas, de la gente, del todo inmediato. Yo también me vuelvo tratando de encontrar eso que tus ojos buscan. No es una galería ni una tienda de antigüedades, lo puedo apostar. Tampoco hay nadie en actitudes sospechosas, aunque quizás unas calles más abajo algún pícaro ha intentado sacar provecho. Doy unos pasos entre el calor que se desplaza tan tranquilo, sin un soplo de aire. Hay una quietud casi visible a pesar de los turistas borrachos, falsamente desinhibidos. Intento ver ese misterioso objeto de tu interés, pero sólo hallo una estatua humana y un poco más lejos un muchacho que coquetea con algunos paseantes solitarios; les regala una sonrisa blanquísima, camina un par de pasos con ellos, finalmente vuelve a su rincón.

Intento encontrarte de nuevo, pero ya te has perdido en dirección a Marigny. Debíamos juntarnos en Antiques, ir hasta cierto café y aguardar a Pardieu para acompañarlo en su última noche de libertad. Pero se me ocurre que preferís ninguna parte como destino, algo me dice que mejor te dejo deambular, mentir cuando pregunten por vos y no estés, decir por ejemplo "Nunca llegó, estuve muy pendiente junto a la tienda de antigüedades y no lo vi". Has sido vos quien no me ha visto, aunque ciertamente yo te dejé pasar, fascinado porque me habías olvidado, y porque buscabas algo en lo que yo no estaba incluido. Pero mientras llega ese momento de las explicaciones, me detengo a contemplar las delicadas chucherías de la tienda de mi amigo Candide Pardieu. Ese loco tiene el gran mérito de tornar todo en azúcar, incluso ciertas tragedias y, por supuesto, sus muchos errores. Sin embargo me pregunto cómo se sentirá en la cárcel, donde estará obligado a vestir un mono naranja en vez de sus trajes de tela fresca, delicada confección y altísimo precio, sus zapatos newyorkinos y sus panamá. Miro la vitrina cargada de muebles, adornos, lámparas, estatuas, tesoros que corren el riesgo de quedar al descuido si el compañero de Pardieu no sabe protegerlos. Vos ni te imaginás cuántas tardes pasé sentado en esas sillas de valor incalculable hablando pendejadas con Pardieu, quien fue millonario y dandy cuando más joven, pescador profesional de trucha en Montana, cazador amateur de cabra montés española, y experto degustador de vinos franceses y de jóvenes árabes. Después, cuando los bienes de la familia empezaron a escasear y la necesidad de un trabajo convencional amenazó su horizonte, Pardieu se sentó con un lápiz y un papel a encontrar una salida. Escribió en una columna sus múltiples habilidades, en otra sus necesidades, en la tercera dónde debía residir para lograr la secuencia lógica: de habilidad a trabajo a ingreso a necesidades satisfechas. Como él mismo admitió, un dandy decadente no podía hallar dinero así como así. Tampoco era capaz de romper con las posesiones familiares, pues como buen aventurero siempre terminaba recurriendo a ellas, fuera para escribir memorias de viaje o más pragmáticamente para obtener auxilio económico y legal. Reconoció que era muy tarde para empezar a trabajar. Entonces pensó en el bullicio de las calles, en las marejadas de visitantes, y tuvo la idea de abrir una tienda de antigüedades en la calle más prestigiosa del Barrio Francés. Puso en exhibición algunos objetos personales que ya no le conmovían el recuerdo ni el corazón e hizo mucho dinero, sentado a la puerta de su negocio en un sillón de terciopelo parecido más bien a un trono.

Al cabo de unos pocos años, Candide había saqueado todas las mansiones de los Pardieu, sin que quedaran al menos unos dólares de ahorro. Algún mecanismo interno encendió cierta obsesión por la seguridad financiera. A sus amigos nos hablaba sólo de eso, y cuando charlábamos sobre él decíamos que la solución era muy fácil de enunciar pero difícil de ejecutar: Candide tendría que trabajar por primera vez en su vida. Y de alguna manera lo hizo porque se fue a los barrios populares en busca de mercancía, timando por igual a los antiguos dueños y a los clientes potenciales, pues Pardieu sabía de antigüedades y negociar con él era como tomar un café con alguno de los vampiros locales: te envolvía con su acento ligeramente afectado por el francés, te seducía paciente, laboriosamente, y ya cuando estabas a punto del orgasmo estético clavaba sus colmillos en tu billetera.

¡Ay, Candide! Buenos viajes te has dado por el mal camino. Te reís tanto del mundo, pero no pensás que algún día se vuelve al punto del cual has partido. Vos querías ser el Candide de siempre, generoso y extravagante, y me regañabas por mis regaños de abuelo malhumorado: "Abrís la tienda a tu antojo, le mentís a los clientes, debés dinero a tus proveedores, seguís gastando a manos llenas, Candide, pensá en la vejez". Lo hizo pero a su modo. Pocas semanas después de mi último sermón empezaron a saquear los cementerios. Yo no relacioné nunca las nuevas ofertas de Pardieu Antiques, exhibidas discretamente en una habitación cerrada del fondo, con las breves notas policiacas que describían la profanación de mausoleos distinguidos, hasta una tarde que pasé por una bebida. Pardieu vestía especialmente elegante, con corbata de seda, traje café muy discreto y su sombrero de la buena suerte, como si fuera de viaje. Me serví una copa, me senté en una sillita de hierro y él confirmó que esperaba visitantes: "La policía", explicó sonriente. Antes de permitirme soltar una retahíla de preguntas, dijo "Ahora, por ejemplo, estás sentado en una hermosa silla atribuida a Lafitte, quien fuera discípulo de Auguste Rodin y que vivió en New Orleans de 1885 a 1889. La silla estuvo depositada en la capilla de los Debernardi desde 1887, desde la muerte de Sandra, la gran matrona. Hace poco la rescaté del olvido y ahora está a la venta". No salté de la silla de inmediato, en verdad no entendía, y obligué a Pardieu a ser más concreto. "Eres muy *naïve*, mi amigo. Date cuenta que más de la mitad de mis piezas vienen de los cementerios."

El arresto fue bastante discreto. La policía, consciente de que debía proteger el prestigio de tan distinguida familia, recuperó de noche los objetos robados. La noticia apenas ocupó espacio en los periódicos y noticieros locales. A los pocos días de su encarcelamiento, un desconocido abrió la tienda. Apenas lo supe fui a visitarlo y me enteré que era alguno de los tantos amantes que Pardieu sostenía con la venta de antigüedades. "Debemos ser solidarios en la desgracia", me dijo con picardía. Yo le pregunté cómo iba a seguir el negocio, de dónde sacaría el capital; aquello era una locura. Entonces me explicó que nada se iba a vender. Pardieu quería conservar la tienda como la dejó cuando llegaron dos policías, lo saludaron, y con mucha pena le pidieron que los acompañara. "¡Los objetos están en venta!", protesté ciego como siempre. "Sí, pero nadie los va a comprar." Y en efecto así fue. Cada una de las piezas que sobrevivió al registro de la policía tenía ahora un precio varias veces mayor al original. Los clientes salían desconcertados, o exigían negociar directamente con Pardieu, pero él, señoras y señores, estaba por iniciar un largo viaje a varios continentes para surtir la tienda con maravillas nunca antes vistas, y en este momento, mientras vos te perdés en la multitud, yo doy otra mirada a la vitrina y compruebo que el tiempo se ha detenido ahí adentro, como si aquella tarde Pardieu hubiera salido a tomarse una cerveza con los policías y estuviera a punto de regresar.

Sí volvió, pues la justicia es cumplida pero lenta y tuvo, ha tenido, tiene, sus días de libertad. Quiso convertir su tienda en museo, dejarlo intacto para cuando cumpliera la inevitable condena. "Es lo único que me queda después de pagar abogados", nos dijo. Hace dos semanas le comunicaron que mañana, a las ocho en punto, debe reportarse en la prisión, a cumplir su pena de tres años en régimen de confianza. Esta noche nos reunimos sus amigos a celebrar en grande la partida de Candide. Que tome las últimas copas de champán, que fume sus cigarros habaneros y sus porros, que tenga a sus muchachos preferidos.

"Recuerda que mañana salgo de la vida pública", me ha confesado hace unas horas por el teléfono, "pero regresaré muy pronto a este dulce momento, al ayer".

"Sí, Candide", he contestado con un nudo en la garganta. Pero en este momento estoy feliz. De seguro la limusina lo ha recogido, luego de esperar por una hora mientras Pardieu termina de pintarse la cara. Se ha puesto una base blanca, ha prolongado la línea de sus ojos para simular que los tiene rasgados, ha resaltado el rojo de los labios con su lápiz preferido. Con ayuda de alguno de sus amantes, se ha calzado las zapatillas y ha entrado al traje de mandarín. Tiene el pelo recogido en una colita, y lo cubre con una suerte de sombrero que él afirma es una pieza original.

Calculo que ha de llegar al sitio de encuentro en unos cuantos minutos, para recogernos a vos y a mí, e irnos juntos al Country Club, esa vieja casa con salones discretos, billar y una enorme piscina donde los demás invitados deben estar tomando baños de luna. Hará su entrada triunfal poco después de medianoche para anunciar de nuevo: "Salgo hoy, regreso ayer", y provocar que todos piensen que el agua de la piscina ha sido sustituida por champaña.

Empiezo a caminar saludando a la gente. Te busco sin esperanza ni preocupación de hallarte, más bien vas adelante y te toca a vos aguardar por mí. Sin embargo, llego a la cafetería donde debemos encontrarnos y no estás. Adentro, un anciano hace danzar a su marioneta vestida de arlequín frente a una mesa repleta de turistas. La musiquilla llega hasta donde espero. Mientras los turistas hablan entre sí la marioneta hace piruetas, se inclina, mueve la cintura, sonríe sin parar. Creo que los turistas se burlan del viejo, pero él y su marioneta siguen dando espectáculo sin abandonar la sonrisa.

Cuando para la limusina de Pardieu, vos aún no has llegado. Me pregunto si debo esperarte, dar una disculpa a Pardieu, salir a buscarte, pero es absurdo meterse de nuevo al tumulto que deambula de bar en bar, de show en show y de flirteo a flirteo. El chofer abre la portezuela y me invita a pasar. El mandarín Pardieu me urge a entrar levantando una copa. Otros amigos hacen espacio. Doy entonces una última mirada a la calle, subo al automóvil y vos, unas calles más abajo, te olvidás de nuestra reunión, y rápidamente procurás alcanzar la esquina donde el muchacho debe estar esperando, aunque simplemente simule ver el río de gente que va y viene. Estás seguro de que el destino te arrastra, en tu fuero interno le agradecés la sorpresa, el capricho, el húmedo verano, la circunstancia de esta noche. Llegás al lugar donde no hace mucho simulaba haraganear el muchacho, pero tampoco está. Queda solamente la estatua humana de un ángel, el negro flaco pintado totalmente de blanco, tan hábil en su oficio que parece no respirar, ni darse cuenta de tu ansiedad. Vos intentás llamar su atención, traerlo de nuevo a este mundo, pero el ángel simula contemplar el más allá. Los turistas posan junto a él, hacen fotos, lanzan dinero a la caja a sus pies. Vos comprendés el truco, agitás un billete frente a los ojos del ángel y decís:

"Where did he go?"

El ángel cambia la posición de sus brazos lentamente, como ha aprendido que lo haría un robot. Se inclina a punto de transmitir un mensaje divino. Ves entonces que tiene los ojos marcados por unas líneas rojizas que los hacen parecer muy oscuros. Ves que el maquillaje ha sido quebrado por gotas de sudor. Sentís respirar al ángel.

"The guy in a white dress —insistís—, he was around here ten minutes ago."

"Vāikunta?", dice el ángel con voz terrenal. Vos no tenés respuesta. No se te ocurre otra cosa mejor que echar los dólares en la caja al pie del ser alado. "It means Heaven's gates", afirma con autoridad.

"Where is he now?", preguntás con un dejo de desesperación. El ángel parece un muñeco articulado. Levanta la cabeza, sus brazos no se deciden a indicar una dirección; vos sacás otro billete. El espectáculo atrae la atención de la gente, que empieza a hacer un círculo alrededor de ustedes. Algunos se preguntan si el ángel lee el futuro, igual que los cartománticos de Jackson Square. Él no lo predice, señala su rumbo nada más. Vos seguís la indicación de su dedo, pero solamente hallás un mar de personas en constante movimiento. Los curiosos intentan adivinar también cuál es el secreto que te ha revelado el ángel, como si fuera posible para el ojo profano ver el aura de la maravilla u oír el silencio que se desplaza entre tanto bullicio.

"Vāikunta", vas demandando entre la gente, "Vāikunta". Buscás su nombre aunque alrededor tuyo solamente hay una masa de cuerpos. Deambulan, se fantasman, se disuelven hasta la invisibilidad. "Vāikunta", decís con la fe de quien repite la oración que le guía. "Vāikunta", exigís a sabiendas de que nadie puede responderte excepto él, el anónimo, el que debe regresar del secreto a la materialidad.

Pero no te puedo ver caminando a paso de loco por Saint Peter hacia Rampart. Estoy llegando al Country Club, donde unos tipos de levita nos abren la puerta. Pardieu camina adelante saludando, o más bien bendiciendo a las personas que conversan y beben en los salones secretos. Con sus manos parece decir "Aquí voy el gran vidente y os heredo mis gracias". Un rato antes me ha preguntado mi opinión sobre su traje de mandarín. "Parecés astrólogo de televisión", le he contestado entre risas. "Pues como premio a tu sinceridad, te honraré con un título zodiacal: esta noche serás Cáncer: el agua, la paciencia, la familia." Me he quedado callado, con Pardieu nunca se sabe, mejor aguardar el siguiente desatino.

Vamos hasta el fondo de la vieja mansión, cruzamos una puerta de altas ventanas y salimos a la piscina, que no está llena de champaña pero brilla sosegadamente bajo la noche. Como debe ser en estas circunstancias hay música que nadie baila, mesas largas con comida y botellas, gente que conversa sin levantar casi la voz. Como debe ocurrir en el cielo, alrededor de la piscina toman la luna muchos jóvenes. Tirados en tumbonas se concentran en contemplarse, excluyendo de su mundo de gimnasio a la rústica realidad que los rodea. "Míralos dejar pasar la juventud, Cáncer", me dice Pardieu leyendo mis pensamientos, "lo bello es excesivo e inútil, pero sobre todo es presente, ningún otro tiempo tiene valor, ni siquiera existe. En el presente está, se esfuma, se inventa".

No puedo contestarle. Algunos amigos se han percatado de nuestra llegada y llaman la atención de todos para recibir con honores al mandarín que estará ingresando dentro de unas horas a una cárcel del Estado. No fuiste perseguido por las leyes contra la sodomía aún vigentes en Louisiana, no defendiste causas nobles, no te opusiste a las invisibles manos del mal. Has sido condenado por vender antigüedades robadas, Pardieu, ¡qué prosaico! Y entonces das tu vuelta triunfal alrededor de la piscina, dedicándoles miradas y comentarios picantes a los hermosos expuestos en las tumbonas. Empiezan los discursos, los brindis, las felicitaciones para que el viaje sea placentero y no muy largo. "Apenas dos años si tengo buen comportamiento", bromea Pardieu. "Aprendé horticultura, para mejorar el cultivo de macoña una vez que salga." De repente Pardieu te recuerda, me pregunta por vos, yo me encojo de hombros. Cómo voy a saber que vas de un lado a otro por la calle, buscando una cara que has empezado a idealizar, que has entrado varias veces a los bares, a la cigarrerías, a cualquier sitio donde pudiera estar Vāikunta, el único, el que te arrastra como si tuviera un olor identificable, capaz de guiarte incluso hasta una tiendecita donde el muchacho ha entrado a comprar incienso. ¿Cómo voy a afirmar que el tiempo se ha detenido para permitirte hurgar en la multitud en busca de la aguja mítica, la que has hallado en contra de todas las probabilidades? Ves en la penumbra al joven de blanco escogiendo aromas. Te acercás despacio, llamándolo por su nombre. Él repara en vos como si supiera que ahí se iban a reunir, mientras afuera el tiempo ha vuelto a circular, y la noche procura de nuevo la mañana, y la gente sigue siendo el tumulto anónimo de antes. Se encuentran, le extendés la mano ordenándole suavemente que la lea, que te explique los sucesos de los últimos minutos, la forma como todas las coincidencias han confluido a ese instante. "¿Quién me trajo?", preguntás. "Un ángel", responde. "¿Sigues estando en mi futuro?", rogás con la voz. "Tu mano calla, no precisa revelar más."

No puedo explicarle a Pardieu que ustedes empiezan a charlar, caminando despacio hacia zonas más tranquilas del Barrio Francés. Ignoro que llegan a un *shotgun* pintado de rojo, de donde salen música y murmullos, la fiesta celebratoria de la luna llena en Oriente, como te explica Vāikunta. Para abrir la puerta solamente hace falta empujar. Entran a una habitación más bien larga, iluminada por velas, con cortinas casi transparentes colgadas del techo y las paredes. Hacia el fondo hay un librero y una cama. Más acá un muchacho toca una especie de tambor, mientras cuatro mujeres lo rodean embelesadas. Vāikunta te pide dejar los zapatos en la alfombrita junto a la puerta, saluda con familiaridad a los demás visitantes y se dedica a perfumar la casa de incienso. Vos te sentás con las mujeres, les das un nombre falso, bebés vino con ellas. Las mujeres declaman poemas al sentir el ritmo del tambor, se levantan a bailar, le acarician el cabello al muchacho y a Vāikunta, toman de unas copas altas. Al cabo de un instante o una eternidad, después de oír experiencias místicas que no compartís ni creés, las mujeres le ruegan a Vāikunta que cante. El otro muchacho deja su tambor y va por guitarras. Los dos músicos inician una melodía en un idioma desconocido. Aunque es imposible entenderles, sus rostros transmiten un sentimiento que vos hacés propio, y presentís que te describe. Tu cuerpo empieza a seguir las inflexiones de la música, intentás repetir alguna palabra, te creés parte de esa verdad. Deseás preguntarle a Vāikunta dónde aprendió a interpretar de esa manera, querés oír alguna respuesta fabulosa, "En el cielo, a los pies de los dioses gigantes, junto a la pira purificadora, a mitad del río sagrado…" Él no contesta. Una de las mujeres te murmura al oído "En New Jersey, donde creció". Mejor no saber más. De pronto puede romperse el encanto, y resultar que Vāikunta no es tal sino un tal James o un tal David, algún buen músico de suburbio dedicado a vender la ilusión de un idioma extraño a los ingenuos. No quiero saber, te repetís, no puedo saber, digo yo tomándome otra copa y haciendo un espacio entre charla y charla para pensar en vos. Pardieu se ha perdido en el interior de la casona con algunos de los tomadores de luna, y ha vuelto ahora a seguir brindando y diciendo adiós a sus acólitos. Me ha preguntado si no me gusta nadie, si no me he decido a dejar de tomar nota de la historia para vivirla, pues no es posible vivir y escribir a la vez: lo primero precede y no se piensa, lo segundo se fabrica y no existe sino en los espacios cerrados de la imaginación. "Sos tan buen testigo de tu vida, Cáncer", me ha dicho con desparpajo. Ha bebido, aunque sé que para Pardieu jamás se sirven suficientes copas como para hacerle perder la lucidez, la elegancia, el recto andar. "¿Cuándo vas a protagonizarla, eterno espectador?" Yo acepto el reto con un brindis, y le respondo: "Algún día después de hoy, cuando no seamos más que historia".

Pardieu se ríe, me da un beso con sabor a champaña, y convoca a todos para otro discurso. Anuncia que saldrá de carnaval por el Barrio Francés, el último desfile antes de mañana y en preparación para preservar ayer. El vidente mayor decide formar su corte con los signos del zodiaco. Unos jóvenes traen disfraces venecianos de doce colores diferentes. Pardieu me señala y avanzo con mi nombre, Cáncer, hacia el traje azul. Menciona a los otros once y cada uno es investido. Damos una nueva vuelta alrededor de la piscina antes de salir. Aguardan dos limusinas, con abundantes licores, collares y doblones de carnaval. Pardieu lleva consigo los signos de agua, elige a alguna gente más, envía al resto del grupo al otro vehículo. "Salgo mañana, pero vuelvo ayer", murmura obsesivamente. Estoy a punto de hacer un comentario pero me detengo, después te contaré mis pensamientos, sea que los recuerde o los invente, a fin de cuentas es lo mismo.

Vos también me relatarás una historia inaccesible para mí, aunque algún día en nuestros paseos de primavera caminemos frente al *shotgun* y me señalés el lugar diciendo: Aquí danzaron cuatro mujeres: la gitana, la espiritista, la que veía unicornios en los hombres, la zahorí. Evolucionaron alrededor de dos músicos descalzos, descorriendo cortinas de seda, envolviéndose en ellas, revelándose. Yo estaba sentado en una nube de incienso cuando empezó a subir y a subir, hasta flotar por encima de todo. La zahorí ordenó que la cama del fondo se llenara de pétalos de rosa, y así fue. Las otras mujeres me sostuvieron en lo alto con la punta de los dedos, pero yo no temí caer, no iba a caer ni aunque amaneciera y la luz del día cegara la llama de las velas. Flotaría mientras hubiera música, bajaría, bajé lentamente, siguiendo el canto llano y sin melancolías de Vāikunta. Toqué, toco el piso con todo mi cuerpo cuando la música se disuelve en el incienso. Las mujeres se dedican a adorar al muchacho del tambor y Vāikunta te da un beso que tiene la extensión de lo inaprehensible.

Las mujeres y el otro muchacho salen en silencio, dejando como recuerdo unos pétalos de rosa, que flotan sin concierto y caen en cualquier rincón. Vāikunta descarga su peso sobre vos, y la mujer que ve unicornios se maravilla porque al fin se han materializado esos seres que describió por primera vez el griego Ctesias. Los deja besándose en el suelo de la casa, y cierra la puerta procurando hacer el menor ruido posible. Apura el paso para alcanzar a su grupo. La gitana va adelante con el muchacho del tambor, la espiritista y la zahorí caminan del brazo intercambiando secretos. Poco a poco la calle se va llenando de gente, hasta que llegan bajo un balcón donde varios disfraces venecianos lanzan collares de abalorios y monedas falsas a la concurrencia. Un hombre vestido de mandarín domina la escena. Su traje es el más brillante de todos, igualmente su palabra. Anima a los muchachos que pasan por la calle para que se bajen los pantalones y se muestren a la concurrencia. Quienes se atreven, reciben a cambio los collares más bellos y grandes ovaciones del público. Las mujeres levantan los brazos y piden a gritos un regalo. Las miro tras mi máscara, ellas parecen mirarme también. Se dirigen a mí con las manos abiertas, deseosas de un premio. Entonces yo les lanzo collares: verde para la zahorí, dorado para la espiritista, lavanda para la descubridora de unicornios, violeta para la gitana. "Estás desperdiciando tus *beads* en mujeres, Cáncer", me reprende Pardieu. "Sí, sí", respondo mientras arrojo uno multicolor al muchacho que las acompaña. "Mucho mejor", comenta el mandarín sin dejar de atender al pueblo. Yo pienso que más bien desperdicio mi vida en general, pero me quedo callado, no te confieso mi secreto ni a vos, como sé que no me podrás dibujar nunca con suficiencia la voz de Vāikunta, su cuerpo, el juego que te dejó algunas cicatrices deliciosas en el pecho y la espalda, el súbito que puso fin a mañana y se instaló en ayer, ese tiempo de la memoria al que volverás constantemente a través de la palabra.

A mí se me va acumulando secreto en la garganta hasta que la gente de la calle se va cansada con sus collares. Varios signos del zodiaco han caído borrachos en el balcón, o en la salita del apartamento donde Pardieu sigue despidiéndose sin llanto alguno. Me ha pedido que lo acompañe a su casa, donde dejará

RODRIGO SOTO
(San José, 1962)

Es narrador y director audiovisual. Estudió guión cinematográfico en la Universidad Autónoma de Madrid. Su primer libro de cuentos, Mitomanías *(1983), obtuvo el Premio Joven Creación y el Premio Nacional. Es autor de las novelas* La estrategia de la araña *(1985) y* Mundicia *(1992). En 1992 fue finalista del Premio Casa de las Américas en cuento con* Dicen que los monos éramos felices *(1996). Fue incluido en la antología* McOndo *(1996) de Alberto Fuguet y Sergio Gómez. En 1995 publicó* La torre abolida *y en 2001,* Figuras en el espejo. *En 2007 publicó su antología personal* Volar como ángel *(2007).*

Julia en el agua

Para Cristina Mora

EN EL agua Julia era feliz. Yo amaba verla sumergirse mar adentro y emerger después, lanzando por el esnórquel el alto escupitajo de su aliento. Enseguida, quedaba flotando en la superficie unos momentos, antes de volverse a sumergir. Más tarde, en la playa, sacudía como un perro su espesa cabellera negra, mientras comentaba lo que había visto o dejado de ver *allá*, en ese reino del que hablaba como si le perteneciese sólo a ella.

No fue necesario hablar con Julia para darme cuenta de que ella era diferente. Lo primero que llamó mi atención fueron los cascabeles de plata que llevaba en un tobillo. Colgaban de una delgada trenza de cuero, de modo que, cuando caminaba, campanilleaban suavemente. Durante aquellos días, fue el sonido más importante de cuantos escuché.

De todos los adultos que había conocido, Julia fue la primera en pedirme que la llamara por su nombre a secas, y a los catorce años esas cosas se agradecen. Aunque me daba cuenta de que ella era más joven que mis padres, yo no estaba en condiciones de establecer grandes diferencias, pues junto a las modelos de *Playboy* resultaba ya una vieja y entonces ése era mi único criterio. Supongo que tendría treinta o treinta y dos años. De cualquier forma, y aun cuando estuviera lejos de parecerse a una de las piernilargas y sedosas rubias que me robaban la energía y el sueño, durante aquella, mi primera y única vacación en playa Potrero, Julia me provocó no pocos escalofríos y desvelos.

Siempre le he temido al mar, desde pequeño. Si he de ser sincero, debo decir que me da pavor. Alguna vez, mi madre me contó que cuando tenía tres años caí en una piscina y estuve a punto de morir ahogado. Quizás eso lo explique todo, aunque ahora no tiene importancia.

Acaso sucede lo mismo con todas las cosas que tememos, pero al mismo tiempo el mar ejerce sobre mí una fascinación total, a veces diría que morbosa. Durante las vacaciones, aún ahora suelo pasar mañanas enteras mirando esa inmensidad de agua vacía. No pienso, sólo respiro y me dejo llevar. No sé a dónde voy, pero es un sitio que conozco desde hace mucho y me gusta. Cuando miro el mar desaparezco, me esfumo, me fundo con todo el horizonte y desde ahí me veo en la playa: risible, insignificante. Todo se relativiza. Supongo que para un muchacho de catorce años era la única forma de filosofar.

Odio a los bañistas que chapotean en el mar como si fuera una piscina y a los que juegan futbol y *freesbe* como si estuvieran en una plaza de deportes. Ni se diga a quienes se tienden como momias a tomar el sol. De verdad, no los comprendo. Podrían quedarse en casa y hacer las mismas cosas.

Si no le temiese al mar, creo que viviría buceando, así fuera sólo con mascarilla, aletas y esnórquel, como lo hacía Julia aquel verano. Adentrarme en las aguas, acceder a ese mundo vedado y secreto. Algas, caracolas, tortugas verdes marinas, peces de colores intensos e inesperados. El sentimiento de peligro también, la difusa pero permanente sensación de amenaza, y la certidumbre de que ante cualquier peligro estarías en desventaja.

Aquel fin de año, el jefe de papá nos había invitado a su finca en playa Potrero: doscientas o trescientas hectáreas de montes pelados y resecos, a sólo tres semanas de concluido el invierno. Dentro de la finca estaba el único acceso a dos pequeñas playas de arena blanca, a las que nadie, sin la venia de ellos, podía llegar.

Para mi padre, aquella invitación, tanto como un privilegio, significaba un pequeño tormento. Una semana antes me pidió que le mostrara la pantaloneta de baño, las camisas, los calcetines y la toalla que pensaba llevar. Todo le pareció inconveniente y viejo. Lo mismo dijo de su propia ropa de playa y de la de mamá. Mi hermano mayor vivía en aquella época lo más ardiente de su pasión socialista, y había declarado que por ningún motivo iría de vacaciones a la finca de un señor feudal. Creo que para mis padres fue un alivio.

De modo que nos fuimos a la playa con flamante ropa sin estrenar. Aún me veo encerrado en el cuarto que nos asignaron, quitando a escondidas los alfileres del empaque a una camisa cuyo olor a nuevo resulta imposible disimular. Jamás es uno tan sensible al ridículo como cuando tiene esa edad.

Papá me había explicado que vendrían otros invitados. Durante las seis horas del camino, fantaseé con los bikinis ceñidos y tenuemente azulados que lucirían las dos, no, las tres chicas que estarían allí, a quienes otro chavalo y yo encantaríamos con nuestro humor y nuestras bromas, hasta lograr, quizás... Pero no, eso era demasiado pedir.

Cuando llegamos, había tres carros último modelo estacionados, pero me bastó un vistazo para saber que entre la tribu de enanos que corrían chillando por el patio en todas direcciones, sería imposible hallar uno que alcanzara los diez años de edad, al menos. De modo que me resigné a lo peor.

Julia y su esposo fueron los últimos en llegar. Yo estaba tumbado en una hamaca cuando el todoterreno rojo entró, levantando una nube de polvo. Después de unos momentos ellos bajaron. Julia llevaba un pantalón corto y la parte superior del bikini bajo una camisa transparente, además de anteojos de sol y sombrero.

Mientras nuestro jefe y dueño salía a recibirlos, Julia se adelantó hasta la playa y estuvo unos instantes mirando el mar.

Coincidimos en la playa por casualidad. Yo estaba en la punta, bajo un almendro, embobado con el mar, cuando la vi acercarse. Vestía un bikini negro de tono metálico, que con el movimiento de su cuerpo dejaba escapar el susurro de un roce, cómo olvidarlo. De su hombro colgaba un bolso repleto con implementos de buceo.

—¿No nadás?

Negué con un gesto.

Sonrió y sentí que su sonrisa estaba dirigida sólo a mí.

—¿No te gusta?

—No, no sé.

Y ella hizo el gesto de quien por fin comprende.

—¿Puedo dejar esto aquí?

Le dije que por supuesto. Ella sacó las cosas de buceo y guardó el bronceador y las sandalias de cuero en el bolso. Lo colocó a mi lado y, antes de marcharse, dijo:

—Si te vas, dejalo frente a ese tronco —y señaló uno un poco más grande que los otros.

Caminó hasta el mar y estuvo unos momentos donde rompen las olas, ajustando la mascarilla y poniéndose las aletas. Después se alejó. La miré nadar hacia la punta, sin sumergirse ni desviarse, pero una vez que estuvo ahí, a menudo se quedaba largo rato inmóvil, mecida por las olas. Se sumergía unos momentos y aparecía un poco más lejos, pero enseguida el chapoteo de las aletas señalaba una nueva inmersión. Fueron dos o tres horas en las que no hice otra cosa que mirarla.

Cuando salió, yo seguía ahí. La recibí con una sonrisa de envidia descarada y de admiración infantil. Se sentó a mi lado; su respiración aún estaba agitada.

—El agua está clarísima —me dijo—. ¿No querés ver?

—De verdad, me da miedo.

—Vení. Aunque sea de la orilla, algo ves.

Puede parecer ridículo, pero me temblaba la voz cuando acepté. Caminamos hasta el reventadero y ahí ella me ayudó a colocarme la máscara. Mordí la boquilla plástica del esnórquel con todas mis fuerzas, como si de ese gesto dependiese mi vida. Casi de inmediato, respiré por la nariz y la máscara se pegó dolorosamente a mi rostro. Me la arranqué de un manotazo, aterrorizado. Julia estaba ahí, mirándome, tranquila.

—Despacio, no hay prisa.

Esta vez, mientras bajaba la mascarilla no dejé de mirar a Julia. Ella sonrió. Conseguí respirar por la boca un par de veces, pero luego la sensación de claustrofobia me venció. Volví a arrancarme la máscara y respiré asustado.

Repetimos el ensayo hasta que Julia consideró que estaba preparado. Entonces nos adentramos un poco —el agua a la altura del muslo y ni un centímetro más—. Julia me explicó lo que debía hacer y, para que yo estuviera tranquilo, ofreció sujetarme por los hombros.

Me sumergí muy brevemente un par de veces; lo único que pude ver fue el agua turbia a mi alrededor y la arena ingrávida, en suspenso. Pero fue un momento mágico y fue suficiente. Ella insistió en que lo intentara de nuevo, pero estaba más allá de mis fuerzas.

—Algún día podés venir a casa. Hay piscina y te puedo enseñar —me dijo sonriendo.

Pero la sola idea de perderle el miedo al mar, me llenaba de temor.

Por las noches, los adultos se reunían en el corredor a beber, comer bocadillos y charlar. Yo merodeaba en torno a ellos y me aburría con sus conversaciones, tanto más previsibles cuanto más whisky bebieran. Los temas de fondo eran siempre los mismos: los negocios (las empresas de nuestro dueño y jefe parecían a veces a punto de hundirse, otras veces en el paroxismo de la rentabilidad), la política (aquí las opiniones estaban divididas y, fuera del acuerdo tácito de que los dos partidos mayoritarios eran los únicos, jamás llegaban a un acuerdo) y, hacia el final de la noche, las mujeres o el futbol. Ocasionalmente, las señoras del grupo hacían música incidental sobre temas colindantes o paralelos (sus juicios sobre las mujeres de las que hablaban sus maridos eran siempre terribles). Naturalmente, todos subestimaban mi capacidad de entender.

Julia se mantenía invariablemente en la línea exterior del círculo, donde los bombillos apenas iluminaban, y seguía la conversación sin apenas participar, con un refresco en la mano y una sonrisa que todavía hoy me pregunto si era de rabia, burla o desprecio.

Sabía que la punta rocosa era uno de sus sitios predilectos, de modo que los siguientes encuentros no fueron casuales. Ella, naturalmente, lo adivinó. A pesar de su insistencia, rechacé la oferta de nuevas lecciones de buceo. Disfrutaba, en cambio, de verla nadando allá, donde era sólo un punto con todo el mar alrededor, así como de escuchar, después, el relato de lo que había encontrado.

—La punta es una maravilla —me dijo una vez—, pero si salís de ahí todo es desolador.

—¿Desolador?

—Sí. Como los castillos abandonados o como las ruinas mayas y aztecas —la miré pidiéndole una explicación—. No sé... —pareció dudar—. Hay grandes piedras ahí tiradas y el mar embistiéndolas siempre. No sé cómo explicártelo, pero es desolador.

Se detuvo un instante y me miró. Cuando Julia hablaba, a menudo tenía la impresión de que no se dirigía a mí, sino a una especie de interlocutor abstracto, que cambiaba constantemente de rostro, pero que en definitiva era siempre el mismo. En aquel momento, sin embargo, supe que me hablaba a mí.

—¿Te gustan las ruinas? —no supe qué decir—. A mí sí —dijo—. Me dan tristeza, pero me gustan. Son como los grandes espacios, donde tenés la sensación de que vas a desaparecer.

Era lo que yo sentía mirando el mar.

—Me dan miedo —dije, y ella sonrió.

Una de esas noches, su marido se emborrachó. De un momento a otro comenzó a burlarse de papá y de otro invitado, que habían antagonizado con él en algún punto de la conversación. Era un hombre alto, grueso, rubio, con un copete largo cruzado sobre la frente y una voz resonante pero melodiosa. Sus ojos eran pequeños e intensamente azules, y sus brazos cortos y peludos. Imponía autoridad y respeto.

Desde la penumbra de mi rincón, vi cómo Julia se transfiguraba. En cosa de segundos su expresión era la de una niña asustadiza y atemorizada. En el grupo se había producido un silencio de incredulidad, como si aún quedaran dudas de si el tipo hablaba en serio. Sólo Julia parecía segura de lo que se avecinaba. Un nuevo y brutal comentario acabó con las dudas y el silencio general se prolongó, ahora con otro color, con otra intensidad.

—No te lo tomés así —dijo por fin el jefe.

—Me lo tomo como me da la gana, güevón —dijo, y sonrió con torpeza.

Era el único que trataba al jefe como a un igual.

Muy despacio, Julia fue hasta donde él, lo tomó por un brazo y le pidió que se fueran. Él la estuvo mirando, tambaleante, y de un momento a otro escupió:

—¿Y a vos quién putas te mete? ¿Quién te llamó? ¿Por qué no me dejás en paz?

Todos se habían puesto de pie. Desde su boba sonrisa, el tipo los miraba. De pronto, reventó en una carcajada, dio media vuelta y se fue a su habitación. Durante algunos momentos, el grupo comentó en voz baja lo sucedido, pero la noche no estaba para más y poco después todos se fueron a dormir.

Desde la hamaca, vi como Julia se alejaba hasta desaparecer en la oscuridad de la playa.

Otra tarde, muy exaltada, Julia me narró su encuentro con una inmensa mantarraya; un bicho enorme, explicó, por lo menos cuatro metros de punta a punta de sus alas.

—Desde niña me fascinaban. En vez de nadar, esos animales vuelan bajo el agua. Y de pronto, al doblar una piedra, la vi venir. Nadaba directo hacia mí y sabía que una embestida suya me podía matar. Tuve un momento de duda, pero de repente supe que yo había ganado. De alguna forma, sentí que el miedo del animal era mayor y adiviné que al mínimo movimiento que hiciera, se espantaría en otra dirección. Y así fue.

Luego, me estuvo hablando de lo que llamó *la desnudez de los seres vivos*. No estoy seguro de haber entendido, pero creo que se refería a eso, a la precariedad que nos iguala con las lagartijas y los insectos.

—Es —recuerdo que dijo— como si en vez de "Creced y multiplicaos", Dios nos hubiera dicho "Y ahora, ¡sálvese quien pueda!"

Tampoco olvido la mueca, intento de sonrisa, que le desfiguraba el rostro cuando dijo esto.

Después de aquellas vacaciones, jamás volví a verla. Por comentarios de mis padres, escuchados siempre al vuelo, supe que había tenido un hijo, luego otro; después, que por fin se divorciaba de su flamante marido.

Más tarde, mis padres también se divorciaron, y las señales de Julia fueron cada vez más tenues, hasta extinguirse por completo.

Pero ayer que fui donde mi madre para un almuerzo, se interrumpió de pronto entre dos bocados y, con aprehensión, como si temiera olvidarse de contarme aquello, me preguntó si la recordaba. Estuve a punto de decir que no, pero su expresión no estaba para bromas.

—Murió —me dijo sin pestañar—. Hace una semana.

Y como si lo hubiera sabido desde siempre, vi su cuerpo en la gran piscina que jamás conocí y su negro cabello desparramado en el agua, como una hermosa medusa que hubiese elegido mirar para siempre el fondo del mar.

[*Dicen que los monos éramos felices*, 1996.]

CARLOS CORTÉS
(San José, 1962)

Poeta, narrador y ensayista. Estudió periodismo en Costa Rica y España y obtuvo una maestría en la Universidad de París II. En 1985 obtuvo el Premio Carlos Luis Fallas por su novela Encendiendo un cigarrillo con la punta del otro *(1986) y en 1994 reunió sus cuentos bajo el título de* Mujeres divinas. *En 1999 publicó en México la novela* Cruz de olvido, *la cual recibió el Premio Nacional de su país, la Medalla de Oro del Círculo de Escritores de Venezuela y fue escogido como uno de los libros del año en Latinoamérica. En 2003 publicó su siguiente novela,* Tanda de cuatro con Laura. *En 2007 publicó* La gran novela perdida. Historia personal de la narrativa costarrisible, *que combina varios géneros, y recibió el Premio Nacional de Ensayo. En 2010 publicó el libro de relatos* La última aventura de Batman, *Premio Nacional de Cuento en su país, y cuyo relato que le da título fue incluido en la antología* Les bonnes nouvelles de l'Amérique Latine *(2010). La Feria Internacional del Libro de Guadalajara lo consideró en 2011 como uno de "Los 25 secretos mejor guardados de América Latina".*

Miami check point

1

ALZO la vista del periódico y me encuentro con Cano, el oficial de Migración. Mi euforia por haber alcanzado el final de la fila se borra cuando reconozco su mirada de rotundo galán de telenovela venezolana e hijo de inmigrantes. Su apariencia, de *latin lover* recién llegado al País de las Maravillas, me produce un escalofrío. Me ve como si pudiera escanear en mis ojos las últimas caricaturas antinorteamericanas y las crónicas europeas de los horrores en las cárceles de Iraq. ¿O eso ya se puede rastrear y mi rezago no es sólo ideológico sino también tecnológico?

374

No vi nada, no dije nada, no oí nada, quiero decirle, pero la telepatía no es mi fuerte y entre nosotros cualquier conexión es imposible.

No me ve más, atareado en la fórmula blanca en la que, estúpidamente, dejé vacío algún espacio vital. Mea culpa. Él se encarga de rellenarlo con la lentitud con la que arde el aceite sobre la sartén, hace un par de preguntas inocentes —eso creía— y no me ve más.

Es un profesional, digamos.

Frente a nosotros identifico un cubículo de cristal que se va llenando poco a poco de gente. ¿Esos quiénes serán? ¿Qué pecado habrán cometido?, me digo, intentando que mis pensamientos no sean captados por ninguno de los radares que pululan en el ambiente. O, como vivimos en tiempos preventivos, ¿qué pecado serán capaces de cometer y que, gracias a Dios, y al Diablo, será identificado, reprimido y castigado antes de que suceda?

El trámite está durando más de la cuenta, me digo, y borro la sonrisa confiada que llevo, de quien aguarda cinco horas por delante en el aeropuerto de Miami, y pongo la única cara que puedo poner: la del latinoamericano resignado en la frontera entre la civilización y el mundo del mal. Es culpa mía. Si uno es culpable es siempre su culpa, ¿no?, aunque no se sepa la razón. Y uno siempre es culpable frente a una ventanilla.

Cano no es un mal muchacho, aunque no me vea, pero tiene que cumplir con su trabajo. Unos segundos más tarde, no sé muy bien cómo, ni por qué, me encuentro del otro lado del cubículo de cristal y son los demás, los que están afuera, temporalmente inocentes hasta que se les demuestre lo contrario, los que se preguntan qué habré hecho yo, qué clase de terrorista, narcotraficante o pederasta podré ser a pesar de mi sonrisa confiada de cinco horas por delante en el aeropuerto de Miami que se me escurre como un helado en el desierto.

La chica de American me pide el nombre y dice que le avise cuando salga.

¿Saldré? ¿Cuándo?, digo aparentando control.

Ah, eso nunca se sabe.

Se va a darle la misma información a otro recién llegado.

Mi perdición fue llegar junto al vuelo de Avianca. Me doy cuenta porque estoy rodeado de colombianos sospechosos: una madre soltera con un bebé y un niño que empieza a impacientarse —¿un talibán disfrazado?—, un anciano en silla de ruedas —oye, tú, ¿qué tiene'allí?—, una pareja de viejos con la ropa en bolsas de plástico —¿explosivas?— y hasta una familia entera —incluyendo una guitarra y una niña con un vestido, similar al de primera comunión, seguro para despistar.

Somos veintiséis adultos y cinco niños sentados en hileras frente a un mostrador de oficiales con computadoras en plan interrogatorio. Pero no podemos quejarnos: al fondo hay un par de máquinas de refrescos y *snacks* –el sueño americano–, servicios sanitarios y, una bendición del cielo, aire acondicionado. Lo más parecido que yo recuerde al paraíso si no fuera porque el *duty free* se va alejando cada vez más de mis posibilidades.

2

¿Puedo ir al baño? ¿Qué pasa si me llaman y yo no respondo? ¿Perderé mi oportunidad? Ya tengo tres horas aquí. ¿Tendré que esperarme otras tres?

Na... Te tocan la puerta, papi.

¿Cómo? ¿La puerta del baño?

Sí, la puerta del baño.

¿Está usted segura?

El tipo que quería ir al baño entra y vuelve a salir.

¿No... me llamaron?, regurgita con alguna timidez.

No llamaron a nadie; tú, tranquilo.

¿De verdad que no? ¿No me llamaron? Oí que decían mi nombre. Por eso salí.

La empleada de American ni siquiera quita la vista del listado que ausculta en la mano.

¿No me oíste? Voy a quedarme aquí, sin ir al baño, hasta que me vuelvan a llamar. Me estoy orinando, pero prefiero aguantarme con tal de no perder el turno. Ya he esperado mucho y puedo esperar un poco más sin orinar aquí y orinar con tranquilidad en el aeropuerto, no en Migración. ¿No cree usted? Me da asco orinar en Migración.

Como tú quieras, papi. No te llamaron, contesta al vacío, como quien ha respondido la misma pregunta miles de veces. Y así lo ha hecho.

¿Está usted... segura? No sé si pueda orinar aquí. No creo que pueda aguantarme.

Nunca se sabe, vuelve a decir en una exhalación. Está ocupada en otras cosas.

¿Cuánto?, le repito. No quiero causar ningún problema, nada más quiero que me repita la respuesta. Lo hace. Me gustaría contestarle: usted habla muy rápido y no le entiendo. No es nada personal, eso es todo, y no le digo nada. Se me queda viendo con desconfianza. Por fin, finalmente, me presta un poco de atención.

¿Usted es...?

Martínez, Miguel Martínez.

¿De Colombia, velda?

Niego con la cabeza.

¿Avianca?

No, American.

¿American? Hum. No, no, no te tengo en lista.

Le juro que vine por American, señorita. Vine por American...

¿Pero tú eres colombiano?

No, tampoco. ¿Es por el acento? Ni vine por Avianca ni soy colombiano.

No, no, lo siento.

¿Cómo que no? Ahora me viene usted a decir que yo soy colombiano. Estamos todos locos.

Oye, óyeme acá un momento, papi, que lo que yo te estoy diciendo es que no te tengo en lista. Más nada. Seguro no tenías reservación. Ahora mismito nos traen la lista nueva.

Mi conexión también es con American. A las seis. ¿Podré tomar mi conexión en tres horas?

Yo no sé.

¿Pero tardan mucho aquí? ¿Tardan más de tres horas como para perder el otro avión?

Mira, yo sé lo mismo que tú. Hay que esperar a que te llamen y después te vas a la terminal.

Pero voy a perder la conexión. ¿Eso es lo que usted me quiere decir, verdad? ¿Por qué no me dicen de una vez que voy a perder la conexión y me permiten llamar por teléfono a mi familia para decirles que no voy a llegar hoy? ¿Es para ahorrarse la llamada? ¿Es porque sale más barato de noche, verdad? ¿Es eso? ¿Pa-ra ganarse el precio de la llamada? Yo sé que las compañías están en bancarrota después del 11 de septiembre, pero esto es el colmo. ¿No le parece? ¿No tengo razón? Si de Panamá a aquí nos dan una bolsa de maní y una botellita de agua.

Imagínate, tú.

Y con lo que uno paga por estos vuelos. Mil dólares. Eso es lo que yo pago. Vamos a tener que traer la comida, como en los vuelos de enantes de Aerofló. Cuando existía la URSS. Por lo menos eran baratísimos. Quince horas del Caribe a Moscú, por Irlanda, a punta de champaña. Ahora estamos igual pero hay que pagar mil dólares. Mil. Si así es en American me imagino cómo será en Aerofló.

No sé, señor.

Seguro que hay que llevar hasta el cinturón de seguridad. ¿Por lo menos me van a pagar un hotel? Una vez me dejaron botado aquí, en Miami, y yo iba para Europa, hace como cinco años o más, no importa, me metieron en un hotel de seis estrellas. El Don Shula's. Qué te digo un hotel. Un club de golf. Un espectáculo. Sólo la cafetería parecía un estadio. En el cuarto bata de baño, caja de puros y coca colas gratis. Gratis. Los puros no, claro. Si me van a hacer lo mismo por qué no me lo dicen de una vez y me quedo tranquilo. ¿Voy a perder la conexión, verdad? ¿Es eso? ¿Cuándo nos van a dejar salir?

Oye, oye, oye, ¿qué tú estás diciendo? Tú lo que quieres es meterme a mí en tremendo lío, ¿velda? Yo no te dije nada de eso. Lo que te dije es que yo no sé a qué hora te van a llamar ni lo que va a pasar cuando te llamen ni si te van a dejar salir de aquí, pero segurito que tú no pierdes la conexión, ¿okey? Eso es todo lo que yo sé.

Pero, ¿por qué lo meten a uno aquí?

La señorita se levanta y se marcha con aire irremediable. Quiero la nueva lista, escupe por el *walkie-talkie*. La interferencia y el ruido de la sala hacen que se me escape el resto de la conversación. Se acerca al policía de la puerta y ambos me vuelven a ver. El guarda me dirige una nueva mirada. Se desprende de la puerta, siempre mirándome, cruza el salón, oigo sus grandes zapatones de reglamento resonando contra el piso, a pesar de la alfombra, y se acerca vigorosamente a mi hilera de butacas, haciéndome sentir su presencia. Sigue de lejos y se pierde en el servicio de caballeros.

La chica de American ya no está. No está en la puerta, aunque tampoco salió del cubículo. La hubiera visto porque estamos encerrados en un cuarto de vidrio. A la izquierda, en el exterior, un enorme pabellón con veinticinco ventanillas para trámites de Migración. Frente a cada ventanilla la aglomeración de pasajeros de los nuevos vuelos se va acumulando hasta formar una fila de la que no puedo ver el final.

De las veinticinco ventanillas cuatro dicen *U.S. Citizens*. Las demás son para *Visitors*. De ahí se desprenden de vez en cuando los que ingresan al departamento en el que estamos nosotros. Los que no son remitidos a Migración siguen de frente con temor a volvernos a ver y que los atrapen. Pasan de lejos y atraviesan varias puertas hasta la recogida del equipaje con miedo de que a algún oficial de Migración se le ocurra llamarlos: oye, tú. Si estás en tránsito, hay que hacerlo todo como si se fuera a salir de la terminal y empezar de nuevo, volver a entrar y acarrear el equipaje de un lado a otro del aeropuerto hasta depositarlo en el despacho del nuevo vuelo. Esto debe tener alguna lógica, pero no la he entendido nunca. ¿Evitar ataques kamikaze, ahorrarse el costo de las bandas transportadoras, impedir el trabajo de los inmigrantes ilegales?

La mujer de American se encuentra charlando animadamente con otro pasajero, sentada en el extremo contrario de la habitación. Estoy a punto de incorporarme para seguirla cuando el tipo español se dirige a mí. Venimos en el mismo vuelo y entramos juntos al cubículo. No le presto mucha atención porque tiene sandalias y barba y no quiero que me identifiquen con él. Trato de colocarme en las hileras de adelante, seguro de que me llamarán en cualquier momento, pero me habla directamente y a los ojos. Sigue entrando gente y ninguno se estaciona en nuestra fila.

Es porque vine sin visa en el 85, me dice, con aliento alcohólico. ¿Qué harán si ya no cabe nadie? ¿Nos sentarán en el piso o tendrán un local mayor para movilizarnos por orden de espera?

¿En el 85?, le contesto, sin ánimo de conversar.

¿Que no? Lo archivan todo en computadoras. Éstos tienen una mente organizada y no como nosotros, los hispanoamericanos.

Bueno, si fuera así Al-Qaeda no pega un tiro.

Calla, loro, calla, se dice a sí mismo.

¿Qué pasa?

¿No estarán grabando todo lo que digamos?

¿Aquí? No, qué va.

¿Que no? ¿No será que nos tienen aquí para que digamos lo primero que se nos pase por la cabeza y que les sirva para incriminarnos? Por eso te cuento lo del 85.

Intento relajarme y que los minutos transcurran con rapidez, aunque la voz del
español no se detiene. Pienso en otra cosa y sonrío. Tampoco me atrevo a des-
pegarme de la silla ni ir al baño.

Si no fue negligencia mía, es que desde hace rato andan detrás de mí. En la
embajada me dijeron que por menos de seis horas en tránsito no había necesi-
dad de sacar visa. Es suficiente con prevenir a la línea aérea.

Claro, en el 85. Ahora te vas preso. No pueden culparme por algo que hice
hace veinte años. ¿O sí? ¿Estas leyes antiterroristas serán retroactivas? En España
estuve en un grupo provasco y siempre gritábamos Gora Eta, Gora Eta, y esas
chorradas, sin saber lo que decíamos. La verdad es que me dio miedo pedir visa
y que me la negaran. ¿Me entiendes? Cuando llegamos al espacio aéreo norte-
americano me escoltaron dos miembros de la tripulación y al llegar me espera-
ba un oficial de seguridad. Fui el primero en salir del vuelo y el primero en entrar,
en el vuelo de regreso, como si estuviera en primera clase. Y mis documentos
iban en custodia con la tripulación. Sólo les hizo falta llevarme en silla de rue-
das, como si yo fuera un anciano, o tuviera una minusvalía, ¿me sigues? No me
puedo quejar. Me atendieron muy bien. ¿Por qué me salen ahora con esto?

Yo creo que no tiene nada que ver.

Me dejaron dos horas en un cuarto con unos negros, pero no me importó.
Te hablo del 85. De ida y de vuelta fue igual. Me permitieron comprar un boca-
dillo y un refresco y el oficial me acompañó al *water,* pero se quedó fuera del
cubículo. No entró conmigo ni nada. ¿Qué pasa si quiero ir al *water* ahora? No
te dejarán solo.

Los servicios sanitarios están ahí detrás. Cualquiera puede ir.

Ya. ¿Fuiste?

Bueno, no, pero no hay problema. No creo. Debe ser otra cosa. Oí a alguien
que quería ir al baño. Fue y listo. Son unos servicios sanitarios comunes y co-
rrientes.

Qué va. No te van a dejar solo en un lugar tan comprometido. Por lo me-
nos tendrán cámaras de circuito cerrado o un sistema de escucha.

No es para tanto.

¿Que no es para tanto? Ya me dirás tú. Mi hermano pasó por Miami exacta-
mente un mes después del 11 de septiembre.

Estarían todavía en estado de *shock.*

Había que tener el pasaporte en la mano hasta para ir a cagar. Lo que te
digo. Todo el recorrido lo hacías con perros ladrándote a los pies, olfateándote,

oyendo mensajes histéricos, en un tono falsamente tranquilizador, por los megáfonos, arrastrando el equipaje, porque si no perdías la conexión. No había forma humana de convencerlos de que lo enviaran directo al destino final. Te diré lo que le pasó a mi hermano. Ni te lo puedes imaginar.

No, no me puedo imaginar.

Pues que traía un jamón serrano y un queso manchego y oyó por los altoparlantes que había que reportarlo o la multa eran diez mil dólares. Diez mil dólares. Se dice fácil. Lo machacaban a gritos por las bocinas. Diez mil dólares. Así es. Así que los declaró y se los quitaron. Mi hermano estaba convencido de que el agente del Departamento de Agricultura se enamoró del jamón, el muy hijo de puta, y lo quería para él.

Todo puede suceder.

Yo le dije que no lo trajera, pero entonces se levantó el embargo contra la fiebre aftosa. Después lo volvieron a implantar. ¿Sabe usted que durante veinte años tuvimos que meter el jamón serrano de contrabando?

No me diga.

Lo traíamos en el equipaje de mano envuelto en capas de papel encerado y nunca hubo problemas. Bueno, nunca hubo problemas hasta esa vez. Así son los yanquis.

Si usted lo dice.

Mi hermano les dijo que el jamón no podía ser terrorista porque los musulmanes tampoco comen animales impuros y el cerdo es un animal impuro.

Sí, yo sé.

Eso los enfureció mucho más.

Me imagino.

No le cobraron la multa pero lo dejaron en cuarentena.

¿Al jamón?

No. Al jamón lo requisaron y se perdió. Estoy seguro que el agente de Agricultura cenó esa noche jamón serrano con su familia. A mi hermano. Lo acusaron por incitación al terrorismo y pasó cuarenta días en una cárcel del condado de Dade. Al final no lo citaron y lo dejaron libre. Es lo que te digo yo. Es mejor quedarse callado. Pero él no iba a dejar que el jamón se perdiera.

Es mejor quedarse callado.

El español se levanta y se apresura a hablarle a un oficial de tripulación que acaba de entrar. Luce gorra, uniforme y la maletita con ruedas que usan todos los miembros del equipo. El tipo luce bastante exasperado y no acepta sentarse.

Se queda de pie con el porte olímpico que tuvieron los tripulantes hasta el
9-11. Está tan inquieto porque lo llamen que ignora al español a su lado. Sigue
entrando gente, un pasajero nuevo cada cinco minutos, y cuento los que esta-
mos aquí. Treinta y cinco y seis niños.

Aún hay bastantes hileras vacías y los de Migración no parecen tener mu-
cha prisa. Entra un sujeto rubio, alemán, danés o algo así. No se queda mucho
tiempo. A los pocos minutos lo sueltan. El miembro de la tripulación sigue mi-
rando inerte la larga mesa en la que se mezclan terminales de computador y
oficiales de Migración.

Ingresa al cubículo un señor en silla de ruedas empujado por una mujer
joven. Se lleva las manos a la cabeza calva, cierra los ojos y llora despaciosa y
desesperadamente. No lo hace de forma tremebunda o melodramática y pienso
que no tiene nada que ver con el hecho de estar retenido en la sala. Su hija, o
quien lo acompaña, intenta calmarlo. No escucho lo que dicen. La mujer, mu-
cho más joven que él, repite con insistencia la misma palabra y le acaricia la
cabeza desnuda.

Dos niños atraviesan la sala persiguiéndose, uno detrás del otro. Corren en-
tre los espacios vacíos y chocan con algunos de los pasajeros que aguardan al
frente del mostrador. Con dificultad permanecen en pie por el peso de las mo-
chilas que llevan a la espalda. Una chica de American los increpa de mal modo.

Ven acá, aquí no puedes correr ni nada de eso.

El padre de los niños no se inmuta y sigue leyendo *The New York Times*. Lo
reconozco. Es venezolano y animador de una cadena de cable. No hace ningún
esfuerzo por detenerlos mientras la madre los zarandea tomándolos de las mo-
chilas. El aire se torna turbio y escaso. Cobro conciencia del tiempo que llevo
en un lugar cerrado y me pesa el cuerpo. Intento dormir y no puedo. La niña
con el vestido de primera comunión, sin moverse, y la familia numerosa ocu-
pan una hilera.

Un oficial de policía abandona la puerta de entrada, lanza algunas frases
con impaciencia y se precipita sobre mí. Sé que es uno de los policías porque
llevan camisas azules y pistola al cinto. Los funcionarios de Migración, detrás
del extenso mostrador y de las terminales de computadora, portan camisas
blancas y van desarmados.

¿Es porque vine a Miami sin visa, verdad? Que me tienen retenido, joder.
Hijos de puta. No soy yo el que grita. Los alaridos provienen del español, pero
los oigo dentro de mí. Movilizan a una buena cantidad de policías desde la sala

de Migración. La chica de American me retiene y revisa diligente las hojas que tiene en la mano. Junto a mí pasan varios oficiales que me observan airados.

No soy yo…

¿Señor…?

Martínez.

¿Colombiano, verdad?

No, no. Ni vine por Avianca ni soy colombiano, digo negando con la cabeza.

El español se incorpora sobre la fila de asientos y varios oficiales lo inmovilizan a porrazos. Un ataque de pánico, pienso cuando lo veo esposado en el suelo. Un ataque de estupidez. Da vueltas como un animal furioso. Contemplo con tristeza algunas piezas dentales, blancas, casi inmaculadas, que brotan de su cara enrojecida. En alguna parte hay un poco de sangre, sobre la alfombra sintética y sucia, en la que hay chicle pegoteado de varias generaciones.

Me levanto con brusquedad y me dirijo al otro lado de la sala.

Yo no haría eso, me increpa uno de los oficiales, empujándome con fuerza contra la butaca. Me siento. El policía duplica mi tamaño y lleva todo un arsenal en el cinturón. Nuestras miradas se encuentran y aparto mis ojos de los suyos. O quizá debería encararlo. Reparo en el bastón de madera que lleva en la mano derecha y en sus zapatos. Parecen construidos para gigantes. La cabeza me estalla como si me hubieran machacado a mí también. Sé que no es cierto, pero es difícil abstraerme a la sensación de encontrarme perdido y no encontrar la salida.

El señor Martínez…

No sé, no sé, insisto, venía conmigo en el avión, desde Madrid.

Los otros pasajeros contemplan la escena con aburrimiento. Busco con la vista a la chica de American sin hallarla. Hace un instante estaba a mi lado. No importa.

Venga con nosotros…

No pasa nada y me trasladan a otro sector. Sin saber por qué me encuentro en una pequeña oficina administrativa y el retrato oficial del presidente Bush, detrás del escritorio, me despierta. No me sonríe. Tampoco me odia. Estoy muy por debajo de su dimensión sobrehumana. Él mira hacia el infinito, hacia la eternidad. Es la inmortalidad misma y yo no existo o estoy a punto de desaparecer. Soy invisible a sus ojos, y sin embargo me mira. No tiene más remedio.

Mi mal inglés empeora en estos casos, aunque el personal no tiene ningún pudor y habla en español. Los apellidos sobre las placas de identificación son latinoamericanos. *Latinos*. Bush me sigue mirando cuando Castellanos revisa mi expediente. Lo hojea repetidas veces y al fin se decide a tomarme las huellas dactilares y hacerme la foto con la burbuja flexible que le sirve de cámara. Observo el ojo sin párpados y aparento tranquilidad.

Señor Martínez... a ver... oye, no te puedo dejar entrar. Tenemos un problema contigo, con una persona que tiene tu mismo nombre.

¿Y los apellidos...?

Yo sé que no eres tú.

¿No?

Yo lo sé.

En ese instante se permite una sonrisa tranquilizadora. Sin embargo, es apenas una fracción de segundo. Bush permanece incólume y yo recapacito en las horas que tendré por delante. Horas que son días en el cubículo de cristal. Está bien. No pasa nada.

Pero no te puedo dejar pasar hasta que me den autorización. Yo no te la puedo dar. ¿Entendido?

Lo veo impacientarse por la cantidad de expedientes que tiene sobre el escritorio. Está a punto de despacharme y seguir con el siguiente.

¿Y la autorización...?, me atrevo a decirle antes de levantarme.

No depende de mí. Me la envían y yo te dejo pasar. ¿Okey?, me dice mostrándome un fax en la mano, casi levantándose.

¿Y cuánto dura eso? Yo estoy en tránsito y... conexión...

Niega con la cabeza y yo me detengo. No hay nada qué hablar.

Señor Martínez...

Pronuncia las palabras con un tono condescendiente. Observo que intenta ser amable, no salirse de sus casillas, mirarme a los ojos. Bush también lo hace. En mi cabeza resuena el sonido hueco de los dientes del pasajero español contra una alfombra sólida, dura, hecha de cristal.

Lo más pronto posible, me dice, a veces tarda horas, a veces tarda más... ¿Ya tú me entiendes? ¿Velda? No depende de mí.

Es un buen chico y no quiere mandarme al carajo. Finalmente, estoy a las puertas de Roma, de la civilización, y todos lo sabemos. Seamos civilizados.

Vuelvo al cubículo sin aliento. El español sigue hablando tranquilamente con otro pasajero que no lo escucha. No tengo dónde sentarme y después de buscar un rato y de pensar que me han robado todo descubro la maleta y las cosas contra una de las paredes. La sala está a reventar y sigue entrando más gente.

Señor... avíseme cuando salga, le dice la chica de American a un pasajero. No es la misma chica ni el mismo pasajero, pero da igual. Con varias horas de esperar la cabeza se me encoge y se me agranda con cada bocanada de aire turbio. Llega hasta mis pulmones con la fluidez intravenosa e irreal de otro mundo.

Del otro lado del vidrio se arremolinan cientos de personas en filas irregulares. Desbordan la sala de Migración. Cierro los ojos y escucho el sonido del vidrio al romperse con un aullido sordo.

[Del autor.]

PANAMÁ

Justo Arroyo (1936)
Pedro Rivera (1939)
Dimas Lidio Pitty (1941)
Enrique Jaramillo Levi (1944)
Consuelo Tomás Fitzgerald (1957)
Ariel Barría Alvarado (1959)
Carlos Fong (1967)
Carlos Oriel Wynter Melo (1971)

JUSTO ARROYO
(Colón, 1936)

Es licenciado y profesor de español por la Universidad de Panamá, con estudios de maestría y doctorado por la Universidad Nacional Autónoma de México. Ha ganado en múltiples ocasiones el Concurso Nacional de Literatura Ricardo Miró como novelista y cuentista. Es autor, entre otras, de las novelas La gayola *(1966),* Dedos *(1970),* El pez y el segundo *(1979),* Geografía de mujer *(1982),* Semana sin viernes *(1995),* Corazón de águila *(1996),* Vida que olvida *(2002), así como de los libros de cuentos* Capricornio en gris *(1972),* Rostros como manchas *(1991),* Para terminar diciembre *(1995),* Héroes a medio tiempo *(1998),* Sin principio ni fin *(2001) y* Réquiem por un duende *(2002).*

Héroes a medio tiempo

DESPUÉS de lo que me había ocurrido, no estaba de humor para hablar con nadie. Lo único que deseaba era una larga sesión de tragos para intentar olvidar. En el bar, me dirigí a la esquina más apartada y le pedí al cantinero el primero de los cien whiskys que pensaba bajar esa noche. Y me lo trajo tal cual yo quería, sin comentario alguno, dejándome solo con mi dolor.

Al quinto trago, el dolor se hizo menos intenso pero parecía haberse refugiado en algún lugar del pecho, como esos boxeadores que se amarran al contrincante cuando los suenan de verdad y esperan que se les pase el aturdimiento para volver con más ganas. Así sentía el dolor dentro de mí, mareado pero no noqueado, acumulando fuerzas para regresar.

Al décimo whisky, el cantinero me dio su primera mirada de extrañeza. Porque según todos los cálculos, yo debería estar regado en el piso, durmiendo la borrachera. Pero el único embrutecido era el dolor, que me permitía este respiro para fijar la mente en otras cosas, como la belleza de las botellas o la música de la rocola.

Lo que no soportaba era el calor. Sudaba a mares y no había forma de detener el grifo. Pero cuando me di cuenta de que yo era el único que sudaba, todos los demás parroquianos visiblemente cómodos en el aire acondicionado, me dije que el calor y el sudor eran las formas del dolor de recordarme que aquí estaba y que no se iría a ninguna parte.

Cuando iba por el trago quince, el cantinero me sirvió, ahora sí, con manifiesta hostilidad. Pero no había derecho. Porque aquí estaba yo, firme en la barra, sin meterme con nadie, mirando a todos lados y a ninguno, lamiendo la música y contento con mantener el dolor anestesiado, aunque lo pagara en calor y sudor. Pero el cantinero me trajo el whisky con una mirada de ojos apretados, como diciéndome que, a la menor metida de pata, me largaba del bar.

Pero no tenía nada de qué preocuparse, porque aun en mis momentos de borrachera extrema transmito una apariencia de absoluta sobriedad, con una mirada limpia que enmascara la total ausencia de mi cerebro. Y de la misma forma puedo caminar o manejar, sin la menor vacilación, seguro entre cualquier tránsito para, al despertar al día siguiente, no tener la más remota idea de cómo llegué a casa ni por qué calles conduje. Y ha debido ser esta mirada serena lo que lo convenció de que podía seguir sirviéndome.

Mi temor era estar solo. Encontrarme en cama mirando el cielo raso y tener que afrontar el dolor. Aunque tampoco era posible estar borracho todo el tiempo. Porque si existe algo que me ha salvado del alcoholismo es el alcohol mismo, que me repugna de día. De día, no soy capaz ni de una cerveza, pero cuando llega la noche es otra cosa. De esta manera, he podido funcionar en mis trabajos, recibiendo, incluso, premios por puntualidad y eficiencia.

Con el whisky número veinte entró.

Era un hombre muy pequeño, parecido a un gnomo, y cuando se sentó en un taburete, al lado mío, los dos pies le quedaron colgando, bien lejos del suelo. Yo seguí mirando hacia adelante, como para no aceptar su presencia, pero por la esquina del ojo pude ver su sonrisa, una sonrisa traviesa que acentuaba aún más su apariencia de duende. Entonces pidió un trago y empezó a jugar con el taburete, meciéndose, hacia adelante y hacia atrás, hacia la izquierda y hacia la derecha, realizando incluso circunferencias y, en efecto, divirtiéndose… como un enano.

Yo seguí con la vista adelante, toda mi concentración en mantener el dolor bajo control, entreteniéndome con la madera del bar o la variedad de licores o la barriga del cantinero o su deleite al confeccionar tragos. Especialmente cuando le pedían cocteles. Entonces el rostro se le iluminaba y el cuerpo de elefante parecía bailar al preparar las mezclas. Su satisfacción plena llegaba al concluir una obra maestra, llena de colores, frutas y paragüitas que colocaba con una venia frente al cliente. Todo lo contrario a cuando le pedían una simple cerveza o una soda, cuando atendía con displicencia.

Lo mío era whisky con agua, uno de los tragos más simples de hacer y más fáciles de dañar. Porque la combinación de hielo, whisky y agua debe ser exacta, con las moléculas bien proporcionadas, y cualquier desliz en uno de los ingredientes, cualquier variación en cantidad o secuencia, lleva a uno de los desastres más comunes que el paladar experto distingue.

El cantinero y yo estábamos sobre la misma onda, porque cada trago era perfecto, sin variaciones, y quizá fue mi apreciación de su talento en esta combinación en apariencia sencilla lo que lo hizo relajarse, yo degustando su pericia en silencio, él disfrutando mi aprobación en silencio.

Cuando el duende a mi lado hizo su circunferencia número diez, me dije que tenía que confrontarlo para que dejara de joder con el taburete; aunque también pensé irme de mi esquina en la barra. Pero las dos alternativas me parecieron intolerables. No me veía cruzando palabras con el enano pero tampoco me veía abandonando mi trinchera, este nicho que tan bien me había resultado en mi comunicación con el cantinero y en aplacar el dolor.

Pero con su giro número quince me llené de fuerzas para hablarle. Y, con toda la serenidad que daban mis palabras medidas, con toda la tensión de mi rostro bañado en sudor, con toda la convicción de saber que si me iba a casa el dolor me acabaría, le pedí que por favor dejara de joder con el maldito asiento.

El hombrecito cesó en el acto. Pero entonces me miró con su sonrisa traviesa y dijo algo. Y como lo más lejos de mi mente estaba el entablar diálogos con nadie, mucho menos con gnomos en cantinas, pretendí que no me había hablado y seguí atento al cantinero en sus demostraciones artísticas.

Pero de su lado seguía la voz, una voz que parecía dirigida a algún interlocutor invisible delante de él, aunque yo sabía que me hablaba a mí, con la curva exacta entre su sonido y mi oído. Y fue así como empecé a captar sílabas y palabras en un fraseo elegante, como un discurso aprendido y repetido hasta el virtuosismo. Pero además, al no atreverme a mirarlo, en el solo hecho de dejarlo hablar, me daba cuenta de que cedía terreno ante él, por más que mantuviera la vista adelante y pretendiera que no existía.

—¿Dolor? —me decía—. ¿Quieres saber de dolor? Yo sí puedo hablar de dolor.

Por un momento pensé que estaba conjeturando sobre algún mal mío, algo corporal que se manifestaba en mi abundante sudor y mi incapacidad de emborracharme. Por eso consideré seriamente irme al otro extremo de la barra, donde había una pareja de enamorados concentrada en tocarse.

—Yo conozco el dolor desde que tengo uso de razón —continuó el enano, hablando con el interlocutor invisible que era yo—. ¿Crees que es poca cosa pasar la vida como enano? ¿Crees que esta sonrisa vino fácil? Es una educación, mi adaptación a la insensibilidad de ustedes, los normales, mi maquillaje para demostrarles que tolero su crueldad a cambio de que sean menos crueles. Un recurso, en otras palabras, como esos animales que esconden el rabo entre las piernas o se hacen pequeños ante los más poderosos.

El hombrecito casi no movía los labios, y yo estaba seguro de que ni el cantinero ni nadie se daba cuenta de que hablaba. Bebía ron con cola, y aquí también el cantinero hacía gala de su pericia al combinar la mezcla exacta de este otro aparentemente sencillo trago, para gozar con las lamidas de satisfacción del duende. Y esas pausas en su beber eran su única tregua conmigo.

En este punto tuve que aceptar que él había empezado ganando, porque era cierto, yo nunca me he imaginado pequeño, ni siquiera de mediana estatura. Con mi metro noventa no hay quien no se entere de que he llegado a un sitio, y existen cosas que siempre he tomado por descontado, como el mirar a los demás desde arriba o el convivir con este cuerpo que algunos califican hasta de "imponente". Pero en este punto me dije que el hombrecito sufría de miopía, porque mi dolor nada tenía que ver con algo físico. Ojalá lo fuera.

—Físico o mental, es lo mismo —dijo de repente, la vista adelante, con lo que logró que por poco me ahogara con mi trago, al pensar que me leía el pensamiento—. Todo está unido, y sólo Dios sabe cómo he tenido que luchar para que mi mente no se fuera detrás de mi figura. Todo el mundo piensa que los enanos somos los seres más divertidos de la tierra. Todos nos imaginan de un buen humor permanente, y por eso nos ofrecen trabajos en circos. Es un estereotipo, como el que le aplican a los gordos, como nuestro amigo allá enfrente, el cantinero, que en realidad es un malhumorado que esconde su verdadera naturaleza tras su fachada de bonhomía. Porque si la gente supiera cómo envidia a los delgados, y a través de ellos a la humanidad entera, nadie le daría trabajo y mucho menos en una cantina. Los gordos, como los enanos, derrochamos una alegría que pagamos en privado, cuando nadie nos ve y nos contemplamos en el espejo.

Yo no sólo no puedo imaginarme de baja estatura sino que jamás he tenido problemas de peso. Mi metabolismo es equilibrado y nunca he pensado en dietas. Pero, viendo al cantinero delante de mí, gordo entre los gordos, puedo captar algo de lo que dice el enano, cuando por encima de su rostro afable se le cuela un gesto que traiciona su violencia reprimida.

—Fue en un circo donde conocí a mi esposa —decía ahora, la voz más grave pero audible—. Y sonreía como yo: a su tamaño, a las burlas por nuestro romance, incluso cuando todos se opusieron a nuestro matrimonio: los curas, los médicos y los trabajadores sociales, quienes nos tildaban de egoístas, reclamándonos que íbamos a traer al mundo más gente deformada. Dolor, yo sí puedo hablar de dolor.

Prestarle atención me causaba una sensación extraña, algo que no podía explicar hasta cuando me di cuenta de que su discurso me estaba volviendo a la lucidez y, con ella, al dolor, que se estaba comportando como a quien le tiran un balde de agua fría encima y sacude la cabeza. Eso era: el enano me ensombrecía, y rápidamente pedí y bajé los próximos whiskys, volviendo a mi entumecimiento placentero. Sin embargo, a estas alturas de su conversación yo tenía que conocer su dolor. Para ver si remotamente se comparaba con el mío.

—Al fin encontramos un cura a quien convencimos de nuestra determinación y de que sería peor que tuviéramos hijos fuera del matrimonio. Pero los únicos que nos acompañaron en nuestra boda fueron los otros enanos del circo. No asistió ninguno de los normales, quienes de esta forma demostraban su hostilidad por lo que consideraban degeneración nuestra. Aunque para los normales cualquier experiencia de los enanos es grotesca. Pero la vida encuentra la forma de mantenerse, aun en las situaciones más difíciles. Y si he estado con mujeres normales, de piernas largas y brazos largos, de cuellos largos y troncos largos, nunca tuvieron importancia para mí. Porque amor, lo que se dice amor, sólo lo he sentido por mi esposa, mi igual, mi espejo.

"Y cuando quedó embarazada, fuimos los seres más felices de la tierra. La preñez de mi esposa, por supuesto, fue explotada por los dueños del circo para aumentar la clientela, al exhibir su maternidad como otra curiosidad, su barriga un enigma que el público podía resolver con todo tipo de especulaciones. Nosotros, ella y yo, sólo sonreíamos. Dolor, yo sí sé de dolor."

Cuando el cantinero le traía su ron con cola, el duende dejaba de hablar y

miraba hacia adelante, como escuchando a su interlocutor. Entonces, el canti-
nero nos miraba, alternativamente, como diciéndose que esta noche le había
tocado la gente más rara del mundo.

Porque era fácil comprender a los novios en la otra esquina, tocándose y
bebiendo. Asimismo, a los parroquianos de las mesas, algunos gritando, otros
hablando en voz baja, otros metiendo monedas en la rocola pero todos dentro
del esquema de un bar. En nuestra esquina, mientras tanto, y desafiando todas
las leyes de la borrachera, un hombre corpulento y un enano bebían como pe-
ces, aparentemente mirando al vacío. Pero, y también con la paciencia de quien
lo ha visto todo en la vida y tal vez reconociendo en nosotros a los clientes más
tranquilos del lugar, el cantinero movía la cabeza, servía y se iba.

—Hasta cuando la barriga de mi mujer pasó de chiste a seriedad. Porque en
los últimos meses adquirió tal volumen que se podría jurar que era más ancha
que alta. Le era imposible todo: caminar, sentarse o acostarse. Y por primera
vez hubo algo parecido a solidaridad entre los compañeros del circo, normales
o no, cuando vieron a mi mujer sufrir, cuando dejó de sonreír. Porque lo que
estaba creciendo en su barriga eran gemelos.

En este punto quedé sobrio como si alguien me hubiera sonado una cam-
pana dentro del oído. El bar, el cantinero, los novios y el resto de los parroquia-
nos se me presentaron en toda su realidad, es decir, en toda su fealdad. Sentí la
potencia del dolor subir desde el corazón hasta posesionarse del cerebro, don-
de barrió mi bien cultivada borrachera hasta dejarme lúcido y con una jaqueca
espantosa.

Fue como si me hubiera emborrachado, hubiera perdido el conocimiento y
hubiera vuelto en mí, todo en fracción de segundos. Las manos me temblaban
y, al llevármelas a la cabeza, sentí, más que vi, la presencia del cantinero, sus
brazos enormes y peludos cruzados en el pecho, como preguntándome si ha-
bía llegado la hora de la cagada. Pero todavía temblando le señalé mi vaso y,
lentamente, más lento de lo que yo podía tolerar, me trajo otro whisky. Lo vacié
de un tirón y sentí el dolor retroceder, como león ante el látigo.

—Las radiografías los mostraban claramente, un varón y una hembra —con-
tinuó el duende—. Pero con un tamaño descomunal, como si fueran gigantes.
Entonces, temiendo por su vida, aceptamos una cesárea.

Dejó de hablar y vació el contenido de su vaso. Yo me agarré de la barra
ante el temor de otro súbito ataque de sobriedad. Entonces, con su mayor son-
risa traviesa de la noche, me dijo:

—Murieron los tres en el parto. Yo sí sé de dolor.

Y empezó a columpiarse en el taburete, frenéticamente, hacia adelante y hacia atrás, hacia la izquierda y hacia la derecha; luego le dio por girar y girar mientras sonreía su sonrisa maliciosa.

—¿Dolores a mí? —repetía con cada vuelta del taburete—. ¿Dolores a mí?

Hasta cuando el cantinero llegó y, con un emputamiento rotundo, nos gritó:

—¡Ahora sí se largan, los dos!

Pedí las cuentas y cancelé. Entonces, completamente sobrio y sin el menor dolor, invité a mi amigo a otro bar.

[*Héroes a medio tiempo,* 1998.]

PEDRO RIVERA
(Ciudad de Panamá, 1939)

Es narrador y poeta. Autor de ocho poemarios, nueve libros de ensayo, y de las colecciones de cuentos Peccata minuta *(1969),* Las huellas de mis pasos *(1993) y* Crónicas apócrifas de Castilla de Oro *(1993), entre otros. Recibió el Premio Ricardo Miró de Poesía en 1969 y 2000, el de Cuento en 1969 y 1993, y el de Ensayo en 2004; el Premio Liga de Amistad con los Pueblos; el Premio Copa Azul por* Ahora ya no estamos solos, *y el Premio Caimán Barbudo por* ¡Aquí hay coraje! *En el Fondo de Cultura Económica ha publicado* El libro de la invasión *(1998) junto con Fernando Martínez.*

Felipillo

1

DEL ARCHIPIÉLAGO DE LAS PERLAS llega Felipillo a tierra firme. Aprovecha la noche, el descuido de la guarnición, su destreza en el manejo de los remos y el viaje a Panamá de su señor, don Fernando Carmona, para devorar las leguas de mar que separan las islas de la costa. No llega solo. Una decena de hombres descalzos, sudorosos, curtidos por el sol y la sal, de piel y cicatrices relucientes, le acompañan. Desembarcan en la playa. No desconocen el lugar. Han explorado antes, con sus dueños, los territorios de la costa, los riscos y las desembocaduras de los grandes ríos. En estos arenales han perseguido cangrejos de blancos carapachos o degustado huevos de tortuga, crudos, para acrecentar la varonía, según le enseñaron sus ancestros.

Ahora van de un lado a otro, escudriñan el horizonte y sienten bajo sus pies las olas espumosas, el silencio de la selva a sus espaldas y el miedo en sus corazones. Dudan. ¿No sería mejor regresar? Al que llaman Panga, que nunca fue hombre de mar, le tiemblan las canillas. Tiene, dice, ganas de vomitar. "Es miedo", gesticula Gato, burlón. Entre los fugitivos reina el desconcierto. Sienten que es demasiado pronto para salir huyendo y demasiado tarde para volver atrás. "Por aquí", dice Gato. "Por acá", dice Felipillo. Felipillo se impone: borrar las huellas de la arena, esconder los botes, dejar una marca, internarse en la selva, avanzar a lo más alto de la sierra antes de que den la voz de alarma en las islas, la noticia llegué a Panamá y pueda alcanzarlos una patrulla. "Nos tocaría a cien latigazos por cabeza si regresamos", dice Felipillo.

En la Plaza Mayor, frente a la catedral en construcción, a Fernando de Carmona, amo de islas y esclavos, encomendero, hacendado y de cuando en vez traficante en perlas, todos los colores se le van de la cara cuando su vecino, Bernardo Gallo, un recién llegado de Almería, que ha viajado desde la Isla del Rey para llevarle la noticia, da detalles de la fuga. "Se fueron alejando poco a poco hasta perderse en el horizonte."

Los gritos de don Fernando debieron escucharlos hasta los monjes del Convento de la Merced, al otro lado de la ciudad, cerca del puente del Matadero. Vase, pues, seguido de amigos y curiosos, a la casa del gobernador. "Ocurre todos los días", responde Sancho Clavijo al exaltado encomendero. "Debemos atraparlo antes de que alcancen las lomas", insiste Carmona. "Lo haría con mucho gusto, pero no tengo soldados disponibles." "Organicemos una patrulla de vecinos", insiste Carmona. "Será de monjes." "¿Qué insinuáis? ¿Acaso no veis que en la ciudad no quedan sino beatos. Todo el mundo se ha ido con Pizarro y Almagro al Perú. Vos lo sabéis, don Fernando", responde con firmeza el gobernador de Tierra Firme.

Don Fernando Carmona hace cálculos mentales de sus pérdidas mientras avanza con el grupo de vecinos de las islas hasta el puerto, detrás de las Casas Reales. Más privilegios que nosotros tienen estos negros, comentan unos y otros. Lo tienen todo. Hasta mujeres nos ha obligado el rey a proporcionarles. Hartan como animales y luego, con la panza llena, se huyen al monte. Reniegan de sus majestades y de Dios. El gobernador se hace de la vista gorda, joder. Claro, el muy miserable no suelta la botella de Cécubo. ¡En manos de quiénes ha quedado la honra de España! De pedos, don Fernando, de pedos. No sé cómo piensan que los hombres de empresa, que llegan a poblar estos míseros parajes, podrán ser persuadidos a invertir sus dineros y sudores con autoridades tales. Habrá que poner las quejas al mismísimo rey. ¡Habrase visto cuán malagradecido resultó el tal Felipillo! Le dije, don Fernando, que fuera más severo con ellos. Usted le enseñó la lengua cristiana y, para colmo de males, lo hizo bautizar, en el nombre de Dios y de la Virgen María, como Felipe, el apóstol de Cristo.

No evitará por ello las llamas del infierno, téngalo por seguro, don Bernardo. "Tenéis razón, nunca se le maltrató, pues jamás se le dio más de diez latigazos juntos, y de manera tan mezquina paga", dice Carmona abordando el velero que lo llevará a las Islas del Archipiélago.

Pero Felipillo no huye. Simplemente se reconcilia con la naturaleza, de la que es hijo, de la que fue plagiado por la fuerza. Allí, en el monte, se siente a sus anchas, es como regresar al hogar. Él y los suyos hacen morada en un paraje aledaño al Golfo de San Miguel, un sitio que se parece tanto al sitio de donde fue arrancado que si no fuera por los rostros que dejó atrás, que apenas se dibujan en su mente con trazos muy vagos, se diría que ha regresado a los orígenes.

Ocupan un risco alto desde donde pueden llenar la vista de horizonte y atisbar a los intrusos. Construyen una estacada y fosos alrededor de bohíos levantados con ramas y pencas. La noticia se riega por el Reino de Tierra Firme, entre los esclavos, como los círculos de un charco. Viejos cimarrones, cansados de vagabundear, de la soledad, de no compartir una noche de juma alrededor del fuego y los atabales, de no encomendarse a sus dioses, escapados del Darién, Nombre de Dios, Panamá y de las islas del golfo, llegan al palenque, a compartir la libertad, los sueños, las fatigas.

No piden permiso. Llegan, saludan, se quedan a vivir, están en casa. No necesitan extensos territorios. ¿Para qué? El río que baja de las montañas arrastra suficiente agua, la lluvia es pródiga, la carne y la pesquería abunda, la tierra es fértil y las manos laboriosas. Forman familias, labran el campo, cazan. Las pocas mujeres del palenque tejen petates, cocinan, secan las ropas y las carnes al sol. Tienen caza mayor y también iguanas, aves, peces. Los hombres fabrican arcos y flechas, lanzas, escudos, herramientas para el cultivo, redes, vasijas, muebles, tambores ceremoniales, esculturas de dioses tutelares, bebidas fermentadas.

En poco tiempo el palenque es una ciudad en pequeña escala. Hay tiempo para cultivar, tiempo para cosechar, tiempo para rezar, tiempo para beber, tiempo para pelear. Hay autoridades, reglamentos para entrar y salir de la empalizada, vigilancia día y noche, sembradíos de cazabe, maíz, zapallo, ñame y plátanos en fincas cercanas. Tallan ídolos. Se organiza el culto a los dioses. El curandero explora las virtudes terapéuticas de las plantas, la tierra, las vísceras, la orina y las excrecencias animales. Son pescadores, cazadores, carpinteros, herreros, salteadores de camino, gente de guerra. Se organiza la vida civil, religiosa y militar. Se preparan cuidadosamente para la libertad, para la pelea, para la vida, para la muerte. Se elige a los jefes del palenque. La mayoría escoge a Felipillo para gobernar en la guerra y en la paz. Gato acepta, con una sonrisa, la derrota. "Soy más hombre que él", dice a sus allegados.

Pronto los hombres del palenque declaran la guerra a los castellanos. Sus ataques son organizados. El *cimarronaje* les ha dado experiencia, algunos han sido protagonistas de correrías contra indios, saben usar las espadas y los arcabuces. Los *palenqueros* llevan el terror a las pesquerías de las costas del Mar del Sur, a fincas ubicadas en los arrabales de la ciudad de Panamá y Nombre de Dios. Caen sobre las caravanas que atraviesan el istmo a través del Camino Real, entran a las haciendas, queman ingenios, viviendas, secuestran a las mujeres para cumplir con las leyes del amor y la descendencia. Las evasiones de esclavos se incrementan en las ciudades de Panamá y Nombre de Dios. El ejército de Felipillo crece. El ejemplo se propaga.

"Hace dos años os lo dije, Sancho Clavijo —reclama a toda voz en la Casa del Cabildo don Fernando Carmona—. Si me hubieras hecho caso hoy no tendríamos estos problemas."

El gobernador de Panamá, harto de la depredación de los cimarrones, consciente del peligro que representan si no se los extermina cuanto antes, apremiado por los castellanos, da órdenes al capitán Francisco Carreño, interesado en el comercio de perlas, sito en Panamá por esos días, para que salga en busca de los escapados.

—No vuelvas a esta ciudad sin el bellaco —suplica Clavijo.

Carreño, que sabe su oficio, sonríe. Tiene planes elaborados. Hace meses que controla todos y cada uno de los movimientos de Felipillo. No exagera cuando se jacta. Conoce cada detalle de los caminos que conducen al territorio de los alzados, las sementeras que trabajan en media selva, el sitio que ocupa el bohío de Felipillo en el palenque. "Lo tengo en mis manos", dice chasqueando la lengua contra el paladar y volviéndose a servir vino del botellón. Las condiciones son propicias, es febrero y no hay amenaza de lluvia. Es más, tiene un arma secreta: tiene al guía. Se trata de un ladino que estuvo en el palenque y que se huyó a Isla Iguanas porque Felipillo, vaya uno a saber por qué, lo llenó de vergüenza. "Un castellano, así haya nacido de Extremadura, no odiaría tan-

to como odia éste, de su propia estirpe, a Felipillo", piensa Carreño. Antes de la
madrugada del día que se encontró con él y sus compinches, en Isla Iguanas, el
renegado había sellado el destino del primer *palenquero* del Reino de Tierra
Firme.

La expedición de Carreño se mueve sin dificultad a través de la selva. El te-
rreno es simado, pero si se conocen los caminos, y si se tiene al guía adecuado,
se puede llegar hasta la puerta principal, bloquear todas las salidas y cazar al
enemigo. Los exploradores sorprenden a las postas, sigilosamente los apuñalan
y dejan el camino expedito para que la peonería española pueda aproximarse
sin ningún tropiezo al palenque. Es día de celebración y Carreño lo sabe. Perci-
ben los tambores y la bullanga a prudente distancia. Nunca hubo momento
más propicio para un ataque. Él mismo, antes de dar la orden, puede llegar sin
contratiempo a la empalizada y ver, a través de las hendijas, la mesa servida.

Sobre unos tablados rústicos, en medio de la plazoleta, humea la comida:
cazabe, plátano, huevos de iguana adobados, tortuga, carne de venado, armadi-
llo. Al ritmo de los tambores danzan indistintamente hombres, mujeres, niños
y perros mientras, afuera, los españoles colocan los arcabuces en las hendijas,
entre las tablas, y afinan la puntería. Los fogones chisporrotean. El humo se en-
tremezcla con el polvo rojo que levantan los pies danzantes. Los hombres re-
parten un líquido turbio, ocre, que sacan con totuma de unos tinajones de
barro. "¿Qué beben?", preguntó Carreño antes de dar la señal de ataque. "Gua-
rapo, mi señor".

"Prended fuego a la empalizada y disparad", ordena Carreño. La operación
se ejecuta con pasmosa precisión y rapidez. El primer golpe es devastador. En
pocos minutos el palenque arde por los cuatro costados y la peonería española,
apostada de antemano en sitios estratégicos, inicia el asalto.

Una primera ráfaga de la arcabucería deja sobre el terreno a gran cantidad
de *palenqueros* que, sorprendidos, no atinan sino a correr de un lado a otro.
Ruedan mesas, fogones, tinajas, taburetes, arden los bohíos, la tierra tiembla y
una gritería de espanto sucede al silencio de los tambores. La segunda ráfaga
atina con no menos facilidad a los blancos móviles. Caen decenas de hombres
y la puerta principal. Entran los de espada, con desproporcionada impiedad,
abriendo panzas, destripando sin hacer distinción entre los que apenas se de-
fienden o tratan de buscar refugio en los bohíos o correr fuera de la empaliza-
da. Ladran los perros, los niños lloran.

Felipillo, herido de arcabuz, trata de tomar una lanza y organizar, a gritos, la defensa. Es inútil. Uno tras otro ve caer a los *palenqueros* atravesados por las espadas españolas. La mayoría se rinde. Trastabilla tratando de acercarse a Panga que, gritando improperios, enfrenta a tres castellanos. Lo ve caer casi a sus pies destrozado a golpes y espadazos. "Me muero", oye que le dice. Los mismos que dan cuenta de Panga se vuelven contra él y lo atraviesan, en tres sitios, de lado a lado. Cae en tierra, cara al cielo, entrecortada la respiración y vomitando sangre.

Corta es la agonía. Abre los ojos cuando escucha una voz familiar, casi dulce, que pronuncia su nombre. Abre los ojos. De pie, a su lado, están dos hombres. Uno de ellos es Carreño. El otro, alumbrado desde atrás por la incandescencia de un sol que, como él, muere, es Gato. No ha perdido el encanto de su sonrisa perfecta. "Felipillo, soy más vivo que tú", le dice.

2

Los ciudadanos de la muy Augusta Ciudad de Nuestra Asunción de Panamá, que en febrero de 1551 no suman cuatrocientas almas si se las cuenta a todas, incluyendo al gobernador Sancho Clavijo, así como a peones de infantería, mercaderes, artesanos, fritangueras, pacotilleros, arrieros, vagabundos, pedigüeños, monjes y beatas de los conventos de San Francisco, Santo Domingo y la Merced, mulatos, negros esclavos y horros, indios, mestizos y cuarterones de Malambo y Pierdevidas, acuden a la Plaza Mayor, convocados por el redoble de campanas de la catedral.

El capitán Francisco Carreño, después de fondear su bergantín en la bahía, atraca en la ensenada del Río Gallinero con los treinta negros capturados vivos en el palenque de Felipillo. "Destapad cuanto tonel haya en Tierra Firme", grita al gobernador agitando su sombrero. Sancho Clavijo no oculta su satisfacción, abraza al recién llegado con una sonrisa que le cubre el rostro de oreja a oreja, destapa una botella y bebe de su pico, se pasea entre los encadenados despidiendo un tufo a vino viejo que envenena el aire y ordena un escarmiento público ya.

—Mutilación —dice con un eructo avinagrado.

Francisco Carreño hace señas a uno de sus hombres que, sin titubear, toma por el brazo al más espigado de los negros, "a ese parlanchín de mierda que no dejó de hablar sandeces en todo el camino", y lo lleva a rastras al centro de la plaza. Los curas, en el atrio de la catedral a medio construir, hacen la señal de la cruz, se escabullen hacia el interior de la iglesia, cierran tras de sí los portones y se quedan escudriñando a través de las hendijas de la madera.

Una vieja clava sus uñas en el rostro del que será ajusticiado: "Raptó a mi hija", grita, histérica. La población y los hombres de Carreño rodean al infeliz, lo escupen, lanzan insultos, empiezan a golpearlo. "Señora dice mentira", replica el negro mientras, con agilidad felina, trata de abrir una grieta en el círculo humano que se cierra a su alrededor. Una patada en las entrepiernas lo obliga a poner las rodillas en tierra. "Carreño, ser mi amigo", aúlla desesperado. Una piedra rebota de la cabeza al pavimento y la sangre empieza a manar a borbotones. Gaznatadas, salivazos, puntapiés, pedradas empiezan a llover sobre el negro que, agotadas sus fuerzas, deja de defenderse y se derrumba como un saco de tribulaciones sobre el pavimento.

Un joven soldado, que bebe de la caneca, que pasa de mano en mano para darse valor, se acerca al moribundo y de un golpe de machete le cercena un brazo. La sangre salpica en todas direcciones. La multitud se arremolina alrededor de los despojos y procede a la mutilación sistemática. "Se los daré de comer a los perros", grita el joven soldado que exhibe los testículos del hombre, muerto de la risa, en lo más alto de la escalinata de la catedral.

Los negros de la ciudad, obligados a presenciar la escena por sus amos, "para que tomen ejemplo y sepan a qué atenerse de ahora en adelante si se huyen al monte", encadenados los más, vigilados de cerca por la soldadesca, aprietan los gruesos labios, saborean el filo salobre de las lágrimas que corre por sus mejillas. Casi nunca tienen oportunidad de estar todos juntos y reconocerse entre sí los que de tan lejos, del otro lado de la tierra, del mar y del viento han venido. Allí, por primera vez, están los baule, los carabalí, los mina, los casanga, los lucumí, los congo, los mozambique, los angola, los gana, los mandinga, los terranova, los fula.

El de la región de Vaí, el que todos llaman el Vaiano, y que sirve en casa del presidente de la Audiencia de Panamá, pregunta: "A quién mutilan". El congo, a su lado, contesta con rabiosa indiferencia: "Es uno que antes estuvo en el palenque, con Felipillo. Le decían Gato".

[*Crónicas apócrifas de Castilla de Oro,* 1993.]

DIMAS LIDIO PITTY
(Potrerillos, 1941)

Poeta, narrador y periodista. En varias ocasiones ha recibido el Premio Nacional de Literatura Ricardo Miró en Poesía, Cuento y Novela. Figura en numerosas antologías nacionales, continentales y de otras lenguas. Poemas y cuentos suyos han sido traducidos al inglés, francés, alemán, holandés, checo, húngaro, lituano, noruego y ruso. Desde 1985 es miembro de número de la Academia Panameña de la Lengua y correspondiente de la Real Academia Española. Ha publicado los libros de cuentos El centro de la noche *(1977),* Los caballos estornudan en la lluvia *(1979),* Recuentos *(1986, en colaboración con Pedro Rivera),* La puerta falsa *(2010) y* El olor de la montaña *(2010), así como las novelas* Estación de navegantes *(1975) y* Una vida es una vida *(2003).*

La casa muda

A Gris

Tocó el timbre sin entusiasmo, pero con la secreta esperanza de que, por esa vez, al menos, las cosas fueran distintas. No podía ser que el día prosiguiera tan absurdamente idéntico: "¡Ya le dije que nada, que no quiero nada! ¡Lárguese!"; que ni la tarde acabara bien: "¡Pase usted! ¡No faltaba más! ¡Tanta falta que nos hacía algo así! Pero siéntese, hombre, no se quede ahí. ¡Vaya, por Dios, con lo cansado que se ve!" Ojalá el haber pulsado tres veces el timbre cambiara su suerte. Algunos recomendaban hacerlo para que la gente abriera de buen humor. Ojalá... Le vino a la mente una de esas historias de mala suerte y de cómo ésta terminó cuando la víctima le cortó la cola a un gato negro la medianoche de un viernesanto. Sonrió. Si en verdad resultara... Todo es cuestión de fe, de decir, por ejemplo: "Hago esto para que acabe mi mala suerte". Sin embargo, lo del timbre no iba a servir. Estaba seguro. Porque algo —quizás el día nublado o la sensación de soledad y frío que la noche anterior lo mantuvo despierto hasta muy tarde— lo inducía al pesimismo, a suponer que nada sería halagüeño, que nuevamente una mujeruca desgreñada y roñosa lo mandaría al demonio. Eso, en el mejor de los casos; en el peor, salía una bestia con trazas de insomne o de alcohólico y... Estaba convencido de que no sería de otro modo, así el día se prolongase por siglos y visitara todas las casas de todas las calles de todas las ciudades de la Tierra. No obstante, una especie de hastío o de anhelo lo impelía a insistir, a seguir llamando, aunque dentro de sí comenzaba a crecer el fracaso y ese extraño júbilo de la desilusión, tan intenso como el de la alegría y quizá más legítimo.

Volvió a tocar y de nuevo el sonido del timbre horadó las profundidades de la casa. Ahora comenzarían los carraspeos, los roces de pies, los "ya voy" y, finalmente, escucharía el chasquido de la cerradura; pero la llamada no provocó ninguna reacción en la vivienda. Seguramente su inquilina era alguna anciana solitaria, dueña de varios gatos, de maceteros con dalias y orquídeas, y tal vez de un perico; también podía ser habitada por algún excéntrico, enemigo de coloquios y visitas. Pero, entonces, ¿para qué el timbre?

El mutismo de la casa fue lo último que esperó. Podía aceptar el mal tiempo, el trajín, las injurias, etcétera (en cierto modo, eso era parte del oficio), pero que hasta las casas lo desdeñaran era el colmo de la humillación. Eso estaba más allá del infortunio, de toda tolerancia, de la propia dignidad. El día no podía terminar de esa manera, en un silencio húmedo y escandalosamente neutro. Era preciso insistir hasta que alguien saliera a mandarlo a la perra que lo parió. O podía ser a la gallina o a la zorra; no importaba. Pero, por lo menos, eso sería un testimonio de vida, de gente: un instante de comunicación y compañía bajo la lluvia.

Por tercera vez pulsó el timbre, aunque virtualmente desinteresado de todo propósito comercial. Porque ya lo importante no era vender, sino que abrieran; eso era lo único que realmente importaba. No vender; no mostrar; no discutir. Todo eso era superfluo. Lo esencial era que abrieran, así fuese para gritarle: "¡No joda y váyase al carajo!", o cualquier cosa que lo rescatara de esa calle mojada, de esa tarde podrida y gris perdiéndose hacia arriba y detrás de las casa, en los desagües, en la boca y en los pasos de ese hombre que sostenía un gran paraguas negro; algo que, aunque fuese fugazmente, lo incorporase al verdadero mundo de los hombres. Eso era. Algo que lo aliviara de esa sensación de muerte que, a lo largo de años, había ido espesándose dentro de sí. Tocó, volvió a tocar, pero nada. Más bien, con cada timbrazo, sintió aumentar el silencio; casi lo sentía fluir por debajo de la puerta.

Pensó que lo mejor era prescindir del timbre y llamar directamente a la puerta. Sus puños golpearon, una y otra vez, contra la madera, mas todo siguió igual. Entonces un rencor oscuro comenzó a formarle una bola en el estómago. ¡Ya verán si abren o no! Puso a un lado su maletín con muestras de cosméticos y detergentes. ¡Abran, infelices cabrones! ¡Abran, desgraciados! ¡Abran! Y continuó golpeando y pateando hasta que los vecinos acudieron, alarmados, y lo sujetaron mientras llegaba la policía.

Luego declararon que, en verdad, les sorprendía mucho que el vendedor hubiera llamado a su propia puerta en esa forma. En años de vivir allí, jamás había observado una conducta tan desusada. Pero lo más sorprendente, agregaron, era el hecho de que hubiese llamado, porque el vendedor era soltero y siempre había vivido solo. Absolutamente solo.

[*El centro de la noche,* 1977.]

ENRIQUE JARAMILLO LEVI
(Colón, 1944)

Es poeta, cuentista, ensayista, profesor universitario y promotor cultural. Maestro en literatura hispanoamericana y en creación literaria (Universidad de Iowa) con estudios completos de doctorado en letras iberoamericanas en la UNAM. *Fundador y director de la revista* Maga, *fue el primer autor panameño en publicar un libro de cuentos en Estados Unidos, España, Argentina y Venezuela. En 2005 ganó como cuentista el Concurso Nacional de Literatura Ricardo Miró, con* En un instante y otras eternidades; *y en 2009 los Juegos Florales Hispanoamericanos de Quetzaltenango, Guatemala, con* Escrito está. *Entre sus obras recientes se encuentran* Justicia poética *(cuentos, 2008),* Secreto a voces *(cuentos, 2008),* Por obra y gracia. Hacia una poética del cuento *(ensayos, 2008),* Mirada interior *(poesía, 2009),* Todo el tiempo del mundo *(poesía, 2010),* Con fondo de lluvia *(cuentos, 2011) y* Con calma y buena letra *(ensayos, 2011).*

El lector

I

AQUÍ está la mecedora, allá el sofá-cama, al fondo el escritorio de caoba. Isabel se mece; su hermana dormita estirada bajo una gruesa manta; yo leo sentado de espaldas a las dos. Afuera la lluvia insiste en inundar el todavía oscuro jardín. El viento lanza ráfagas de agua contra el cristal. Nadie hace caso de la tormenta. Ellas, porque ya deben estar acostumbradas; según parece hace años viven aquí. Él, descubriendo minuto a minuto escenas que jamás hubiera imaginado, no aparta los ojos del libro que se le entregara horas antes.

La mayor tiene treinta años, es muy delgada y aparenta unos cincuenta. Su cabello encanecido no conoce el contacto de un peine desde quién sabe cuándo, quizá tampoco el de una mano, ni siquiera la propia. Pero sus ojos, que se han conservado hermosos entre las arrugas incipientes, son claros y parecen encenderse cuando la mecedora se adelanta acercando el rostro sereno al foco que pende del techo e ilumina débilmente la estancia. De cuando en cuando sonríe sin saberlo. Probablemente recuerde la ocasión, ya remota, en que alguien le dijo que Isabel era un bonito nombre pero que más bonitos eran sus ojos, parecidos a los de una muñeca triste. Sin embargo, sería difícil conocer realmente sus pensamientos. Ella misma ignora si los tiene.

Verónica va a cumplir veinte años y su cabello es muy largo y negro. Tiene un cuerpo hermoso y ella lo sabe desde los días en que manos sudorosas la palpaban en la oscuridad. También conoce la fealdad de su rostro. Quisiera poseer ojos bellos como los de su hermana. Estaría dispuesta a cederle en cualquier momento su cuerpo joven a cambio de esos ojos. Pero es imposible. Se quedará bizca para siempre. Sólo hay una manera de reparar su defecto: operándose; cuesta mucho dinero. Y no aceptará jamás las sugerencias que le dictan los sueños. No será nunca la prostituta que es en la escena horriblemente clara que, tal vez, como sucede en el libro que le dio a leer a Vicente, en estos momentos sueña.

Vicente, por supuesto, soy yo. Es el que lee con atención, inaudita para él, las cosas increíbles que narra la novela que Verónica le entregó. No sabe por qué insistía tanto la muchacha, pues a eso había ido, a leer, pero ahora no se arrepiente de haber iniciado en voz baja, tal como le fuera indicado y sin hacer preguntas acerca del objeto de su acción aparentemente inútil, dicha lectura.

Las cosas que hace la muchacha por reunir dinero, la manera gráfica como se describe cada incidente, cada pensamiento teñido de oscuro rencor, le resultan extrañamente fascinantes, totalmente ajenos a su experiencia. Otras partes del libro, en cambio, parecen incongruentes, faltas de la más elemental cohesión anecdótica, hasta vagas a ratos. ¿Qué tiene todo esto que ver conmigo?, se pregunta al final de cada párrafo. ¿Pensarán acaso que tengo la suficiente cultura para comentar después el libro con ellas, para hacerle alguna crítica de ésas que salen en los periódicos a veces? Y sigue leyendo, dejándose llevar, como cuando iba a la escuela, por una infantil curiosidad, percibiendo, sin embargo, la alucinante ausencia de fluidez en el relato, intuyendo que hay trozos arrancados de pesadillas y otros que sólo pudieron ser insertados a la fuerza por una mente averiada, no importándole porque su trabajo consiste en leer y no hacer preguntas.

Vicente ignora que desde aquí, junto a la mecedora de Isabel, contemplo la inmovilidad casi perfecta de su postura. También lo ignoran Isabel y Verónica. Si llegaran a sospecharlo, eso que ocurrió esta noche de lluvia en Noloc no hubiera podido suceder; es más, yo no estaría aquí. Pero a qué adelantarnos a los hechos. Baste por el momento con saber que aún faltan dos horas porque me he salido del tiempo y estoy instalado otra vez, pero mirando desde otra perspectiva, en lo que todavía no sucede y habrá de permitirme interminablemente este voluntario retroceso. La lluvia continúa cayendo. El viento, como estará haciéndolo allá en mi casa donde se preocupa mi mujer y llora el niño, no deja de lanzar agua contra los cristales.

II

Me hicieron mujer a los catorce años, a la fuerza. Siempre había pensado que la gente sólo me veía como a un ser de mirada deforme. Mis ojos llamaban la atención, sí, pero en seguida causaban burlas, lástima o el esfuerzo de una actitud indiferente. Si el espejo me devolvió desde niña una imagen verdadera de mi rostro, es porque los espejos tampoco pueden alterar la realidad, aunque algunas personas lleguen a creer lo contrario gracias a su poderosa fantasía que trastoca imágenes y suple vacíos. Gracias a mi encuentro diario conmigo misma me había resignado ya. Pero un día dejé de aburrirme con la expresión siempre idéntica de mis ojos bizcos mirándome-mirarlos-mirarme-mirarlos, para descubrir cómo se llenaba misteriosamente mi cuerpo delgado. Renací en la fusión deliciosa del tacto con lo que veía.

Los hombres se dieron cuenta al mismo tiempo y comenzaron a sonreírme. Me sentí feliz. Permití que me siguieran a todas horas por las calles encharcadas de Noloc. La primera mano que palpó mis caderas era tosca y despertó en mí resonancias insospechadas. Y cuando algo nos gusta o nos conforta permitimos que su agrado nos complazca ampliamente. Por eso no me oponía a que acariciaran mi cuerpo en los zaguanes oscuros, bajo las escaleras, en los más apartados rincones del cine. Hasta que una vez me pidieron que me entregara toda y a mí se me ocurrió poner por condición que miraran fijamente mis ojos durante cinco minutos.

Eran tres muchachos los que más me asediaban. Siendo íntimos amigos, querían compartirme. Cada uno podrá poseerme después que haya cumplido primero mi solicitud, les dije. Yo quería sentir que me daba a cambio de algo, aunque para ellos solamente significara un pequeño sacrificio. En otras ocasiones me habían manoseado sin detener la vista en mi rostro ni una sola vez.

Aceptaron muertos de risa. Querían que antes me quitara la ropa. Dije que no. Primero me miran a los ojos, uno por uno, durante cinco minutos o nada. Los muy cabrones me vendaron los ojos con un enorme pañuelo, amarraron mis manos con otro, y en seguida me desgarraron la falda. Habían olvidado amordazarme y yo gritaba de rabia. Un trapo que resultó ser un pedazo de mi blusa me tapó de pronto la boca y ya no pude impedir nada.

III

No sé por qué cuando se conoce lo que ha de suceder, los minutos adquieren una pastosidad irritante, agobiadora. Aunque es sabido que Isabel se levantará súbitamente y sin pensarlo dos veces se desplazará hasta donde yace su hermana soñando quizá, como en el libro, que acumula dinero y más dinero porque sus entregas no tienen fin a pesar de su agotamiento. Aunque se conoce la reacción que tendrá Verónica al sentirse zarandeada con malévola brusquedad. Aunque resulte inevitable que Vicente se dé vuelta asustado al oír el grito pavoroso de la muchacha y no poder creer que está oyendo realmente algo que debía carecer de sonidos porque sólo es una descripción literaria, en el libro que está entre sus manos, de la reacción del personaje. Y aunque todo esto se encuentre previsto porque ya sucedió, ahora los hechos parecen retrasar su realización deliberadamente para hacer más angustiosa mi espera. Por algo dice mi mujer que todo lo que ocurre en este mundo es un capricho del Tiempo.

IV

Estoy muy preocupada porque Vicente se fue de aquí hace más de ocho horas y aún no regresa, ni siquiera ha llamado como suele hacerlo cuando decide ir a tomarse unos tragos con sus pocos amigos o se le antoja cualquier cosa, aunque sólo sea meterse a un burdel hasta que se le pase el mal humor, y claro que él no me dice voy a un burdel sino que inventa una excusa, por más inverosímil que resulte, para que yo sepa que está bien y no me preocupe porque la

verdad es que Vicente siempre ha sido muy considerado conmigo en ese senti-
do, pues por más violento que haya sido nuestro pleito nunca deja de avisarme
que va a llegar tarde, sí, una vez me dijo simplemente me voy a dormir a un
hotel, ya estoy harto de tus quejas todas las noches cuando vuelvo cansado y
necesito dormir en paz, pero la cosa es que me avisó que no vendría, él sabe
que me preocupo por todo y luego no puedo dormir y me pongo más neuróti-
ca de lo que estoy últimamente por culpa del maldito embarazo, y no es que
no me gusten los niños, me encantan, pero mis nervios andan tan mal desde la
muerte de mamá que no me siento preparada para tener otro niño, sólo Dios
sabe la felicidad que sentimos cuando nació Vicentito, su padre parecía un ni-
ño a quien le hubieran regalado un precioso juguete, se pasaba las horas mi-
rándole los ojazos negros al hijo y acariciando su piel esponjosa y hasta tenía
yo que regañarlo a veces y pedirle que lo dejara ya, y ahora, cuando menos
capaz me siento de poder afrontar la responsabilidad de otra larga espera, que-
do encinta, me da rabia, todo por andar haciéndole caso al padre Benjamín y a
su "natural" método del ritmo, coño, con lo fácil que hubiera sido tragarme
una pildorita cada noche y se acabó, pero no, qué va, la Santa Madre Iglesia no
ve con buenos ojos todas esas nuevas prácticas artificiales que hoy llenan el
mercado, hija mía, y bueno, por todo eso es que me extraña tanto que Vicente
no haya llamado siquiera a casa de la vecina como suele hacerlo cuando va a
llegar tarde, además, la discusión que tuvimos no fue más fuerte ni más seria
que las anteriores, lo malo es que el pobre anda tan preocupado por lo del tra-
bajo, todos los días compra varios periódicos y se pone a subrayar cuanto anun-
cio le interesa, sólo que al presentarse al lugar señalado resulta que exigen no
sé cuántos años de escuela o unas absurdas cartas de recomendación o cierta
edad, y si iban a poner tantas trabas y condiciones idiotas por qué diablos no lo
decían en el anuncio desde el principio, no sé qué importa que no haya termi-
nado la escuela, él ha sabido educarse solo y eso tiene más mérito, además,
¿cómo esperan que pueda conseguir cartas de recomendación si apenas hace
varios meses que llegamos a Noloc y aún no conocemos a nadie importante?,
aunque nadie duda que somos gente honrada, sólo es cuestión de que se nos
ponga a prueba, como dice Vicente, pero no les da la gana, y en cuanto a su
edad, él es bastante joven, sí, pero no le tiene miedo al trabajo, haría cualquier
cosa que no fuera contra sus principios, porque una cosa es cierta, yo puedo
celarlo a veces y reprocharle cosas cuando sospecho que anda metido en líos
de faldas y hasta mentarle la madre de vez en cuando, claro, pues yo soy así y

no me dejo como las otras, pero siempre lo defenderé por sus altos ideales y su gran humildad y compañerismo, es un magnífico padre y como amante la verdad es que no creo que haya quien se queje, ay, virgencita, ahora mismo me están dando ganas de que llegue con sus manos grandotas y fuertes y comience a sobarme el cuello muy lentamente mientras me dice anda desvistiéndote, negra, porque traigo unas ganas locas de revolcarme contigo, y en seguida lo siento potente contra mi muslo y entonces me carga en peso y me deposita sobre el lecho como la noche de bodas, sólo que en aquella ocasión estaba demasiado borracho y no pudo hacerme nada, el pobre, pero sí sé que viéndome con mis pechos que se agitan presintiendo sus labios se iría quitando la camisa sin dejar de besarme y en seguida el pantalón y luego los calzoncillos y mi cuerpo estaría esperándolo olvidado del ser que se forma en sus entrañas desde que un deseo similar hiciera perder todo valor al método del ritmo ése, y ya estaríamos gozándonos como tantas veces, felices de estar juntos, tratando de olvidar que Vicentito llora en su cuna desde un rincón de la sala donde lo abandonamos, llora porque necesita el seno que le ha quitado su padre.

V

Verónica se siente sacudida en sueños porque ya su hermana está junto a ella y la estremece con violencia. Vicente, estupefacto, oye el grito desgarrador de la muchacha, como estaba previsto que lo oyera, y se voltea a tiempo para ver cómo Isabel clava sus uñas en el cuerpo de la joven y cómo ésta, defendiéndose, araña los ojos de Isabel. La sangre es en seguida un gran charco que se extiende por todas partes.

Vicente corre a separarlas, lo logra al fin. Los senos de Verónica chorrean. Los ojos de Isabel, desgarrados, manan sangre. Él mira de una a otra, aterrado, y siente deseos de evadirse de la pesadilla, de salir corriendo bajo la lluvia hasta llegar a su casa y saber que allá sí comprende todo porque hay cierto encanto en la rutina y en ver el vientre distendido de su mujer y no poder dormir por el llanto de Vicentito.

De pronto recuerda que esa mañana había abierto un periódico en la página de anuncios y se había alegrado al descubrir que en cierta casa se requería un lector. Ansioso por averiguar de qué se trataba, aunque suponiendo que sería cuestión de leerle las noticias a alguna anciana ciega, encaminó sus pasos hacia el lugar donde ahora está. Isabel, al abrirle la puerta, le sonrió como si lo conociera de toda la vida y en seguida se hizo a un lado. Verónica lo esperaba con la novela en la mano y la bata abierta hasta la cintura. El cabello negrísimo desparramado sobre hombros y pechos no ocultaba del todo sus formas. La insistencia en que se sentara a leer de inmediato, sin levantar la voz ni fijarse para nada en las dos hermanas mientras lo hacía, le sorprendió sin impedirle la decisión requerida. Trabajos más curiosos había desempeñado. Antes de retirarse hacia el fondo débilmente alumbrado de la estancia, Verónica aseguró que el contenido del libro era reflejo de la vida y que él terminaría comprobandolo. Vicente no entendió de qué se trataba, pero a eso había ido y de inmediato se sentó a leer. Ahora, de pie ante las dos hermanas que, maltrechas, se sonríen como si nada, se recuerda de espalda a ellas y sabe que debe volver a la lectura, es la única manera de entender.

VI

No pretendo decir que no disfruté lo que me hicieron aquella tarde, lo que nunca más he vuelto a sentir. Pero el odio que se engendró al mismo tiempo también permanece en mí como calcio que me hiciera pesar enormemente los huesos.

Cada vez que me miran al pasar camino a la escuela, sé que piensan es fácil y ahora sólo procura encender más nuestro deseo con su fingida indiferencia. No me importa. Eso deben estarlo pensando desde hace dos años, porque algo les impide acercárseme como antes. Ni siquiera se atreven ya a decirme cosas al pasar. Mi hermana dice que con el cuerpo que tengo debería estar rodeada de hombres siempre, no entiendo por qué han dejado de acecharme. Estoy segura de que en el fondo le complace mi nueva soledad porque así tenemos algo en común y podemos compartirlo suprimiendo nuestras envidias. Lo que Isabel ignora es que de mí emana un profundo desprecio que los hombres perciben y que los espanta. Ahora me miran los ojos de lejos, pero de otra manera, sin sonreír burlonamente. Algún día neutralizaré mis sentimientos el tiempo suficiente para darme el gusto de oírlos gritar como yo no pude hacerlo bajo el dolor inicial aquella vez. Pero en cambio ningún hombre podrá gozar al igual que yo, a pesar mío, mientras me humillaban. Día a día pienso y pienso. Construyo mi vida sobre planes que voy haciendo, y mis planes sobre la paciente monotonía de mi vida. Para no olvidar nada, para que nada deje de realizarse, escribo todo a máquina, en estas hojas que algún día prensaré en un solo fajo para que sean como un librito único. Y cada hombre que acuda a mí tendrá que hacer suyas, mediante la lectura, las cosas que he descrito. Esperarán, por supuesto, que los recompense al final por tan larga y absurda labor. El que se anime a llegar hasta la última línea se habrá encontrado con el destino que primero fue sólo una vaga idea en mi mente.

VII

Como a Vicente no le contestan cuando pregunta nuevamente si debe llamar a un médico, si puede hacer algo por ellas, inquiere por la razón de la pelea. El brotar de la sangre en ambas mujeres que ahora lo miran impasibles es más real que la posibilidad de que le respondan algo. Así lo comprende y por eso exclama ¿Sigo leyendo entonces? Ya falta poco, para eso me contrataron.

El silencio le hace recordar que en ningún momento han hablado de dinero, casi no sabe ni qué hace ahí, solamente se le indicó que leyese hasta el final. Se siente tentado de preguntar cuánto le pagarán, si querrán una opinión acerca del libro. Se dice que seguramente le explicarán todo después, lo hará a no dudarlo la bizca de los senos apetecibles que ahora están impúdicamente frente a él, a la altura de su propio pecho, ensangrentados, pidiendo casi ser lavados. Es alta, no lo había notado bien cuando a su llegada parecía estárselе insinuando al inclinarse leve e innecesariamente hacia a él para entregarle el libro, como en una momentánea ceremonia. Bueno, ya veremos qué pasa, piensa encogiéndose de hombros, y camina resueltamente hacia el escritorio.

VIII

Hace nueve horas que se fue Vicente y ahora sí que me está dando miedo porque son las doce y media del día y sigue lloviendo y todo está oscuro y solitario como si aún fuera de noche y todavía faltaran muchas horas para que amaneciera, y es que no sé si deba llamar a la policía, pues si lo hago y de pronto se aparece Vicente como si nada y me da cualquier excusa y al enterarse de que he dado aviso de su ausencia se vuelve a disgustar conmigo y se va otra vez, no podría soportar por más tiempo esta soledad ni el llanto de Vicentito que me hará darle el seno, que me hace dárselo ahora porque efectivamente se ha puesto a chillar otra vez el condenado, no puede entender que también yo estoy llorando, que necesito a su padre, que lo necesito tanto y daría cualquier cosa por verlo entrar de pronto por esa puerta y decirme sonriendo buenos días, negra preciosa, y quizá hasta diría tengo trabajo, qué te parece, antes de que sus manos fuertotas se pongan a recorrer con delicadeza mi cuello y sus labios musiten vámonos a la cama, y por primera vez no me importe hacer el amor delante del niño porque pensaría algún día tiene que aprender.

IX

Se ha sentado. Toma el libro abierto y reconoce la escena que ha presenciado entre las hermanas, se reconoce preguntándoles si puede serles útil. Vuelve atrás, busca la línea exacta donde grita la muchacha, comprueba que lo que ha vivido es lo que en el libro seguía hasta llegar al nuevo párrafo que ahora lee y que dice: Se oye un grito. Pero esta vez se da cuenta de que no sólo oye realmente el grito sino que también lo siente, porque es él quien grita por el dolor que le produce el cuchillo que ha penetrado de golpe el pulmón.

[*Duplicaciones*, 1973.]

las Cage?). Se acabó la cinta y por supuesto nada de ver los créditos. Salimos por donde dice *Exit*. Llevábamos ya cinco minutos caminando y abriendo una puerta tras otra, inútilmente. El silencio era un festival de pasos de muy diversa índole y comentarios dispersos respecto a la película. Al sexto minuto, un señor de mediana edad, con esa impaciencia que caracteriza a las personas mayores, se quejó: "Oyeeee pero esto qué es, ¿alguien sabe cómo %*&^#*& salir de aquí?" El nerviosismo saltó de una muchacha: "Por qué no damos la vuelta y tratamos de salir por el cine". Todos se detuvieron. "¿Nos habremos equivocado?", dijo la señora que acompañaba al de cincuenta años, con una papa en la boca, muy digna ella. Inmediatamente todos los que tenían celular (que eran casi todos) empezaron a marcar. Unos con furia, otros con ansiedad, otros con impaciencia. Te das cuenta por la forma de marcar con el aparato posado en la palma de una mano y el índice de la otra queriendo perforar el teclado, o con un autosuficiente pulgar, y el énfasis que ponen en el último número. También por la inclinación de la cabeza, muy parecida a la de la gente que toca violín. Al otro lado de las líneas nadie parecía estar recibiendo ninguna llamada. Uno que se creía más inteligente acusó: "Creo que tomamos el camino equivocado". Hacía ya siete minutos que la película había terminado como terminan ahora todas las películas, sin las palabras *The End*. El encargado había gritado implacable: "Por la puerta del fondo por favor", y con actitud amenazante de las que uno casi imagina que el tipo va a sacar una pistola, a uno que dijo que tenía que ir al baño. Le repitió la orden y le dijo que cuando saliera, podía entrar por la principal para ir a los baños. El pobre hombre había estado sometiendo su esfínter y ahora se sentía en apuros. Hubo más de cuatro que se aventaron a seguir el camino del pasillo, pero no había pasado un minuto cuando volvían a aparecer pálidos y descompuestos: "No entiendo, sólo hay pasillos, más puertas que no se abren, más pasillos, increíble". Una voz apagada sugirió que siguieran caminando. Quedarse allí detenidos y lamentándose no resolvería el problema. La cabeza del grupo comenzó a moverse. "Esto me recuerda Pink Floyd, *The Wall*", dijo una cuarentona canosa que iba con dos amigas. Caminamos otro rato sin éxito. Los novios se abrazaban, ellas débiles y asustadas, ellos en control, del cuerpo para afuera, claro. Las parejas añejas comenzaban a discutir los "te lo dije que nos quedáramos en la casa", y cosas por el estilo. El asunto se agravó cuando una de las puertas se abrió y empezó a salir otro grupo. Alguien gritó: "Por aquí", y se formó un pandemonio entre los que querían entrar y los que querían salir. Los gritos de "no salgan" eran tomados en broma por los que querían salir. Finalmente todos estuvieron en el pasillo empujados por una fuerza inédita y la puerta se cerró detrás de ti como cantaba el otro. Los más desesperados tocaban con ira las puertas con los nudillos de las manos, con los paraguas, intentaban derribarla a patadas. Las puertas eran el enemigo. Los que acababan de salir preguntaban: "Qué pasa" y alguien intentaba explicar: "no encontramos la salida, tenemos media hora caminando por los pasillos". Los que acababan de salir miraban con incredulidad y se lanzaban al pasillo muertos de la risa, para regresar a los cinco minutos con esa misma risa totalmente desmantelada. El de la voz apagada soltó con alarde su imaginación y dijo: "Puede ser un secuestro"; la muchacha nerviosa se echó a reír y acabó llorando y pidiendo a su mamá. El primero que habló dijo: "No se preocupe, joven, esto tiene que tener una solución", mientras le acariciaba la espalda muy cerca de los músculos que se usan para sentarse. La doña que lo acompañaba lo miró feo. Parece que no le gustaba la solicitud de su marido para con la joven en estado de regresión. Todos volvieron a marcar los celulares con el convencimiento que sacan los seres humanos de que todo se va a arreglar, en momentos de angustia. Eran muchos en el pasillo, el aire comenzaba a faltar; el que quería ir al baño dijo: "Disculpen, estoy mal de la próstata", y se orinó en los pantalones. Su turbación era tal que cualquiera hubiera dicho que iba a llorar. Pero, como los hombres no lloran. Otros comenzaron a sentarse en el suelo buscando entre los cajones del cerebro alguna solución. Muchos se volvieron a aventurar a los pasillos para ser devueltos al punto de partida. Uno que miró su reloj dijo: "Se paró mi reloj, ¿alguien tiene la hora?" Uno tras otra comenzaron a darse cuenta de que la maquinaria complicada que mueve las manecillas o los dígitos, había sido afectada de la misma manera que los celulares. La sorpresa comenzó a dar origen a suspiros y bostezos resignados. Se escuchó un "tengo hambre" e inmediatamente todos se dieron cuenta de que tenían tripas. La muchacha nerviosa, más calmada por el primero que habló dijo: "Tengo un resto de popcorn, podemos compartir". El popcorn se acabó en un santiamén y lo único que hizo fue exacerbar la desesperación y la incertidumbre que son dos cosas que por lo general van juntas. El primero que habló dijo: "Gritemos todos para ver si nos escuchan, pásela a los de atrás". Y la voz fue pasando. Todos empezamos a gritar. La totalidad del pasillo era un animal que aullaba. ¿Habían pasado ya varias horas? Con los relojes detenidos y los celulares inutilizados, cómo saberlo. Decidimos levantarnos y, cabizbajos y resignados, seguimos caminando y tanteando puertas. Era como estar en la garganta de un monstruo. O en el laberinto de las ratas de laboratorio.

lo-nia-Ba…" Siempre era su madre la que nos echaba a gritos; ella y dos perros flacos que acostumbraban ladrarnos sentados. A Ulloa no le importaba aquello, ni las cosas que decían (decíamos) de él. Dicen que tenía la edad de Temístocles, quien era el más viejo de la gavilla, dieciséis; pero yo no sé, podía tener más, o menos, nadie sabe. Una vez la maestra nos llevó con ella a su casa: ¿qué fuimos a hacer? Ya no recuerdo. Lo cierto es que fuimos y entramos. La maestra, nosotros y la curiosidad. Ulloa no estaba en el portal, sino en la sala, haciendo un castillo de naipes. En vez de castillo era un edificio, enorme, como de siete pisos. No se volteó a mirarnos, ni se enteró de que estábamos allí, hasta cuando Robles echó abajo la construcción con el resoplido de sus narices. Entonces fue que explotó Ulloa. Comenzó a gruñir, porque no eran llanto aquellos mugidos, y a darle cabezazos a la mesa hasta que su madre pudo atarlo a una cama grande, de hierro, donde debían haberlo amarrado antes, porque tenía sogas a los costados. Para nuestra sorpresa, el lunes siguiente estaba en la escuela, como si nada. La maestra usaba un metro, una regla larga que servía para muchas cosas, desde ayudarla a dibujar un ángulo en el tablero hasta refrescarnos la memoria a la hora de recitarle las inflexiones del verbo amar en antepretérito del subjuntivo; ocurría que a veces, muchas veces, el metro se le perdía. Hubo ocasiones en que nuestra mano tenía que ver con la tal pérdida, pero no aquel lunes en que ella llevaba gastados diez minutos de la clase buscando la dichosa madera. Ulloa le dijo, al cabo de aquel lapso: "Está bajo las láminas de Religión y Moral". La maestra se echó a reír; ella ya había buscado allí. A la segunda vez que habló Ulloa, como para desmentirlo, alzó las cartulinas y de entre ellas cayó el metro. Entre apenada y agradecida, la maestra siguió dando la clase, segura de que algo teníamos que ver con el suceso, pero no era así. Dos días después, bien temprano, la maestra preguntó si sabíamos algo de Rodríguez, el que siempre le traía frutas, y fue Ulloa el que contestó: "Se caerá de un caballo ahora como a las diez". La maestra lo reprendió por aquella salida; dijo que no se le desea mal a nadie, pero, por si acaso, le preguntó que quién le dijo eso: "Ulloa", contestó Ulloa. Todos entendimos que eran parte de las locuras del pazguato, hasta la tarde, cuando nos enteramos de que Rodríguez se había caído del caballo de su padre mientras buscaba una res perdida entre los matorrales del llano. Al día siguiente lo visitamos; estaba en cama, con una pierna amarrada a un palo para disminuir el dolor. La maestra escuchó el minucioso relato de la madre, y a ella y a todos nos llamó la atención que dos veces dijera la hora exacta del suceso: "Ayer a las diez", pero no comentamos al respecto. Dejamos de meternos con Ulloa; ya no hubo más parodias en el salón, ya no más amarrarlo a la silla, ni tirarle cosas, ni pegarle sustos (le temía a los gatos como nosotros a los duendes). Hubo días de paz en el salón, hasta que Ulloa le contestó a la maestra, cuando ella le preguntaba a Tejeira la fecha de nuestra independencia: "Velarde se va a morir el seis". Velarde era una niña enclenque, enfermiza, de ojos asustados, pero muy inteligente. En el salón ella era la única que sabía lo que era una rima, y se había aprendido las tablas de multiplicación hasta la del siete, pero no se metía con nadie. Por eso nos dio rabia que Ulloa la incluyera en sus babosadas, y tres de nosotros dimos por terminada la tregua en ese instante. De ahí en adelante volvimos a pincharlo con tachuelas en los codos, para verlo sangrar (porque Ulloa tampoco se daba por enterado de los pinchazos, ni de los que le hacíamos con verdadera furia), hasta que la maestra lo mandó a la casa, temerosa de que le hubiese sobrevenido algún tipo de hemorragia. Descansamos de Ulloa por unos días, o él descansó de nosotros, hasta que el seis amanecimos con la noticia de que Velarde se había muerto. Estuvimos en el sepelio, todos con un ramo de flores blancas que conseguimos por los linderos del llano, verdaderamente dolidos por aquel crimen de Ulloa. El cortejo tuvo que pasar frente a su casa; ahí estaba él, meciéndose en la silla, repitiendo su "Ba-bi-lo-nia" detrás de los perros flacos que ladraban sentados. No giró el rostro para vernos, a pesar de que todos teníamos la mirada fija en él. Enterramos a Velarde cuando ya la tarde se iba haciendo noche, y en ese mismo instante clavamos en nuestra alma el deseo de vengarnos de algún modo. El lunes estaba Ulloa en su puesto, como si nada, y en cierta forma pensamos que todo era sólo un sueño, una pesadilla. Sin embargo, por si las moscas, lo dejamos en paz. Pero él no a nosotros. Esa misma tarde predijo la muerte de los Velarde, madre, padre e hijo, y en menos de tres días los enterraron a todos, luego de unas fiebres tenaces. Ya para entonces escapábamos de su presencia, aunque él seguía ignorándonos como siempre. Dejamos de ir a la escuela para no verle la cara ni ser objeto de sus iras, supimos que la maestra preguntó por nosotros, pero nos escondíamos en lo más profundo de los huertos paternos, inventando labores que ni existían, sólo para evitar el salón de clases donde Ulloa seguía asistiendo con diabólica puntualidad. Hasta una mañana en que me topé con él en el callejón de los Cáceres, cuando yo regresaba de buscar leña. Parecía esperarme a la orilla del camino, aunque no levantó la vista cuando le pasé enfrente. Ya pensaba que estaba lejos de él cuando le escuché decir: "Ulloa muere hoy…" Me devolví, caminando con len-

CARLOS FONG
(Ciudad de Panamá, 1967)

Premio Único en el Concurso de Cuentos Darío Herrera de la Universidad de Panamá (2002); Premio de Ensayo Letras de Fuego (2005); Primer Premio de Cuento Nacho Valdés (2004); Premio Nacional de Cuento José María Sánchez (2004). En tres ocasiones ha obtenido, en ensayo, cuento y poesía, el Premio Único Rodrigo Miró de la Facultad de Humanidades de la Universidad de Panamá. Tiene dos libros de cuentos, Desde el otro lado *(2003) y* Fragmentos de un naufragio *(2005).*

Sueños en el semáforo

A Laura Mckenzie,
en alguna parte de Australia.

Luego de darse los últimos toques frente al espejo, de acomodarse la falda corta de Lurex color beige, de fijarse el prendedor de esmalte en forma de mariposa sobre el top con plumas en print de serpiente y encaje elastizado, sale haciendo glamour con su cabello rojo cobrizo, al mismo tiempo que va dejando un camino aromático de mandarinas de Italia y flor de azahar, con notas de jazmín, almizcle y vainilla; hasta que llega a su Porche Turbo 911 y se deja caer como una reina egipcia en el fino tapizado de cuero. Antes de encender el motor, se mira por el retrovisor, se acaricia las pestañas impermeables y verifica el tono coral brillante de sus labios: se siente feliz.

Ella maneja con cuidado, sin prisa, pisando el acelerador con cautela, como para no estropear la pedrería turquesa de las sandalias con adornos de flores. El resplandor cálido del sol besa el rosa albaricoque de sus mejillas. Se coloca los lentes de verano de Moschino para que los rayos solares no le lastimen los ojos, mientras gira el volante de cuero con sus delicadas manos adornadas con el anillo piramidal de topacio azul. Se siente tan segura con su celular digital en la cartera de piel de cebra y su *cd car* que suena tan bien cuando pone a Smashing Pumpkins o Pearl Jam. Y se siente feliz al recordar a Luis Fernando diciéndole lo tierna que es, cuando acaricia su piel lisa y aterciopelada, gracias a la nutrición de hidratantes que la suaviza todas las noches. Cada vez que él se sumerge en el voluminoso cuerpo de su cabello y le susurra "mi peluchita", ella se siente feliz.

Maneja con toda su calma hasta alejarse del lujoso residencial, donde las calles no tienen baches y están bien señalizadas, adornadas con ficus y sauces que son podados en formas geométricas y combinan con las fachadas posmodernas de los dúplex, hasta que entra al otro mundo por el cual tiene que pasar forzadamente para llegar al club donde sus amigas la esperaban tomando ponche de toronja con ron. Son unas pocas cuadras de cualquier forma, rodeadas de esa miseria que tanto le molesta. Sobre todo, porque al llegar siempre a la esquina del semáforo, salen esas "criaturas extrañas", como las llama ella, a tratar de sacarle una limosna, con la excusa de limpiarle el parabrisas que, según ella, lo que hacen es dejarlo más sucio, o cuando se le acercan vendiéndole esa agua mediocre de naranja con raspadura o ve al que se pasea con una horrible cajeta pregonando sus pastelitos calientes, quién sabe de qué. A todos los ignora, a todos los desprecia con un gesto de indiferencia y las ventanillas siempre arriba. Pero, de todos ellos, el peor es el loco. Un negro mugriento con el pelo que parecía un rastafari abandonado, que brinca cojeando por la acera rascándose el cuerpo, cubierto sólo con un pantalón de jeans hecho un guiñapo de trapo sucio y con una varilla de hierro siempre en la mano. Ése es el peor. Ahora lo ve dormir como si estuviera muerto, sobre unos cartones en la esquina del semáforo, que, para variar, tarda en hacer el cambio de luz roja a verde, cuando, de repente, se incorpora como una momia y abre los ojos ígneos buscando a su víctima. Ella teme que en cualquier momento, mientras espera el cambio de la luz, el loco la ataque con violencia.

Ella desea con ansia que la luz cambie a verde rápido, para hundir el acelerador esta vez con prisa y alejarse de aquel territorio hostil que contrasta con su fina belleza. Desea sacar su Porsche de allí, pero el semáforo sigue en rojo. A pesar de su incómoda situación, espera la verde. Jamás ha sido boleteada por violar las reglas del tránsito y no lo permitirá ahora por perder la paciencia en algo con lo cual siempre ha sido insensible.

Aprovecha el momento para sacar su lápiz labial y retocarse el brillo de los labios. Se estaba alisando el cabello con su cepillo de Mason Pearson cuando recibe el susto de su vida: el loco está parado al lado de la ventanilla de la puerta derecha. Ella trata de alejarlo ignorándolo. El loco entonces se va para la parte delantera del auto y empieza a hacer movimientos extraños con el hierro en mano, arrebatadas señas frente al semáforo. Ella, desentendida, con desdén, trata de no ponerse nerviosa, mientras piensa que la roja por fin ha cambiado y acelera dejando al maniático en su miseria; pero no, aún sigue roja, como congelada en el tiempo. Le toca la bocina al loco y le hace un ademán de desprecio para que se aleje. El negro se retira retrocediendo de espalda, mirándola con unos ojos hundidos, rascándose la barriga. Un camión que llega de pronto, frena detrás de ella y suena la bocina con furia hasta que la esquiva y la rebasa, haciendo un pequeño alto y acelerando para cruzar el semáforo, pero ella no hará eso; si algo tiene bien claro es su respeto a las señales de tránsito.

Piensa matar el rato para no aburrirse. Saca un periódico y lee que la versión número treinta y cuatro de la conferencia anual de ejecutivos de empresa culminó con la firma de un documento llamado "HACIA UN ACUERDO NACIONAL CONTRA LA POBREZA"; torciendo los labios pasa la página y con frivolidad lee que la Bolsa de Valores de Panamá registró un volumen de operaciones de 2 millones 975 mil 567 dólares con 33 centésimos; que Wall Street sufrió una caída ayer con las acciones de telecomunicaciones... Lo que la hace recordar su celular. Sus amigas la tientan a que se pase la roja, pero ella se arma de valor por primera vez, para decirles que son unas irresponsables y frescas. Cierra la comunicación. Se quita los lentes oscuros y se da cuenta de que empieza a oscurecer.

En la noche aquella zona es como si allí sólo vivieran los perros. Se escuchan ladrar desde lejos y luego uno que otro pasa corriendo por el frente o por detrás del auto; solamente se escucha el ladrido desquiciado de las bestias. Ha bajado el aire acondicionado y aspira un leve olor del exterior que huele a pobreza. Enciende la radio para olvidarse de los perros. Desde el auto puede ver en la parada los ojos ardientes del loco que la vigilan. Siente miedo, pero también sueño. Inclina el sillón y rectifica que los seguros de las puertas están puestos. Cierra los ojos.

En el sueño el palacio era el más maravilloso y ella era la princesa. Con cientos de sirvientes a su disposición. Dos filas de eunucos vestidos con plumas multicolores adornaban el largo pasillo que atravesaba el palacio con su piso de colores esmaltados, donde se reflejaban las piedras preciosas incrustadas en las paredes de oro. Una escolta casi celestial la condujo por el pasillo hasta llegar a su carruaje cuyo lujo sólo se comparaba con el de los cuentos de hadas. Los corceles echaron a andar con la orden de un caballero. El coche se perdió en el bosque y cuando llegó a un cruce se detuvo. La princesa se asomó levemente por la ventana cubierta de finas sedas y fue cuando vio a los bandidos que atacaban al caballero. Luego intentaron secuestrarla a ella, pero en ese momento se escuchó el ruido de una espada que vibraba con furia en el aire. El príncipe inició el contraataque con una elegante violencia hasta que los bandidos escaparon. Entonces toma las riendas de los caballos y retorna triunfal al palacio.

En la parada el loco también sintió cansancio. Y sus ojos de fuego se fueron cerrando. Él también tuvo un sueño. Soñó que era un príncipe que tenía que rescatar a una princesa de un feroz dragón. No tenía caballo ni vestido de príncipe, ni siquiera una espada; pero se sabía príncipe. A cambio de una espada tenía el mismo hierro que en la vigilia y con eso se fue a rescatar a la princesa. Tenía que atravesar un bosque y muchos lagos, pero al fin llegó al lugar donde estaba la princesa. Cuando se disponía a combatir con el fiero reptil, un ruido lo despertó. Los gritos lo hacen brincar de la parada como a eso de la medianoche. Ve cómo la mujer del Porsche se debate a gritos con unos sicarios mientras intentan entrar al auto.

El loco, armado con el hierro, persigue a los maleantes que retroceden inmediatamente hasta que por fin se alejan de la escena corriendo. Han de seguro arruinado alguna parte del Porsche, pero ella no se atreve a salir. Entonces el loco se le acerca por segunda vez y vuelve a hacer señas frente al semáforo que sigue en rojo, lo que la impulsa a sonar la bocina con desesperación y ve cómo el loco se retira reprimido a la parada.

Al amanecer la despierta el ruido de varias bocinas. Los autos la esquivan y se pasan el semáforo sin reparar; un chofer pasa mirándola con una sonrisa que combina burla y extrañeza. Entonces siente algo verdaderamente desagradable: tiene hambre; peor aún, siente sed. Cómo desea tener un ponche de ron, de cerezas en almíbar, crema de casis y una club soda helada. La sed se incrementa a medida que la mañana se consume con el sol y los últimos voltios de la batería del Porsche que la obliga a bajar los vidrios. Al mediodía el hambre y la sed se convierten en sus peores enemigos. Sueña con un cerdo asado con sidra, acompañado de arroz con mejillones y tortelloni con brócoli y hongo, y col agria o savenkraut cocinada en cerveza; y de postre un chiffón pie o un flan de menta. Pero está sola y con su hambre. Vuelve a tomar el celular, pero se da cuenta de que la pila se ha acabado.

Piensa en Luis Fernando, que ya debe mandar un *beeper,* y siente ansiedad cuando recuerda que no ha podido limpiar su cutis, que su cabello se ha arruinado por dormir en el auto, que su ropa se ha ajado. Se siente infeliz. Entonces ve algo que misteriosamente la alegra: el hombre de la chicha de naranja con raspadura. Tiene tanta sed que no le importa tomar de aquella cosa si es necesario. El chichero la ve de lejos y reconoce el auto que jamás baja los vidrios de las ventanas; avanza hacia el Porsche, ella saca la mano que sujeta con los dedos una moneda, pero el chichero se detiene antes de llegar al auto, como si un muro invisible impidiera su avance. Ella le grita. Él se voltea con una cara de ausencia y mira hacia el semáforo en rojo. Una sonrisa mordaz sale de su rostro y se aleja.

Al rato el loco se aparece por tercera vez y vuelve a hacerle señas con el hierro en mano, esta vez con más insistencia, con una especie de furia muda mientras se acerca; pero ella, con los vidrios abajo, le grita que no se acerque, hasta que el loco se detiene y regresa. Por la tarde ve llegar al hombre de los pastelitos. Vuelve a repetir la misma operación que hizo con el chichero, pero éste también hace lo mismo: la mira con una sonrisa de burla y desprecio.

Al siguiente día se da cuenta que está perdida. El semáforo no cambiará nunca. Se le ha acabado la batería del auto. Ha perdido el número de veces en que el loco la va a acechar. Cada vez que lo ve venir, ella se aleja de la ventanilla y lo mira hacer señas furiosas frente al semáforo. Se da por vencida, de cualquier forma morirá deshidratada o de hambre, las leyes del tránsito han triunfado sobre ella. Luis Fernando nunca le mandó un *beeper* con el mensaje de "mi peluchita", ya no volverá a pisar el club. Ya no volverá a verse bella en el espejo. No hay esperanza.

Entonces se llena por última vez de valor. Abre las puertas del auto y espera el momento final, como cuando un suicida decide el instante para saltar del puente. El aire enrarecido de miseria le acaricia el rojo cobrizo de sus cabellos despeinados, sus pestañas impermeables se han derretido, las notas de jazmín y vainilla se han disipado, el coral rosa de sus labios ha desaparecido. Espera. Hasta que por fin llega el momento de enfrentar su más grande temor. Lo único que aún no la vence. Cuando el loco está al lado de la puerta y ella sólo es-

pera la acción violenta que acabará con su sed, su hambre y su desgracia, él
levanta el brazo con el hierro en mano, el hierro mortal en lo alto, el pedacito
de luz roja que se logra ver detrás de un cuerpo degradante y, dejando caer la
mandíbula, la boca del loco se abre para mostrar una caverna oscura y decir:
...*es que está dañado.*

[*Desde el otro lado,* 2003.]

CARLOS ORIEL WYNTER MELO
(Ciudad de Panamá, 1971)

Es narrador y profesor. Ingeniero industrial y magíster en desarrollo organizacional por el Instituto Tecnológico y de Estudios Superiores de Occidente (México). En 1998 ganó el Premio Nacional de Cuento José María Sánchez. En 2007 fue elegido entre los treinta y nueve mejores escritores latinoamericanos menores de treinta y nueve años, siendo incluido en la selección Bogotá39. *Ha publicado los libros de cuentos* El escapista *(1999),* Desnudos y otros cuentos *(2001),* El escapista y demás fugas *(2003),* Invisible *(2005),* El niño que tocó la luna *(2006),* El escapista y otras reapariciones *(2007) y* Cuentos con salsa *(2008). La Feria Internacional del Libro de Guadalajara lo consideró en 2011 como uno de "Los 25 secretos mejor guardados de América Latina".*

Hombre y mujer

VERÓNICA es una escultora genial. De la corriente realista y hacedora de cuerpos femeninos, modela el barro como Dios seguramente torneó la costilla. Comprendía su género más que el de los hombres.

Conoció a Agustín en una galería. Al principio sólo les gustó hacerse el amor. Luego, con ánimos de compartir sus vidas, se mudaron juntos a un pequeño apartamento.

A los pocos meses de unidos, ella quedó embarazada. Hombre con todas las de la tradición, Agustín insistió en que no saliera de casa. Él, comerciante de arte, vendía las obras. Pero en el ambiente bohemio no sólo hacía negocio sino que se echaba sus tragos y cortejaba mujeres.

Verónica, que tiene aguda intuición, sabía que la traicionaba.

—Agustín —le dijo—, tú no sabes lo que es ser mujer; me siento usada, no sé si me quieres realmente o sólo soy la que esculpe y la que coge.

Con el tiempo eso no fue cierto. El niño había nacido y algo de Verónica había nacido en Agustín: los gestos, las costumbres, los hábitos. Y eso tenía de fondo un mirarse en el espejo, un comprender lo que ella sentía porque, poco a poco, lo sentía él también.

Verónica dormía sobre el cuerpo de su hombre y le hacía caricias en el pecho hasta la madrugada. No notaron que el pezón de Agustín fue creciendo.

Una mañana él tuvo sobre su pecho un apéndice redondo y henchido. Después del susto inicial y de mirarlo con detenimiento, no hubo lugar para la duda: a Agustín le había crecido una teta. Para Verónica fue una experiencia luminosa.

—¡Como yo, Agustín, eres como yo!

¡Pero no era sólo un seno, sino que era el seno más hermoso que hubiera existido jamás!

Aunque Agustín callaba, tratando de mantener la hombría, lloraba por dentro.

Al principio lo ocultaron; siempre era posible aplastar el pecho con vendajes y cubrirlo con la ropa. Agustín tenía la esperanza de que desapareciera. Pero un día, al Verónica quedarse sin leche para el niño, la teta de Agustín sirvió para alimentarlo. Y llegó un inoportuno visitante, un pintor. Y en las prisas de abrir la puerta y ocultar el seno, para que todo pareciera normal, la teta quedó mal cubierta.

—¿Qué es eso, Agustín? ¿Un seno? —dijo el invitado—. Ése es un seno hermoso, Agustín, realmente.

Ya no había modo de negarlo. Conversaron Verónica y el pintor con mucho alboroto. Y primero él insistió, luego ella, en que Agustín fuera parte de un montaje artístico. Comprometida con su arte, ella le rogó a su pareja que dejara de lado los miedos y compartiera la magia de la naturaleza con otros.

—Tú no sabes lo que es ser hombre... o dejar de serlo un poco —dijo él—. ¡Me van a hacer trizas!

—Tus amigos son gente de arte, Agustín: ¡se van a maravillar!

Debilitado por una honda depresión, accedió a sus peticiones.

Agustín pintaba cada mitad de colores diferentes, como si lo hubieran partido, representaba una figura andrógina. Lo pararon en medio de pinturas y esculturas, con el deber de imitar una estatua. Llevaba por todo vestido una toga al estilo griego.

La gente pasaba en raya la mayoría de las obras y se quedaba mirando a Agustín (Agustina), quien, tomando en serio su papel, no movía un músculo.

Llegó el momento en que absolutamente todos los visitantes rodeaban a Agustín. El más osado tocó el seno. Agustín no se movió.

—¡Es de verdad! —anunció el atrevido—. ¡El seno es de verdad!

Y el resto de las personas, en un tupido murmullo, hablaron de la hermosura del seno. Ya descaradamente, se acercaron, sobre todo los hombres, a darle suaves caricias, a apretarlo, y unos, incluso, le dieron besos agresivos, con lenguas inquietas. Agustín no se movía.

Verónica había observado todo con un dolor propio; vio su reflejo. Ahombrada caminó hacia el grupo y haciendo sonar sus palmas ordenó que salieran de la galería. La exposición ha terminado, dijo.

Casi de madrugada, salió la pareja.

—Me siento usado, Verónica, tan usado.

—Sí, pero no llores, gordo. Los hombres no lloran.

[*Otro Lunes. Revista Hispanoamericana de Cultura,*
núm. 10, octubre de 2009.]

Índice

EL SALVADOR

HONDURAS

PANAMÁ

Puertos abiertos. Antología de cuento centroamericano, de Sergio Ramírez, se terminó de imprimir y encuadernar en noviembre de 2011 en Impresora y Encuadernadora Progreso, S. A. de C. V. (IEPSA), Calzada San Lorenzo, 244; 09830 México, D. F. En su composición, elaborada en el Departamento de Integración Digital del FCE, se utilizaron tipos Poppl-Pontifex BE. El tiraje consta de 1 000 ejemplares. El cuidado de la edición estuvo a cargo de *Julio Gallardo Sánchez.*